財政與金融 〈第六版〉

主編 ◎ 劉邦馳、王國清

以中國現行財政金融業務和財政金融法規為依據，
立足於中國社會主義市場經濟建設實踐，
並在吸收國內外最新研究成果的基礎上，比較系統地反映和闡述了財政、
金融兩門學科基礎理論、基礎知識以及必要的基本技能。

前 言

財政是國家職能的重要組成部分，金融是現代經濟的核心，財政政策和貨幣政策是國家實施宏觀經濟調控的兩大重要工具。隨著社會主義市場經濟體制的建立和發展，財政金融體制改革的深化，財政與金融在經濟社會生活中發揮著越來越大的作用。為適應21世紀經濟全球化的新形勢，滿足高等教育經濟類專業教學和廣大經濟工作者學習財政金融理論，提高運用、駕馭財政金融工具能力的需要，根據中國經濟改革所發生的巨大變化，我們對2002年出版的《財政與金融》（第三版）教材進行了全面系統的修改和更新。

這本教材以比較系統地反應和闡述了財政、金融兩門學科的基礎理論、基礎知識以及必要的基本技能。注重理論密切聯繫實際，內容新穎實用，分析力求規範、簡潔，語言通俗易懂。

本教材由劉邦馳、王國清任主編，負責基本框架的整體設計。各章編寫分工是：

王國清（教授、博士生導師）第一章、第七章、第九章

汪孝德（教授）、周克清（副教授、博士）第二章、第三章

葉子榮（教授、博士生導師）第四章

汪叔九（教授）第五章、第六章

周小林（教授、博士）第八章、第十六章

程謙（教授）第十章、第十七章、第十八章

劉邦馳（教授、博士生導師）第十一章、第十二章

耿虹（副教授、博士）第十三章

管聖義（博士）第十四章

武振榮（副教授）第十五章、第十九章

廖常勇（副教授、博士）第二十章

全書由劉邦馳教授總纂，最後審閱定稿。

由於這本教材涵蓋了財政學和金融學這兩門學科最基本的基礎理論、基礎知識和業務技能，具有涉及面寬、實踐性強、內容十分豐富的特點。中國社會主義市場經濟體制建設尚在不斷發展和完善之中，許多重大理論創新和財政金融體制改革都需要在實踐中檢驗，本次修訂雖已盡最大心力，但書中還存在不盡如人意之處甚至缺點，歡迎讀者批評指正。

劉邦馳

目錄

1	第一章　財政概論
1	第一節　財政的概念及其發展
1	一、財政的一般概念
2	二、財政的產生和發展
5	三、財政的公共性
7	第二節　財政的本質
7	一、從財政現象入手考察財政的本質
7	二、財政本質特徵的兩個層次
8	三、財政本質的一般特徵
9	四、財政本質的社會特徵
10	第三節　財政的職能和作用
10	一、財政職能和作用的關係
10	二、社會主義財政的職能
14	三、社會主義市場經濟下財政的作用
16	第二章　財政支出
16	第一節　公共產品與財政支出
16	一、公共產品及其特徵
17	二、公共產品供給的效率條件
18	三、公共產品與財政支出範圍
19	第二節　財政支出的分類與結構
19	一、財政支出的分類
20	二、財政支出的結構
22	第三節　財政支出原則
22	一、效率原則
23	二、公平原則
24	三、量入為出與量出為入原則
25	第四節　財政支出規模分析
25	一、財政支出規模的量度標準
27	二、財政支出增長的理論分析
28	三、影響財政支出規模擴張的因素
30	四、財政支出規模擴張的控制

目 錄

Contents

31	**第三章　購買支出**
31	第一節　行政管理和國防支出
31	一、行政管理和國防的屬性
31	二、行政管理支出的內容及其控制
32	三、國防支出的內容及其管理
33	第二節　科學、文教、衛生支出
33	一、科教文衛的屬性
33	二、科學技術支出及其重點
34	三、教育事業支出及其重點
35	四、文衛事業支出及其重點
36	第三節　發展農業支出
36	一、農業經濟的特殊屬性
36	二、政府發展農業支出的主要內容
38	第四節　基礎產業支出
38	一、基礎產業及其特點
39	二、基礎產業的屬性及支出重點
39	三、基礎產業投資的管理
41	**第四章　轉移支出**
41	第一節　社會保障的含義與特點
41	一、社會保障的含義
41	二、社會保障制度的形成
42	三、社會保障的特點
43	四、社會保障的基本內容
43	五、社會保障制度的類型
44	六、社會保險資金籌集模式
45	第二節　中國的社會保障制度
45	一、中國社會保障制度的建立
47	二、中國社會保障制度的發展和存在的問題
49	三、市場經濟條件下社會保障制度改革的基本構想
51	第三節　財政補貼
51	一、財政補貼的性質和基本內容

目錄

52	二、財政補貼的功能和必要性
53	三、財政補貼的改革
54	**第五章　財政收入**
54	第一節　籌集財政收入的原則
54	一、發展經濟，廣開財源
55	二、兼顧國家、生產單位、個人之間的經濟利益關係
56	三、效率與公平，合理負擔
56	四、內部累積為主，利用外資為輔
57	第二節　財政收入來源構成
57	一、財政收入的社會產品價值構成
58	二、財政收入的國民經濟構成
59	三、財政收入的社會經濟所有制構成
59	第三節　財政收入形式
59	一、財政收入形式的選擇
60	二、財政收入形式的分類
61	第四節　財政收入規模分析
61	一、財政收入規模受制約的因素
63	二、財政收入占國民（內）生產總值的規模界限
65	**第六章　稅收**
65	第一節　稅收理論基礎
65	一、稅收的特徵和性質
66	二、社會主義稅收存在的條件
67	三、社會主義稅收職能
68	四、稅收的經濟效應
69	五、稅收原則
71	六、稅收負擔
73	七、稅負轉嫁與歸宿
74	第二節　稅收制度
74	一、稅收制度及模式
75	二、稅制構成要素
77	三、稅收分類

目錄

78	第三節	流轉額課稅
78		一、增值稅
80		二、消費稅
81		三、「營改增」
83		四、關稅
84	第四節	收益額課稅
85		一、收益額課稅的特點和作用
85		二、現行收益額課稅的稅種
90	第五節	其他稅種課稅
90		一、資源稅類
92		二、財產稅類
93		三、行為稅類
94	第七章	國際稅收
94	第一節	國際稅收概述
94		一、什麼是國際稅收
96		二、國際稅收的起源和發展
97	第二節	國際稅收關係的內容
97		一、稅收管轄權及其類型
98		二、國際稅收涉及的納稅人和徵稅對象
99		三、跨國關聯企業徵稅
101	第三節	國際重複徵稅及其免除
101		一、國際重複徵稅
101		二、國際重複徵稅的原因
102		三、國際重複徵稅的免除
104	第四節	國際避稅和反避稅
104		一、國際逃稅
104		二、國際避稅
105		三、反國際避稅、逃稅的措施
105	第五節	國際稅收協定
105		一、國際稅收協定的必要性
106		二、國際稅收協定的主要內容

107		三、簽訂國際稅收協定必須遵循的原則
108		四、國際稅收協定簽訂的程序
110	第八章	非稅收入
110	第一節	國有資產收入
110		一、國有資產收入的含義
110		二、國有企業的分類
111		三、國有企業與財政分配關係
111		四、財政參與國有資產收益分配的制度
114		五、國有企業進一步改革與發展的趨勢
115	第二節	國有資源收入
115		一、國有資源的含義
116		二、國有資源收入的內容及形式
117	第三節	政府收費收入
117		一、行政性收費收入
118		二、事業性收費收入
118		三、完善行政事業收費
120	第九章	公債
120	第一節	公債概述
120		一、公債的概念
120		二、公債的產生與發展
121		三、公債的分類
123		四、公債的基本功能
124	第二節	公債的發行與償還
124		一、公債的發行規模、期限與利率
125		二、公債的發行價格和方式
126		三、公債的付息與償還
127	第三節	公債的負擔與限度
127		一、公債的負擔
128		二、公債的限度
130	第四節	公債市場
130		一、公債市場的概念與功能

目　　錄

Contents

130	二、公債發行市場
131	三、公債流通市場
132	第五節　地方公債及其風險控制
132	一、地方公債的概念
132	二、西方國家地方公債
134	三、中國地方公債
137	**第十章　國家預算**
137	第一節　國家預算的特點及其體系
137	一、國家預算的概念
137	二、國家預算的特點
139	三、國家預算體系的構成
140	第二節　國家預算管理體制
140	一、國家預算管理體制的概念
140	二、國家預算管理體制的原則
142	三、現行的預算管理體制
144	四、轉移支付制度
146	第三節　國家預算的編製執行和國家決算
146	一、國家預算編製的原則
146	二、國家預算編製的基本要求
148	三、國家預算的執行
148	四、改革財政資金繳撥方式，實施國庫集中支付制度
149	五、國家決算
149	第四節　復式預算
149	一、復式預算的概念
149	二、單式預算與復式預算的區別
150	三、中國實行復式預算的必要性
151	四、中國復式預算的組成
151	五、零基預算
152	**第十一章　金融概論**
152	第一節　金融的構成
152	一、金融的含義

目錄

Contents

152	二、金融的構成
154	三、金融工具
156	第二節 信用的職能和形式
156	一、信用的產生和發展
158	二、信用的職能
159	三、信用的基本形式
160	第三節 銀行概述
160	一、銀行的產生
161	二、銀行的發展
161	三、銀行在社會主義經濟中的作用
162	第四節 市場經濟條件下的利息
162	一、利息和利息率
163	二、利息的本質
163	三、利息的作用
164	四、利率的類別
165	第五節 中國的金融體系
165	一、什麼是金融體系
165	二、中國金融體系的建立與發展
166	三、中國現行金融體系構成狀況
173	**第十二章 貨幣和貨幣流通**
173	第一節 貨幣的本質和職能
173	一、貨幣的本質
174	二、貨幣形態的演變
175	三、貨幣的職能
177	四、中國的貨幣商品
178	第二節 貨幣流通與貨幣流通渠道
178	一、貨幣流通與商品流通的關係
178	二、貨幣流通渠道
180	三、中國的貨幣制度
182	四、人民幣的發行原則和程序
183	第三節 貨幣流通規律與紙幣流通規律

目　錄

183	一、貨幣流通規律
184	二、紙幣流通規律
185	三、貨幣供給量的層次劃分
185	四、通貨膨脹與通貨緊縮
187	第四節　現金管理
187	一、什麼是現金管理
187	二、國家實行現金管理的意義
188	三、現金管理的主要內容
190	**第十三章　中央銀行**
190	第一節　中央銀行的發展概況
190	一、中央銀行的起源與建立
191	二、最具代表性的中央銀行
192	三、中國的中央銀行
195	第二節　中央銀行的職責定位
195	一、中央銀行的特殊職責
196	二、中國人民銀行的主要職責
197	三、中國人民銀行的組織形式
198	第三節　中央銀行的貨幣政策職能
199	一、貨幣政策的目標與工具
202	二、貨幣政策的三大法寶
204	三、中國人民銀行的貨幣政策
208	第四節　中央銀行的金融穩定職能
208	一、金融穩定的主要內容
210	二、中國的金融穩定狀況
211	第五節　中央銀行的金融服務職能
211	一、金融服務的重要意義
212	二、金融服務的主要內容
217	**第十四章　商業銀行**
217	第一節　商業銀行概述
217	一、商業銀行的發展
219	二、商業銀行的職能

目　錄

219	三、商業銀行的國際化
220	第二節　商業銀行的業務
221	一、商業銀行的經營業務
229	二、商業銀行的資產證券化業務
230	第三節　商業銀行的經營管理
230	一、商業銀行經營管理原則
231	二、商業銀行的資產負債業務管理
233	三、商業銀行風險管理
235	第四節　商業銀行的監督管理
235	一、新《巴塞爾協議》與銀行資本風險管理
235	二、新《巴塞爾協議》對商業銀行風險管理的影響
237	**第十五章　政策性銀行**
237	第一節　政策性銀行概述
237	一、政策性銀行的含義和特徵
238	二、政策性銀行的職能
240	三、中國建立政策性銀行的必要性
241	第二節　政策性銀行的資金來源與經營業務
241	一、政策性銀行的資金來源
244	二、政策性銀行的經營業務
247	第三節　中國的政策性銀行
247	一、國家開發銀行
249	二、中國進出口銀行
250	三、中國農業發展銀行
252	**第十六章　中國的非現金結算**
252	第一節　非現金結算概述
252	一、非現金結算的產生與發展
252	二、非現金結算的實質
253	三、非現金結算的作用
254	第二節　非現金結算的原則
254	一、恪守信用，履約付款
254	二、誰的錢進誰的帳，由誰支配

目錄 Contents

254	三、銀行不予墊款
255	第三節 非現金結算的方式
255	一、銀行匯票結算
255	二、商業匯票結算
256	三、銀行本票結算
256	四、支票結算
257	五、匯兌結算
257	六、委託收款結算
257	七、異地托收承付結算
258	八、銀行卡（信用卡）結算
258	九、信用證結算
259	十、網上支付
261	第十七章 國際金融
261	第一節 外匯與外匯匯率
261	一、國際金融的特點和範圍
261	二、外匯的概念
261	三、匯率
262	四、匯率制度分類
263	五、國際金融實踐中基本的匯率概念
263	六、人民幣匯率的確定
264	第二節 外匯管理
264	一、外匯管理的含義
265	二、外匯管理的目標
265	三、中國的外匯管理
268	第三節 國際收支
268	一、國際收支的概念
269	二、國際收支的主要內容
270	三、國際收支失衡的調節
271	第四節 利用外資
271	一、利用外資的主要形式
273	二、利用外資的政策選擇

目錄

274	第五節 國際結算
274	一、國際結算的概念和內容
275	二、國際結算的主要工具
275	三、國際結算方式
277	**第十八章 保險**
277	第一節 保險概述
277	一、保險的概念
277	二、保險的要素
278	三、保險的特徵
279	第二節 保險的職能與作用
279	一、保險的職能
280	二、保險的作用
281	第三節 保險的種類
281	一、保險的分類
283	二、中國舉辦的主要險種
285	第四節 保險合同
285	一、保險合同的概念
285	二、保險關係的建立、變更和終止（消滅）
286	三、保險合同的法律特徵
287	四、保險合同的主要內容
288	第五節 保險業務的經營
288	一、保險經營的原則
289	二、保險的理賠
291	**第十九章 金融市場**
291	第一節 金融市場的構成要素與功能
291	一、金融市場的概念與構成要素
292	二、金融市場的分類
294	三、金融市場的功能
295	第二節 貨幣市場
295	一、貨幣市場的特點及作用
296	二、貨幣市場的構成

目　錄

Contents

299	第三節　資本市場
299	一、資本市場的特點及作用
300	二、資本市場的構成
305	第四節　外匯和黃金市場
305	一、外匯市場
306	二、黃金市場
308	**第二十章　財政金融宏觀調控**
308	第一節　市場經濟與宏觀調控
308	一、什麼是宏觀調控
308	二、宏觀經濟調控的起源和發展
309	三、宏觀調控政策體系
310	四、國家實行宏觀調控的必要性
311	第二節　財政政策與貨幣政策協調配合的理論基礎
311	一、財政政策
319	二、貨幣政策
323	第三節　財政政策與貨幣政策協調組合模式分析
323	一、鬆的財政政策和鬆的貨幣政策
324	二、緊的財政政策和緊的貨幣政策
325	三、鬆的財政政策和緊的貨幣政策
325	四、緊的財政政策和鬆的貨幣政策
327	**參考文獻**

第一章
財政概論

第一節 財政的概念及其發展

一、財政的一般概念

財政概念一般可表述為:財政是國家為了實現其職能的需要,憑藉政治權力及財產權力,參與一部分社會產品或國民收入分配和再分配所進行的一系列經濟活動,包括組織收支活動、調節控制活動和監督管理活動等。

馬克思指出:「在我們面前有兩種權力:一種是財產權力,也就是所有者的權力,另一種是政治權力,即國家的權力。」[1]政治權力為國家所獨有,其主體就是國家。馬克思說:「捐稅體現著表現在經濟上的國家存在。」[2]又說:「國家存在的經濟體現就是捐稅。」[3]所以,政治權力在經濟上實現自己的形式就是稅收。財產權力就是所有者的權力,所有者不僅包括生產資料(含土地)的所有者,而且包括勞動力的所有者。所以,財產權力在經濟上實現自己的形式,可進一步分割為產業利潤、商業利潤、借貸利息、地租及工資等。

以上僅是兩種權力在主體不同一的前提下,在經濟上實現自己的形式。如果兩種權力的主體同一,即國家既是財產權力的主體,又是政治權力的主體,那麼與此相聯繫的分配與再分配的一系列經濟活動,就是我們這裡所講的財政。

社會主義國家是建立在生產資料公有制基礎之上的新型國家,它具有國家的一般性——作為社會管理者,憑藉政治權力,以稅收的形式參與包括國有經濟在內的各種經濟成分和資本組織形式的收入分配,並作相應的再分配;又具有國家的特殊性——作為生產資料的所有者或出資者,憑藉財產權力,以上繳國有資產收益的形式參與國有經濟及相關的資本組織形式的利潤分配,並作相應的再分配。在這兩種分配的場合,國家都是分配的主體,所不同的是國家具有雙重身分,使之具有兩種權力,因而財政分配主要包括政治權力屬性的分配和財產權力屬性的分配。

財政首先表現為一種分配活動,單就分配論分配顯然是狹隘的,但是把財政定義為國家(或政府)所進行的經濟活動,又失之過寬。在我們看來,通過財政分配,主要還要發生

---

[1] 馬克思.道德化的批判和批判化的道德[M]//馬克思恩格斯選集:第1卷.北京:人民出版社,1972:170.
[2] 馬克思.道德化的批判和批判化的道德[M]//馬克思恩格斯選集:第1卷.北京:人民出版社,1972:181.
[3] 馬克思.道德化的批判和批判化的道德[M]//馬克思恩格斯選集:第1卷.北京:人民出版社,1972:181.

資源配置、收入分配、經濟穩定和增長等經濟活動,所以,財政是參與一部分社會產品或國民收入分配和再分配所進行的一系列經濟活動,包括組織收支活動、調節控制活動、監督管理活動等。

二、財政的產生和發展

(一)財政的產生

財政的產生需要具備兩個條件:一個是經濟條件,另一個是政治條件。

經濟條件是財政產生的首要條件。物質資料的生產是人類生存和社會發展的基礎。在生產力極其低下的條件下,社會產品分配,只能在生產勞動者之間進行,以維持他們最低生活的需要。沒有剩餘產品,則不可能在生產領域之外再進行分配,不可能供養那些不直接從事生產勞動的人口,這個時候,財政不可能產生。只有當剩餘產品出現以後,財政有了存在的物質基礎,它才會隨之出現,因此,經濟條件是財政產生的首要條件。

政治條件是財政產生的必要條件。在原始公社時期,社會生產力非常低下,生產工具也很簡陋,這時沒有剩餘產品,任何有勞動能力的人不可能寄生在他人的勞動之上。這時沒有生產資料私有制,沒有貧富之分,沒有階級對立,也沒有人剝削人的現象存在。所以,原始公社時期是沒有財政的。隨著原始公有制解體,開始進入到私有制社會,由於奴隸主和奴隸的經濟利益不可能調和,需要有一種日益同社會脫離而又居於社會之上的力量,把階級衝突保持在「秩序」許可的範圍以內,這個力量就是國家。國家是社會發展到一定階段的產物,是階級矛盾不可調和的產物,是階級統治的機關,是一個階級壓迫另一個階級的機關。國家為了維持它的存在和行使政治、經濟職能,就需要消費一定的物質財富。由於國家一般並不從事物質財富的生產,只能依靠國家的權力,從社會再生產中分配一部分社會產品,形成國家集中性收入,以供國家的需要。在整個社會產品的分配中,除了以生產資料所有者為主體的分配外,又出現了以國家為主體的分配。國家財政便隨著國家的產生而產生,因此,政治條件是財政產生的必要條件。

由此可見,財政的一般概念為:國家為了實現其職能的需要,憑藉政治權力及財產權力,參與一部分社會產品或國民收入分配活動進行的一系列經濟活動,包括組織收支、調節控制和監督管理活動等。

從上述說明可看出,財政是一個歷史範疇。它不是有了人類社會就存在的,而是社會發展到一定歷史階段的產物;它又將隨國家的消亡而不復存在。

財政是一個經濟範疇。由於社會產品的分配是社會再生產過程中的分配運動,分配關係是生產關係的一個方面,屬於經濟範疇。財政是以國家為主體所形成的一種分配關係,成為一定社會形態下社會再生產分配環節的一個特殊部分,亦應屬於經濟範疇。

財政又是一個政治範疇。古今中外,不論何種性質的國家,財政都是為實現國家職能、維護國家機器的正常運轉提供財力保證的,所以,它屬於政治範疇。

(二)財政的發展

隨著社會生產力的發展和國家政權的更替,財政的性質、內容和形式都在不斷地發生變化。在生產資料私有制的社會,先後出現過奴隸制國家財政、封建制國家財政和資本主義制國家財政。

1. 奴隸制國家財政

奴隸制國家是建立在奴隸主佔有生產資料和奴隸這一經濟基礎之上的。國家的主要

職能在於:對內依靠軍隊、監獄和各種強制機器,殘酷地鎮壓奴隸反抗,以維護奴隸主階級的統治;對外則不斷進行以擴大領土、掠奪奴隸和物質財富為目的的戰爭。國家主要的財政收入來自以下兩個方面:第一,奴隸從事農業、畜牧業、手工業勞動所生產的產品,其中最重要的是農產品。中國古代的田制是土地國有的井田制。「殷人七十而助」,①就是殷商將六百三十畝的土地,劃為九區,每區七十畝,中為公田,八家各授一區,並助耕公田。國家的財政收入就是助耕的那一部分收穫物,它屬於勞役地租的性質。第二,戰爭的掠奪物和屬地、屬國等的納貢。納貢也是強制性的,誰不按期納貢,國家可以出兵討伐。國家的財政支出主要是:①戰爭和祭祀。《左傳》記:「國之大事,在祀與戎」。②奴隸主借天命、鬼神來麻痺人民,鞏固統治。每次舉行祭祀儀式都花費很大,用的牲畜往往多達三四百頭,有時甚至把奴隸作牲畜殺了。戰爭本來是掠奪奴隸和物質財富的手段,但是,由於奴隸主階級的殘酷剝削和壓迫,奴隸們不是逃亡,便是憤而暴動,於是鎮壓奴隸的戰爭不斷發生,維持軍隊和強化暴力機器的財政支出就顯得非常重要。②王室費用。如國王的膳食、衣服、賞賜、宴客以及各種揮霍浪費等。③興辦一些水利灌溉事業,以求農業生產發展。只有農業生產的發展,才能保證國家每年所需的財源。奴隸社會生產力水平低下,商品經濟還不發達,財政收支的形式基本上採取力役和實物形式。可見,奴隸制國家財政是國家為了行使其職能,主要憑藉政治權力,對一部分社會產品的分配和再分配,體現著奴隸主統治階級通過國家對奴隸階段的剝削關係。

2. 封建制國家財政

封建制國家是建立在封建主佔有生產資料和不完全佔有農業勞動者這一經濟基礎之上的。封建制國家的主要職能是:對內保護封建剝削制度,對外防止侵略和從事擴張領土的戰爭。它的主要財政收入,在不同時期來源各不相同。第一,在領主制封建時期,主要財政收入來自農民的無酬勞動。如中國的西周稍晚時期,仍實行土地國有的井田制。「周人百畝而徹」,③徹就是打破公私田的界限,將公田並入私田,使公私田都向國家交納實物地租。到春秋時,齊、魯等國對土地已先後開始課稅,從「徹」發展到「稅」,可能還經過一個「租稅合一」的過程。馬克思說:「像在亞洲那樣,國家既作為土地所有者,同時又作為主權者而同直接生產者相對立,那麼,地租和賦稅就會合為一體,或者不如說,不會再有什麼同這個地租形式不同的賦稅。」④戰國時秦孝公開阡陌,正式廢除井田制,承認土地私有,准許自由買賣。第二,地主制封建時期,主要財政收入來自以下幾個方面:①徵自土地的田賦,仍一直為國家收入的大宗。②國家辦專賣的收入,如齊國的鹽鐵專賣。③徵關市,市徵其貨之所在,關徵其貨之出入。納稅主體均為商人。徵稅種類幾乎歷代均有增加。清以後關稅收入日漸重要。④依賴借債。恩格斯說:「隨著文明時代的向前發展,甚至捐稅也不夠了;國家就發行期票,借債,即發行公債。」⑤中國的公債是在清王朝淪為半殖民、半封建地以後才得到發展的。

封建制國家的財政支出主要有以下幾個方面:①軍隊和各種強制機關的支出,如許多

---

① 夏於全.孟子·滕文公上[M]//四書五經:第2卷.呼和浩特:內蒙古人民出版社,2002.
② 顧馨,徐明.成公十三年[M]//春秋左傳(一).沈陽:遼寧教育出版社,1997.
③ 夏於全.孟子·滕文公上[M]//四書五經:第2卷.呼和浩特:內蒙古人民出版社,2002.
④ 馬克思.資本論:第3卷[M].北京:人民出版社,1975:891.
⑤ 馬克思恩格斯選集:第4卷[M].北京:人民出版社,1972:167.

朝代都曾大規模地鎮壓農民起義。②王室和官俸的支出,前者如營建宮室陵寢、追求珍奇玩好、外出巡遊、兒女婚嫁、華貴生活享受之類;後者主要是發給祿米和俸錢,並隨官爵高低而有差異;官吏人數歷代有增加,坐待衣食之徒也越來越多。③鞏固國防、便利交通和興修水利的支出。如秦築長城、秦蜀守李冰修四川都江堰、漢武帝治理黃河、隋鑿運河等等。封建社會自然經濟占統治地位,隨著生產力水平向前發展,商品經濟也有一定程度發展。封建國家財政收支形式從實物形式向貨幣形式轉化。歐洲在封建社會後期,新興階級通過對封建制國家財政的支持,並通過參加議會,借以限制封建特權。英國17世紀末規定,封建國家必須向有資產階級代表參加的議會提出財政收支報告,不經議會同意不得付諸實施。這種財政收支報告,就是資產階級國家預算的雛形。可見,封建制國家財政是國家為了行使其職能,主要憑藉政治權力,對一部分社會產品的分配和再分配,體現著封建統治階級通過國家對農民和其他階級的剝削關係。

3. 資本主義國家財政

資本主義國家是建立在資產階級佔有生產資料和無產階級受其雇傭這一經濟基礎之上的。國家為了實現對內鎮壓被剝削者和對外進行防禦、侵略或爭霸的職能,必須從社會生產中分配一部分社會產品。①在自由資本主義時期,資產階級要求國家只能為資本榨取剩餘價值提供有利的外部條件,不要干預經濟的自由發展。政府只能是「廉價政府」,不能搞「大政府」。它的財政收入主要來自捐稅,財政支出主要用於開拓世界市場和對外掠奪上。與封建國家相比,它的支出相對減少,徵稅給予人民的負擔亦相對減輕,收支之間易於達到平衡。②在壟斷資本主義時期,由於壟斷組織愈來愈直接地利用國家機器來全面干預經濟生活,因而財政收支都呈不斷增長的趨勢。就財政收入而言,捐稅種類增多了,稅收收入增長,如美國就有個人所得稅、公司所得稅、關稅、國內消費稅、遺產稅、社會保險稅等幾十種。就財政支出而言,主要有:軍政費用支出。在軍事支出中,以與軍事活動有關的購置、科研、設備維護等支出占的比重最大。由於階級鬥爭的激化,官僚機構的龐大、腐朽,干預經濟生活的需要,以及對工人貴族的高價收買,國家用於行政機關的經費,近年來有日益增大的趨勢。同時,還有一部分財政支出用於科學、教育、社會救濟、福利和發展經濟等各方面。發展經濟的支出,有的是用於經濟建設方面的投資,有的是對企業的補助。資本主義國家實行的所謂「國有化」,就是從財政付出大量的補償金,把那些往往是生產技術落後、經常虧損和瀕於破產的私營企業收歸「國有」;而壟斷資本集團又經常以低價將一些盈利的「國有」企業轉讓給自己,實行所謂「非國有化」,以奪走未來的財政收入並攫取高額壟斷利潤。

資本主義社會由於存在社會化和生產資料私有制這一基本矛盾,決定了它必然要發生經濟危機和財政危機。資產階級國家無論按照凱恩斯的主張,擴大政府職能,採行赤字財政和通貨膨脹政策,大力干預經濟,刺激投資和消費,以增加「有效需求」,或是採納供給學派的辦法,通過減稅和限制貨幣投放,從而鼓勵投資和儲蓄,以增加供給,實踐證明都只能暫時緩和危機,而不能消滅危機,不能挽救資本主義制度必然崩潰的命運。資本主義社會,商品經濟高度發達,國家財政收支採取貨幣形式。可見,資本主義國家財政是資本主義國家為了行使國家職能,主要憑藉其政治權力,以價值形式對一部分社會產品的分配和再分配,體現著資產階級通過國家對工人階級和勞動人民的剝削關係。

三、財政的公共性

財政歷來是指國家財政或政府財政,本來是沒有什麼異議的。有時只是為了強調其分配主體,同時也為了區別企業財務等,才使用「國家財政」這一全稱,而不用簡稱「財政」。我們認為,新中國成立後國內率先公開將英文「Public Finance」直譯為「公共財政(學)」,當推張愚山先生。儘管如此,張先生仍認為「公共財政(學)」是財政(學)著作之說。[①] 但最近幾年,「公共財政」這一術語的使用頻率越來越高,爭論亦日趨激烈。我們認為,財政本來就是公共的,如果某類收支活動是私人的(或市場的),就斷然不會是財政。當然,換個角度來講,財政的公共性又是發展的,在不同的政治經濟條件下和歷史發展的不同階段,其實現形式和存在範圍是不完全相同的,而「越位分配或缺位分配」只是財政公共性的扭曲表現,這正是我們今天改革的應有之意和著力點。

(一)從「財政」語匯的發展看財政的公共性

英文「Finance」是個多義詞,可翻譯為財政、金融,還可翻譯為財務,到底做何理解,須結合上下文而定。英文「Finance」一詞,源出於拉丁文「Finis」,原文有支付期限的意義,之後變為「Finance」,則有支款及裁判上確定款項與罰金支付等意;至16世紀又轉成法語,變成「Finances」,始有公共收入的意義;17世紀以后,用以指國家的一般理財;到了19世紀,則指一切公共團體的理財;20世紀初,由法國傳入各國后,即用以指國家及其他公共團體的財政。為了與商業理財(business finance)或公司理財(corporation finance)相區別,加上「Public」一詞,「Public Finance」則對應「財政」或「財政學」。

在中國的歷史上,財政被稱為「國計」、「國用」、「度支」等,而「財政」一詞真正出現是在清代光緒年間,借用了日本人的譯法。日本在明治維新時,引進西歐的「Finance」詞意,同時借用中國古代的「財」和「政」的詞意,立「財政」一詞。當時解釋為「財者,錢財也,政者,政治也,財政者乃管理公共錢財或財貨之事也」。據說,嚴復在翻譯亞當·斯密的《國民財富的性質及原因的研究》時,就借用了日本的譯法,譯為「財政」。

總之,從中西文關於財政這一詞匯的發展與變化,可以看出財政的公共性是發展的、規範的,財政是與金融、商業理財、公司理財相區別的。

(二)從財政收支的特點變化看財政的公共性

隨著社會生產力的發展和國家政權的更替,財政的性質、內容、形式、特點都在不斷地發展變化,先後出現過奴隸制國家獻策政、封建制國家財政、資本主義國家財政的社會主義國家財政。就財政收支的特點來看,財政的公共性也是發展變化的。

前已述及,在奴隸制國家,「普天之下,莫非王土;率土之濱,莫非王臣」,實行土地國有制,國王是最大的奴隸主,也是全國土地的所有者。國家的財政收入,主要來自奴隸的勞役地租、戰爭掠奪和納貢;國家的財政支出,主要用於戰爭和祭祀、王室費用和公共工程。有時,國王私人的收支和國家公共的收支,是不可能完全分清的,甚或是合為一體的。加上奴隸制經濟純系自然經濟,商品貨幣關係很不發達,一切財政收支形式均為實物,國家雖也設官分管,但要統一計算、對照比較,是不可能的。

在封建制國家,封建制經濟一般可分為領主制經濟和地主制經濟。總體而言,封建制

---

① (美)阿·埃克斯坦. 公共財政學[M]. 張愚山,譯. 北京:中國財政經濟出版社,1983:1.

國家的財政收入主要來自農民的無酬勞動、辦專賣、徵關市、納貢、捐輸、貢獻及發行貨幣收入和借債；主要的財政支出用於軍隊和各種強制機關的支出、王室和官俸支出、工程費用等。在領主封建時代，公卿大夫、親王貴族各有領地，不需要國家給他們很多薪俸，官俸支出在國家財政中不占重要地位。而地主封建時代，官吏生活多仰賴官俸，官俸支出在國家財政中的重要性就表現出來。總之，封建時期國家財政收支和國王私人收支由不可分割，經歷了從形式上分別管理逐步變為完全可以分開的過程，尤其是封建社會的後期。

在封建社會後期，資產階級在反封建國家的鬥爭中，把奪取財權作為鬥爭的重要內容之一。馬克思說：「一旦社會的經濟進步，把擺脫封建桎梏和通過消除封建不平等來確立權利平等的要求提到日程上來，這種要求……也不能不要求廢除封建特惠、貴族免稅權以及個別等級的政治特權。」[①]資產階級要獲得自由平等的權利，就要廢除封建特權，要限制王室的政權，就要控制其財權，並將王室收支與國家政府收支分離開來。所以政治立憲須以管理財政為起點，英國17世紀末就規定，封建國家必須向有資產階級代表參加的議會提出財政收支報告，不經議會同意不得付諸實施。資產階級奪取政權之後，對封建國家的財政稅收制度進行了改革，不僅建立了比較完善的預算編製審核和招待的制度，制定了發行債以及公債到期還本付息的規定，還大力改進了稅收制度。至此，財政的公共性取得了獨立的、完全的存在形式。至於財政的公共性在資本主義自由時期和壟斷時期，以及在社會主義計劃經濟條件下和建立市場經濟條件下，其具體的實現形式和存在範圍，則在後面再予論及。

(三)從經濟條件的轉換看財政的公共性

在高度集中統一的計劃經濟條件下，財政的功能無所不包，統包統攬，越位分配，不僅涉及企業簡單再生產，而且涉及關聯企業擴大再生產，乃至於有人稱之為「大財政」、「生產建設財政」等等。應該說，在這種體制下生成的財政公共性，其範圍和口徑是經濟體制所使然。這種公共性是扭曲的，在建立社會主義市場經濟體制的過程中，是需要改革和規範的。

在社會主義市場經濟條件下，隨著以市場作為資源配置起基礎性作用的商品經濟的發展，財政的公共性涉及國內外市場的參與者，涉及社會經濟生活的各個層面，財政分配範圍不僅擴展到社會再生產的各個環節，而且擴展到國內外市場及其市場作用不到的範圍。正因為如此，商品經濟及至市場經濟要求用法制規範財政的公共性(涉及的主體、分配範圍等)，正確劃分市場和財政各自作用的範圍。

在社會主義市場經濟條件下，市場經濟是以市場為配置資源起基礎性作用的商品經濟，進一步改變和拓展了經濟運行過程，使財政關係及其公共性由過去的單純的經費籌集和供給變為強化經營管理，財政再分配也相應地採取了市場性再分配和非市場性再分配相結合的方式。財政公共性的這種變化，不僅與自然經濟中的財政關係及其公共性有原則性的區別，而且與計劃經濟，甚至與一般的商品經濟中財政關係及其公共性也有很大的區別。所以，按照市場發展的要求，把財政關係及其公共性納入市場經濟體制運行軌道，是財政體制改革需要妥善解決的問題。

在社會主義市場經濟條件下，財政的功能及其公共性，在籌集資金，保障經費供給，對經濟運行的控制、調節和對社會利益的協調方面，較之過去表現得更為動態和明顯。

---

① 馬克思恩格斯全集：第20卷[M].北京：人民出版社，1971：116.

可見,財政本來就是公共的,但其公共性有一個發展過程。如果說在奴隸制、封建制條件下,君主(國王或皇帝)個人收支和國家的收支不可分離,財政的公共性尚未徹底獨立和成熟;而在計劃經濟條件下,財政的公共性範圍又無序擴張,那麼,在市場經濟條件下,財政的公共性則取得了獨立、成熟、規範、完全的存在形式——公共財政,亦即市場經濟財政。建立與社會主義市場經濟體制相適應的公共財政的基本框架體系,是勢所必然的。總之,公共財政的含義具有二重性。從理論範疇看,公共財政就是市場經濟條件下的財政;從財政管理體制看,公共財政就是公共型財政管理體制,是與供給財政(即供給型財政管理體制)、建設財政(即建設型財政管理體制)相對應的財政管理體制。

第二節 財政的本質

一、從財政現象入手考察財政的本質

我們知道,現象是事物的表面特徵以及這些特徵之間的外部聯繫;本質則是事物的根本性質,是組成事物各基本要素的內部聯繫或客觀事物本身所固有的規定性。現象和本質是對立的,但又是統一的,因為任何現象都從特定方面表現著本質。可以說,沒有不表現現象的本質,也沒有不表現本質的現象,任何事物都是現象和本質的有機統一。

財政本質是財政事物的根本性質或內部聯繫,財政現象是財政這一事物的外部表徵。例如,各種財政收支及其實物形式或價值形式就是財政事物的現象形態,而這些現象形態的內部聯繫即本質,就是以國家為主體的分配關係。要把握財政的本質,必須注意以下幾點:①必須透過財政現象來認識財政本質,要在實踐的基礎上,觀察大量生動的財政現象,盡可能佔有豐富的真實的財政感性材料。②不能停留在對財政現象的認識上,要通過科學分析、辯證思考把握住財政的本質。③在關於財政本質的認識的指導下,繼續研究新的財政現象,使認識不斷擴展、不斷深入,以至無窮,從而更深刻地把握財政的本質。

二、財政本質特徵的兩個層次

自然科學所研究的對象,無論其物質形態、結構、性質、運動規律,其本身都是不具有社會屬性的。這種不具有社會屬性的客觀事物,例如高新技術及其產品,說到其本質,即只有此一事物與其他事物的質的差異或同一事物的質的共性,不存在同一事物在不同社會條件下的質的差異。

社會科學所研究的對象,例如財政,其本身具有社會屬性的,是自然屬性和社會屬性的統一。

就財政的自然屬性這一層次來看,說到財政本質,就是指財政與信用、價格、工資、財務的質的差異,或者指財政在同一社會或不同的社會的共性。財政的這種「差異」和「共性」的體現,就是財政的「共性」特徵:國家主體性、強制性、無償性。它既決定了財政和上述範疇的區別,即「異名異質」,又表明了社會主義條件下的財政和資本主義條件下的財政「同名同質」,具有質的共性。

就財政的社會屬性這一層次來看,除了財政的共性特徵之外,作為具有社會屬性的財

政,還具有財政的社會(制度)特徵。即在不同性質的社會中,財政還有著特殊的差異,社會主義財政和資本主義財政就有著本質的區別。基於社會主義財政是建立在以公有制為主的多種所有制並存和發展的社會主義國家的基礎之上,是為了實現國家的政治、經濟職能;基於社會主義財政體現著國家、集體和個人之間的根本利益一致基礎上的整體與局部、長遠與眼前利益的關係,則用「取之於民、用之於民」這一體現本質的社會特徵來概括。反應資本主義財政本質的社會特徵,則用「取之於民、用之於己」來描述。「民」與「己」僅一字之差,便反應了社會主義財政和資本主義財政在社會屬性方面的本質區別,反應著不同的分配關係。

三、財政本質的一般特徵

毛澤東同志指出:「任何運動形式,其內部都包含著本身特殊的矛盾。這種特殊的矛盾,就構成一事物區別於他事物的特殊本質。」「每一物質的運動形式所具有的特殊的本質,為它自己的特殊的矛盾所規定。」[①]我們要進一步瞭解財政的概念,把握處於社會再生產分配環節的財政分配,不僅要注意財政與其他分配形式的共同點,更要注意它與其他分配形式的質的區別,找出它本身所固有的特殊矛盾。

(一)國家主體性

財政是以國家為主體的社會產品分配,財政部門的一切財政活動直接代表國家。一方面國家以社會管理者的身分,憑藉政治權力,對國有經濟、集體經濟、其他非社會主義經濟以及公民個人的一部分社會產品或國民收入進行分配;另一方面國家以生產資料所有者的身分,憑藉財產權力,對國有經濟的一部分社會產品或國民收入進行分配。因此,以國家為主體,就成為財政分配與其他分配形式的一個極重要的區別,由此也決定了財政分配必然是全社會的集中性分配。

國家在參與社會產品或國民收入分配中處於分配的主導方面,分配的另一方面處於被動和從屬地位。

財政分配是通過國家與有關各方的分配關係來實現的,集團之間、單位之間、人與人之間的利益關係矛盾,是通過國家這個層次來得以緩解或調節的。

(二)無償性

財政一般是具有無償性的一種分配。財政分配主要是以剩餘產品為客體的一種分配,馬克思說:「這種剩餘產品是除勞動階級外的一切階級存在的物質基礎,是社會整個上層建築存在的物質基礎。」[②]在這裡,對 m 的分配與 c、v 的分配不同,因為對 c、v 的再分配,都只能是對使用權的暫時讓渡,具有要求返還的特性,而 m 的分配可以脫離再生產過程,使財政分配可以採取不返還的、無償的方式來進行。

財政分配的結果,一般是使社會產品發生單方面的轉移,形成無償的分配,財政收支對方單位得不到直接的、相應的或者等價的報償,因此財政分配一般是所有權和使用權相統一的分配。

(三)強制性

財政一般是具有強制性的一種分配。財政分配的強制性是指國家作為統治機關本身

---

① 毛澤東選集:第1卷[M].北京:人民出版社,1967:283-284.
② 馬克思恩格斯全集:第47卷[M].北京:人民出版社,1975:216.

不進行生產,為耗費一定的物質資料,憑藉國家權力以立法或行政權力的形式強制地取得一部分社會產品,並給予相應的調節、監督和管理,在規定的範圍內任何單位和個人不得拒絕,拒絕或不按照規定,則要受到一定的制裁。

財政分配的強制性體現的是一種經濟強制,法律強制是其表現形式。強制實質上就是一種權威,而財政及其管理本身就是一種權威。

四、財政本質的社會特徵

財政的本質是以國家為主體的分配關係,這無論對資本主義財政,還是對社會主義財政都是適用的。也就是說,上述「取之於民、用之於民」和「取之於民、用之於己」的概括,是對財政本質在不同性質的社會中體現社會性質即階級性質的特徵的描述,它既區別於財政本質的一般共性特徵:國家主體性、強制性、無償性等特徵,因為這三種特徵不存在「姓資姓社」問題,對任何性質的社會條件下財政都是適用的,也區別於各種財政現象。

(1)從財政收入來源角度看,如社會主義稅收「取之於民」,資本主義稅收也是「取之於民」,但這裡的「民」不能從現象去把握,而應從實質上去理解。在社會主義條件下,驟然看來,稅收徵自各種性質的單位和個人,實則來自勞動人民創造的價值中的一部分,歸國家所有;在資本主義條件下,從現象形態看,稅收徵自資本家企業和個人,實則也是來自勞動人民創造的價值的一部分,歸國家所有。所以,財政本質的社會特徵在兩種社會形態下,都從財政收入角度概括為「取之於民」。

(2)從支出的使用角度看,如社會主義財政支出「用之於民」,資本主義財政支出「用之於己」,這裡的「民」與「己」也不能從現象去理解,而應從實質上去把握。

第一,社會主義財政支出「用之於民」,從現象形態上看,財政支出用於國家機器運轉,實則維護國家主權和經濟利益,保護人民安居樂業;財政支出用於經濟文化建設,實則是提高人民生活水平和人民的科教素質、身體素質;至於財政支出直接用於對人民的各種補貼,則更不用說了。財政支出的具體用途廣泛,實質上都是為勞動人民服務的。

第二,資本主義財政支出「用之於己」,從現象形態上看,財政支出不僅用於國家機器運轉、經濟文化建設,同時還提供公共福利,似乎難於理解財政支出是用之於「己」的。

一是在資本主義條件下,資產階級的國家即「總資本家」參與剩餘價值的再分割,對資產階級來說,正如馬克思所說,稅收「所改變的,只是產業資本家裝進自己腰包的剩餘價值的比例或要同第三者分享的剩餘價值的比例」;[1]對勞動人民來說,則是在生產過程之外的超經濟剝削,是對勞動者必要勞動的再壓縮。資本主義財政收入,是以勞動人民創造的新價值為根本來源的,最終都是由勞動人民負擔的。所以,和工人所對立的,不只是單個資本家,而是整個資本家階級及其資產階級國家。

二是資本主義國家在實現其階級職能時,必須同時執行其社會職能。新科技革命為執行社會的職能提供了相應的物質條件,使得財政收支運動還必須考慮提供公共福利和優化資源配置、公平收入分配、穩定經濟並有適度的增長,而這些均屬於社會的公共需要。所以,在實現國家的政治、經濟職能中,是包括社會的公共需要的,只不過公共需要在不同的歷史發展階段和範圍有所差異,並反應著不同的生產關係。其實,無論是財政「維護社會秩

---

[1] 馬克思恩格斯全集:第23卷[M].北京:人民出版社,1975:570.

序和保障國家安全」,還是財政「調節國民經濟和增進社會福利」,其實質都是維護資產階級的統治和緩和階段矛盾,是有利於資產階級的。因此,從本質的社會特徵角度考察,在上述意義上,將資本主義財政的社會特徵概括為「取之於民,用之於己」。

第三節　財政的職能和作用

一、財政職能和作用的關係

財政的職能,是指財政本身所固有的功能或潛在的能力。財政職能這一內在固有的屬性,是財政本質的客觀要求,即其本質的體現;財政職能,又受國家職能的制約,即是從財力方面保證實現國家職能的特定的內在功能。財政的作用則不能僅僅歸之於是財政職能發揮所產生的具體效果,因為財政的職能和財政的作用有著密切的聯繫,但又是有所區別的。我們認為,財政的作用包括兩層含義:一是指財政的職能在一定時期、環境或其他客觀條件下變化著的功能;二是指財政職能的發揮,在歸宿上表現為具體的效果、效益、效應、影響等。

如何進一步把握二者的關係呢？從職能和作用的聯繫來看,財政的作用導源於財政的職能;財政的作用和職能都是指一定的功能,二者的聯繫非常密切。正因為如此,不少同志籠而統之稱之為職能作用、或職能、或作用,是無可厚非的。但問題還在於要進一步把握二者的區別:①從功能存在的層次看,財政職能是財政本身所固有的、內在的功能,而財政作用則是財政外在的、具體的功能,前者的層次比後者更深層、更高遠。②從功能存在的勢態看,財政的職能是和財政內在的、相對穩定的規定性相關,即是一種靜態的功能;財政的作用除受制於財政的職能之外,其作用變化及其大小、好壞,還有賴於人們的認識以及其他實踐活動,且受制於一定的時間、環境和其他客觀條件,隨著時間、環境和其他客觀條件的變化而變化,因而較之財政的職能又具有明顯的變動性,即是一種動態的功能。

由此可見,將財政的職能和作用分別加以探討,既弄清它們的密切聯繫,又把握二者的區別所在,不僅理清了概念,而且對於我們認識財政本身內在的規定性,從而結合特定的歷史時期和各種客觀條件,制定相應的財政制度和政策,付諸實施以取得預期的效果,是既有理論意義,又有現實意義的。

需要指出的是,在財政職能和作用之間,客觀上存在著一系列中間環節。財政政策和財政制度就是這樣的中間環節,財政政策是根據統治階級利益處理財政分配關係的準繩。因此,中國的財政政策應遵循客觀經濟規律的要求,符合黨和國家的路線、方針和政策。財政制度則是財政工作的依據和規範,即規範財政分配關係的具體形式。在深刻認識財政職能的基礎上,加強對特定歷史時期及其各種客觀條件的研究,強化財政政策和制度的研究,增強財政工作的有效運行,方能達到預定的目標和取得預期的效果。

二、社會主義財政的職能

黨的十四大報告把中國經濟體制改革的目標確定為社會主義市場經濟體制,這是中國改革開放實踐經驗的科學總結,是改革理論發展上的巨大飛躍,是對馬克思主義經濟理論

和科學社會主義理論的豐富和發展。按照社會主義市場經濟體制的要求,從中國實際出發和政府轉變職能的情況看,有下列五個財政職能:

(一)配置資源職能

配置資源,廣義地理解是指社會產品的配置,狹義地理解是指生產要素的配置。市場是一種資源配置方式,政府財政也是一種資源配置的方式。財政配置資源職能是指財政具有通過資金———財力的分配,引導人力、財力和物力的流向,最後形成一定的資產結構、產業結構、技術結構和地區結構的功能。其職能目標是保證全社會的人力、物力和財力資源得到有效的利用,通過財政分配最終實現資源的優化配置,以滿足社會及成員的需要。

在社會主義市場經濟條件下,財政之所以具有配置資源的功能,在於市場存在缺陷而不能提供有效的資源配置。本來,配置資源是市場機制的職能,即市場機制是配置資源的主要形式,市場這只「看不見的手」在配置人力、物力和財力資源方面起重要的作用,但是,在配置資源上,市場也具有自身的弱點和消極方面,例如:①生產和消費的供求信息不足,資源的轉移受到限制等。②市場對生產消費偏重於內在成本和效益,市場作為主體,追求最大利潤效益,往往不顧及社會的外部效果。但從整個社會來考察,不僅應注重內在成本和效益,而且還應注重外在成本和效益。如就市場中的水力發電站而言,內在效益是發電的利潤,外在效益則除供電區域的生產發展和生活需要外,還有航運、灌溉、防洪、生態等效益;內在成本是企業的基建投資和經營成本,外在成本是企業之外的代價,如水庫淹沒農田和水壩影響魚類回遊繁殖就是外在成本。內在效益與外在效益的總和是社會效益;內在成本與外在成本的總和是社會成本。③市場只能提供具有市場供求關係的、能夠獲得直接報償的市場商品和勞務,而不能囊括社會需要的全部商品和勞務(如公共衛生、行政管理、國防等)。市場的基礎性作用及其存在的弱點和消極方面,需要由財政的配置資源職能來調控,才能使社會資源優化配置的目標得以實現。

財政參與配置資源大體可分為三種類型:①典型的公共需要,包括行政管理、國防安全、公安司法、普及教育、基礎科研、衛生保健、社會救濟等,這些領域的資源配置屬於市場作用不到或作用不好的,只能由財政來配置資源。②非典型的社會公共需要,諸如高等教育、應用科研、社會保險、價格補貼等,這些公共需要可以通過市場和政府兩種途徑滿足,一般可根據不同時期的發展情況決定。③一些公共基礎設施和非競爭性基礎產業項目,如交通干線、江河治理等,可以由政府承擔投資,但有些並不一定全部由財政安排支出,可以通過投融資或股份制等形式解決。

財政配置資源的機制和手段主要有:①根據社會主義市場經濟體制下的政府職能需要,合理安排財政收支占國民(國內)生產總值的比例,有利於高效率配置資源。②優化財政支出結構和合理安排政府投資的規模和結構,調節全社會資源配置的數量和方向。③通過稅收方面的稅種開徵與停徵、稅率高低與優惠減免,鼓勵和限制一些產業和產品的發展,使資源配置優化。④對國有資產收益分配的調整和財政補貼,決定和影響資源的配置。⑤國債的發行可影響累積與消費,又會影響資源的配置。⑥中央對地方財政的轉移支付可影響地區的資源配置。⑦提高財政配置本身的效率。

(二)分配收入職能

分配,通常的含義是指國民收入產出後,通過分配形成流量的收入分配格局和存量的財產分配格局。財政分配收入職能則是指,財政具有通過分配調整各分配主體的物質利益

關係的功能。在社會主義市場經濟體制下，必須規範和完善初次分配和再分配機制，堅持按勞分配為主體、多種分配方式並存的制度，把按勞分配和按生產要素分配結合起來，堅持效率優先，兼顧公平，以優化資源配置，促進經濟發展，保持社會穩定。而財政作為國民收入分配的樞紐和國家掌握的重要分配工具，其職能目標是實現國民收入和財富分配的公平合理，調整國家與企業、個人之間、企業和企業之間、個人和個人之間分配關係。

在社會主義市場經濟條件下，市場機制的按要素分配是分配收入的主要形式。通過在生產要素市場上，各要素主體作為分配的參與者，企業和個人分別取得利潤（或利息）、租金和工資，以及補貼、福利等，國家則主要以稅收、上繳國有資產收益等形式取得收入。但是，僅有這一層次的分配是不夠的，因此財政要實現國家的職能，不僅是市場的參與者，而且是市場的調節者；不僅要以生產資料所有者的身分參與分配，而且還要以社會管理者的身分參與分配與再分配。

那麼，財政在貫徹社會收入分配目標中，是如何實現收入分配職能的呢？①劃清市場分配與財政分配的界限和範圍，原則上屬於市場分配的範圍（如企業職工工資、股息收入等），財政不能「越位」；凡屬於財政分配的範圍（如公共需要、社會保障等），財政不能「缺位」。②按支付能力原則的稅收要加強調節，即通過間接稅調節各類商品相對價格，調節各經濟主體的要素分配；通過所得稅、財產稅調節企業和個人收入分配；通過資源稅調節級差收入。③規範公務員、事業單位工資制度。④通過轉移支出，保障社會成員基本生活和起碼的福利水平；通過轉移支付，解決地區經濟發展不平衡問題。⑤發揮財政監督機制，配合有關部門對侵吞公有財產和利用偷稅、逃稅、權錢交易等非法手段牟取利益的行為，依法予以打擊，取締非法收入；整頓亂收費和不合理，糾正憑藉行業壟斷和某些特殊條件獲得個人額外收入等。

(三)穩定經濟職能

經濟穩定包含充分就業、物價水平穩定和國際收支平衡等。經濟增長和經濟發展是不同的概念。經濟增長是指一國的產品和勞務數量的增加，通常用國民生產總值或國內生產總值及其人均水平來衡量。經濟發展不僅意味著產出的增長，以及經濟條件、政治條件和文化條件的變化。即通過物質生產的不斷增長，以提高人均收入，改善人民的生活水平和福利水平。而財政穩定經濟職能是指財政通過分配和財政政策、制度，具有穩定經濟並使之有適度增長的功能。其職能目標是保持勞動力的充分就業、物質資源的充分利用、穩定的物價、有利的國際收支和適度的經濟發展。

在社會主義市場經濟條件下，財政之所以具有穩定與發展經濟的職能，在於市場存在著缺陷而不能自動調節並穩定經濟，以致經濟波動的幅度可能日益變大。市場機制在穩定經濟和增長經濟方面只能自發地起著基礎性的作用。即市場只能隨著「看不見的手」，在一定程度、範圍、對象、內容方面調節和穩定、發展經濟。但是，市場也有其弱點和消極方面，如社會生產與消費存在不可克服的矛盾，而且市場競爭又可能受外部干擾出現不足、不充分的情況；市場經濟活動總是有週期的，會出現經濟波動的狀態，會導致供給和需求總水平的不穩定。這些正需要財政的穩定與發展經濟職能來調控和克服。

那麼，財政的穩定經濟職能是怎樣實現的呢？促進經濟穩定和發展，主要的任務是調節總供給和總需求的平衡，政府需要通過財政收支、信貸收支、外匯收支和物資供求來配套進行。就財政而言，它是調節總供給和總需求平衡的重要手段：①在經濟滑坡時期，總需求

小於總供給，財政可通過增加財政支出中的投資、補貼和增發國債，或減少稅收，或二者同時並舉，由此擴大總需求，增加投資和就業。②在經濟繁榮時期，總需求大於總供給，財政可通過減少財政支出或增加稅收，或二者同時並舉，由此減少總需求，緊縮投資，抑制通貨膨脹。總之，通過財政收入和支出的鬆緊搭配，相機抉擇，決定或影響總需求和總供給的平衡，阻止經濟滑坡和促進經濟繁榮的持續，使整個經濟協調、穩定地發展，並有適度的增長。

前面論述的財政三大職能無疑主要是為了實現國家的經濟職能。可是，財政既是經濟範疇，又是一個政治範疇。研究財政的職能，不僅僅談它實現經濟的職能，而不聯繫它實現政治的職能。從財政分配的實踐活動看，古往今來，不論何種性質的國家、何種類型的財政，其職能都是有一個共性部分，即滿足政府實施政治職能，而向政府國防、外交、行政管理和社會治安(公、檢、法)等方面提供財力支撐。然而，現代西方經濟財政學家在研究財政職能時，往往不願說明財政是與國家有著本質聯繫，是為鞏固資本主義國家政權，為資本主義國家政權，為資本主義統治階級的利益服務的。為抹殺財政的政治屬性，所以只能以經濟屬性來代替一切。

(四) 維護國家職能

在社會主義初級階段，我們要把集中力量發展社會生產力擺在首位。但是經濟的發展必須以穩定的政治環境和良好的社會秩序為前提條件。因此必須堅持黨的領導，排除一切破壞穩定的因素。即在社會政治穩定中推進改革、發展，在改革、發展中實現政治穩定。這充分說明，社會主義經濟制度的鞏固和社會主義市場經濟的建立、發展與完善，都離不開國家機器的支撐。

財政具有通過分配維護國家機器存在和促進其正常運轉、發展的功能。其職能目標是保證以物質資料支持軍隊、警察、法庭等強力政權機構和行政管理機構等的建立和發展，為國家政權提供物質基礎。在社會主義市場經濟條件下，財政之所以具有維護國家機器運轉的職能，在於：①國家除了實現自己的經濟職能之外，還要實現自己的政治職能。這就決定了財政具有從財力方面實現國家政治職能的特定的內在功能。隨著黨和國家的工作重點轉移到以經濟建設為中心的現代化建設軌道上來，國家的政治職能依然十分重要，仍然需要國家來保衛生產資料公有制，保衛勞動者的平等和分配的公平，維護社會安定，保衛祖國和抵禦外來侵略等等。②市場經濟的運行除自身的一些規範之外，需要國家機器為社會再生產提供外部條件，為市場經濟的正常運行提供良好的社會秩序。實現國家的政治職能所需財力和市場自身不能解決的外部條件，正是由財政的維護國家職能來實現和維持的。

財政如何維護國家機器的運轉和發展？①要借助於財政對社會產品的必要扣除，為國家政權提供物質基礎來進行。即通過財政收入的積聚和財政支出的運用，為實現國家政治職能提供財力保證，維護社會的安寧秩序，保護人民有一個和平勞動的環境，並保證社會主義市場經濟的正常運行；對外抵禦外敵的侵犯，保衛國家的安全。②國家以社會管理者的身分，利用政治權力進行國家管理，必然要利用財政分配監督管理社會經濟生活，整頓分配秩序，理順分配關係，這也是在直接維護國家機器，鞏固人民民主專政。

(五) 監督管理職能

財政監督管理職能，是指財政通過參與國民收入的分配、再分配過程所具有的對財政收支活動以及對經濟活動的制約、反應的監督與管理的功能。其職能目標是依據國家政策、法令、制度和財政經濟槓桿來規範分配秩序，提高財政資金使用效益，促進社會主義市

场经济的健康发展和国民经济持续、稳定、快速的增长。

财政之所以具有监督管理的职能，这是由在社会主义市场经济体制下，财政的地位和作用所决定的。在社会化大生产和实行市场经济条件下，社会主义国家对社会生产、分配和消费需要实行全面的监督管理，这是保持正常的财政经济秩序，建立稳定的政治社会环境的基本要求。财政监督管理是国家管理经济，实行经济监督的一个主要方面。财政是社会主义国家掌握的一个重要分配工具。财政分配在社会再生产过程中居于分配环节，对生产、交换、消费可以起到反应和制约作用；在分配的诸环节中又居于主导环节，可以对工资、价格、信贷、企业财务、社会保障等的制约与协调配合发挥作用；在国民收入分配中居于枢纽地位，可以反应和制约「社会三大基金」的形成，而国家要对这些方面进行管理，就需要利用财政发挥监督管理作用。

财政又是如何发挥监督管理功能的呢？①通过财政资金的筹集和分配，财政收支计划的编制、审查和执行检查，系统地掌握预算、税收、国有资产、投资等的活动情况；反应、瞭解、督促、管理各部门、各企事业单位贯彻党的政策、法规、计划和制度的情况；正确处理国家、企业、集体、个人几者的利益关系；收入按政策及时足额地完成各项收入任务，支出坚持量入为出，统筹安排和合理使用各项资金，制止铺张浪费和各种违反财经纪律的行为。②由于社会再生产过程不仅表现为物资运动，而且表现为资金运动。财政收入反应企业的经济效益和财务经营成果，财政支出反应用于国民经济和社会发展的各项事业的成就。因此，国民经济活动和事业活动都会综合地反应到财政资金运动上。国家通过财政收支，就可以反应、分析和检查国民经济各部门、各企事业单位的经济活动是否符合党和国家的方针、政策，是否符合市场经济原则，是否有利于社会生产力的发展、国力的增强和人民物质文化生活水平的提高。

三、社会主义市场经济下财政的作用

(一)集中社会主义国家所需要的资金

社会主义国家要实现其政治职能和经济建设的职能，都需要集中必要的财政资金。对于如何集中这些资金，就要讲求聚财之道。只要在提高经济效益的基础上发展生产，并处理好国家、企业、个人三方面的分配关系，财源就会不断地涌现。改革开放以来，财政为国家集中了大量的财政资金。同时，随著经济体制改革的推行，逐步改革和完善了财政体制，不仅保证了中央财政有稳定的收入，而且有利于建立现代企业制度，增强了企业自我发展和自我改造的能力。今后，随著财政收入占国民(国内)生产总值比例的提高，应适当调整中央和地方财政收入的分配比例，完善税收制度，并鼓励地方、部门、企业按统一规划把资金用到国家急需的建设项目上来。这样，财政就能为社会主义国家实现其职能的需要，集中必要的更多的财政资金。

(二)促进现代化建设的逐步实现

社会主义国家行使组织和领导国民经济的职能，建立新的、社会主义的生产关系，并不断进行经济建设，扩大社会再生产，使物质形态的生产力得到持续的发展。新中国成立前，中国是一个「一穷二白」的国家。新中国成立后用了很大的财力进行大规模的经济建设，社会生产力发展较快。现在世界正面临着一个技术革命的新浪潮，我们应抓住这个时机，接受挑战。新中国成立以来，特别是改革开放以来，财政集中财力支持了社会主义经济、文

化建設事業的發展,在促進完善社會主義生產關係,調節各類社會基金比例,調整產業結構和產品結構,調節社會總供需等方面做了大量工作,發揮了重要作用。今後,按照「兩個轉變」,盡可能地把能夠動員的財力利用起來,齊心協力,奮起直追,以逐步實現工業、農業、國防和科學技術的現代化。

保護和發展社會生產力的目的,就是為了滿足人們不斷增長的物質和文化生活的需要。新中國成立以後,尤其是中國十一屆三中全會以來,國家通過安排城鎮勞動就業,提高職工工資和實行獎勵制度,建設職工住宅和城市公用設施,實行各種價格補貼等等,來滿足人民日益增長的需要。國家財政通過財力分配,努力為增加城鄉人民的收入和提高人民的消費水平服務。

(三)發展科教文衛事業和提高人民生活水平

社會主義現代化建設,擴大社會再生產,必須發展物質形態的生產力。但是,不能忽視智力開發,不能忽視發展知識形態的生產力。國家財政根據黨和國家把教育和科學作為戰略重點的方針,積極增加智力投資。這對於提高科技水平,對於普及教育,擴大各類人才的培養,保障人民身體健康和實現社會主義精神文明,都起到了重要的作用。

(四)保障國家安全

當前和平與發展是時代的主題,世界政治、經濟多極化趨勢的日益發展,廣大發展中國家總體實力不斷增強,為中國建設爭取一個良好的國際和平環境提供了有利條件。但是霸權主義和強權政治仍然是威脅和平與穩定的根源。為了保衛全體人民的和平勞動和國家安全,防禦外國敵對勢力的挑釁,社會主義財政在各個時期每年都撥付了必要的資金,支持國防現代化,使用家的國防實力日益強大,成為捍衛世界和平的強大支柱。

【復習思考題】

1. 怎樣理解財政既是一個經濟範疇,又是一個歷史範疇,還是一個政治範疇?
2. 怎樣理解財政本質的特徵?
3. 如何理解和表述社會主義市場經濟下的財政職能?

第二章
財政支出

第一節　公共產品與財政支出

一、公共產品及其特徵

現代財政理論按照產品的消費性質，將社會產品分為公共產品、混合產品和私人產品。所謂公共產品是指在消費過程中具有非競爭性(Non-rival)和非排他性(Non-excludable)的產品，私人產品是指在消費過程中具有競爭性和排他性的產品，而混合產品則是指在消費過程中不同時具有非競爭性和非排他性的產品，或指非競爭性和非排他性不完全的產品。

非競爭性是指該產品被提供出來後，增加一個消費者不會減少任何一個人對該產品的消費數量和質量，其他人消費該產品的額外成本為零，換句話說，增加消費者的邊際成本為零。以國防為例，儘管人口數量往往處於不斷增長的狀況，但沒有任何人會因此而減少其所享受的國防安全保障。

非排他性是指產品在消費過程中所產生的利益不能為某個人或某些人所專有，要將一個人排斥在消費過程之外，要麼成本太高，要麼在技術上不可能。例如，消除空氣中的污染是一項能為人們帶來好處的服務，它使人們能夠生活在新鮮的空氣環境中，要讓某些人不能享受到新鮮空氣的好處是不可能的，這項服務只要存在，它就必然會使大家得到其利益，這就是非排他性。

實際上，嚴格意義上的純公共產品並不多見，更為常見的是混合產品。混合產品大概可以分為三類：

第一是俱樂部產品，即具有非競爭性和排他性的產品。例如橋樑，在不擁擠的情況下，多通行一輛車不會影響其他車輛的通行，也就是說多一個消費者並不會增加邊際成本，即具有非競爭性；但要讓某一輛車不能通過大橋則是完全可行的，只要設一個崗亭，就可以阻止該車通過，即具有排他性。再如公園，在不擁擠的條件下，多進一個人與少進一個人幾乎不影響成本，且不影響其他人的消費水平，但不讓一些人進入公園則是可行的。

第二是擁擠性產品。它是指隨著消費者人數的增加而產生擁擠，從而會減少每個消費者可以從中獲得效益的產品或勞務，即具有競爭性和非排他性的產品。例如，某橋樑的車流量已經接近它的設計量，再增加通行者，就要增加執勤人員或減緩車輛通行速度，即增加消費者的邊際成本不為零。同樣，如果免費電影院已經座無虛席了，再增加觀看者就要增

加臨時座位,成本就要增加。這種產品與具有完全非競爭性產品的區別在於增加消費者人數會產生正的邊際成本;它與具有完全競爭性產品的差別在於增加消費者雖然會帶來正的邊際成本,但它不完全排斥其他消費者。

第三是外部性產品。外部性產品是指消費中會產生外部性的產品。比如,你在自己的門前種花綠化,你的住宅環境可以得到改善,這是你的內部效益;路過你家門口的人也可以看到你家的花,身心感到舒暢,他(她)並不需要因此支付代價,這是外部效益。從內部效益來看,它具有競爭性和排他性;從外部效益來看,它具有非競爭性和非排他性。

要說明的是,隨著科技進步和排他成本的變化,傳統上具有非排他性的產品在技術上開始逐漸具備了一定的排他性,純公共產品的範圍正在逐漸縮小。(見表2-1)

表2-1　　　　　　　　社會產品的性質與分類

	競爭性	非競爭性
排他性	私人產品	混合產品
非排他性	混合產品	純公共產品

二、公共產品供給的效率條件

(一)私人產品市場的供求均衡與效率

假定一個社會中有 A 和 B 兩個人,市場上有一種私人產品。如圖2-1所示,A 對私人產品的需求曲線是 D_A,B 對私人產品的需求曲線是 D_B,其市場需求為橫向相加,即 $D = D_A + D_B$,用需求曲線 DD 表示。私人產品的供給曲線為 SS。SS 和 DD 相交決定了市場均衡價格 P 和數量 Q。在競爭性市場上,個人 A 和 B 都是市場價格的接受者,在價格為 P 的條件下,A 消費的私人產品數量為 Q_A,B 消費的私人產品數量為 Q_B,且 $Q = Q_A + Q_B$。

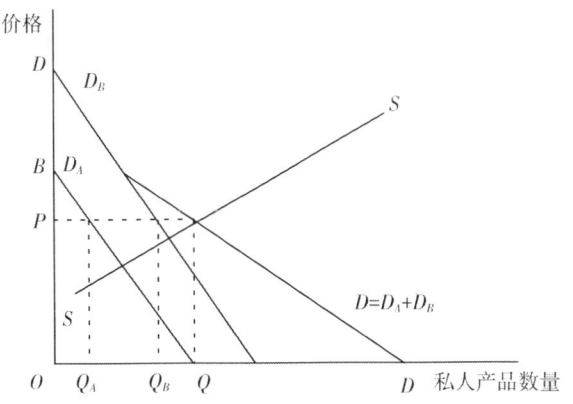

圖2-1　私人產品的供求均衡及其效率

(二)公共產品市場的供求均衡與效率

公共產品的需求和供給如圖2-2所示。A 對公共產品的需求曲線是 D_A,B 對公共產品的需求曲線是 D_B,其市場需求為縱向相加,即 $D = D_A + D_B$,用需求曲線 DD 表示。公共產品的供給曲線為 SS。SS 和 DD 相交決定了市場均衡價格 P 和數量 Q。在公共產品的供

給中，每個人都是數量 Q 的接受者，即 A 和 B 所消費的公共產品數量均為 Q；但是由於個人對公共產品的偏好和需求不一樣，其應支付的價格存在差異，即 A 支付價格為 P_A，B 支付價格為 P_B，且 $P = P_A + P_B$。公共產品的價格等於其邊際成本，等於 A 和 B 支付的價格之和，即 $P = MC = P_A + P_B$。

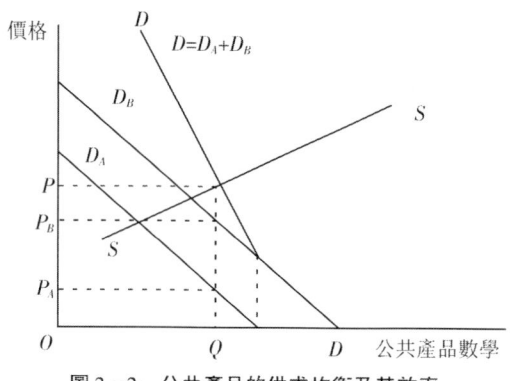

圖 2－2　公共產品的供求均衡及其效率

　　私人產品和公共產品市場需求曲線的差別主要體現在，私人產品的市場需求曲線是個人需求曲線的橫向加總，而公共產品的市場需求曲線是個人需求曲線的縱向加總。之所以出現這種差異，是因為私人產品和公共產品的基本特徵，即私人消費的競爭性與公共消費的非競爭性所決定的。個人 A 和 B 所消費的公共產品相同，是因為個人對公共產品的消費不會影響其他人對公共產品的消費。

三、公共產品與財政支出範圍

　　由於公共產品具有非競爭性和非排他性兩個特徵，因此經濟學界普遍認為由私人市場來提供將會產生效率損失。首先，非排他性決定了難以對公共產品的消費收費。在非排他性的條件下，消費者均有「搭便車」的行為傾向，沒有人願意為公共產品的提供付費。博弈理論中的「囚徒困境」說明，儘管所有人都希望享受公共產品提供帶來的好處，但是經濟理性卻否定了其為公共產品融資的動機，最終導致沒有公共產品的提供，即個人理性造成了集體的非理性。其次，非競爭性決定了對公共產品收費是無效率的。在非競爭性的條件下，增加消費者的邊際成本為 0，根據邊際成本等於邊際收益的效率定價原則，消費者的邊際收益應當降低為 0，即其價格應當為 0。如果對消費者收費，則消費者的邊際收益則會大於 0，而不是等於 0，從而違反了效率定價原則，造成了效率損失。

　　當然，政府提供公共產品也存在一定的問題。第一，政府提供公共產品會產生「擠出效應」，將部分私人提供擠出市場。儘管私人部門不能有效地提供公共產品，但其仍然能夠為整個社會提供一定的公共產品；如果政府全部免費地提供公共產品，那麼私人部門則不可能再提供公共產品。第二，消費者關於公共產品的偏好難以準確有效地表達出來。按照公共產品供給的均衡條件，消費者對公共產品的費用取決於其對公共產品的偏好。為了降低其付費水平，消費者的選擇必然支付是降低或隱瞞其對公共產品的評價。第三，政府在衡量公共產品的邊際成本和邊際收益上難以做到準確。政府偏好不可能免費且有效地獲取上述信息，因而就難以準確地作出提供數量的決策。

儘管政府提供公共產品也會存在效率損失,但是經濟學界普遍認為公共產品應當由政府來提供。政府提供公共產品至少有三個好處:第一,政府能夠提供有效率的公共產品數量。由於私人提供下的公共產品均衡價格必然高於有效率的市場價格,其均衡數量也會小於有效的市場供給量。如果政府能夠準確地衡量私人的需求曲線或邊際效用曲線,則政府提供的公共產品數量能夠滿足效率要求。第二,政府能夠強制社會公眾通過稅收來為公共產品融資。林達爾均衡模型在特定條件下說明市場能夠自動達成有效的成本分擔體系,但消費者大多缺乏有效偏好顯示的動機,因而難以為公共產品提供有效的資金支持。與之相反,政府擁有政治強制力,因而能夠強迫個人交納一定的稅收以提供公共產品。第三,政府對公共產品的使用不收費,即在零費用條件下提供公共產品。正是由於政府可以通過稅收等手段籌集資金,因而其提供公共產品不需要向社會公眾再收費用。

根據公共產品理論,政府財政支出的範圍主要是純公共產品和混合產品。無論是在自由放任的古典經濟時期,還是在國家干預條件下的混合經濟時期,純公共產品都是政府財政支出必須保證的首要目標。混合產品所具有的非競爭性和非排他性不完全的特徵決定了其不可能完全由市場或政府來提供,而只能由雙方共同來提供。政府提供混合產品的份額由混合產品的外部性程度及效率條件決定。通常,私人產品是通過市場的自發均衡來解決的。但在混合經濟時期,政府仍然有可能提供一定的私人產品,為私人產品市場的發展提供支持。

第二節　財政支出的分類與結構

一、財政支出的分類

財政支出的分類,就是按某種標志對各項財政支出進行適當的歸集。分類方法的選擇,主要取決於對支出進行某種反應和分析的目的。為了正確安排和有效使用財政資金,提高財政支出的整體效益,有必要從不同角度對財政支出進行科學分類,為正確處理各財政支出的比例關係提供依據。

(一)按財政支出的對象分類

按照財政支出的對象,可以將財政支出分為純公共產品支出、混合產品支出和私人產品支出。

純公共產品支出主要是行政支出和國防支出,混合產品支出主要是科教文衛支出、農業支出、基礎產業支出、社會保障及財政補貼等支出,私人產品支出主要是用於部分私人產品性質的國有經濟投資。在中國的財政支出結構中,純公共產品支出所占的份額並不大,占絕對份額的是混合產品支出,而隨著國家經濟體制的轉型,競爭性的私人產品支出已經大大降低。

這種分類方法確認了中國財政支出的對象,並明確了中國應以純公共產品和混合產品作為財政支出的主要內容,減少對私人產品性質的行業和部門投資。經濟學理論研究表明,私人產品的提供應主要由市場競爭來實現,市場提供能夠較好地解決效率問題;對於純公共產品,非排他性決定了收費的不可能,而非競爭性則決定了收費的非效率性,因此應主

要由政府來免費提供;由於混合產品具有非競爭性和非排他性不完全的特徵,依靠市場和政府都可能產生效率性問題,因此最佳的方式是由政府和市場共同來提供。

(二)按財政支出的直接補償性分類

按財政支出是否具有直接的補償性進行分類,可以分為購買支出和轉移支出兩大類。

購買支出是指政府在市場上購買商品與勞務的各類支出。此類支出包括消費性支出和投資性支出,前者主要是指政府機關日常行政活動所需商品與勞務的支出 後者主要是指政府用於公共工程投資所需商品和勞務的支出等。政府購買支出的直接補償是獲得價值相等的商品與勞務。

轉移支出是指政府通過一定的渠道,將一部分財政資金無償地轉移給居民、企業及其他受領者的支出。轉移支出包括社會保障支出、財政補貼、捐贈支出、對外國的援助和向國際組織的繳納、公債利息支出等。其中,社會保障和財政補貼是最主要的構成部分。政府轉移支出並不能獲得直接的經濟補償物。

購買支出和轉移支出所起的作用是不同的。前者的支出過程是使政府擁有的資金與市場提供的商品和勞務相交換,對生產與就業產生直接影響,其對分配的影響則是間接的。後者的支出過程是將政府擁有的資金轉移到受領者手中 ,導致資金所有權的轉移,對分配產生直接的影響,其對社會的生產和就業的影響則是間接的。另外,轉移支出在公共支出政策中往往能夠起到「自動穩定器」的作用,而購買支出則是典型的「相機抉擇穩定器」政策工具。

(三)按國家預算體制分類

按國家預算體制劃分,可以將財政支出分為中央財政支出和地方財政支出兩大類。

中央財政支出是指全國性的支出,如國防支出、外交支出、中央政府機關及所屬各部門的支出、中央對地方的稅收返還、按體制規定的補助地方的支出、中央對地方的專項撥款和特殊撥款補助支出等。地方財政支出是指各級地方政府的支出,主要包括按體制規定應由地方承擔的本級各項支出、體制規定的上解中央財政的支出,對下級地方財政的稅收返還支出、補助支出、專項撥款和特殊撥款補助支出等。

財政支出的這種分類,以各級政府的職責事權為基礎,可以真實地反應一定時期內中央與地方政府財力分配情況和各級政府職責事權的實現程度。通過對這種分類方法的不斷改進,能促使政府間的財政分配關係更趨於合理,對實現中央對全國社會經濟的調控與統籌安排,保證各地區社會經濟事業的均衡發展,提高全國財政支出的效率都有不可忽視的作用。

二、財政支出的結構

財政支出結構一般是指財政支出由哪些具體的支出項目所構成,故又稱為財政支出構成。

(一)影響財政支出結構的基本因素

1. 財政支出規模

首先,財政支出規模越大,各種財政支出需求得到滿足的可能性也越大,政府希望調整財政支出結構的目標也較容易實現。反之財政支出結構的調整與優化將缺乏財力基礎。其次,影響財政支出規模變化的各種因素必然導致財政支出結構的調整。在一定程度上

看,正是各種複雜因素對政府社會管理能力的影響,使政府必須通過財政控制一定數量的社會財富,保持一定的財政支出總量,以滿足各種財政支出需求的實現。

2. 社會經濟發展階段

在財政支出規模既定的基礎上,不同國家受經濟發展階段的影響,財政支出結構會存在較大的差異。在發展中國家,財政支出中經濟建設支出的比重大,而用於社會發展與社會福利方面的支出比重小,其主要原因在於國家經濟發展水平有限,財政支出占 GDP 的比重難以提高,財政支出規模較小,在國家經濟發展壓力較大的情況下,財政支出構成將表現出經濟建設支出比重較大的格局。而在發達的市場經濟國家,由於經濟總量大,人均 GDP 很高,國家經濟發展主要由非政府主體推動,財政支出結構更多地體現社會發展需要,經濟建設支出所占比重通常很低。

3. 社會經濟制度

社會經濟制度是指經濟的運行模式,最典型是計劃經濟和市場經濟兩種經濟制度。在市場經濟制度下,政府大都會控制財政支出中的生產性投入,特別是減少政府對競爭性行業的直接投資。政府為促進市場經濟的順利發展,對一些市場投資主體不願承擔或不能承擔的重要基礎設施建設則應加大投資力度。而為了保證市場競爭實現必要的優勝劣汰,又必須允許企業的兼併甚至破產,允許人才流動及失業現象的存在,因此政府必須建立社會保障制度,增大財政支出中社會保障方面的支出,以保證社會的穩定。

如果實行計劃經濟制度,以生產性支出為主要內容的財政支出結構通常是重要的表現形式,中國和蘇聯、東歐國家都曾長期採用過這種財政支出結構。事實上,經歷過典型的市場經濟或計劃經濟的實踐後,在現代大多數國家,無不認識到實行極端市場原則和極端計劃原則的嚴重缺陷,大多採用以市場經濟制度為主的混合經濟制度,這客觀上形成了在市場發揮配置資源的基礎性作用的前提下,政府對市場缺陷進行必要干預的基本格局。這種經濟制度的變化必將引起政府財政支出結構的調整,並逐步體現出財政支出結構性的新特徵。

(二)財政支出結構的調整規律性

財政支出結構的形成,是財政在實現國家的社會經濟目標的過程中進行財力分配的結果。一般而言,在國家社會經濟制度相對穩定、經濟發展基本正常的條件下,財政支出結構不會有太大的變化,影響財政支出結構的各種因素可能使財政支出結構出現固化傾向。但是從中長期的角度考察,財政支出結構的調整則帶有客觀必然性。

(1)一國在不同的社會經濟發展階段上有不同的政策目標,必然對財政支出結構的調整提出要求。在不同發展階段上,可能出現的政府公共支出在投資或轉移支出方面的變化,既會促進財政支出規模的擴張,也將帶來財政支出結構的調整。

(2)國家的社會經濟制度改革,也將導致財政支出結構的變化。國家經濟制度的轉型,比如對公有制或私有制、計劃經濟或市場經濟制度的重新選擇必然會影響到財政支出的分配,並形成不同的財政支出結構。1979 年以來,中國不斷推動計劃經濟向市場經濟的轉型,逐漸形成了與計劃經濟時期迥異的財政支出結構。

(3)國家面臨全局性重大事故或經濟問題時,會導致財政支出結構的激變。如國家經歷戰爭或受到戰爭威脅時,財政支出結構將表現出向國防支出傾斜的特徵。比如,中國從新中國成立初到 20 世紀 70 年代,財政支出結構中國防經費僅次於經濟建設支出而位居第

二。國家經濟發展出現全局性問題，需要通過財政支出的調整來解決經濟危機也會導致財政支出結構的變化。比如，當總供需不平衡時，將需要調整政府的購買支出與轉移支出結構。當國際收支嚴重不平衡時，國家可能會通過出口補貼來改善國際貿易條件。

第三節　財政支出原則

　　財政支出是政府實現其職能及政治經濟目標的財力保證，是政府向全社會提供公共服務，保證國民的基本共同需要和社會福利實現的物質基礎。財政支出的合理增長能促進國家政權的鞏固、經濟的發展和國民福利的提高，而財政支出增長過度，則不利於社會經濟的穩定與發展。由於財政收入的增長受經濟增長水平，特別是受一國 GDP 總量的制約，致使一定時期內的財政收入和支出有一定的客觀數量界限，並將限制政府財政的再分配能力。因此，在財政支出安排上，必須研究影響財政支出實現的客觀基礎，確定財政支出安排中應遵循的基本原則，處理好政府財政支出目標與有限的財力之間的矛盾，才能既滿足政府公共支出的需要，又能達到公共支出的最大社會效益。總的說來，財政支出的原則包括效率原則、公平原則、量入為出與量出為入原則；其中，效率和公平原則是財政支出的一般原則，量入為出與量出為入原則是財政支出安排的技術性原則。

　　一、效率原則

　　經濟學的基本問題是在資源稀缺的條件下研究生產什麼、怎樣生產和為誰生產。前兩個問題針對如何使用現有資源，用這些資源來生產哪些產品和服務，每一種產品生產多少數量，如何將不同種類的資源用於生產不同的產品，即主要考察資源配置。後一個問題針對生產成果的分配，考察各個人所擁有或享有的生產成果的份額，即收入分配。資源配置考慮的是效率問題，而收入分配考慮的是公平問題。

　　經濟學一般意義上的效率是指帕累托效率，即如果要改善一個人的狀況，必須以犧牲其他人的狀況為代價。如果還沒有達到這樣一個狀態，則可以通過調整資源配置，以提高社會生產的效率，即帕累托改進。嚴格意義上講，資源配置的效率分為生產效率、產品組合效率和交換效率三個層次。生產效率是指如何運用現有資源和技術生產最多的產品，它要求所有產品的資源技術替代率相等。經濟效率不僅考察生產出最多的社會產品，而且要討論生產什麼樣的社會產品，即什麼樣的產品組合。產品組合效率是指在產出水平給定條件下能使社會的滿意程度達到最大化的產品組合狀態，其鑑別標準是產品的邊際轉換率等於產品的邊際替代率。生產效率解決了生產最高的產出水平問題，產品組合效率解決了在給定產出水平下什麼樣的產品組合能夠最令社會滿意的問題，但是這個產品組合由誰來消費最有效呢？這就是交換效率需要解決的問題。交換效率要將不同的社會產品配置給不同的人消費，使每一種產品能夠發揮最大的效用。具體來說，交換效率是指不同產品在不同個人之間配置的一種狀態，即某個人的滿意程度給定的條件下，其他人的滿意程度達到最大化，其理論鑑別標準是某一個人的產品邊際替代率等於任何一個其他人的產品邊際替代率。

　　在財政意義上看，生產效率要實現生產盡可能多的公共產品和私人產品，也就是要使

生產活動處在生產可能性邊界上;產品組合效率則要求在公共產品和私人產品之間作出選擇,使社會資源在公共政府部門與私人市場部門之間達到有效配置;而交換效率則是將生產出來的公共產品和私人產品交給效用評價最高的人來消費,嚴格意義上講是將生產出來的公共產品配置給效用最高的人群和地區。如果能夠滿足上述條件,財政支出則能夠滿足效率原則。

二、公平原則

效率考察生產什麼和如何生產,從技術上看具有較強的科學性;而公平考察社會產品如何分配給不同的社會群體和個人,主要涉及價值判斷問題。顯然,價值判斷的主觀性強,主要由個人的世界觀所決定,因而很難有所謂的科學性。

關於公平,學界有規則公平、起點公平和結果公平等觀點。規則公平認為,經濟活動是所有社會成員參與的競爭,競爭的規則必須公平。這種規則對於各種社會成員來說應當是統一的,所有人都應遵循同一規則參與經濟活動。這些規則包括:確認個人對生產要素的所有權,承認其所擁有的體力、智力和財富;個人以自願、誠實的方式進行交換,禁止搶掠、盜竊和欺騙;個人按照自己對生產所作出的貢獻大小獲取屬於自己的收入份額。規則公平認為,在統一的規則前提下,個人的收入份額與其對生產的貢獻份額相一致的收入分配才是公平的。由於個人所擁有的生產要素不相同,個人的努力程度不同,個人在生產過程中所作出的選擇不同,因此,按照對生產的貢獻份額所取得的收入份額也就不同,而且可能出現貧富不均、收入差距過於懸殊的收入分配狀況。但從規則公平的角度看,收入是否存在差距並不能成為公平與否的衡量標準,公平的含義僅在於所有社會成員都按統一的競爭規則行事,個人的收入份額與其對生產的貢獻份額相一致。

起點公平試圖對規則公平進行補充,不僅競爭過程中的規則要公平,而且對於所有社會成員來說,競爭的起點也應是公平的。就像賽跑,選手們要從同一條起跑線上出發;而在社會經濟活動中,每個人也應當有大致相同的起點。在現實中,人們參與競爭的起點是不平等的,有人出生在富裕家庭,有機會接受大量遺產;有人出生在貧困家庭,進入社會時赤手空拳;有的人在智力或體力上具有一定的天賦,而有的人則存在某種智力或體力上的缺陷。因此,當人們參與社會競爭時,起點就不一致。在這種情況下,即使競爭過程中的規則是公平的,所產生的收入分配狀況仍然是不公平的。起點公平強調在起點一致條件下的規則公平,因此它依然承認分配結果上的差別,並認為只要這種差別是由於努力和選擇所形成的,它就是合理的。

從一個單獨的過程來看,起點公平似乎是對規則公平的一個補充,但若從一個連續的過程來看,起點公平又是對規則公平的否定。後一代人的起點恰恰是前一代人的結果,要使後一代人的起點相同必然要使前一代人收入分配的結果相同,這就要求前一代人對生產的貢獻與收入分配結果分離,從而違背了規則公平。因此,起點公平將最終導致結果公平。

結果公平強調收入分配的結果,強調各社會成員之間所擁有收入份額的相對關係。公平的含義是指個人收入份額的均等,貧富差距較大就是不公平,縮小貧富差距就促進了公平,而公平的理想境界則是平均主義。結果公平是對規則公平的否定,不管一個人對生產貢獻的大小,其收入份額應當與其他人相等。

在財政意義上,公平作為評價收入分配狀態的標準是結果公平。與其說財政學家偏愛

這種公平,不如說它是理論抽象的結果。資源配置的效率是要把「蛋糕」做大,而收入分配的公平則是要將「蛋糕」合理地分配給社會公眾。在財政意義上,實現結果公平就是要不斷降低貧困指數(Poverty Index)和基尼系數(Geni Coefficient)。貧困指數是指處於貧困線下的人口占總人口的比例。貧困指數越大就說明貧困人口越多,收入分配也就越不公平,反之則越公平。經過改革開放後30多年的反貧困,中國中西部地區的貧困情況已經有很大程度的降低。另一個反應貧富差距的指標是基尼系數,基尼系數的值在0~1之間,其數值越小,收入分配就越公平,反之則越不公平。以基尼系數表示的公平不反應社會總收入或個人收入絕對額的大小,只反應個人收入之間的相對關係。學界一致認為,中國基尼系數已經高於國際警戒線,大約處於0.4~0.5之間。因此,中國財政支出的重要內容就是加強收入再分配,提高社會公眾對於收入分配的認同程度。財政支出的公平原則就是要實現這種公平目標。

三、量入為出與量出為入原則

(一)量入為出原則

量入為出原則是指政府根據一定時期內(通常為一年)的財政收入總量來安排財政支出,要力爭做到財政收支平衡。它體現了一國經濟發展水平對財政支出的制約。從歷史發展的角度考察,量入為出的財政思想是與人類社會處於較低水平的經濟發展階段相適應的財政再分配理論。在整個前資本主義社會,生產力水平低下,長期存在的自然經濟不可能給社會創造更多的物質財富,社會的相對封閉、商品經濟不發達又使社會財富的累積十分有限,國家基本沒有可能通過現代社會的財政赤字政策來實現超分配。在正常情況下,滿足國家需要只能量力而行、量入為出。如果因為國用不足需要擴大財政支出,唯一的辦法就是增加稅收。但在落後的社會經濟條件下,過度的稅收負擔通常會造成國民的極度貧困和生存危機,引起戰亂和改朝換代。馬克思曾指出,捐稅問題始終是推翻天賦國王的第一個原因。因此,歷代封建君主從鞏固其統治地位的角度出發,安排財政支出不得不奉行「量入為出」。在西方資本主義制度確立之初,新興資產階級出於自身利益,也主張實行「量入為出」的財政支出原則,並要求政府少收稅,少干預經濟,執行嚴格的預算制度,為資本主義的自由競爭和實現資本的原始累積創造條件。因此,量入為出的財政支出原則源於較低的社會生產力發展水平,體現社會總累積水平對財政分配的制約,反應了社會總產品特別是國民收入分配中的客觀規律對財政分配的制約。

從現代市場經濟制度角度考察,堅持量入為出是保持財政分配的相對穩定,防止國家債務過度膨脹的客觀要求。由於市場經濟是高度發達的商品經濟,這種制度加快了社會財富的累積速度和信用的發展,使社會財富的分配與調劑更為方便,也使現代社會的政府有條件通過信用形式甚至增發貨幣來擴大政府支出,並為現代國債制度和財政赤字政策的推行提供了可能。但是,國債不可能長期依靠政府發行新債來償還,最終必須由新增國民收入來保證其償還能力。中國1994年頒布的《預算法》明確規定:「中央政府公共預算不列赤字,」「地方各級預算按照量入為出、收支平衡的原則編製,不列赤字,」「中央預算中必需的建設投資的部分資金,可以通過舉借國內和國外債務方式籌措,但是借債應當有合理的規模和結構。」

(二)量出為入原則

量出為入原則是指根據國家最基本的財政支出需要來確定收入規模,從而尋求財政收支的平衡。它將財政支出放在首要地位來考慮,是對政府公共支出保持必要數量的一種肯定。量出為入既是社會發展的需要,又是一種積極的財政分配觀念。從實踐中來分析,如果政府為保證國家的安全與鞏固、社會經濟的穩定與發展所必需的基本財力不足,不能有效地履行政府職能,那麼全社會的共同利益及國民的個人利益就難以得到保障。

將量出為入作為一種財政支出原則加以肯定,要明確以下問題:①應當通過積極組織財政收入來保證必要的財政支出,量入為出是財政支出的基本準則,是實現量出為入原則的基礎,量出為入是對量入為出原則的補充與發展。②量出為入是強調保證政府必不可少的支出,而不是指可以任意擴大政府支出。③應根據經濟社會變化的各種因素合理確定政府職能,在科學測算政府支出的基礎上,主要依靠稅收收入的增長來保證財政支出增長;如果需要發行國債,則應根據經濟發展和國家可能的償債能力確定借債額度。

第四節 財政支出規模分析

一、財政支出規模的量度標準

(一)財政支出絕對規模

財政支出絕對規模是指財政支出總額,它是反應一定時期財政支出規模的絕對數指標,是分析政府可支配財力的重要指標。在縱向比較上,財政支出總額通過考察政府財政支出規模的增長趨勢,及財政收入總量與GDP總量的增長趨勢,能反應財政支出規模與財政收入、財政支出與經濟增長的關係及合理程度。在橫向比較上,財政支出總額一方面可以比較各國在不同經濟發展階段上的財政支出總額,考察一國在相同時期的財政支出規模的狀況與合理程度;另一方面可以比較一國範圍內各地區在同一時期的財政支出總額,考察各地區在經濟發展與財政能力上的差距,為國家經濟政策的制定或調整服務。

(二)財政支出相對規模

1. 財政支出占GDP的比重

一個國家在一定時期內GDP的總量是反應一國經濟實力的最主要的指標,是支撐一國經濟社會發展的主要物質基礎。財政支出占GDP的比重反應了政府部門占用社會經濟資源的狀況。與財政收入占GDP的比重相比,財政支出占GDP的比重更能反應財政分配對GDP的佔有額度。因此,政府在財政分配中更應當注意研究財政支出占GDP的合理比例,如果超過應有的合理界限,過度對GDP進行再分配,則會削弱民間累積,影響社會經濟的正常發展。中國財政支出占GDP的比重在改革初期還處於30%左右,而後處於長期的下降趨勢,1996年左右達到了最低的11.15%;其後該比重則處於回升趨勢,目前已經上升到23.10%。

2. 中央與地方財政支出占全國財政支出的比重

在考察政府間財政關係時,國際上常常採用兩個指標:一是中央財政支出占全國財政支出的比重,二是地方財政支出占全國財政支出的比重。中央財政支出占全國財政支出的

比重,考察中央政府對全國財力分配的影響程度,體現國家運用財政分配來實現全國社會經濟目標中的宏觀調控能力。一般而言,經濟發達國家,通過中央實現的財政支出總量及在全國財政支出中的比重較大,發展中國家則較低。自 1990 年以來,中國中央財政支出的比重一般保持在 30% 左右,而地方財政支出的比重則保持在 70% 左右。要注意的是,中央財政支出占比近年下降很快,2011 年僅占到全國的 15.1%。

3. 財政支出彈性與邊際財政支出傾向

財政支出彈性反應財政支出增長率與 GDP 增長率之間的關係。當財政支出彈性大於 1 時,說明財政支出的增長快於 GDP 的增長,財政支出的彈性較好;財政支出彈性小於 1 時,說明財政支出增長慢於 GDP 的增長,財政支出的彈性較差或無彈性;財政支出彈性等於 1 時,說明財政支出與 GDP 呈同步增長。財政支出彈性的計算公式如下:

$$財政支出彈性 = \frac{財政支出增長率}{GDP 增長率} \times 100\%$$

邊際財政支出傾向反應財政支出增長絕對額與 GDP 增長絕對額之間的比例關係,說明 GDP 的增加額中用於增加財政支出份額的大小。

$$邊際財政支出傾向 = \frac{財政支出增長額}{GDP 增長額} \times 100\%$$

4. 人均財政支出

除上述相對額指標外,最能反應財政支出相對規模的指標是人均財政支出。人均財政支出反應了國民從政府公共支出中獲得的平均公共產品及服務水平,更有利於國際比較。隨著中國財政支出總量的上升,中國的人均財政支出從 1991 年的 294.29 元上升為 2011 年的 8,127.77 元,增長了 27 倍。(見表 2-2)

表 2-2　　　　　　　　1991—2011 年中國財政支出規模指標

年份	GDP(億元)	財政支出(億元)	財政支出/GDP	中央財政支出比重	地方財政支出比重	邊際支出傾向	財政支出彈性	人均財政支出(元)
1991	21,781.5	3,386.62	15.55	32.2	67.8	9.73	43.35	294.29
1992	26,923.5	3,742.20	13.90	31.3	68.7	6.92	44.91	321.23
1993	35,333.9	4,642.30	13.14	28.3	71.7	10.70	79.55	393.94
1994	48,197.9	5,792.62	12.02	30.3	69.7	8.94	54.89	486.03
1995	60,793.7	6,823.72	11.22	29.2	70.8	8.19	75.10	566.35
1996	71,176.6	7,937.55	11.15	27.1	72.9	10.73	109.35	651.93
1997	78,973.0	9,233.56	11.69	27.4	72.6	16.62	153.20	750.65
1998	84,402.3	10,798.18	12.79	28.9	71.1	28.82	205.94	869.46
1999	89,677.1	13,187.67	14.71	31.5	68.5	45.30	254.07	1,052.71
2000	99,214.6	15,886.50	16.01	34.7	65.3	28.30	160.31	1,258.19
2001	109,655.2	18,902.58	17.24	30.5	69.5	28.89	212.17	1,486.23
2002	120,332.7	22,053.15	18.33	30.7	69.3	29.51	157.79	1,722.36
2003	135,822.8	24,649.95	18.15	30.1	69.9	16.76	115.54	1,913.22
2004	159,878.3	28,486.89	17.82	27.7	72.3	15.95	121.72	2,197.94
2005	184,937.4	33,930.28	18.35	25.9	74.1	21.72	126.96	2,602.57

| 2006 | 216,314.4 | 40,422.73 | 18.69 | 24.7 | 75.3 | 20.69 | 132.43 | 3,083.30 |
| 2007 | 265,810.3 | 49,781.35 | 18.73 | 23.0 | 77.0 | 18.91 | 141.64 | 3,777.37 |

表 2-2(續)

年份	GDP (億元)	財政支出 (億元)	財政支出 /GDP	中央財政 支出比重	地方財政 支出比重	邊際支出 傾向	財政支出 彈性	人均財政 支出(元)
2008	314,045.4	62,592.66	19.93	21.3	78.7	26.56	107.47	4,725.20
2009	340,902.8	76,299.93	22.38	20.0	80.0	51.04	137.04	5,731.41
2010	401,512.8	89,874.16	22.38	17.8	82.2	22.40	119.71	6,718.53
2011	472,881.6	109,247.79	23.10	15.1	84.9	27.15	140.63	8,127.77

資料來源:《中國統計年鑒》,2012。

二、財政支出增長的理論分析

隨著經濟發展,國家職能的擴張,世界各國財政支出不斷擴張,為了找出影響財政支出增長的原因,各國學者進行了積極探索,取得了有價值的研究成果,其中有代表性的財政支出增長理論主要有:

(一)瓦格納法則

19世紀德國社會政策學派的代表人物瓦格納最早對財政支出規模不斷擴大的現象展開了研究。瓦格納在對當時歐美及日本等國公共部門進行調查的基礎上,從政治因素和經濟因素兩方面分析了財政支出不斷增長的原因。他認為財政支出不斷增長的政治因素是國家活動規模擴大的結果,而經濟因素則是工業化和城市人均收入的提高。他指出,財政支出呈現出一種不斷上升的長期性趨勢,並認為其中最基本的原因是工業化中的社會進步對政府活動規模擴大的需要。具體表現在對政府保護與管理服務方面的需求的擴大,對政府干預經濟及直接從事生產經營活動的需求的擴大,以及對具有極大外部經濟效益項目需要的擴大。同時,隨著國民收入的改善,人們對文化、教育、衛生、福利等公共產品及混合產品的需求會上升,也促使財政支出不斷增長。儘管瓦格納並沒有對財政支出總量增長與規模確定的全部原因進行分析,但其研究成果已為眾多國家的財政支出實踐所證實,故稱為「瓦格納法則」。

(二)梯度漸進增長理論

1961年,英國經濟學家皮科克和懷斯曼提出了財政支出的「梯度漸進增長理論」,對財政支出規模的擴張性趨勢進行了進一步的研究,認為外在因素是影響政府財政支出增長的重要方面。

對財政支出規模呈「梯度漸進增長」變化趨勢的原因,皮科克和懷斯曼將其歸結於人們的「租稅容忍水平」。認為當國家面臨種種「激變」(如國家經受戰爭、經濟危機、特大自然災害)而影響到全社會共同利益時,納稅人的「租稅容忍水平」將會提高,政府財政支出也就可能躍上一個新的階梯。「激變」之後的財政支出水平會有所下降,但通常不會降到原有的水平,形成替代效應、集中效應和檢查效應。替代效應是指「激變」後公共支出替代了部分私人支出,高稅收水平開始替代低稅收水平;集中效應是指「激變」之後的全國性調整會擴大中央政府的財權,造成地方政府財權收縮;檢查效應是指「激變」後的人們會加強對社會公共制度的思考,對「激變」進行檢查和反思,從而促使財政支出水平維持在「激變」時期的水平上。

(三) 發展階段增長論

發展階段增長論,即經濟發展的財政支出增長理論,是 R. A. 馬斯格雷夫和 W. W. 羅斯托的重要研究成果。該理論指出,在經濟發展的早期階段,政府公共投資在社會總投資中佔有較大的比重,公共部門必須提供具有較大外部經濟效益的基礎設施,為經濟的發展創造一個良好的投資環境。到經濟發展的中期階段,私人部門已有較大發展,私人資本累積增大,基礎設施大都已經建成,政府投資成為私人投資的補充。在經濟發展的成熟階段,社會公眾對交通及相應的基礎設施、教育、醫療、住房、通信等服務的改善要求不斷上升,從而促使政府財政支出規模上升。

在該理論中,馬斯格雷夫還研究了政府轉移支出的變化,認為轉移支出占 GNP 的比重,取決於不同時期政府的再分配目標。馬斯格雷夫認為,低收入國家如果出於公平考慮而增加轉移支出,會降低私人儲蓄並產生其他的負激勵效應,不利於經濟增長率的提高,因此經濟發展早期的政府轉移支出不會太大。在經濟發展中期和成熟期,政府再分配的成本會下降,轉移支出將會有較大程度的增長。此外,馬斯格雷夫還對人口、技術、社會、文化、政治等因素對財政支出規模的影響進行了研究。

(四) 官僚行為增長論

從官僚行為的角度來研究財政支出規模的問題,主要是強調政治制度與官僚行為對財政支出規模的影響。公共選擇理論認為,官僚是指負責執行通過政治制度作出的集體選擇的代理人集團,其行為目的在於實現預算規模最大化或機構規模最大化。在實踐中,官僚機構通常可通過兩種方式來擴大預算規模:第一,利用其信息優勢使社會公眾和政府相信他們確定的產出水平是必要的;第二,利用低效率的生產技術來增加生產既定的產出量所必需的投入量。

官僚行為增長論還強調特殊利益集團的存在對於財政支出增長的影響。認為特殊利益集團會利用其政治權力影響政府決策,並使財政支出向有利於自己的方面傾斜,從而直接促使政府預算規模的擴張,導致財政支出規模不斷增長。

除此之外,西方福利經濟學派的研究觀點與方法也有較大的影響。福利經濟學派主要從微觀角度來解釋財政支出增長的原因。福利經濟學派以自身的有關理論為基礎,把私人產品市場的有效供應理論移植於公共產品的供應中來,並找出影響公共產品供應和需求的主要因素,計量諸如需求、環境、人口、公共供應品質量、公共部門投入的價格等對財政支出產生的影響。

三、影響財政支出規模擴張的因素

(一) 政治原因

政府組織財政收入安排財政支出的主要目的之一是滿足其履行政治職能的需要。因此,國際國內政治的穩定性、執政黨的政治偏好及政治體制的行政效率等都是影響政府財政支出規模的重要因素。

1. 國際政治的複雜化

第二次世界大戰以後,國際關係日趨複雜化,國際政治危機迅速反應到各國內部,使國際政治經濟問題轉化為國內的政治經濟問題;而為了化解這些危機及影響,各國政府不得不增加財政支出。20 世紀以來出現的世界性經濟危機、戰爭及國家或地區間的衝突、金融

危機和貿易爭端無不體現出國際關係的複雜化,並使各國財政支出壓力驟然增大。

2. 國家職能的擴大化

由於各國經濟的發展與國家間相互聯繫和制約的加強,國家職能迅速擴張,政府職能機構不斷增設,現代資本主義國家的政府早已超越了亞當·斯密時代的小政府,從而導致財政支出規模不斷提高。

(二)經濟原因

1. 國家干預經濟的需要

在經濟發展的過程中,發展中國家大都通過國家干預經濟的方式來促進社會經濟的發展,其中主要是通過直接投資來提高資源配置效率。比如,中國計劃經濟時期的經濟建設支出占財政支出的比重均在50%以上。而在發達國家中,1929—1933年的世界性經濟危機促使各國紛紛改變自由放任的社會經濟政策,開始採用政府行為直接參與社會經濟生活,政府在經濟方面的財政支出大幅上升。第二次世界大戰後,資本主義國家的國有化浪潮和恢復經濟的各項政策使政府財政中的經濟支出有增無減;同時,各國為實現充分就業、物價穩定、經濟增長、國際收支平衡的經濟目標,更加重視對經濟的影響和干預,財政支出規模不斷擴大。

2. 社會經濟發展的需要

實際上,各國政府為有效配置資源,都不同程度上加大了直接投資力度,從而擴大了政府財政支出規模。在典型的市場經濟國家,財政直接投資成為彌補市場缺陷、補充私人經濟不足的重要手段,其目的在於保護市場競爭活力和經濟發展的動力;在發展中國家,特別是在經濟發展的早期,政府因承受著趕超世界先進水平的壓力,無不通過直接投資參與經濟過程來實現既定目標。

3. 物價波動的影響

從長期趨勢看,各國的物價水平均呈上升趨勢,政府財政支出逐年增長是不爭的事實,並且在政府規模日趨擴大的情況下,物價上升將引起財政支出更快地增長。當物價總水平上升過快時,政府不僅要面對保證基本公共服務須安排更多支出的壓力,還必須解決在物價總水平提高後出現的社會不公平現象,這會使政府的消耗性支出和轉移支出都有一定的上升。

(三)社會發展原因

1. 人口與環境保護壓力

人口增長給財政支出帶來的壓力,表現在四個方面:第一,人口總量的增加必然要求政府增加各種最基本的社會公共需求,否則將降低國民享有的公共服務及社會福利水平。第二,人口素質提高的壓力要求政府必須擴大學校、醫療衛生機構、福利設施等的規模,增加行政管理、立法司法、軍隊警察、治安保障等公共服務。第三,人口增長帶來的老齡化會增加財政支出中養老金、退休金等的支出壓力,擴大財政支出規模。第四,人口增長還會增加對資源的消耗,從而產生環境問題。近年來,中國生態環境受到較大的破壞,環境承受能力已變得十分脆弱,迫使財政每年不得不用大量的財力來解決環境問題,從而給中國政府財政帶來巨大的支出壓力。

2. 社會福利的改善

經濟發展基本目標的實現,最終應體現在國民的福利水平上。社會福利水平的提高,

也是緩解社會矛盾的潤滑劑。在中國,社會經濟的發展必須以提高人民的物質文化生活水平為出發點,即必須有效提高社會公眾的福利水準。在西方國家,社會福利的改善則著眼於緩和社會矛盾。在經濟競爭和科技競爭日趨激烈的現代社會,改善社會福利更是一種人力投資的手段。因此,各國政府都在通過財政支出結構的調整和規模的增加來努力提高社會福利水平。

3. 社會分工的複雜化

隨著社會活動的複雜化,社會經濟活動的分工更加細化。在此背景下,政府必須增設必要的職能機構以滿足由分工細化帶來的新型公共需求,由此必須增加財政支出。

四、財政支出規模擴張的控制

儘管財政支出的增長及規模擴張已成為各國政府財政支出中的一個帶規律性的問題,但財政支出是政府的主觀行為,如果不加約束則容易失控,並產生嚴重的不良後果。因此,合理控制財政支出的增長規模是必要的。

1. 明確政府的職能範圍

財政支出是由政府的職能範圍決定的,因此科學界定不同時期內的政府職能成為合理確定財政支出規模的基本前提。

亞當·斯密對政府職能的界定為保護國家安全,建立嚴格的司法行政部門,建設、維護公共工程和公共設施三大職能。20世紀20年代末的世界性經濟危機使亞當·斯密的理論受到懷疑,以凱恩斯為代表的國家干預理論開始形成。在凱恩斯理論的基礎上,新古典學派、貨幣學派、供給學派等都提出了各自的政府職能理論。其中的主流學派認為政府應當具有三項職能,即資源配置職能、收入分配職能和經濟穩定職能。政府應當圍繞上述三項職能,規範市場行為,實現資源的有效配置、收入的合理分配和經濟相對穩定。

2. 財政支出規模總量的控制

有效界定政府的職能,能夠大致框定財政支出的基本範圍,降低財政支出規模總量。但是,即使對政府職能進行了科學的界定,財政支出規模的總量控制仍有可能失效。這是因為在政府職能範圍內,財政支出的彈性很大,其根源在於忽視了經濟增長對政府職能實現的基礎性作用。因此,控制財政支出的總量規模,從根本上講要根據一定經濟發展階段上的經濟總量和增長速度來作出科學決策。

3. 財政支出結構增長的控制

在一定的社會政治經濟制度下,財政支出結構的確定因不同時期而有差異,即財政支出的增長在特定時期內有一定的側重。比如國家面臨戰爭威脅時,國防支出的增長勢必最為突出;在中國經濟轉軌時期,政府給企業、個人的財政補貼也會有所上升。財政支出結構控制就是要根據特定時期的社會經濟需要,調整財政支出的重點,解決社會經濟發展的主要矛盾,從而為控制財政支出的非理性增長創造條件。

【復習思考題】
1. 市場經濟條件下的財政支出範圍有哪些?
2. 如何有效地控制財政支出規模?
3. 如何理解財政支出的主要原則?

第三章
購買支出

第一節　行政管理和國防支出

　　市場經濟條件下的購買支出,是指一國政府直接在市場上購買商品和勞務而形成的財政支出,如行政、國防、科教、文衛、政府投資等,其中行政和國防支出在購買支出中佔有重要的地位。

一、行政管理和國防的屬性

　　行政管理是指依法享有行政權力的國家行政組織對國家事務和社會公共事務實施有效管理的活動,故又稱公共行政管理;國防是指國家制止和抵禦外來威脅、攻擊、侵害、維護自身利益的安全和持續發展所預先採取的各種防護手段和措施。

　　行政管理和國防都具有典型的非競爭性和非排他性特徵,屬於典型的純公共產品。首先,每一個社會公眾都能得到行政管理和國防提供的服務,且不會因為社會成員的增加而改變行政管理和國防服務的數量及其成本,因而具有典型的非競爭性特徵。其次,社會公眾只要居住於一國之國境內,則難以排斥其享受國家提供的行政管理和國防服務,因而具有典型的非排他性。行政管理和國防所具有的非競爭性和非排他性決定了其純公共產品的基本屬性,它們無法通過市場交換來提供,因而屬於財政支出優先保證的項目。從歷史的角度來看,自國家產生以來,行政管理和國防支出始終同國家的存在和國家政權的鞏固直接聯繫在一起,成為政府公共支出的基本內容。

二、行政管理支出的內容及其控制

(一)行政管理支出的內容與確定

　　行政管理支出是指國家各級權力機關、行政管理機關和外事機構行使其權力和管理職能所需的財政支出。它是政府財政總支出的重要組成部分,在財政支出中佔據重要地位。

　　按照國家預算科目分類,中國行政管理支出的範圍包括基本公共管理與服務支出、公共安全和外交支出等。

　　行政管理支出數量和比重的變化,直接受國家政權組織結構和職能範圍的影響,因此,一個國家政權機關和行政管理機關的設置與編製對於行政管理支出的確定具有決定性的作用。

(二)行政管理支出的控制

中國行政管理支出占財政支出或國民生產總值的比重近年來有升有降,但是行政支出的絕對數量卻是不斷攀升。因此,如何控制行政管理支出,提高行政管理支出效益的問題便成為財政支出管理的重要內容。近年來,中國在控制行政管理支出、提高支出效益方面制定了一系列的政策,採取了一些相關措施:

(1)不斷推進機構改革,控制行政人員數量增長。在政府機構改革、轉換職能的過程中實現政企分開,精簡、撤並機構,減少重複辦事,壓縮行政人員,實行大部制改革,力圖做到「生之者眾,食之者寡」。

(2)加強財務管理,嚴肅財經紀律。積極配合審計、監察、物價等部門,切實加強財務監督,對違反財經紀律和超標準的不合法支出,按有關規定嚴肅處理。特別是加強財政監督工作,促進各行政單位嚴格按照財務管理制度,進行行政支出控制。

(3)發展社會化服務,減少行政開支。改革機關後勤管理工作,實現後勤工作的社會化。具體來說,就是將原機關後勤部門從人員編製、財務管理到經費預算等與行政機關分離,實行「單獨核算、自立自養、保本微利」的政策,堅持以服務為宗旨,並適當向社會開放。

三、國防支出的內容及其管理

(一)國防支出的內容

國防支出是指國家用於陸、海、空軍及國防建設的各種費用。具體來說,國防支出主要包括國防費、國防科研事業費,民兵建設費和其他支出;其中,除民兵建設費外,其他各項支出均屬中央預算專用科目。

(二)影響國防支出的因素

(1)國家制度與對內對外的政策。不同的國家制度產生不同的對外政策,由此而形成的全球戰略是影響國防力量配置的重要因素,如美國十分重視本國在全球的利益,其國防支出最高。中國奉行和平共處、互不干涉內政的對外政策,中國的國防支出則以保衛國家安全、實現有效防禦作為國防預算確定的基本依據。

(2)國家經濟力量。一國經濟發展水平的高低,是確定國防支出的物質基礎,只有經濟快速發展,才能支撐國防現代化、建立起鞏固的國防,缺乏經濟的支撐,任何國家都難以維持國防支出的長期穩定增長。

(3)國際環境。國際環境的變化對國家安全產生潛在的影響,適應複雜的國際環境,確定必要的國防軍事對策,對每一個主權國家都有極為重要的戰略意義。在國際環境惡化並存在戰爭威脅時,一國國防支出可能大幅度增長,反之,國際環境較為平靜時,國防支出可能因此而壓縮。

(4)國防現代化的壓力。科學技術的飛速發展,正在從根本上改變著各國國防力量的對比關係,實現國防現代化是當代各國建立強大國防的客觀要求。實現國防的現代化,不僅需要增加對國防科學研究的投入,還必須通過大量的投入改善和提高國防常規力量和戰略力量的現代化裝備水平。

除此以外,國防支出需求的確定還受到國家首腦及軍事當局對國家所面臨的危機所持態度的影響,如果他們認為國家所面臨的外部威脅比較強大,那麼他們將會加大國防建設力度,相反,則可能消減國防支出水平。作為影響國防支出供給方面的因素,一方面要考慮

國防建設所能控制和減少外部威脅的能力,另一方面則取決於國家經濟力量動員於國防建設的效率。

(三)國防支出效益的管理

(1)國防支出對經濟的影響。國防支出對經濟發展的作用在理論界是有爭議的,被普遍接受的觀點是,國防支出屬於非生產性消耗支出,適度的國防支出可以刺激經濟發展,過多的國防支出對經濟發展有副作用。從積極方面看,國防開支除了對國家安全和社會穩定有直接的效益外,還會產生一些間接的經濟與社會效益。從消極方面看,國防支出會影響到社會經濟的長期增長,「大炮」多了,「黃油」必然就少。

(2)國防支出的合理限度及其控制。國防支出的合理限度是指國防支出究竟多少才合適的問題。如果單純從國防角度來看,可能就會得出軍費開支越多越好的結論,因為充足的軍費開支有助於提高威懾力和防禦能力。但是,一國的人力、物力和財力是有限的,國防開支數額必須控制在一定限度之內。從原則上來講,國防支出占財政支出的比例應該適合各國的國情。比例太高則會擠占其他財政支出項目,破壞國民經濟中的公私結構比例,從而阻礙一國經濟實力的增強,最終也會削弱國防力量。比例太低則會影響保家衛國的能力,滋生社會不穩定因素,無法滿足全體社會成員對安全的消費需要。在確定國防支出規模時,常用的指標有國防絕對額、國防支出增長率、國防支出占財政收入、國民收入及國民生產總值的比重等。中國的國防開支應借鑑國外的成功經驗,在國防預算方面加快實行「規劃、計劃、預算制度」,以促進中國國防經費規模的控制和合理分配。

第二節　科學、文教、衛生支出

一、科教文衛的屬性

科教文衛是科學、教育、文化、衛生、體育、廣電等事業的總稱。從產品屬性上看,科教文衛事業具有不完全的非競爭性和非排他性,屬於具有外部性的混合產品。科教文衛事業所提供的服務,大部分具有一定的競爭性,比如,學生接受學校教育,他們需要占用一定的教學資源;隨著學生數量的增加,所需要的教學資源必須相應增加,否則就難以保證教學質量和教學效果。同時,科教文衛事業所提供的服務,又具有一定的排他性。比如,我們採用的收費制度和考試制度就能夠在一定程度上將部分學生排斥在特定的教育體系之外。

由於科教文衛事業具有一定的私人性特徵,因此逐利性的投資主體也在提供部分科教文衛服務。但是,科教文衛事業具有較強的外部性,而逐利性的投資者和消費者在決策時不會考慮科教文衛事業給其他經濟主體帶來的外部利益,他們必然根據邊際收益等於邊際成本來決定市場產出水平,而這個水平遠低於對於整個社會來說有效率的產出水平,從而存在較大的效率損失。為了彌補和減少這種效率損失,政府需要對之進行一定的干預和調節,而政府直接支出則是各國的通行做法。

二、科學技術支出及其重點

科學技術是社會經濟發展的第一生產力。人類社會的進步與發展,充分證明了科學技

術在社會再生產中的作用。現代科學技術的廣泛應用,極大地提高了勞動生產率。各國實踐表明:國家間及企業經濟組織間的競爭,直接表現為科技能力的競爭,誰擁有領先的科技成果和開發能力,誰就最具有發展潛力和競爭能力,也就能夠在競爭中獲取有利的優勢地位。因此,各國政府都非常重視科學技術的研究、開發、推廣和應用,並將其作為財政支出的重要內容。

科學技術是第一生產力,但是不同層次的科學研究和科技成果對於社會經濟發展的推動能力是不同的。科學研究可以分為基礎性科學研究和應用性科學研究,其成果亦可分為基礎性科技成果和應用性科技成果。從產品屬性上看,基礎性科技成果具有較強的非競爭性和非排他性。這些基礎性科技成果在被社會認知以後,公眾利用它的邊際成本為零,即具有非競爭性的特徵;而由於這些成果的基礎性,其能夠迅速轉換為人類社會的共同財富,要排斥他人對該成果的利用則變得不可能,因而具有非排他性。鑒於基礎性研究和基礎性科技成果的公共產品特性,各國政府大都通過政府資助的方式來完成基礎性科學研究。因此,基礎性科學研究是政府科學研究支出的主要內容。

與基礎性科學研究相反,應用性研究則具有較強的排他性和競爭性。通常,應用性研究的針對性比較強,主要是解決企業生產活動中的具體問題。一方面,由於應用性研究的目的是解決生產活動中的具體問題和特殊問題,因而其他企業利用起來就具有一定的難度,再加上現代社會的專利技術制度和工業產權保密制度,這些成果具有較強的排他性。另一方面,由於市場規模具有一定的穩定性,掌握了先進技術的企業能夠以較好的技術水準和較低的成本佔有較大份額的市場,並獲得一定的超額利潤,如果所有企業都利用這種技術成果,顯然會對進行這項科學研究的企業造成利潤損失,即產生了一定的競爭性。事實上,正是由於應用性研究具有較強的排他性和競爭性,因而各企業非常願意進行適合自身需求的科學研究,進而掌握其科技成果。因此,政府對應用性研究大多採取市場化的策略,讓市場競爭主體自由的競爭,鼓勵社會成員創造出更多的科技成果。

除科學研究本身之外,政府還在一定程度上介入了科技成果的推廣,幫助其實現產業化。例如,對於部分關係國計民生的重大科技項目,儘管其屬於應用性研究,政府也會給予一定的財政資金支持。

三、教育事業支出及其重點

教育是指培養新一代勞動者的整個過程,包括學校教育、崗位教育和社會教育等。教育是科學技術進步的基礎,是勞動力再生產和提高勞動者素質的重要條件,是建設社會主義精神文明的基本因素。中國政府從長期的發展目標出發,把發展教育事業作為國家的重要戰略決策,加強對教育的政府投入,通過國家財力給予扶持。

教育的本質是為學生提供一個環境,使之在此環境中能夠通過自身的努力和外界的幫助,提高素質、實現自我。廣義的教育是指以影響人的身心發展為目的的社會活動,狹義的教育是指學校教育活動,其主要表現形式是學校通過教學組織活動,對學生或其他層次的勞動者進行培養、培訓,目的在於使受教育者掌握一定的知識與技能,達到自我實現的目標。本章所指的教育主要是狹義的教育活動。

教育具有不完全的非競爭性和非排他性,而且具有一定的外部性,屬於具有外部性的混合產品。一方面,受教育者學到知識和技能,增強了競爭能力,能夠在今後的工作中獲得

較好的收入與物質、精神享受,即教育的收益具有內部性的特點。另一方面,有相當一部分的教育利益通過受教育者外溢給了社會,從而提高了整個社會的勞動生產率,提高了民族文化與道德素養,保證了國家的民主制度得以在一個良好的環境中運行,因而教育的收益又具有外部性的特點。

儘管教育收益具有外部性,但並不是所有教育收益的外部性程度都是一樣的,表現為較大的差異性。通常認為,初等教育的目的在於提高整個民族的基本素質,從而為整個社會的民主法制建設鋪平道路。因此,初等教育的基本特性是效益的外部性,是整個社會得到了最大的收益,而受教育者只得到了教育帶來的小部分收益。相對來說,高等教育的外部性要小得多。高等教育有教學和科研兩大任務,教學的目的是提高學生的素質,提高勞動者的生產效率,增強其在社會中的競爭力;而科研的目的是為整個社會創造物質和精神財富,基礎科學研究最大的、直接的受益者是整個社會,而應用性科學研究直接的受益者是特定的經濟主體,整個社會則是間接的受益者。中等教育收益的內部化傾向及外部性特徵介於初等教育和高等教育之間。職業教育以技能培訓為主,注重對學員或勞動者進行短期、實用性教育,以適應具體工作崗位的要求。職業教育針對性強,突出了個人的教育選擇,收益的外溢範圍相對較小,基本上符合私人產品性質。

按照經濟學原理,政府應當根據外部性的程度來安排其教育支出。首先,政府公共支出的重點應在初等教育或基礎教育上,大力推行義務教育制度,特別是農村義務教育制度,保證每一個公民接受基本教育的權利。其次,政府應根據高等教育的特點,保障對基礎性科學和基礎性研究的支持力度,原因就在於這些學科和研究的市場化程度低,無法通過市場競爭來提供有效的服務水平;對於應用性學科和應用性研究,則應根據其收益的外溢性程度給予適當的資金支持。再次,對於職業教育,政府應當在政策引導和資金資助的前提下,倡導市場競爭性的辦學模式,鼓勵多渠道、多維度的資金籌集模式。

另外,教育支出還要著力解決教育的公平化問題,努力幫助貧困者接受各種層次的教育。貧困者由於自身經濟條件有限,對教育的效用評價一般會低於實際效用,即所謂「優質品」。優質品的存在,致使有良好教育潛力的貧困者無法接受應有的教育,形成了人才的浪費。同時,貧困者即使正確評價教育的內在化收益,但受制於較低的融資能力,無法獲得足夠的教育投入資金,從而弱化貧困者的未來競爭能力及收入水平。因此,政府不僅要根據教育對社會的外部性來安排支出,而且要針對貧困者的教育機會公平問題提出有效的政策。比如,建立國家助學貸款制度、獎學金制度,幫助貧困學生解決在校期間的學習和生活費用。

四、文衛事業支出及其重點

文化事業是指包括文學藝術、戲劇歌舞、電視電影、廣播出版、體育運動和其他文化部門的總稱。文化事業是社會生產力發展和社會文明進步的結果,文化事業的發展與復興,不僅關係到國家和社會的穩定與發展,而且對經濟的發展也有積極的促進作用。衛生事業是指醫療、防疫、保健等部門的總稱。發展衛生事業,對保障國民身體健康,保證勞動者具有強健的體魄,保證勞動力再生產,發展社會生產力,均具有十分重要的作用。

無論文化事業還是衛生事業,均有不同的層次性,而不同層次的文化衛生事業的外部性是不同的。就文化事業中的電影來說,消費者能夠從觀看電影中獲取精神上的享受,具

有較強的收益內部性特點,而消費者自身也願意付費去購買電影票或光盤及影帶。因此,電影製作發行業的公共財政支出相對較小。中國擁有悠久的戲劇歷史,曾經湧現過大量優秀的劇本及戲劇家;隨著社會經濟生活節奏的加快,戲劇受到的關注程度日益降低,已經難以形成有效的市場環境,無法通過市場化的經營戰略來獲取其自我發展和自我實現的條件。但這些戲劇不僅是中國優秀文化的沉澱,而且是人類文化的共同遺產,其對人類發展的貢獻是無法估量的。因此,政府有必要安排適當的財政資金以支持戲劇業的發展。另外,文學藝術、廣播出版、體育運動等部門也具有不同程度的收益外部性特點,政府的資金支持應重點放在外部性較強的事業上。

同樣,在衛生事業內部,公共防疫和保健事業的外部性最強,屬於比較典型的純公共產品,而醫療事業的內部性則較強,並具有一定的競爭性。因此,政府支出的重點應是公共防疫及保健,並兼顧醫療事業。近年來,「看不起病」成為醫療事業的最大積弊,受到社會各界人士的強烈關注。改革醫療衛生事業,形成政府支持和監管下的市場競爭環境,對於提高醫療衛生服務質量和降低醫療成本具有十分重要的意義。

第三節　發展農業支出

一、農業經濟的特殊屬性

農業作為一個極為重要的物質生產部門,為人們提供著最基本的生產資料和生活資料。農業的發展,是國民經濟其他部門發展的重要條件,它不僅為輕加工業提供原材料,而且是工業部門實現其工業累積的重要市場。在中國人民的生活資料中,農產品及其加工產品要占85%左右;農業提供的工業原料占全部工業原料的40%左右,占輕工業原材料的70%左右;輕工業產品約有2/3銷售到農村。可見,只有農業發展了,才能更好地保證人民吃穿用的需要,才能保證工業有足夠的原料和廣闊的市場,才能保證整個國民經濟的繁榮。

農產品具有競爭性和排他性,屬於典型的私人產品;而農業具有不完全的競爭性和排他性,屬於國民經濟中比較特殊的行業,具有一定的混合產品屬性。比如,某個人消費某一農產品,那麼其他人就不能再消費該農產品,即其具有明顯的競爭性;同時,要排斥他人消費該農產品只需對其收費即可,因而具有明顯的排他性。由此,農產品具有私人產品的屬性。但是,農業生產活動不僅影響農業生產者本身,而且影響全社會所有的生產者和消費者,影響整個國民經濟的良性循環和國家經濟安全。中國農業人口眾多,「三農」問題非常突出,農業生產力還比較落後,農業的影響力已經遠遠超出其產業本身,具有非常強的外部性。特別是在中國,農業生產技術低下,「靠天吃飯」的現象一直沒有得到有效地改善,農業生產能力穩定性比較差。近年來,中國農業產品難以滿足國內生產和生活的需要,進口不斷增加,導致對外依存度呈逐年上升趨勢,國家經濟風險不斷加大。農業所具有的外部性要求政府不斷加大投入,增強國民經濟抵禦風險的能力。

二、政府發展農業支出的主要內容

農業支出是指國家財政用於發展農業方面的資金。1949年新中國成立以後,根據國

內外正反兩方面的經驗,國家制定了「以農業為基礎,工業為主導」的國民經濟發展總方針,要求發展國民經濟必須把農業放在首位,按照農、輕、重的次序安排國民經濟計劃,從各方面促進農業的發展,大力加快農業現代化建設。改革開放以後,中國逐步調整了農業政策,實行以聯產承包責任制為基礎的農村經濟制度,並加大了農業科學研究的力度,增加了財政投入,從而極大地提高了農業生產能力。而進入21世紀以來,中央政府更是在免徵農業稅、增加農村基礎設施及教育投入等方面投入了大量資金,極大地改善了農業生產生活條件。

政府農業支出的內容比較多,主要表現為財政農業直接支出和以稅收、價格、信貸等為主要形式的間接支出,具體內容有:

(一)農、林、水、氣等方面的固定資產投資

這項投資是國家財政對農業、林業、畜牧、農機、水利、氣象等系統的企事業單位和大中型水利工程的基本建設投資和挖潛改造支出。農、林、水、氣等部門的固定資產投資屬於公共產品的範疇。其中,國家興辦的大中型水利工程及中央農業部門的基本建設支出屬於全國性公共產品,由中央政府安排資助資金;而地方政府興辦的水利工程及地方農業部門的基本建設支出屬於地方性公共產品,由地方政府安排資助資金。

(二)農、林、水、氣等部門的事業費

農、林、水、氣事業費是指農業、林業、畜牧、農機、農墾、水利、氣象等部門的事業費,按其支出內容可以分為人員經費和公用經費。農、林、水、氣各部門的具體業務內容存在較大的差異,其財政資金需求程度也不一樣。比如,氣象部門是為全社會服務的,其服務的非競爭性和非排他性特徵明顯,屬於純公共產品的範疇,因而需要財政全額支持。又如,農機部門為農民提供的農機修理服務具有競爭性和排他性的特徵,屬於私人產品性質,因而可以通過收取一定的費用以彌補其成本,財政只需要給予一定的補貼。近年來,中國農、林、水、氣部門進行了大刀闊斧的改革,將具有競爭性和排他性的業務內容分離出來,並推向市場化和社會化,減少政府的開支範圍;而對那些純公共產品性質的業務內容則納入全額預算撥款的範圍,進行績效預算考核。同樣,中央農、林、水、氣部門的事業費由中央政府安排,而地方農、林、水、氣部門的事業費由地方政府安排。

(三)支援農業生產支出

支援農業生產支出是國家財政用於農村集體經濟和農民發展農業生產方面的支出,主要包括:小型農田水利和水土保持補助費、支援農村合作生產組織資金、農村農技推廣的植保補助費、農林草場和畜禽保護補助費、農村造林和林木保護補助費、農村開荒補助費、農林水產補助費、農業發展專項資金支出和發展糧食生產專項資金支出等。支援農業生產支出,一方面是用於農業公共產品的提供,比如小型農田水利、水土保持,另一方面則用於實現農業混合產品外部性收益的內部化,比如農村開荒補助、農村造林補助等。

(四)財政支農週轉金

財政支農週轉金是地方各級財政部門採取信用形式,將部分財政支農資金由無償補助改為有償扶持,定期回收週轉使用的專項資金。財政支農週轉金的使用範圍主要包括:種植業、養殖業、農副產品加工業、農業科技成果的推廣及農業生產的社會化服務等。近年來,財政支農週轉金主要用於扶持農副產品及農業資源加工企業和農業產業化龍頭企業,而種養業獲得直接資金支持並不多。財政支農週轉金的特點是:①償還本金,不付利息,收

取一定的占用費和管理費,月費率1‰~5‰不等。②限期收回,歸還期限一般為1~3年,最高不超過8年。③列入預算外管理,接受財政統一監督。財政支出週轉金是國家財政支援農業資金的重要組成部分,它的合理使用有利於增強支援者和受援者的經濟責任感,有利於提高支農資金的使用效益。

(五)其他形式的財政資金支持

(1)國家財政對農業和農村經濟實行輕稅政策。中國1958年農業稅法規定了對農業生產實行輕稅政策,沿用了近半個世紀,極大地促進了農業生產的發展。改革開放後,中國對農村鄉鎮企業給予了相當多的稅收減免,2000年中國開始在部分省市推行農業稅費改革,並於2006年全國範圍內停徵農業稅,極大地降低了農業稅收負擔。

(2)國家財政利用價格分配手段,支援農業生產。新中國成立以來,中國多次大幅度提高農副產品收購價格,控制和降低工農產品「剪刀差」,增加農民收入。改革開放後,中國逐步放開了農副產品價格,提高了農民適應市場需求的能力;20世紀90年代後期,中央政府進一步推出了保護價體系,在市場價格低於保護價時,政府以保護價收購農產品以穩定農產品價格,保護農民的利益。另外,現有稅法規定農業生產資料的生產經營適用較低的增值稅率,降低和控制農用生產資料的成本和銷售價格,減輕農民支出負擔。

(3)國家財政大力支持向農業發放貸款。中國很早就成立了中國農業銀行及多種形式的農村合作基金組織,財政對農業貸款的發放給予大量支持,促進了農村多種經營的發展;20世紀90年代初期中國農業銀行和中國工商銀行實行商業化改造,其農業政策性業務劃歸1994年成立的中國農業發展銀行。中國農業發展銀行作為國有農業政策性銀行,主要承擔國家糧棉油儲備和農副產品合同收購、農業開發等業務中的政策性貸款,代理財政支農資金的撥付及監督使用。①

(4)加大對農村政權建設和農村義務教育的支持。農村稅費改革以來,特別是全面停徵農業稅後,縣鄉政府的財政收入大幅度減少,農村基層政權建設受到了極大地挑戰,中央政府為此增設了農村稅費改革轉移支付補助和停徵農業稅轉移支付,支持基層政權建設。同時,中央政府還陸續出抬了「三獎一補」、減免農村義務教育雜費和書本費等措施,並配套了相應資金。

第四節　基礎產業支出

一、基礎產業及其特點

(一)基礎產業的內涵

基礎產業是指能為實現國民經濟的正常運轉和持續發展提供保障和條件的特定經濟部門的總稱。在社會經濟生活中,基礎產業部門通常是指一個國家的基礎設施和基礎工業

---

① 2007年年初,時任國務院總理溫家寶指出,按照分類指導、「一行一策」的原則,推進政策性銀行改革。中國農業發展銀行將按照建立現代金融企業制度的要求,全面推行商業化運作,自主經營、自擔風險、自負盈虧,主要從事中長期業務。

部門。基礎設施,包括各種類型的交通運輸建設項目、城市基礎設施建設項目和重要的公用事業部門等。基礎工業,主要包括能源開發建設項目和重要基礎原材料的開發利用項目等。這些產業部門在國民經濟產業鏈中或居於「上游」環節,或為整個國民經濟各部門提供「共同服務」。

(二)基礎產業的特點

美國經濟學家阿爾伯特·赫希曼認為基礎產業具有四個特點:一是社會經濟活動的基礎;二是由公共機構或受官方控制的私人機構向全國提供;三是不能從國外進口;四是投資具有技術上的不可分割性及較高的資本—產出比。從世界各國的情況來看,一個國家基礎產業的發達程度是社會經濟的發達和繁榮程度的重要標志之一。基礎產業發達的國家,社會經濟的發展程度都比較高,而在經濟落後的國家和地區,基礎產業的發展則相對不足與落後。中國東西部地區經濟發展水平的差異也可以從各地區基礎產業的差異上得到直觀的認識。

二、基礎產業的屬性及支出重點

(一)基礎產業的屬性

從屬性上看,基礎產業提供的產品和服務具有不完全的非競爭性和非排他性,並具有明顯的外部性特徵。對於基礎設施來說,非擁擠條件下的基礎設施具有非競爭性,它可以同時供多個經濟主體使用而不需要增加供給成本,並且大部分基礎設施的排他性比較弱,排除他人享受基礎設施帶來的利益比較困難。對於基礎工業來說,其產品具有比較強的競爭性和排他性,但也具有一定的外部性特徵。比如,能源企業所提供的能源產品(如煤)具有明顯的競爭性,一家企業使用就使其他企業或家庭不能使用;而要排斥他人消費這種能源產品也比較容易,只需要對消費者進行收費就可以實現排斥的目的。此外,能源產品的稀缺性和不可再生性使其對於國家經濟安全具有非常重要的作用,具有一定的外部性。因此,能源工業及重要原材料工業影響到整個國民經濟的發展。

(二)基礎產業支出的重點

鑒於基礎產業的混合產品屬性,政府需要對其進行投資;但基礎產業具有一定的競爭性和排他性,全部由政府來投資則沒有必要。如前所述,基礎設施的公共產品屬性比較強,需要政府較多的直接投資,而基礎工業的競爭性和排他性比較強,政府在解決外部收益內部化的前提下應重點考慮推進其市場化。嚴格意義上講,政府財政投資並不需要對所有的基礎設施進行投資,而主要是投資規模大、建設週期和回收期長、投資效益較低的基礎設施項目。

基礎產業是為整個國民經濟服務的,其投資規模主要取決於其服務對象,即國民經濟的主導產業。主導產業是國民經濟中科學技術先進、技術滲透能力強,並對經濟增長發揮直接推動作用的產業部門。經濟學界關於主導產業的選擇主要有20世紀50年代筱原三代平的「收入彈性基準」、「生產率上升基準」及70年代的「過密環境基準」、「工作內容基準」。在確定主導產業的具體內容及其規模的條件下,基礎產業的投資重點及規模才能夠得到較好的控制。

三、基礎產業投資的管理

中國基礎產業投資的管理,主要採用以下幾種方式:

（1）建設指揮部管理模式。建設指揮部管理模式多為一次性業主，計劃部門下達基本建設計劃後，由政府有關部門牽頭組建臨時性的基建班子來協調和指揮項目的實施，基建任務完成後，基建班子解散，工程移交給相關單位管理。這種模式的優點是協調力度大，有利於採納各方面的意見，集中力量打殲滅戰，較快地完成任務。其缺點是臨時性強，缺乏項目管理的程序和方法，往往造成項目後期遺留問題難以解決，無法追究項目實施過程中的過失責任。

（2）項目法人制管理模式。項目法人制管理模式是將整個項目的建設前期準備、建設施工、竣工驗收移交前的全部任務委託給符合項目建設要求的法人單位，由該法人組織實施工程建設，竣工驗收後移交管理或使用單位。

（3）代建制模式。代建制模式是通過招標等方式，選擇專業化的項目管理單位負責建設實施，嚴格控制項目投資、質量和工期，竣工驗收後移交給使用單位。它由具有專業技術資質和管理能力的法人單位（代建人）接受業主委託承擔建設項目全過程管理工作的項目建設方式，是在中國非經營性政府投資項目建設領域推行的一種項目管理模式。

（4）其他管理模式。①政府部門管理模式。由地方政府投資的城市道路、橋樑等市政工程及水務工程大多由政府部門直接負責建設和管理。②企業法人管理模式。部分由政府投資的基礎設施工程，如高速公路、港口、機場、地鐵等建設項目，多由政府設立企業法人，由其負責項目建設資金的籌措和建設管理，建成後的項目運作也由其管理。

【復習思考題】
1. 影響國防支出的因素有哪些？
2. 如何確定科教文衛事業支出的重點？
3. 如何理解農業的特殊屬性及農業支出的內容？
4. 如何理解基礎產業的屬性及財政投資的重點？

第四章
轉移支出

政府的轉移支出一般有三種情況：一是上下級政府之間的轉移支出，又稱為縱向轉移支付；二是同級政府之間的轉移支出，又稱為橫向轉移支付；三是政府對社會成員或非政府機構、社會團體的轉移支出。前兩者屬於財政管理體制中的轉移支出，即轉移支付制度的內容，在本書有關章節中已有討論。本章所討論的轉移支出是第三種情況的轉移支出，主要包括社會保障支出、財政補貼等。

第一節 社會保障的含義與特點

一、社會保障的含義

社會保障是國家對社會成員在生、老、病、死、傷殘、失業、災害等情況下給予物質幫助的各種措施的總稱。

社會成員在生產實踐中常常會遇到各種意外，造成傷殘、招致疾病；人的一生中客觀存在勞動的準備階段和衰老階段；人類的一部分會出現先天和後天的心理、生理功能殘疾等等。由於上述原因而全部或部分喪失勞動能力的人，不能完全靠自己勞動取得生活資料，他們的生活資料來源要由社會從社會總產品中拿出一部分來解決，這就是社會消費基金中用於社會保障的部分。馬克思在《哥達綱領批判》中精闢地闡述了社會產品分配的基本原理，揭示社會產品在進行個人消費的分配之前，必須進行一系列社會扣除，其「六大社會扣除」項目中的為喪失勞動能力的人建立的基金一項，就相當於我們現在所講的社會保障。

二、社會保障制度的形成

社會保障的需要是隨著社會生產力的發展，社會分工的逐步複雜化以及剩餘產品的日益豐富和人類社會的不斷進步而產生和發展的，即與「社會化」緊密聯繫。社會保障制度是社會保障措施和政策的規範化、經常化和法制化。

在自給自足的自然經濟社會，雖然人類十分希望有一種比較可靠的物質力量為其生存和發展提供保障，但由於生產力發展水平十分低下，以及社會文明程度很低，勞動者的人身權利沒有得到應有的認可和起碼的保障，因而無社會保障可言，只能依靠家庭保障，即中國傳統中的「養兒防老」。

到了商品經濟社會，一方面，社會分工的發展使勞動者的實踐活動與社會的聯繫日益

緊密,作為社會成員共同利益所在的社會穩定與社會成員基本權利的保障逐步形成了依賴關係;另一方面,社會財富不斷增長,並日益集中到統治階級手中,生產的社會化與生產資料私人佔有制的矛盾日益激化,社會穩定對生產發展,尤其是對統治階級財富累積的制約日益顯著。為了保持社會穩定,從根本上維護統治階級的利益,並在廣大勞動者的不斷鬥爭下,社會保障便成為資本主義社會的現實。

社會保障制度起源於 19 世紀 80 年代的德國。當俾斯麥鎮壓工人運動失敗後,便決定利用當時已在德國各地工人中自動組織起來用於疾病、失業、養老等方面的工人互助基金,使之「國有化」,變成德國國家的社會保障制度,並於 1883 年頒布《社會保險令》予以實施。其目的在於緩和勞資衝突,分化與弱化工人運動,維護資產階級的統治。隨著社會生產力的發展和社會的進步,發達資本主義國家廣泛實行了社會保障制度,而且有的國家其規模很大,涉及面較廣,形成了一整套「從搖籃到墳墓」的社會保障體系。

三、社會保障的特點

現實生活中,社會保障是國家在社會產品的個人分配過程中實施「社會扣除」形成社會保障基金,然後通過政府對社會保障基金的分配用於社會成員的社會保障支出。由此可見,社會保障屬於財政分配的範疇。但較之於其他形式的財政分配,社會保障具有明顯的特點:

(一)社會保障具有社會成員利益的直接性

對於任何一個社會成員來說,社會保障都與其切身利益直接相關,即便是一個生理、心理都十分健康的人,客觀上也存在勞動的準備階段和衰老階段。更何況「天有不測風雲,人有旦夕禍福」,因各種原因而不能靠自己勞動取得生活資料的社會成員總是存在的,而這部分人與有能力勞動並取得就業的社會成員之間客觀上具有直接或間接的利益關係。因此,社會保障便成為全體社會成員的共同利益和共同需要,並直接與社會成員的利益緊密關聯的一個重要的財政分配。

(二)社會保障的主幹部分具有收入來源與支出用途的對應性

當今世界各國的社會保障制度,就總體的收支而言,其主幹部分一般都保持了較為固定的一致性。社會保障基金的收入來源大都是政府以「社會保障稅」或「社會保險稅」的形式籌集,納入國家預算,並專門用於社會保障支出。在社會保障的標準、收支程序上大都有明確的法律規定,收支關係對應化、法制化、固定化。其他財政分配方式基本上不具備這一特點。

(三)社會保障具有「名」與「實」的一致性

社會經濟的正常運行,除了必須保證有一個持續的經濟增長率之外,還必須有一個安定的社會環境,而安定的社會環境的形成,必須是要使廣大社會成員多方面需求得到基本滿足,其中包括社會成員的基本保障得到滿足。以社會保障的名義進行社會產品扣除,並用於社會保障支出,可以使勞動者免除後顧之憂,可以減輕傷病者家屬的負擔,可以使喪失勞動能力的人得到基本的生活來源,從而使全體社會成員獲得安全感,進而激發全體勞動者努力工作,促進社會經濟的持續發展。可見,以社會保障之名,進行財政分配,事實上也發揮了其他財政分配方式不能取代的保持社會經濟順利發展的「內在穩定器」功能,這是社會保障區別於其他財政分配方式的又一特點。

四、社會保障的基本內容

社會保障幾乎是覆蓋全社會的,其保障名目十分繁雜。在西方國家眾多的社會保障項目中大致可分為以下五大類:

(一)社會成員的基本生活保障類

這類保障主要包括年老退休補助、失業補助、貧困救濟、殘病補助、退伍老兵安置和遺屬撫恤、外流人員收容與遣返安置等項目。

(二)社會成員遭受某種災害損失的補助類

這類保障主要包括勞動保護與保健、自然災害救濟、重大疾病醫療補助、喪葬費等項目。

(三)社會成員的公共福利類

這類保障主要包括社會服務項目補助費、公共衛生及公共環境維護費、防疫及衛生保健費、住房和解決家庭問題補助費、公共市政設施維護與建設等項目。

(四)社會成員的教育和培訓方面

這類保障主要有義務教育、免費入學、為學生提供免費食宿、失業人員的就業培訓等項目。

(五)其他方面的社會保障項目(略)

五、社會保障制度的類型

目前,全世界已有160多個國家和地區實行社會保障制度。由於各自的社會政治制度不同,經濟發達水平各異,以及推行社會保障制度的歷史背景、時間長短等因素差異,由此而形成的社會保障制度呈現出不同的類型。

(一)保險型社會保障制度

保險型社會保障制度是在工業化取得一定成效,經濟有雄厚基礎的情況下實行的。其目標是國家為公民提供一系列的基本生活保障,使公民的失業、年老、傷殘以及由於婚姻關係、生育或死亡而需要特別支出的情況下,得到經濟補償和保障。它起源於德國,隨後為西歐、美國、日本所仿效。

這種保障制度具有以下特徵:

(1)政府通過有關社會保障的立法,作為實施的依據。

(2)社會保險為強制性保險,個人交納社會保障費,企業主為雇員繳納社會保障金,各國政府以不同標準撥款資助。公民只在履行交費義務取得享受權利後,才能依法領取各種社會保障津貼。對公民來說,是權利與義務的統一。

(3)社會保障的覆蓋面大,幾乎包容了社會全體成員。

(4)社會保險項目具有一定的差異,但基本上都考慮了人們生、老、病、死、失業、傷殘的後顧之憂。

(5)社會保障資金來源多元化,有利於增強社會保障的經濟支撐。

(二)福利型社會保障制度

福利型社會保障制度是在經濟比較發達、整個社會物質生活水平提高的情況下實行的一種比較全面的保障形式,其目標在於「對於每個公民,由生到死的一切生活及危險,諸如

疾病、災害、老年、生育、死亡以及鰥、寡、孤、獨、殘疾人都給予安全保障」。這項制度來源於福利國家的福利政策，由英國初創，接著在北歐各國流行。

福利型社會保障制度的主要特徵是：
(1)強調「收入均等化，就業充分化，福利普遍化，福利設施系統化」；
(2)強調福利的普遍性和人道主義、人權觀念，服務對象為社會全體成員；
(3)個人基本不繳納社會保險費，社會福利支出由政府和企業負擔；
(4)保障項目齊全，一般包括「從搖籃到墳墓」的一切福利保障，標準也比較高；
(5)社會保障的目的在於維持社會成員較高水平的生活。

(三) 自助型社會保障制度

自助型社會保障制度是指以自助為主，以促進經濟發展為目標的保障形式。其特徵是政府不提供資助，除公共福利與文化設施外，費用由雇主和雇員負擔。這種制度主要在智利、新加坡、馬來西亞、印度尼西亞等國實行並在新加坡等國取得了顯著成效。其特點是：
(1)社會成員建立個人帳戶自我累積，自我保障，政府和企業不承擔社會保險費用，社會成員受保障的程度取決於自我累積能力和水平；
(2)社會保險費交由專門機構管理經營以保證其保值增值；
(3)政府立法推行，並提供最低生活保障。

(四) 國家保障型社會保障制度

國家保障型社會保障制度是傳統的社會主義國家以公有制為基礎的社會保障制度，屬於國家保障性質。其宗旨是「最充分地滿足無勞動能力者的需要，保護勞動者的健康並維持其工作能力」。蘇聯是這一類型的首創與代表，後為各社會主義國家仿效，中國曾長期實行此種類型。其特點是：
(1)社會保障費用全部由政府和企業提供；
(2)社會保障與就業聯繫在一起，實行「低工資、多就業、多福利」，對未就業或不能就業者實施社會救濟；
(3)由於經濟發展水平有限，社會保障水平和項目因所有制不同而參差不齊，總體水平低。

六、社會保險資金籌集模式

具有特殊性、偶然性的社會保障項目，如社會救助、社會優撫等，由於受保對象經濟能力低下，或因對象數量較小，因而無需個人繳納相關費(稅)，全部由政府納入一般經費預算，有關部門專門管理。

一般的社會保障項目，如養老金、失業救濟金、醫療喪葬費、公共福利支出等等，由於其具有普遍性，費用支出數額大而穩定，要求廣泛而穩定的收入來源，必須建立相應的資金籌集制度。縱觀各國社會保障資金籌集制度，大致可分為三種模式：

(一) 基金制

基金制是採用統籌累積方式來籌集社會保障資金，即「事先提留，逐年累積，到期使用」，具體辦法是採用個人帳戶計提，個人累積與今後的保障水平掛勾。這種模式利益機制清晰，不存在支付危機，但費率較高，適合於養老保險。為避免通貨膨脹的影響，要求的保值增值措施必須安全、穩妥以及管理機構和人員的水平很高。

(二)混合制

混合制是根據社會保障項目的不同特徵,在資金籌集上採取基金制與社會保險費(稅)的結合。混合制可以在盡可能擴大社會保障覆蓋面,提高保障水平,增加保障項目的前提下,避免單一籌資方式的力所不及,如基金制適合於養老保險,而不具備再分配性質,不能扶貧濟困;社會保險稅的個人激勵機制有缺陷。二者的結合可以克服其不足,但管理成本較高。

(三)社會保險費(稅)

強制對雇員、雇主的工薪及收入徵收社會保險費(稅),以籌集社會保障資金,有利於穩定社會保障資金的來源,提高社會保障水平,調節個人收入分配,為大多數國家所採用。這種籌資方式具有「現收現付」性質,即當年收入用於當年開支,沒有社會保險儲備,其優點是:籌資力度強,收入穩定,不受通貨膨脹影響,操作簡便;其不足之處在於:在老齡化社會,社會保障支出增長較快,容易增加政府財政負擔,如果提高費(稅)率,難度較大,社會成員不願意或無力承受,經常變動費(稅)率不利於社會及經濟的穩定。

社會保險稅於 1935 年始於美國,後為西方發達國家普遍採用,成為繼個人所得稅後又一次較大的世界性稅制改革舉措。在現階段,已建立社會保障制度的 160 多個國家和地區中,已有 80 多個國家和地區開徵了此稅。

由於社會保障制度的特殊性,儘管其收入占全部稅收的比重很大,如美國為 37.1%、瑞典為 42.4%、德國為 49.3%、法國為 50%,但也不能把它等同於一般稅收,社會保險稅與一般的稅收是有本質區別的。

第二節　中國的社會保障制度

一、中國社會保障制度的建立

新中國成立後,國家代表全體勞動人民的利益,十分重視社會保障事業的建立和發展。1950 年,前政務院根據中國人民政治協商會議第一屆全體會議通過的《共同綱領》中「逐步實行保險制度」的規定,著手於新中國社會保障事業的建設。1952 年 2 月批准公布了新中國第一個社會保障條例《中華人民共和國勞動保險條例》,並於 1953 年 1 月 2 日進一步修正公布。該條例的公布實施,使全國廣大職工在生、老、病、死、永久或暫時喪失勞動能力時,均可得到生活保障。隨著「一五」計劃的順利實現,國民經濟基礎的增強,中國社會保障制度進一步修正完善,在國家財政和各企業經濟組織的配合下,社會保障事業健康發展,取得了相當的成就,基本上形成了一整套與計劃經濟體制相配合的行之有效的社會保障制度。其內容有:

(一)國家預算撥款建立的社會保障

國家預算撥款用於社會保障分為兩大類:

1. 撫恤支出

撫恤支出主要是指用於烈屬、軍屬、殘廢軍人、復員退伍軍人的優待、撫恤、安置和照顧等方面的支出。這對於鼓舞軍隊將士鬥志,鞏固國防,保衛社會主義制度,促進世界和平等

起到了很大的作用。

2. 社會救濟支出

社會救濟支出是指社會保障中用於社會成員的災害救濟費、農村社會救濟費和城市社會救濟費的支出。

(1)自然災害救濟。中國幅員遼闊,歷來自然災害較為頻繁。新中國成立後,黨和政府十分重視提高抵禦自然災害的能力,綜合治理自然環境,興利除害,取得了巨大成就。但是,由於各種條件的限制,自然災害難於避免。政府十分重視抗災、救災和救濟工作,制訂了「依靠群眾,依靠集體力量,生產自救為主,輔之以國家必要救濟」的方針,並撥出大量物資幫助災民抗災度荒。對於國家財政撥付的自然災害救濟費,堅持專款專用、專物專用,保障重點,雪中送炭,加強對救濟款項和物資的管理和監督使用,健全財務制度,保證了救災工作的順利進行。

(2)農村社會救濟。主要包括「扶貧」與「五保」兩項,採取國家財政援助和農村集體互助的辦法。扶貧救濟款重點用於扶持老、少、邊、窮地區的困難戶,以促進農村貧困面貌的改變。對於生活沒有依靠的老、弱、孤、殘農民實行保吃、保穿、保住、保醫、保葬的「五保」,一般以農村集體力量為主,國家財政給予臨時或定期、定額救濟,使「五保戶」的基本生活得到了切實保障。

(3)城市社會救濟。新中國成立初期的城市社會救濟主要是遣送國民黨隊伍的散兵殘餘、改造舊社會慈善團體、禁菸禁毒、收容與改造妓女、收容遣返流民、救濟城市貧民等。完成上述任務後,城市社會救濟又轉變為:第一,社會救濟工作,即政府對基本生活無來源的城市困難戶給予救濟;第二,社會福利生產,即由民政部門舉辦以殘疾人為主要人員的生產組織,國家給予政策優待和減免稅照顧;第三,社會福利事業,即由民政部門舉辦的城市養老院、兒童福利院、精神病療養院等福利事業;第四,外流人員的收容遣送,即民政部門領導和辦理的收容遣送站收容與遣送外地流民,並協助其原籍單位妥善安置。

(二)企事業單位的職工勞動保險

勞動保險簡稱「勞保」,是中國為保護職工健康,關心其生活,以保險形式給予物質幫助的一種制度。中國的企事業單位職工勞動保險始建於1952年,經過逐步完善,形成了完備的職工勞動保險政策與措施體系。職工勞動保險是與中國的就業制度聯繫在一起的,只要在全民所有製單位或城鎮集體企業取得就業,也就相應地得到了一系列社會保障。根據《中華人民共和國勞動保險條例》的規定,凡全民與集體單位職工因疾病、傷殘、年老、死亡和生育等事項,均按一定條件享受勞動保險,甚至由在職職工供養的直系親屬患病或死亡時,也享有一定的勞保待遇。可以說,中國就業職工的生老病死、傷殘孤寡、衣食住行、工作學習都得到了全面的保障,尤其是全民所有製單位,一經錄用就等於端上了「鐵飯碗」,包括其家屬在內都產生了極強的安全感。這一制度對保證隊伍的穩定,體現廣大人民的主人翁地位和社會主義制度的優越性,促進國民經濟發展,起到了積極作用。中國長期實行「多就業、低工資、多福利」政策,因此,職工勞動保險便成了中國社會保障制度的主體。有的資本主義國家把有關勞動方面的社會保險也稱為勞動保險,但其內容、作用、性質與中國的勞動保險是完全不同的。

職工勞動保險費用來源與列支分為兩大塊。國家機關、行政事業單位的職工勞動保險和職工福利的費用來源於國家財政預算撥款;企業職工的勞動保險和職工福利費用開支則

是由企業生產經營成本列支,這部分資金在國民收入初分配時由企業財務分配形成,不經過國家預算的再分配。

然而,新中國社會保障制度在「文化大革命」中遭受到了巨大的挫折。1968年年底,主管救災救濟、社會福利等事務的內務部被撤銷。1969年,財政部頒布《關於國有企業財務工作中的幾項制度的改革意見》,該意見使得勞動保險從此失去統籌功能,轉變為企業或單位保障制,最終導致企業辦社會和社會保障單位化,形成了由國家保障制、企業保障制和鄉村集體保障制三個相互分割的板塊組成的社會保障模式。

二、中國社會保障制度的發展和存在的問題

(一)改革開放以來中國社會保障制度的發展

黨的十一屆三中全會重新確立了社會保障制度的地位和作用,對社會保障制度進行了整頓和調整,促進了中國社會保障制度的發展。

1978年,五屆人大決定重新設置民政部,結束了全國社會救濟、社會福利、優撫安置等事務無主管部門的局面;

1979年6月2日由國務院頒布實施了《國務院關於安置老弱病殘幹部的暫行辦法》和《國務院關於工人退休、退職的暫行辦法》,修改了退休、離休和退職的規定,如機關和企業分別實行不同的退休退職制度;放寬離休條件;適當提高退休待遇標準;提高退職生活費標準;職工離休退休可由其子女頂替工作等;

1981年2月6日國務院發布了《國家工作人員病假期間生活待遇的規定》,又提高了待遇標準,對國家機關、事業單位工作人員死亡後的遺孀生活困難補助也適當提高了補助標準,城鎮集體經濟組織也比照全民所有制企業和國家機關、事業單位的規定,改進了社會保障制度;

中國的「七五」計劃中列入了社會保障項目,「八五」計劃和十年規劃都把努力推進社會保障制度的改革作為其重要內容;

在20世紀90年代,中國社會保障制度逐步規範化和法制化。全國人大先後通過了《殘疾人保障法》、《婦女權益保障法》、《老年人權益保障法》、《勞動法》等多部法規。國務院出抬了《關於企業職工養老保險制度改革的決定》,不久後又制定了失業保險條例、農村五保戶供養工作條例、城鎮最低生活保障等條例,還制定了在崗職工基本生活保障制度及深化養老保險、醫療保險、城鎮住房福利制度改革等政策。所有這些規定、政策、措施和規劃的逐步實施,對於保障廣大勞動者的合法權益,促進經濟發展與社會穩定,保證改革開放的不斷深入發揮了巨大作用。

(二)中國社會保障制度中存在的問題

回顧中國社會保障制度的發展,雖然在實踐中取得了一定的成績,但因各種因素的影響,仍面臨著許多問題,主要為:

1. 社會保障制度法制化程度較低

雖然中國頒布了《勞動法》,有力地促進了社會保障的法制建設,但到目前為止,尚無一部綜合性的社會保障法來規範社會保障的基本制度。而且,社會保障的專門性法規也很少,特別是作為社會保障法律制度核心的社會保險法至今仍未出抬,使得社會保險費用的徵繳、營運、支付、管理等極不規範。此外,社會保障制度中其他項目,如社會救助、社會福

利等的立法也很欠缺,造成社會保障制度沒有足夠的法律依據。

2. 城鄉社會保障二元化格局尚未改變,不適應市場經濟發展的需要

在中國城市化進程中,大量農村勞動力進入城市,城鄉一體化建設也使得大量農村人口事實上處於非農化狀態。目前,雖然現在國家已正在探索社保、醫保全國城鄉統籌的相關政策,但中國現行的社會保障制度在城鎮公有制企事業和政府機關比較健全,非公有制經濟的社會保障體系卻存在較大缺陷,廣大農民則更是基本上處於家庭自保狀態。在市場經濟條件下,經濟結構的調整、企業之間相互聯合與兼併、不同所有制經濟相互轉換、城鄉經濟彼此滲透以及企業的破產倒閉是社會經濟生活中的必然現象。社會保障二元化格局已經越來越與市場經濟的發展極不適應。

3. 社會保障資金缺口大,供需矛盾突出

據來自世界銀行、勞動和社會保障部以及國家體改辦課題組的測算,中國社保基金的缺口最少是3,000億元,截至2003年末,全國社會保障基金滾存結餘僅為1,325.01億元。事實上,養老保險基金從1998年開始已入不敷出,當期缺口1998年為100多億元,1999年為200多億元,2000年為300多億元,2001年接近400億元,至2002年末,財政對養老金缺口的補貼與養老金結餘滾存的數量相當。另外,中國尚未建立可靠、穩定的社會保障資金籌措機制,資金來源單一,參保單位職工漏保、企業、個人拖欠拒繳社會保險基金的情況十分嚴重,對瞞報、少交、拖欠、拒交缺乏相應的矯治措施,社會保障基金的收繳比較困難。社會保障資金缺口的填補難度相當大

4. 社會保障管理體制不健全,營運效率低下

一是「政出多門,多頭管理」。目前,社會保險部門管理城鎮養老保險,勞動部門管理企業失業保險,人事部門管理機關事業單位失業保險,醫療保險由醫保局和衛生部門管理,民政部門管理農村養老保險,住房公積金由公積金管理中心管理,殘疾人救助由殘聯管理,各級工會特別是基層工會,承擔了相當一部分職工福利的事務性管理和服務工作。各個部門權限平行、職能各異,各自出抬的政策、規定,各自一條線自上而下執行,沒有實現有機的統一,從根本上弱化了社會保障的整體效用,也使管理的成本居高不下。

二是社保基金的行政管理、投資營運與監管三位一體,難以形成高效的營運機制和有效的監督制約機制。社保基金管理機構沒有徹底地與政府剝離,附屬於其上級主管部門,在下級服從上級的組織規則中,往往自己制定政策、自己執行,沒有有效的制衡監督機制。因此,社保基金被擠占、挪用、侵占現象嚴重。

5. 社會保障社會化程度低

社會化是社會保障制度的一個重要特徵,從內容上看,它至少應包含三個方面:①保障對象的社會化;②社保基金的籌集、管理、使用、給付的社會化;③管理服務的社會化。在中國社保制度改革的過程中,對社會化這一問題也很重視,但往往強調最多的是保障基金給付的社會化,而對其他方面重視不夠,如保障對象方面,社會保險應該面向所有勞動者,但是那些沒有單位的個體勞動者、自由職業者以及沒有固定單位的小時工、農民工等絕大部分被遺漏。管理服務方面,由於中國城市社區建設發展的不平衡,部分地區的退休人員還採取了由社會保險經辦機構管理,委託企業主管單位或企業代管等過渡辦法。

另外一個衡量社會保障社會化水平高低的重要因素就是統籌層次的高低。統籌層次決定動員社會保障資金的伸縮能力,從一個側面也能反應社會保障制度的完善程度。當

前,雖然現在國家正在探索社保、醫保全國城鄉統籌的相關政策,但中國絕大部分地區對社會保障基金仍實行市、縣級統籌,只有少數地區實現了省級統籌。而且,除了養老保險和失業保險外,其他社會保險沒有實行社會統籌。有些省份雖然建立省級調劑金制度,但實際調劑功能差。由於社會統籌層次較低,直接影響了社會保障的良好運行。

三、市場經濟條件下社會保障制度改革的基本構想

《中共中央關於社會主義市場經濟體制改革若干問題的決定》進一步明確了社會主義市場經濟體制的基本框架。其中,以轉換企業經營機制的企業制度改革和勞動就業制度的改革都將幾十年一貫制的「鐵飯碗」、「多福利」制度打破。由此而引發的失業問題以及由失業引發的社會保障問題十分尖銳地擺在政府面前。傳統的與就業制度相聯繫的社會保障制度已經廢除,構建以失業保障為主體、與中國基本國情相適應的社會保障制度的成為政府及有關部門議事的重點。

(一)構建新型社會保障制度的重大意義

社會主義市場經濟體制是同社會主義基本制度結合在一起的。無論是社會主義制度本質特徵的基本要求,還是深化改革、加快發展、保持穩定的要求,都必須建立與社會主義市場經濟體制相適應的社會保障制。具體說來,建立新型社會保障制度具有以下重大意義:

(1)新型社會保障制度是社會主義市場經濟體制改革的「助推器」。在社會主義市場經濟體制改革中,要使企業成為自主經營、自負盈虧的經濟實體,並向現代企業制度邁進;同時,國家機關推行公務員制度的改革相應地要求按效率的原則安排勞動力與裁減冗員;優勝劣汰的競爭勢必使少數經營不善企業破產;企業和國家機關及事業單位過於繁雜的社會保障責任必須真正由社會承擔。如果沒有與之相適應的社會保障制度,所有的改革措施將難以出拾,社會主義市場經濟改革則難以深化。從這一意義上講,新型社會保障制度是深化改革的客觀要求和必然選擇。

(2)建立新型社會保障制度是保持社會政治安定的「穩定器」。保持社會政治穩定是經濟發展和改革的前提條件,它們相輔相成不可偏廢。經濟體制改革要打破傳統的體制與利益格局,促進經濟的發展,但勢必引發潛在的矛盾和產生新的矛盾,使社會政治穩定面臨新的考驗。適應多種經濟成分共同發展、多種分配方式並存、多種就業渠道並舉的新形勢,建立以失業保障為重點的社會保障制度,緩解各種矛盾,保持社會穩定,促進公平競爭人才的合理流動,進一步繁榮經濟。新型社會保障制的「穩定器」功能的發揮,可以贏得廣大人民群眾對市場經濟體制改革的支持、參與,避免改革中大的損失和社會震動,保證改革的順利進行和經濟的持續繁榮。

(3)建立新型社會保障制度是社會主義制度本質特徵的重要體現。在全體勞動人民當家做主的社會主義社會,實行對全體社會成員的社會保障,體現社會主義制度的優越性,正是社會主義市場經濟與西方市場經濟本質區別所在。在社會主義市場經濟條件下,政府職能將實現向宏觀間接調控和行使社會管理者職能方面轉換,國家投資決策權更多地轉移於社會經濟組織,從而以更多的力量行使包括社會保障在內的社會管理者職能,充分體現其代表廣大社會成員共同利益的性質。不僅是發展社會主義市場經濟的客觀要求,而且是社會主義制度本身的必然要求。

(二)中國新型社會保障體系建立的基本思路

建立與社會主義市場經濟相適應的社會保障制度,必須立足中國國情,大膽借鑑西方的一些做法,堅持公平與效率統一,權利與義務對稱和打破所有制界限,不斷擴大覆蓋面,提高各類保障的社會化程度的原則。其基本思路是:

(1)社會保障體系由社會保險、社會救濟、社會福利、優撫安置和社會互助、個人儲蓄累積保障構成。

(2)社會保障政策要統一,管理要法制化。

(3)社會保障水平要與中國社會生產力發展水平和各方面承受能力相適應。

(4)由於農村的社會保障程度較低,在一定時期內,城鄉居民的社會保障辦法應有所區別。

(5)發展商業性保險業,作為社會保障的補充和提倡社會互助。

(三)中國社會保障制度改革的重點

結合資金籌集方式和保障目標這兩種分類方式,目前中國社會保障體系可劃分為三大塊:一塊是由國家財政支撐的保障項目,包括社會救濟、社會福利、優撫安置、社區服務四項;一塊是國家法制強制實行的社會保險項目,包括養老、失業、醫療、工傷、生育保險和住房保障六項;還有一塊是遵循自願原則,以盈利為目的的商業保險,包括個人投資、企業投資和互助性保險三項。而未來中國社會保障制度的改革主要圍繞第二塊展開,重點是改革養老保險制度、失業保險制度和醫療保險制度。

(1)養老保險制度的改革。以多層次養老保險制度為建設目標,推行「國家實行基本養老保險,保障勞動者的基本生活;單位根據自身經濟情況設立補充養老保險;勞動者個人根據個人經濟情況自願參加個人儲蓄養老保險」的政策,加快城鎮職工養老保險制度從分散走向統一,基本建立資金來源多渠道、保障方式多層次、社會統籌與個人帳戶相結合、管理服務社會化的城鎮養老保險體系。一定時期內,農民養老則仍以家庭保險為主,社會扶持為輔的方式,發展其他多種養老形式與之相配合,完善農村養老保險體系。有條件的地方可根據農民自願,實行個人儲蓄養老保險。

(2)失業保險制度改革。結合中國市場化改革的深入發展,不斷擴大失業保障的範圍,不僅要解決公有制企事業失業職工社會保障問題,而且還要逐步向非公有制企業擴展,向農村居民拓展。按照以支定收,留有適當儲備的原則,提高失業保險基金社會統籌程度。

(3)醫療保險制度改革。在城鎮醫療制度改革方面,遵循「基本保障、廣泛覆蓋、雙方負擔、統帳結合」的基本原則,建立基本醫療保險制度,並使之逐步覆蓋城鎮所有勞動者;同時,充分發揮補充醫療保險和商業保險的作用,逐步建立起包括醫療救助在內的多層次的醫療保障體系。在農村,由政府的組織引導,逐步完善由農民自願參加,個人、集體和政府多方籌資,以大病統籌為主的新型農村合作醫療制度。同時,建立健全規章制度,控制醫藥費用,規範服務行為。

此外,在籌集社會保障資金方面,增加基金來源,建立多渠道籌集社會保障資金機制。一是進一步調整財政預算支出結構,逐步增加社會保障支出,財政超收部分除用於法定支出外,主要用於補充社會保障資金;二是探索合理辦法,解決歷史債務。在繼續積極、穩妥地推進上市公司的國有股減持以補充社會保障基金資金的同時,還可對上市公司採取劃撥國有股權歸全國社保基金理事會的方式,使社會保障基金有較固定和可預見的保值增值渠

道;三是通過發行中長期國債來暫時消化歷史債務,以便等到適宜的時機再變現部分國有資產補充社保基金;四是發揮非政府組織和民間的力量籌集部分資金作為重要補充。比如,可以加大政策支持的力度,促進民間慈善公益事業的發展,充分調動各界參與慈善公益事業捐贈的積極性。

同時,因社會保障工作關係到廣大群眾的切身利益,牽涉面廣,政策性強,必須改革社會保障的管理體制。

首先,建立統一的社會保障管理機構,提高社會保障事業的管理水平,形成社會保障基金的籌集、營運的良性循環機制;

其次,社會保障行政管理和社會保障基金經營管理要分開,各司其職:社會保障管理機構主要行使行政管理職能;由政府有關部門和社會公眾代表參加的社會保障基金監督機構,監督社會保障基金的收支和管理;社會保險基金經辦機構在保證基金正常支付和安全性、流動性的前提下,可依法把基金主要用於購買國家債券,確保社會保險基金的保值增值。

第三節 財政補貼

財政補貼是國家根據一定時期政治經濟形勢的要求,按照特定的目的,對指定事項由財政安排專項資金的一種政府無償支出。

一、財政補貼的性質和基本內容

(一)財政補貼的特性

財政補貼與社會保障支出既有共性又有區別。就共性而言,它們同屬於財政支出中的轉移性支出,都具有無償性的財政特徵;對接受者來說都意味著實際收入的增加和經濟狀況的改善。就其區別而言,財政補貼大都與相對價格的變動聯繫在一起,要麼價格變動導致財政補貼,要麼財政補貼引起價格變動;而社會保障支出大都與社會成員的基本需要相聯繫。財政補貼的目的在於改變資源配置結構,調節供給結構和需求結構,其動因既有經濟的,也有社會的;而社會保障支出的目的在於保持社會的安定,其動因主要是社會的。可見,財政補貼是一項特殊性的財政支出。

(二)財政補貼的基本內容

財政補貼主要有物價補貼、企業虧損補貼和財政貼息三個大類。

(1)物價補貼。國家為了保證人民生活的穩定,對糧、棉、油、煤等基本消費品的銷售價格變動實行的財政補貼。

(2)企業虧損補貼。國家調節國民經濟結構,對國家政策允許並經有關部門批准的國有企業虧損,由國家財政予以彌補,以保證企業生產經營能夠正常運行。

(3)財政貼息。國家代替企業支付部分或全部銀行貸款的利息,其實質是對企業生產成本價格提供的補貼,以減輕企業經營資金的成本壓力。

除上述三種財政補貼之外,減稅免稅也可以視為財政補貼,因為它們在效果上與財政補貼極其相似,因此許多發達國家建立稅式支出管理制度,強化對包括減稅免稅在內的稅收優惠的管理。

二、財政補貼的功能和必要性

(一)財政補貼的功能

長期以來,財政補貼在中國經濟生活中發揮了不可忽視的積極作用,實際上它與稅收一樣都是用以調節社會經濟運行的重要手段。只不過稅收的調節是通過國家無償集中國民收入而改變社會利益結構來實現,財政補貼的調節則是以財政支出形式彌補經濟生活中的某些缺陷來實現。因此,財政補貼是一種經濟槓桿,具有其特殊的功能。其功能主要是:

(1)穩定社會的功能。財政補貼於居民生活消費,無論採取何種方式,都能擴張社會消費能力,穩定或提高廣大社會成員的生活水平,同時,通過財政補貼的這種再分配,使國民收入分配更為公平,從而產生穩定社會的效果。

(2)保護宏觀經濟利益的功能。在現實生活中,許多產品或產業雖然從宏觀上講必須發展,但微觀效益很差,不利於其發展。通過財政對生產的補貼,保證這些產品或產業的正常生產,從而維護宏觀經濟利益。

(3)彌補制度缺陷的功能。任何經濟體制及其運行機制都可能存在缺陷,當缺陷的彌補不便於通過改革來完成時,政府干預就成為必要選擇。財政補貼是政府干預的重要手段之一,對於體制及運行機制缺陷的彌補發揮著輔助性和應急性功能。

(二)社會主義市場經濟條件下財政補貼的必要性

改革開放30多年來,由於經濟的發展和改革中利益結構的調整,財政補貼的數量、規模、項目、範圍、渠道曾一度膨脹,造成了管理上的混亂,扭曲了價格機制,制約了改革的進一步深入,引發了人們對財政補貼的非議,似乎已無存在之必要。事實上,當今世界各國都把財政補貼作為一種調節經濟活動的重要槓桿來運用。社會主義市場經濟條件下,儘管要充分發揮市場的功能,但市場的不足和缺陷以及經濟生活中的各種矛盾都需要通過國家的宏觀調控來加以改善和緩解,從而決定了財政補貼這一政府經常運用的經濟槓桿在社會主義市場經濟條件下的必要性。其主要體現在以下三個方面:

(1)通過補貼可以調節供求結構,促進產業結構的調整。一般說來價格的變動可以改變企業盈利水平及供給結構和影響需求結構,那麼,能夠影響價格水平變化的財政補貼就能調節供求結構。通過財政補貼克服市場調節的自發性和盲目性,保證基本消費,引導合理消費,保障基礎性產業、重點產業的發展,限制長線產業的發展,有利於國民經濟結構的合理化。

(2)通過補貼可以促進社會宏觀經濟效益的提高。在市場經濟條件下,個別企業的微觀經濟效益和社會宏觀經濟效益有時是一致的,有時不盡一致。從整個國民經濟全局出發,只要是社會需要和對國民經濟發展有利的產品。即便暫時虧損也要維持和發展,這就離不開財政補貼,以保證國民經濟發展持續、快速,取得較好的宏觀經濟效益。

(3)通過補貼可以保護農業生產,緩解工農業產品價格「剪刀差」矛盾。由於勞動生產率的提高速度不一致,工農業產品價格「剪刀差」矛盾始終存在。為了緩解這一矛盾,必須運用財政補貼這個經濟槓桿。一方面提高農副產品收購價,或出抬農副產品生產的保護政策,調動農民的生產積極性,促進農業生產的發展;另一方面,運用財政補貼,避免因銷售價格的提高而引發的市場物價波動及其連鎖反應對人民生活的影響,保持社會的穩定。

三、財政補貼的改革

財政補貼對於社會主義市場經濟健康運行的積極作用是不容置疑的,問題在於結合整個經濟體制改革,全面整頓現存財政補貼制度,使之符合社會主義市場經濟體制的內在要求。

(一)改革財政補貼,首先是壓縮財政補貼的規模,縮小財政補貼的範圍,使財政補貼在國民經濟運行中正確行使調節作用

國民經濟的正常運行起主要作用的是制度基礎,調節手段只是輔助性的。壓縮財政補貼在於擺正其位置,正確發揮其作用。壓縮財政補貼可採取「歸並」和「取消」兩種手段,把適合於放入其他分配範疇的補貼歸並到其他分配範疇。如糧、油、副食品補貼可歸入工資分配;具有社會福利性的補貼盡可能納入社會福利支出範疇。對於相當一部分企業虧損補貼,可通過深化改革,促使企業提高經營管理水平和減輕企業不合理負擔而取消,一部分虧損補貼還可以轉化為政府對破產企業職工的失業救濟等。

(二)正確選擇財政補貼對象,調整財政補貼結構,保持財政補貼的靈活性和應變能力,有效地發揮財政補貼的輔助性作用

市場經濟發展的總是有波動的。為了保障廣大人民群眾的切身利益,避免出現大的振蕩和損失,適當地選擇財政補貼對象不失為促進資源有效配置、保持國民經濟協調發展的有效措施。對補貼對象一是要選準,並嚴格控制補貼的項目和範圍,二是不能長期固定不變。否則,就會重陷傳統體制下財政補貼的泥潭。

(三)改進財政補貼的辦法,提高財政補貼的經濟透明度,加強管理與監督,增強財政補貼的功能

傳統的財政補貼大都採取「暗補」方式,即財政對生產經營單位實行補貼,使購銷價格呈倒掛狀態,其流弊是十分明顯的。應當把「暗補」改為「明補」,把財政補貼擺在明處。比如,農副產品購銷價格提高,可相應直接增加職工工資津貼;把企業虧損補貼由原來的衝減預算收入改為設立專門基金,列入預算支出;財政貼息要進行效益分析,有所傾斜、有所側重,等等。

總之,財政補貼制度的建設和的運行必須與市場經濟體制和生產運行機制相結合,並加強對財政補貼的監督和管理。以便其在調整各種經濟關係,緩和社會矛盾,壯大民族產業等方面最大限度地發揮積極作用。

【復習思考題】
1. 社會保障的基本特點是什麼?
2. 社會保障資金的籌集的三種模式是什麼?
3. 試述中國社會保障制度改革的重點。
4. 財政補貼的內容和作用是什麼?

第五章
財政收入

第一節　籌集財政收入的原則

　　財政收入是國家通過財政分配將社會產品價值、主要是剩餘產品價值的一部分集中於國家的各種財政資金,是實現國家職能的財力保證。從管理上看,它包括納入國家預算的預算收入和未列入預算的預算外收入,既包括中央政府的收入也包括地方政府的收入;既包括財政、稅務、海關等徵收機關組織的收入,也包括有收入分配權的其他政府部門和事業單位履行或代行政府職能而取得的收入。在實際工作中,通常把財政收入叫預算收入;債務收入、預算外資金的收入不作為財政收入計算。

　　累積是社會最重要的進步職能,是擴大再生產的主要源泉,是社會發展的必要條件。社會主義再生產本質上是擴大再生產。要擴大再生產,必須有資金累積。為把中國建設成為現代化社會主義強國,需要累積大量資金。中國的累積主要來自國民收入中的社會純收入,而社會主義財政居於國民收入分配的主導環節,是為社會主義建設提供公共產品需要而籌集和供應資金的主要承擔者。要供應就得先籌集。籌集資金是供應資金的起點,供應資金則是籌集資金的歸宿。所以,籌集財政資金是社會主義經濟發展、社會全面進步和提高人民物質文化生活水平的重要條件。

　　由於籌集財政收入涉及一系列分配關係,關係到各個方面的經濟利益,必須根據社會主義市場經濟運行規律,認真貫徹黨和國家的路線、方針、政策,講求理財的生財、聚財之道,遵循如下四個原則:

一、發展經濟,廣開財源

　　生產決定分配,經濟決定財政。從發展經濟入手,壯大財源基礎,講求生財之道,注重源與流的關係,這是社會主義財政籌集財政資金必須遵循的首要原則。「從發展國民經濟來增加我們的財政收入,是我們財政政策的基本方針。」[1]「未有經濟無基礎而可以解決財政困難的,未有經濟不發展而可以使財政充裕的。」[2] 經濟發展了,財源根深葉茂,源遠流長;離開了經濟的發展,則如無源之水、無本之木。

---

[1]　毛澤東選集:第1卷[M].北京:人民出版社,1991:134.
[2]　毛澤東選集:第3卷[M].北京:人民出版社,1991:891.

要貫徹這一原則,首要的是積極推進經濟發展方式轉變,把財政工作的重點轉移到以提高經濟效益為中心的軌道上來。從發展社會生產力和增強綜合國力出發,按照國家產業政策,使市場在國家宏觀調控下對資源配置起基礎性作用,合理開發利用各種資源,促進國民經濟持續、又好又快地發展。在組織財政收入中,要貫徹改革、開放、搞活經濟的方針,制定正確的財政稅收政策,發揮財政稅收收入調節國民經濟的經濟槓桿作用,大力推進技術進步,不斷提高勞動生產率,節約能源資源,降低物質消耗和產品成本,保護環境,實現速度和效益相統一。在抓好重點財源的同時,還必須做好梯級財源、後備財源的開發,廣開生財門路,保證財政收入的日益豐裕。

二、兼顧國家、生產單位、個人之間的經濟利益關係

人們從事物質資料生產結成的生產關係中,社會產品的分配是以生產資料佔有和人們在生產中的地位為前提,經濟地位決定經濟收入分配,形成不同社會集團和個人之間的經濟利益關係。社會主義社會國民經濟部門、生產單位、勞動者所創造的國民收入經過分配和再分配的一系列過程,除了滿足勞動者生活必需品和生產單位的必需外,還要提供社會各種需要。在國民收入總量一定的條件下,財政參與社會產品分配的數量直接制約著生產單位、個人佔有的份額和比例,關係到他們的經濟利益,影響社會主義物質利益原則和按勞分配的落實。因此,籌集財政資金必須講求聚財之道,正確處理好三者經濟利益關係,經常注意調節其中的矛盾。在社會主義條件下,國家、生產單位和個人三者的根本利益是一致的。但生產單位、個人都有其自身的獨立的經濟利益,國家要累積,生產單位要累積,個人生活要改善,這就難免不發生局部與整體利益、目前與長遠利益之間的矛盾。為此,組織財政收入必須在社會生產力發展的基礎上,促進社會財富的不斷增長,並貫徹物質利益原則,正確處理經濟建設和人民生活的關係,確定合理的財政收入數量,達到聚財有方,取之有度,方法多樣,以聚財促生財。具體表現在:

(1) 社會主義國家是全體人民根本利益的代表,承擔著發展社會生產力,增強綜合國力和改善人民生活的重任。為保證社會主義現代化建設,加強國民經濟的宏觀調控,必須有足夠的財力。這就要求將在各生產單位創造的部分純收入集中掌握在國家手裡,由國家在整個國民經濟和社會發展方面按需要與可能分配資金。國家要處理好累積與消費比例,做到統籌兼顧,全面安排,在三者利益關係上不能只顧一頭。

(2) 生產單位在社會主義市場經濟中是獨立的商品生產經營者,是市場主體,國家應保障其合法權益,對各種經濟形式的生產單位要公平稅負、合理負擔,促進公平競爭。生產單位是聯結國家利益與生產者個人利益的中間環節,對其新創造的收入,除應服從國家整體利益和滿足自身生產發展的累積需要外,還應注意解決生產者的集體福利和個人獎勵的資金來源,「生產長一寸,福利長一分」。

(3) 生產者是社會物質財富的創造者,是生產單位生產發展的活力所在,他們對經濟利益的關心是生產的重要動力。改革開放的這些年,中國居民收入不斷增加,但居民收入差距卻不斷擴大。2003 年基尼系數增加到 0.452,2012 年中國基尼系數為 0.474(來源於國家統計局),應逐步降至合理數量。財政分配要促進建立合理的個人分配,貫徹按勞分配為主的多種分配制度,完善社會保障制度,實現國家、生產單位和個人利益的正確結合。

三、效率與公平,合理負擔

社會主義市場經濟體制是同社會主義基本制度結合在一起的,在堅持以公有制為主體的前提下,必須建立以按勞分配為主體、效率優先、兼顧公平的收入分配制度。公平與效率是相互依存,兩者不是此消彼長,而是共同消長的關係。堅持效率優先是發展市場經濟的必然要求,是實現公平的前提與基礎。強調效率優先並不意味著可以犧牲或放棄公平。財政、稅收貫徹這一原則,就要調整收入分配政策,合理地處理好不同經濟形式之間、企業之間、勞動者之間和地區之間的收入差別。改革與完善稅制,合理確定稅收負擔率,擴大稅基,強化徵管,促進社會保障制度和社會福利事業,實現社會生產力的發展和社會進步。

合理負擔是從有利於發展社會生產力、增強國力和提高人民生活水平出發,國家在分配中做到量力負擔,公平合理,其目的在於調節各方面的收入水平,調動企業、集體、生產者的積極性,促進增加生產、活躍流通、提高經濟社會效益,為國家提供更多的累積。

四、內部累積為主,利用外資為輔

社會主義國家怎樣累積建設資金,依靠什麼力量,建立在什麼基點上,採取什麼方法?中國無論在革命時期,還是在社會主義建設時期都堅持以獨立自主,自力更生為基本立足點,依靠中國人民無窮無盡的創造力和艱苦創業、勤儉建國的精神;立足於本國的人力、物力、財力,努力增產、厲行節約,走內部累積資金的道路。中國是社會主義國家,不能學殖民主義、帝國主義實行對外掠奪和戰爭侵略,更不能靠加重人民稅收負擔。而中國豐富的資源,發展中強大的物質基礎,日新月異的科學技術水平,廣大的國內市場需求,以及為完善社會主義市場經濟不斷進行的經濟體制改革等,都為自力更生內部累積提供了良好條件。

中國進行社會主義建設,不能脫離世界經濟而存在。中國歷史上落後的一個重要原因就是閉關自守。我們強調自力更生累積建設資金,還必須積極而有效地利用外國的資金和先進的科學技術,這不僅不違背自力更生,反而最終是為了發展社會生產力、增強綜合國力和改善人民的生活。世界上許多工業發達國家或發展中國家,在其經濟發展過程中,無不通過對外開放、吸收外資,引進技術等來發展國際經濟貿易往來,以促進和加速本國的經濟建設。從中國的國情出發,需要利用兩種資源,國內的要利用,國外資源、資本也要利用,開拓國內國外兩個市場。根據國家外匯管理局公布的數據,截至2012年12月末,中國外債餘額為7,369.86億美元。其中,登記外債餘額為4,454.86億美元,企業間貿易信貸餘額為2,915億美元。據初步計算,2012年,中國外債負債率為8.96%;債務率為32.78%;償債率為1.62%。據瞭解,國際公認的負債率安全線為20%,債務率安全線為100%,償債率安全線為20%,外債負債率、債務率和償債率三大外債警戒指標均在國家標準安全線之內。總之,利用外資只要是同引進先進技術結合在一起,敢利用、善利用、用得適時、用之適度,對加快中國經濟建設是大有好處,這是中國的長期國策。財政部門對利用外資要參與和配合有關部門進行可行性研究,講求使用外資的經濟社會效益,並以償還能力、消化能力和創新能力進行綜合運籌,做到借之有道,用之有效,還之有信。

第二節　財政收入來源構成

　　財政收入的來源構成,是指國家財政收入來源的多種渠道、比例及其相互關係。它反應通過國家預算集中財政資金的不同來源、規模,即籌集財政資金從哪裡籌集、籌集多少。分析財政收入構成,目的在於從整體上把握各種財政收入來源之間的有機聯繫,使它們保持恰當的比例關係,以加強財政收入的宏觀調節,實現利益的兼顧和財政收入結構優化。按照財政收入來源於社會產品的不同側面可以區分為:財政收入的社會產品價值構成、財政收入的國民經濟部門構成、財政收入的社會經濟所有制構成、財政收入的地區構成等。

一、財政收入的社會產品價值構成

　　社會產品按其價值構成是由 C、V、M 三部分組成。社會總產品的價值分配是由國家、生產單位、生產者按照生產要素共同參與分配的。通過分配分別形成歸生產單位支配使用的貨幣資金(包括 C、V 和部分 M),生產者所得是 V,歸國家所得部分形成集中的財政資金,它總的是來自國民收入(V+M)的分配和再分配。

　　C 是生產資料消耗和轉移價值,包括兩個部分,一部分是補償消耗掉的勞動對象,只要企業的再生產不間斷地連續下去,這部分補償價值就必須不斷地用於購買勞動對象,投入再生產,因而這部分不能構成財政資金的來源;另一部分是補償固定資產的耗費所形成的折舊基金,也不應構成財政資金的來源。作為固定資產價值損耗補償的折舊基金是補償基金,是用以維持企業簡單再生產的資金需要,無疑財政不能參與其分配。但折舊基金在一定條件下也可以一部分用作累積。中國曾經過多地片面強調了折舊基金具有累積性的一面,忽略了補償職能。過去對折舊基金一直是作為國家財政與國有企業之間的分配關係來處理,而不是按資本金對待。隨著經濟體制和財稅體制的改革,從 1994 年起,國家財政停止了參與基本折舊基金的分配。

　　V 是屬於生產勞動者的勞動報酬,包括用於補償勞動力再生產過程消耗的價值。社會主義社會勞動者所得 V 的數量大小,是根據當時的社會生產力水平、勞動生產率高低,統籌兼顧安排的。中國過去長時期的低工資制度,分配形式又單一化,國家基本上沒有直接對勞動者的勞動報酬進行徵稅。可是國家徵收間接稅,通過稅負的轉嫁而落到勞動者的收入 V 上,這時的 V 已是構成財政收入來源之一。從中國現實情況看,勞動者 V 的收入,一是通過享用消費品承擔稅收,二是高收入向國家繳納個人所得稅。隨著社會主義市場經濟體制的逐步建立與完善,高收入逐漸增多,為調節個人收入分配,緩解社會分配矛盾,防止分配的兩極分化,按照公平稅負,有必要強化個人所得稅的徵收,使其成為國家財政收入的重要來源。M 是生產領域勞動者剩餘勞動所創造的價值,是為滿足社會共同需要的。馬克思曾說:「在任何社會生產中,總是能夠區分出勞動的兩個部分,一部分產品直接由生產者及其家屬用於個人的消費,另一部分即 始終是剩餘勞動的那個部分的產品,總是用來滿足一般

的社會需要,而不問這種剩餘產品怎樣分配,也不問誰執行這種社會需要的代表的職能。」①由於社會的需要是多方面,同剩餘產品價值使用沒有固定用途的不確定性相吻合。按照社會需要剩餘產品 M 可以用於累積(包括擴大再生產和建立後備基金)和消費。在社會主義市場經濟體制下,國家從整體利益和加強宏觀調控出發,有必要通過財政在全社會範圍內統籌一部分 M,以提供公共產品,滿足社會的部分累積和社會消費的大部分的需要。

從以上的分析可以看到,財政收入可以來自 C、V、M,但由於這三者各自的性質不同,C、V 有明確的用途。C 必須用於補償生產中生產資料價值的損耗;而 V 直接涉及勞動者的消費和生活的改善,稅負要適度;從開闢財源、擴大財政收入來說,主要靠增加 M。因此,M 既是社會累積的唯一源泉,又是財政收入的主要來源。

二、財政收入的國民經濟構成

財政收入的國民經濟構成是指由國民經濟各部門的生產經營單位、個人上繳財政的稅金、或利潤(資本收益)和費用的比例。按照國民經濟部門構成分析財政收入來源,可以揭示國民經濟各部門的發展對財政收入的影響。

中國國民經濟核算統計是以世界上較為常用的三次產業來劃分。如以 2011 年國內生產總值及其構成情況看:

表 5-1　　　　　　　　2011 年國內生產總值及其構成情況表

產　業	國內生產總值構成	國內生產總值指數 (1978 年 = 100)	三次產業貢獻率(%)
總計	100	2,059.0	100
第一產業	10.0	436.8	4.6
第二產業	46.6	3,527.4	51.6
其中:工業	39.9	3,595.0	44.7
建築業	6.8	2,872.6	
第三產業	43.4	3,027.7	43.7

資料來源:摘自《中國統計年鑒》2012 年。

從表 5-1 看出,中國正在進行產業結構的調整,國內生產總值構成的第一產業由 1978 年占 27.8,下降至 2011 年的 10.0;而第三產業則由 1978 年的 24.2,上升至 2011 年 43.7。由於中國財政收入是由國家財政參與社會產品和國民總收入所形成的,財政收入的總規模[占國民(內)生產總值的比重]和財政收入的國民經濟構成理應與國民經濟總產值的國民(內)生產總值水平及其三次產業構成大體相當,第一、三產業也應成為財政收入的重要來源。儘管財政收入的總收入與國民(內)生產總值的增速相適應。然而,由於三次產業各自經濟發展水平的差異,國家發展戰略和方針政策的調整,以及財政稅收政策制度的變動,財政收入的國民經濟結構卻不能完全反應出與國民(內)生產總值的構成。

第一產業的農業是社會經濟賴以發展的基本條件。農業、農村和農民問題是關係全面建設小康社會和現代化事業全局的重大問題。新中國成立以來,中國財政收入來自農業的

---

① 馬克思.資本論:第 3 卷[M].北京:人民出版社,1975:992-993.

收入有兩部分。一是直接交納的農業各稅,「一五」時期 150.68 億元,占同期財政總收入20.8%;以後便逐年下降,「九五」時期農業各稅 2,054.55 億元占同期財政總收入 4.3%。2007年全面取消農業稅、農業特產稅後,來自農業的財政收入將下降得更多。二是通過工、農產品「剪刀差」間接提供的財政收入。這部分「隱性稅收」成為中國工業化初期累積的重要來源。

　　工業是國民經濟的主導,是創造並實現國民收入的主要部門,工業的發展對財政收入的影響很大。同時由於中國現行工商稅收主要選擇在工業產製環節課徵,工業便成為上交財政收入最多的部門,直接決定著整個財政收入狀況。

　　建築業和工業生產一樣是創造使用價值實體的物質生產部門。隨著社會主義市場經濟體制的建立和完善,建築業成為支柱產業之一,並將成為財政收入的重要來源。

　　交通運輸業是一個特殊的生產部門,增加產品價值。在其生產經營活動過程中創造的國民收入,直接為國家提供累積,成為國家財政收入的重要來源。

　　商業是連接工業與農業、城市與鄉村、生產與消費的橋樑和紐帶,是財政收入的重要來源。

　　今後隨著第一、二產業增長,商業批發、零售的擴大、旅遊業的發達,外貿的發展,市場的發育,其第三產業上交的財政收入將持續不斷增長。

　　總的說來,隨著產業結構的調整,財政收入的國民經濟結構將發生重大變化。

三、財政收入的社會經濟所有制構成

　　社會產品和國民收入是由不同所有制的勞動者創造的。財政收入的社會經濟所有制構成是指生產經營單位各自上交的稅金、利潤(資產收益)、費用,按其不同經濟所有制所占比例的分類。根據生產關係一定要適合生產力性質,中國由於生產力發展狀況所呈現出的多層次性和不平衡性,這就決定了中國社會主義建設中,必然以公有制為主體,多種經濟所有制長期並存,共同發展的局面。在完善社會主義市場經濟體制中,將鞏固和發展公有制經濟,發揮國有經濟主導作用,進一步鼓勵、支持和引導非公有制經濟發展。按照生產關係決定財政分配,中國財政收入的所有制結構,已有了很大的變化,如 2009 年私營企業稅收總額達到 6,402.3 億元,占全國稅收比重 10.15%。

第三節　財政收入形式

一、財政收入形式的選擇

　　財政收入形式是指用什麼方法(名義)來取得這些收入,這就成為財政收入的形式,即是通過財政收入反應財政收入分配關係中主體同客體之間進行結合的方式方法。財政收入內容決定收入形式,但財政收入形式又反作用於財政收入內容。財政收入的不同形式,不僅在取得財政收入保證國家實現職能的財力需要有不同作用,而且在調節社會經濟利益、調整經濟結構、提高經濟社會效益、協調生產關係與生產力之間的矛盾等方面都有著不同的作用。每一種財政收入形式的產生和變更都有它的經濟根源和歷史根源,都要隨著各個歷史時期生產力的發展,生產關係的調整和經濟管理體制的改革而相應變化。為適應社會主義市場經濟體制和發揮財政職能作用,財政收入形式要擇優選用,協調配合組建成財政收入的體系,而具體財政收入形式的選用,主要依據有三:

　　第一,要能正確體現財政分配關係。財政收入分配形式是由國家參與生產的一定形式決定的。而參與生產形式歸根到底決定於生產資料所有制這個社會的基本經濟關係。社會主義國家具有的「兩種職能、兩種權力」所形成的特殊的財政分配,在參與社會產品和國

民收入的分配過程中,對不同的經濟形式,因所有制的性質不同,體現不同的分配關係,取得財政收入的原則、方式要有所不同。國家財政取自國有經濟的財政收入,可以根據需要分別採取稅收、資產收益(國有企業上繳利潤、資源收入、租賃費、承包費)、費用的形式。這都屬於國家所有制內部整體與局部的分配關係,即使財政收入形式變革,也不會引起國家所有制性質的改變。可是,國家向非國家所有制經濟取得財政收入,屬於國家與不同所有制之間的分配關係,發生所有權的轉移。國家既非其所有者,不能直接參與它們的產品分配,只能以社會管理者身分,憑藉政治權力,利用稅、費形式對其純收入進行再分配。再有,國有資產投資於股份制企業採用分紅,對合資企業採用分利等形式。

第二,要實現公平、效率的分配。國家在參與社會產品分配取得財政收入時,不單是從不同經濟所有制形式那裡取得一部分純收入以滿足國家實現其職能的需要,而且要按照社會主義理財的取予之道,利用不同的財政收入形式實現國家不同歷史時期的不同目的與任務。中國在建立社會主義市場經濟體制的稅制改革中,為貫徹效率優先、兼顧公平的原則,對各種經濟形式普遍徵稅,並將國有企業的部分利潤統一改為徵收企業所得稅的形式。

第三,保證國家財政能及時、穩定、均衡地取得財政收入。社會主義國家財政收入的形式是多樣的,除為實現效率與公平,調節國民經濟和社會分配外,還要及時、穩定、均衡地取得財政收入,保證實現國家職能,滿足提供公共產品的需要。

財政收入的形式絕不是可以任意採用的,但也不是一成不變的。如果輕易取消某種收入形式,或代之以一種不恰當的形式,往往會給社會經濟發展帶來消極影響。總的說來,財政收入採取什麼樣的形式,既要取決於它體現的分配關係,取決於生產資料所有制的性質及其社會主義基本經濟制度,又要取決於不同時期的經濟管理體制、財政稅收職能作用的發揮。

二、財政收入形式的分類

在現代經濟社會,各國的財政收入形式一般為稅、費、利、債等多種形式。新中國成立以來,中國財政收入形式經過多次的調整變化,各個財政收入形式在不同時期被賦予了不同的任務,發揮了不同的作用。隨著現代企業制度的建立和國家與國有企業分配關係的調整,財政稅收體制的改革,當前財政收入形式不外乎稅收、資產(資源)收益、專項收入、其他收入四大類。

(一)稅收

稅收是一個重要的財政範疇,是中國財政收入的主要形式,自20世紀90年代財政稅收制度改革以來,每年均占財政總收入90%以上,成為中國財政收入的支柱。

(二)國有資產(資源)收益收入

這類收入主要包括:國有企業徵收所得稅,或計劃虧損補貼(衝減財政收入的負收入);開採國家資源徵集的各種使用費、國有土地使用權有償使用收入;佔有、使用國有資產的收益分配收入;股份制企業國有股利收入;出售國有產權收入,等等。

(三)專項收入

專項收入指具有特定來源,按照特定目的建立,並有專門用途的收入。包括排污費收入、城市水資源收入、教育附加費收入等。

(四)其他收入

其他收入主要有:①事業收入;②規費收入;③行政性收費收入;④罰沒收入;⑤捐贈收入。

第四節　財政收入規模分析

財政在參與社會各種經濟所有制、國民經濟各個部門的社會產品和國民收入分配過

中,涉及一系列的分配關係。由於分配關係是生產關係的重要方面,這些分配關係既有它質的規定性,又有體現它的量的規定性。財政收入是質和量的統一體,兩者是相互規定、相互制約的。一定的質決定財政收入的量和量的界限,而質又要以財政收入的一定量作為存在的條件。財政收入的數量是國家財力在社會經濟生活中的重要指標。在籌集財政收入中注意這些方面基本的數量分析,掌握好數量界限,就為理順國家與各方面的分配關係創造良好的前提條件,對促進國民經濟社會發展和人民生活不斷提高都有著重要的意義。

一、財政收入規模受制約的因素

社會產品價值總量和構成的變化都會影響財政收入量的變化。而國家財政從社會產品、國民收入、剩餘產品中集中多少,規模達到多大,不是以政府的意願為轉移。從財政收入的數量來看,有著客觀的數量界限,它要受各種政治經濟條件的制約和影響,應當全面考慮各種分配關係,具體受到以下幾個因素的制約:

(一)社會生產力發展水平

社會生產力水平提高,社會產品增加。在社會產品價值、價格和成本費用一定的條件下,生產越發展,社會產品價值總量越大,社會純收入越多,「蛋糕」做大了,可供財政分配的對象才越多。從中國60多年的財政收入數量看,經濟發展決定著財政收入規模是不斷增長的;但與經濟發達國家相比,財政收入規模又是較小的,其根源在於中國的生產力發展水平仍較低。

(二)經濟效益狀況

社會生產力發展水平從總體上反應一個國家的社會產品豐富程度和經濟效益的高低。在生產規模和社會產品價值總量一定的條件下,效益的高低直接制約 M 的大小。所以,財政收入的數量規模,取決於宏觀經濟正確處理速度與效益的關係,還要取決於微觀經濟搞活,轉換企業經營機制,加強經營管理,實現優質低耗。

(三)財政收入分配政策

收入分配政策對財政收入規模的影響雖不如社會生產力發展水平和經濟效益狀況,但收入分配政策的調控變化,一方面會使經濟主體(生產經營單位)的收入和利潤有所不同,直接決定財政收入分配的多少;另一方面因實行不同財政稅收政策、稅收制度使政府集中資金的程度不同,進一步影響財政收入的多少。下面具體從兩方面分析:

1. 勞動生產者在初次分配 V 的數量

在國民收入初次分配中,必要產品 V 與剩餘產品 M 的比例,直接關係 M 價值的大小,又影響財政收入數量的增減變化。在國民收入中 V 與 M 比例不變的情況下,國民收入增長與 M 的增長則成等比例變化。由於國民收入增長的原因除生產過程中 C 的節約外,主要取決於從事物質資料生產的勞動者人數增加和勞動生產率的提高兩個因素。勞動生產率變化對 M 的影響是,勞動生產率同生產成果成正比例變化,同活勞動消耗成反比例變化。所以,勞動生產率提高意味著取得單位生產成果所消耗的活勞動的節省,也就是單位國民收入中所包含的 V 會減少,M 就會增加,財政收入可以增長。社會主義生產的目的決定了 V 的絕對量必然是增長的。即在國民收入增長的情況下 V 與 M 都要增長,而 M 的增長要受制於勞動者所得 V 增長數量,也就制約了財政收入的增量。過去計劃經濟體制下的「低工資」、「先扣除再分配」,挫傷了勞動者的積極性,影響了社會經濟的發展,也制約了財政收入的穩定增長。

2. 政府對生產單位的純收入分配政策和分配制度

在社會生產力發展水平、經濟效益和國民收入總量及其 V 與 M 比例既定的條件下,M 如何分配,還取決於國家對生產單位的分配政策,包括對集體、私營、個體等經濟所有制的稅收政策,對國有企業的分配政策和分配制度。過去對非公有制經濟的限制和高稅收政策,對國有企業的「統收統支」,形成高累積率和高集中率的虛假財政收入規模。隨著經濟

體制改革,國家集中企業 M 部分不僅規範化,而且集中率相對固定並下降,財政收入占 M 和國民收入的比重也曾隨之下降。

(四)價格的變動

商品價格以產品價值為基礎,但實際上價格還要受市場供求關係的影響。國民收入生產總額的大小與商品價格水平成正比例變化。同時一個經濟社會只要價格發生變動,勢必影響社會總供求,從而影響經濟單位利潤和個人的收入。財政收入是一定量的貨幣收入,它是在一定的價格體系下形成的,又是按一定時點的現價計算的。中國商品的價格是由成本、稅金、利潤三部分組成,一般銷售價格同稅金、利潤在數量上成正比例變化。總的來說,價格變動引起國民收入總量和構成的變化,也就必然影響財政收入的增減。

(五)社會發展和進步的需要

社會發展和進步主要包括社會成員素質不斷提高,社會制度不斷完善和社會存在的物質要素不斷完善的統一。而這三要素水平的提高都會對財政分配起著重要制約作用,直接影響財政收入規模。因為財政收入數量必須和國家實現其職能的財力需要相適應,即為保證社會進步的公共需要,包括社會消費支出、公共基礎設施,以及必要的擴大再生產支出的資金需要。否則,就會影響財政收支平衡。隨著社會主義市場經濟體制的建立和發展,政府職能的調整,財政職能的轉變,投資體制的改革,財政不能再大包大攬。但財政保證社會公共產品需要和彌補市場失靈的投資仍然不會減少。因此,在不影響市場經濟發展和人民生活改善的前提下,財政要按照國家實現職能需要,量出為入確定財政收入的數量。

以上說明,經濟決定財政,財政收入的數量是以客觀經濟發展水平、經濟結構、經濟效益、國民收入總量及結構為基礎,但財政收入數量的多少也不完全是被動的。財政職能轉換,財政稅收分配政策和財務管理體制的變化,財政收入在各個時期的數量及與國民收入、國民(內)生產總值的比例是不會相同的。

二、財政收入占國民(內)生產總值的規模界限

由於財政收入主要來自 M 部分,直接與社會新創造價值的國民收入緊密相連。國民收入的分配中存在著許多比例關係,其中,財政收入占國民收入的比例或占國民(內)生產總值的比例關係是很重要的比例關係。通過這個綜合指標可以反應國家宏觀調控社會分配合理化的情況,又能夠制約財政收入的規模的數量界限,促進財政收入正確體現同各個方面的分配關係。財政收入所占國民收入的比例主要取決於兩個比重:①V 與 M 的比例關係或 M 占國民收入的比重,即國民收入歸生產者個人和歸社會支配的比例。②M 中財政集中部分與非集中部分的比例。假設國民收入為 N,財政收入為 F,財政收入占國民收入的比例關係可用下列公式表示:

$$\frac{F}{N} = \frac{M}{N} \times \frac{F}{M}$$

在分析財政收入規模時,過去通常是以財政收入占國民收入的比例。但近年來,則以國民(內)生產總值研究財政收入所占的比例。

新中國成立以來,中國財政收入占國民(內)生產總值的比例是幾度升降,基本上與當時的經濟形勢、經濟管理體制和分配政策、財政管理制度等相符合的。(見表 5-2)

表 5-2　　　　　1952—2011 年國家財政收入占國內生產總值的比重

年　份	財政收入(億元)	國內生產總值(億元)	財政收入占國內生產總值比重(%)
1952	173.94	679.00	25.6
1957	302.20	1,068.00	28.4
1960	572.29	1,457.00	39.3
1965	473.32	1,716.10	27.6

1978	1,132.26	3,624.10	31.2
1980	1,159.93	3,645.60	31.8
1985	2,004.82	9,016.00	22.2
1990	2,937.10	18,667.80	15.7
1995	6,242.20	60,793.70	10.3
2000	13,395.23	99,214.60	13.5
2005	31,649.29	184,937.4	17.1
2006	38,760.20	216,314.4	17.9
2007	51,321.78	265,810.3	19.3
2008	61,330.35	314,045.4	19.5
2009	68,518.30	340,902.8	20.1
2010	83,101.51	401,512.8	20.7
2011	103,874.43	472,881.6	22.0

註：本表財政收入不包括國內外債務收入。
資料來源：根據 2012 年《中國統計年鑒》和《財政統計資料》計算。

中國財政工作實踐證明：財政收入占國民收入或國民（內）生產總值的比例過大（如 1960 年 39.3%、1966 年 29.9%、1972 年 30.4%、1978 年 31.2% 等），即籌集財政資金超過一定的數量界限，勢必會擠占勞動者所得的 V 和生產單位必需的 M 部分，挫傷他們的生產經營積極性，最終又會影響到國民收入和財政收入的增長。財政收入占國民收入或國民（內）生產總值的比例過小，資金分散，國家沒有掌握必要的財力物力，勢必難以駕馭國民經濟全局，辦不成幾件大事，其結果同樣是影響國民收入或國民（內）生產總值和財政收入的增長，也影響勞動者收入持續穩定增長。如 1983—1995 年財政收入，所占比重連續下降，至 1995 年下降至 10.3%。這是在向社會主義市場經濟轉變的經濟體制改革時期為調節社會分配，所占比例的下降有其必然性。但 1996 年以後，隨著社會生產力發展水平的提高和社會主義市場經濟的完善，分配關係的理順，所占比例則已日趨穩定，並穩中略升。財政收入占國民（內）生產總值比重提高了，反應中國綜合國力的明顯增強，也表明財政的宏觀調控能力的提高，為中央加強和完善宏觀調控提供了物質基礎。

【復習思考題】
1. 籌集財政資金為什麼要堅持發展經濟的原則？
2. 為什麼籌集財政資金必須兼顧國家、生產單位、個人之間的經濟利益關係？
3. 社會產品價值 M 為什麼是財政收入的主要來源？
4. 研究財政收入規模的意義何在？

第六章
稅　收

第一節　稅收理論基礎

什麼是稅收？稅收是國家為了實現其職能與向社會提供公共產品的需要，憑藉政治權力，依法向居民和經濟組織強制地、無償地取得實物或貨幣的一種特殊分配活動。它體現著國家與納稅人之間在徵稅、納稅的利益分配上的一種特殊分配關係。

一、稅收的特徵和性質

（一）稅收的特徵

稅收作為財政收入的一種重要形式與其他財政收入形式相比，具有三個特徵，即無償性、強制性和固定性。

1. 無償性

稅收的無償性是指國家徵稅以後，稅款就成為國家所有，不再直接歸還給納稅人，也不支付任何代價。稅收的這個特徵，是同國家財政支出在為實現國家職能與提供公共產品的無償性分配相對稱的。恩格斯曾經指出：「徵稅原則本質上是純共產主義的原則，因為一切國家的徵稅的權利都是從所謂國家所有來的。的確，或者是私有制神聖不可侵犯，這樣就沒有什麼國家所有制，而國家就無權徵稅；或者是國家有這種權力，這樣私有制就不能是神聖不可侵犯的，國家所有制就高於私有制而國家也就成了真正的主人。」[1]

2. 強制性

稅收的強制性，指國家徵稅是依靠國家的權威，憑藉政治權力，以法律、法令的形式加以規定，納稅人必須依法納稅，否則就要受到法律制裁。因為國家徵稅就必然要發生社會產品所有權或支配權的單方面轉移，國家所得正是納稅人所失。徵稅並非一種自願交換，國家只有憑藉政治權力，依照法律、法令強制地把一部分社會產品無償地集中起來。

3. 固定性

稅收的固定性，指國家徵稅前就應以法律的形式規定徵稅對象、統一的比例或數額，按照預定的標準徵稅，當然這種固定性是相對的。稅收的固定性實質上指徵稅必須要有一定標準，既包括時間上的連續性，又包括徵收比例、數額的限度性，便於徵納雙方共同遵守。

---

[1] 馬克思恩格斯全集：第2卷[M]．北京：人民出版社，1957：615．

税收的三個特徵是一個相互聯繫的統一整體。稅收的無償性決定稅收的強制性,並決定和要求稅收的固定性,但稅收的無償性又必須依靠強制性、固定性的支撐。因此,稅收的三個特徵是統一的,缺一就不可謂之稅。稅收歷經了幾千年的歷史,在不同的社會形態和不同的國家裡,之所以能成為國家財政收入的支柱和作為國家調節經濟的重要工具,都是由於稅收「三性」所表現出來的特徵所致。

稅收這三個特徵是古今中外稅收的共性。中國社會主義稅收,雖然也具有無償性、強制性和固定性的特徵,但在體現這些特徵中,由於生產關係的性質不同,決定了稅收三個特徵又具有新的內容。這就是稅收具有明顯的返還性同無償性相結合,自覺性同強制性相結合,政策的靈活性同固定性相結合。

(二)稅收的性質

稅收作為一種憑藉國家政治權力所進行的特殊分配,與國家有本質聯繫,稅收參與社會產品分配,在社會再生產過程中是屬於分配範疇。稅收是社會分配關係的組成部分,在不同的社會經濟制度下,與該社會的生產關係和不同國家的性質相適應,體現著性質不同的分配關係就是稅收的性質。馬克思、恩格斯從不同的角度對稅收的社會性質作過許多精闢的論述,指出「賦稅是政府機器的經濟基礎」[1]。在分析資本主義條件下剩餘價值分配形式時指出:「正是資本家與工人間的這種交易創造出隨後地租、商業利潤、資本利息、捐稅等形式在各類資本家及其奴僕之間進行分配的全部剩餘價值 。」[2]在以生產資料私有制為基礎的稅收體現了階級剝削關係,是剝削階級及其國家剝削勞動人民的工具。

在社會主義條件下,公有制為主體、多種所有制共同發展是中國經濟制度的基礎,稅收不再體現剝削關係。社會主義國家作為全體勞動人民利益的代表向納稅人徵稅,最終用途都是用於發展經濟和社會建設事業,為發展社會生產力,增強國家的綜合國力和提高人民的物質文化生活水平,完全體現了社會主義稅收具有「取之於民,用之於民」的總體返還性質。

二、社會主義稅收存在的條件

稅收作為一個古老的經濟範疇,無論奴隸制國家、封建制國家、資本主義國家都把它用來作為取得社會產品維持國家權力機構和實現其職能的工具。中國社會主義稅收的存在,是以國家的存在為前提條件,並以社會經濟條件的基礎為客觀依據。

(一)社會主義稅收存在的前提條件

社會主義國家作為社會整體利益的代表,執行廣泛的經濟社會職能,組織社會文化建設,保衛國家安全和政治經濟權益,為社會生產和人民生活創造一切外部條件,這就需要大量的資金,國家必須進行「社會扣除」。而稅收所具有的三個基本特徵,便成為國家實現其職能,滿足其物質資料需要進行「社會扣除」的最好形式。「廢除捐稅的背後就是廢除國家」[3]。稅收的存在還是國家進行社會主義革命和建設的工具。中國稅收在促進生產資料私有制的社會主義改造中,曾對資本主義工商業採取了恰如其分的有伸縮性的限制政策,同時大力扶植公有制經濟的發展,促進社會主義經濟基礎的建立與鞏固。在進行社會主義

---

① 馬克思恩格斯選集:第3卷[M].北京:人民出版社,1972:22.
② 馬克思恩格斯選集:第3卷[M].北京:人民出版社,1972:481.
③ 馬克思恩格斯全集:第7卷[M].北京:人民出版社,1959:339.

現代化建設和完善社會主義市場經濟中，稅收仍然是國家掌握利用的重要工具，維護國家職能的實現，貫徹改革開放，發揮重要的經濟槓桿作用。

(二)社會主義稅收存在的經濟社會條件

中國稅收在建立社會主義市場經濟體制下存在的客觀經濟社會條件是什麼呢？

(1)公有制為主體，多種所有制共同發展的基本經濟制度是稅收存在的經濟基礎。對國有經濟以外的各種經濟所有制，國家要無償地取得它們的一部分純收入，並在取得收入中，貫徹國家的各項方針政策，實行國家宏觀經濟調節、指導和監督，而又不搞平調、攤派、沒收，那就只能採用易於理解和接受的稅收分配形式。

(2)發揮國有經濟主導作用，需要稅收規範國家與國有企業分配關係。中國國有企業要實行政企分開、投資者所有權與企業法人財產權相分離，在建立健全國有資產管理和監督體制中，要堅持政府公共管理職能和國有資產出資人職能分開。企業不僅有獨立的生產經營自主權，而且享有其獨立的、局部的經濟利益。國家在加強宏觀調控、兼顧國家、企業、職工之間的分配關係，就必須依據和運用價值規律，通過以國家權力為依託的具有強制性的稅收槓桿，調節各方面的經濟利益關係，並將國家與國有企業的收入分配關係加以規範化。

(3)社會主義市場經濟運行需要稅收發揮調節經濟的作用。通過稅種的開徵、稅率的高低、減免優惠，調節商品與企業利潤，促進企業改善經營管理，鼓勵先進，鞭策落後，開展平等競爭；調節生產、流通、消費，進而調節社會供需總量；引導社會財力、物力和人力的流向，以適應社會主義市場經濟發展的需要。

(4)培養和發育市場，離不開稅收的管理和監督。為發揮市場機制在資源配置中的基礎作用，必須培育和形成統一、開放、競爭、有序的大市場。利用稅收槓桿，通過徵稅形式對生產要素進入市場的金融市場、資本市場(債券、股票)以及商品、房地產市場等的公平交易、平等競爭，能起到促進與監督作用。

(5)實行對外開放需要稅收這個強有力的手段。中國對外開放必須在獨立自主、自力更生、平等互利、互守信用的基礎上，積極發展對外經濟合作和技術交流。為了維護國家主權和經濟利益，加速社會主義建設事業的發展，需要運用世界各國普遍採用的，社會經濟發展不可缺少的、最直接、有效、可靠、有力的稅收分配方式。

三、社會主義稅收職能

稅收職能是指稅收所具有的內在功能。它是一切社會制度下稅收都具有的內在的、穩定的、共同的屬性。稅收職能是一個客觀存在，它不以人們的主觀意志為轉移。中國社會主義稅收具有籌集財政收入、調節社會經濟和監督管理職能。

(一)籌集國家財政收入職能

籌集國家財政收入是稅收的首要職能，是指稅收所具有的從社會成員和經濟組織手中強制、無償地取得一部分社會產品，用以滿足國家提供公共產品需要的功能。稅收自產生之日起，就是為國家籌集財政收入服務的。稅收奠定了國家存在的經濟基礎，維持了國家的存在。如果稅收無籌集財政收入職能，就沒有稅收存在的客觀必要。縱觀奴隸制社會、封建社會、資本主義社會和社會主義社會，稅收都作為國家財政的支柱，在政治經濟生活中具有十分重要的地位。在現代社會經濟中，絕大多數國家財政收入的80%以上是通過稅收

籌集的。

中國社會主義市場經濟以公有制為主體、多種所有制經濟共同發展的基本經濟制度已經確立,全方位、寬領域、多層次的對外開放格局基本形成。隨著改革的不斷深化,進一步促進社會生產力、綜合國力和人民生活水平的提高,稅收籌集財政收入的作用,必然出現顯著的變化和得到明顯的加強。主要表現為:一是國家對財政資金需要日益增加;二是籌集稅收收入對象更為複雜;三是徵稅範圍日益廣闊;四是組織稅收收入更加艱鉅,偷漏稅與反偷漏稅、避稅與反避稅的鬥爭更加艱難。然而,由於社會主義稅收的本質、特徵和稅收收入具有及時、穩定、可靠的特點,伴隨著科學合理的稅收制度的建立與完善,稅收籌集國家財政收入的功能將更有效地發揮。

(二)調節經濟職能

稅收調節經濟的職能是指稅收分配過程中對生產經營單位和個人的經濟行為和經濟利益所產生的影響作用。這是稅收在分配過程中形成稅收收入的同時客觀具有的功能。國家正是利用稅收的調節經濟職能,運用稅收槓桿對社會經濟運行進行引導和調整。稅收作為國家宏觀調控的一個重要手段,通過稅種、稅目、稅率的佈局和調整,徵稅對象的選擇以及稅收優惠措施的運用等,貫徹國家的經濟政策目標,調節不同經濟主體的經濟利益,引導其經濟行為服從於宏觀經濟發展的要求,從而協調社會經濟持續穩定地發展。

稅收調節經濟的特點是:①調節主體的集中性。稅收調節是由國家集中進行的,而不是由社會其他任何經濟單位和個人進行的。稅收調節政策由國家集中制定、調節的動因是以國家意志為主。稅收調節政策的落實皆由國家組織實施。②調節的強制性。稅收對經濟的調節是憑藉政治權力,依照法律程序強制執行的。③調節範圍的廣泛性。稅收根據整個社會經濟狀況和國家政策的要求,可以向各種經濟所有制、國民經濟各部門、各單位,社會再生產的生產、分配、交換、消費各個環節,乃至社會生活的一些方面進行徵稅調節。④區別對待的靈活性。稅收根據宏觀經濟目標對不同徵稅對象,分別運用不同的稅種、高低不一的稅率,增稅或減稅,靈活運用各種區別對待政策。⑤調節的簡易性。稅收槓桿的調節一般只直接影響國家與納稅人之間的關係,運用起來較為簡便易行。

(三)監督管理職能

由於市場經濟有其弱點和缺陷,國家必須建立和健全社會監督體系,通過法律的、經濟的和輔以必要的行政手段,力求限制和消除市場經濟消極的負效應。稅收既是法律手段,又是經濟手段,是社會監督體系的重要組成部分。稅收的監督管理職能是指稅收在取得收入的過程中,一方面借助它和經濟各方面的聯繫來反應國民經濟運行的經濟信息動態,為國家宏觀決策提供可靠的依據,以利於國家實施有效的宏觀調控;另一方面是稅務機關通過稅收的徵收管理工作,對納稅人的生產經營、經濟活動和納稅情況進行監督管理。從稅收本身來看,無論是稅種的設置、稅率的高低、納稅環節的確定,以及對企業成本、利潤等財務狀況的檢查,都能對企業的經濟活動起監督管理作用。因此,監督管理職能也是稅收一個內在屬性,是稅收的重要職能之一。它在適應市場經濟的要求,發揮稅收對宏觀經濟的調節作用,維護正常市場經濟秩序,保障公平競爭;嚴肅財經紀律,加強稅收法制監督和遏制各種偷漏稅行為,維護國家利益等方面有著重要意義。

四、稅收的經濟效應

稅收作為宏觀調控手段之一,在調節經濟的效應上主要包括如下幾個方面:

(一)調節社會總供求效應

調節社會總供求效應主要通過相機抉擇的稅收政策和自動穩定的稅收機制。即國家根據不同時期的經濟形勢相機採取擴張性或緊縮性的稅收政策,以調節供求,穩定經濟。所謂自動穩定的稅收機制,即利用稅收本身的某種特定機制(主要表現在累進所得稅制),促使它能隨著經濟形勢的變化,及時地靈活地作出自動增減反應,從而對總需求的波動產生一種燙平抵消的作用。

(二)調節社會收入分配效應

在國民收入初次分配中由於多種因素的影響,形成了各個社會集團之間、各企業之間以及個人之間收入的或高或低的差別。這種差別保持在適度的範圍內是容許的。但收入差別過大,會不利於經濟發展和社會的安定和諧。為了協調國家、企業、個人三者之間的分配關係,國家利用稅收分配,通過稅制主要對企業利潤的形成、分配和使用進行引導和調節,使一般企業的正常生產經營都只能獲得合理的適度利潤,並調節企業之間的收入分配不公的問題。同時,通過累進的綜合(或累進、比例的分類)個人所得稅調節個人收入分配。

(三)調節產業結構效應

稅收調節產業結構,主要運用稅收槓桿對物質生產及三產業之間的對比關係和結合狀況進行的引導和控制。稅收對產業結構的調節包括存量的調節和增量的調節。根據國家一定時期的產業政策,區分亟須加快發展的產業部門或需限制發展的產業部門,通過企業所得稅提高或降低該部門的稅後利潤;對企業開發、引進新技術、節約能源、保護生態環境等活動採取降低稅率、減免稅、延期納稅、加速折舊和投資抵免等稅收政策措施。

(四)調節儲蓄與投資效應

稅收對儲蓄與投資的調節,主要是運用稅收槓桿對儲蓄和投資所進行的引導和調整。即通過變動稅收負擔,特別是個人所得稅率的高低和徵免規定,從而產生「收入效應」或「替代效應」來調節儲蓄與投資。

(五)調節消費效應

稅收對消費的調節,主要是國家運用稅收槓桿對社會消費水平和社會消費結構進行的引導和調控。稅收調節消費,總的說來是利用稅負與價格的同向變動,及其與消費量之間的反向變動來發揮調節效應的。即主要通過稅種在生產、流通、消費環節的設置,消費稅稅目的列舉和稅率的合理確定,以及減免稅或加成徵稅等稅收政策措施來實現的。

五、稅收原則

稅收原則是國家建立、改革、調整稅收制度和實施、執行稅收政策及措施所應遵循的基本準則。它包括制定稅收制度所依據的總的稅收政策原則,也包含制定稅收制度需要建立的一些技術性原則。它集中反應了社會占統治地位階級的徵稅意志。在不同社會制度的國家,或在同一社會制度國家的不同歷史時期,隨著政治經濟情況的發展變化,稅收擔負的使命不同,其稅收原則也不盡相同。由於中國社會主義制度和稅收的性質,決定了中國社會主義稅收原則主要有:

(一)財政原則

財政原則是指以滿足國家財政的需要為目標的稅制準則。稅收是國家取得財政收入的主要手段,擔負著籌集社會發展和經濟發展所需資金的重要任務,是國家實現其職能的

物質保證。在社會主義市場經濟體制下，隨著社會經濟的發展，國家職能無論是廣度和深度都有了較大的發展，稅收作為國家行使社會職能和經濟職能的物質基礎，必然要以保證財政收入為基本的職責，相應的建立稅收制度也應以確保財政收入為基本原則。古今中外無一不把滿足國家財政需要作為稅收的重要原則。

財政原則內容大體包括三個方面：①收入充裕，指稅收收入必須穩定可靠，著眼於廣開稅源，滿足國家財政需要。②收入彈性，包括經濟彈性（稅收隨經濟的升降和國民收入的增減而自然伸縮）、政策彈性（通過修改稅法，政策調整使稅收增減）。③收入適度，指稅制的建立要能照顧納稅人的承受能力，做到取之有度。這就要求在設計稅制、制定稅收政策，要兼顧需要與可能，不能超越客觀的限度，影響經濟持續穩定地發展。

（二）公平稅負原則

稅收公平指稅收要公平對待所有納稅人，公平稅負，合理負擔，國家徵稅的比例或數額與納稅人的負擔能力相稱。公平稅負包括橫向公平和縱向公平兩方面含義。前者指對同等生產經營條件或納稅能力相同的納稅人，應按同等辦法徵稅，使繳納相同之稅收；後者指不同等生產經營條件或納稅能力不同的納稅人，要適當區別，繳納不同之稅收。這樣的稅負公平合理能促進納稅人在大體相同的外部條件下開展競爭，防止和克服社會各階層收入的過大差距。可見，稅負公平不單是稅收本身的絕對數額負擔問題，在多數情況下是指不同納稅人之間稅收負擔程度的比較。從建立公平稅制的角度講，就是如何設計稅制，使稅制符合公平準則，並使稅負的分配有助於公平目標的實現。而這要聯繫整個分配狀況來考察，才能得出正確的判斷。同時，要較好地實現公平稅負就需要一些前提條件，如：①統一的社會主義市場和合理的價格體系。價格體系不合理，價格與價值嚴重背離，納稅人的經濟效益不能正確、全面反應其改善生產經營的努力程度，即使制定、執行正確、統一的稅收制度和稅收政策稅負也難以公平。②逐步實現稅基計算的規範和統一。科學制定成本費用核算，嚴格劃分費用扣除，稅基計算的寬嚴、正確與否是影響納稅人實際稅負的一個重要因素。③合理的稅收負擔水平。確定有利於聚財、生財的宏觀、微觀稅收負擔率。④對自然資源條件所產生的級差收入應加以調節。在價格水平和稅基統一的條件下，資源的豐瘠和開發條件的差異，在很大程度上決定納稅人實際稅負的高低。⑤逐步強化稅收法制。堅持以法治稅，做到有法必依，執法必嚴，違法必究，才能確實保證公平稅負的實現。

（三）經濟效率原則

稅收無論是作為組織財政收入的主要手段，還是作為調節經濟的重要槓桿，都必須以增進資源的有效配置，提高經濟效率為最大目標，矯正和阻止把社會資源（資本、勞動、設備、財產等）引向低效配置的方向或領域。中國的稅制改革和稅收政策的制定都要講求效率原則。具體包括兩層意義，一是行政效率，指徵稅過程本身的效率。建立稅制不僅要看它對經濟的影響如何，還要看在徵稅過程中，徵納雙方支出了多少費用，要求以最小的徵收費用或額外損失取得同樣或較多的稅收收入，最大限度地減少國家徵稅對生產經營活動的額外負擔。因此，它要求規範與簡化稅制。即稅制的總體設計、稅制諸要素的確定、稅收的徵收管理制度等，力求統一、完整、科學；稅法盡可能全面、系統、協調、簡明、穩定，便於依法執行，省時、省事、省徵收費用、便商利民、提高工作效率。二是經濟效率，指徵稅對經濟運轉效率的影響。一個好的稅制不僅能有效地取得財政收入，滿足國家行使職能的需要，更重要的是在此基礎上，能夠促進或不妨礙經濟效率的提高，實現經濟有效、良性運轉，有利

於市場經濟的發育和生產力水平的提高。經濟效率包括宏觀效益和微觀效益兩個層次。稅收作為一種重要的再分配工具，可以促使市場在國家宏觀調控下優化資源的配置，也可能扭曲資源配置格局；在社會分配上可以促進社會收入分配合理，也可能影響共同富裕的實現。這就要求國家稅收一方面按照產業政策，安排稅種、稅率等方面的結構，發揮差別徵稅，誘導和控制市場機制的運行，引導投資方向，促進經濟結構、資源配置的合理化。另一方面，通過科學、合理的稅收制度與政策，正確處理國家、企業、集體、個人之間的利益分配關係，促進平等競爭和微觀經濟效益的提高。

(四)普遍徵稅原則

普遍徵稅原則通常指徵稅要遍及稅收管轄權之內的所有法人和自然人。即對一切從事生產經營並取得收入的單位和個人，並對一切超過一定標準收入的個人，都要普遍進行徵稅。但國家出於政治、經濟等方面的考慮，可給予某些特殊的納稅人以免稅照顧。在社會主義市場經濟條件下，進行普遍徵稅，需要把經濟活動中的諸多分配關係納入稅收分配範疇之內，即將過去「高稅率、窄稅基、寬減免優惠、實際低稅負」，轉變為依靠寬廣的稅基，集中稅權，嚴格控制和縮小減免稅範圍，涉外稅收優惠要適度，使稅收在國民經濟和社會的各個領域發揮組織收入和調節經濟的獎限作用。

(五)中性原則

稅收中性的含義是，國家徵稅使社會所付出的代價應以徵稅數額為限，不能讓納稅人或社會作出其他犧牲或承擔額外負擔；徵稅不應扭曲市場信號或對市場機制的有效運行產生干擾，特別是不能超越市場而影響資源配置和經濟決策的力量。稅收中性原則要確信市場機制在資源配置方面具有充分效率，應起主要作用，稅收只能是輔助手段。因此，稅收中性原則是以稅收不干預經濟，平等對待一切納稅人為目標的稅收制度準則。中國正處於建立和完善社會主義市場經濟體制的過程中，如要稅收完全轉到中性上來是不現實的。但在改革和完善稅制時，可借鑑稅收中性原則所包含的合理內容，使稅制更符合社會主義市場經濟目標的要求。

六、稅收負擔

稅收負擔簡稱稅負，一般而言是指由於國家徵稅而給納稅人帶來的利益損失或經濟利益轉移。它反應一定時期內，社會產品、國民收入在國家與納稅人之間稅收分配數量關係和納稅人或徵稅對象承受稅收的量度狀況。稅收負擔作為稅收分配範疇的核心問題，是研究稅收參與國民收入分配的主要方向和起點，是國家研究制定和調整稅收政策的主要依據。適度的稅收負擔是保證國民經濟穩定、協調發展的必要條件。

在一定的社會經濟條件下，稅收負擔水平的確定，既要考慮國家財政需要財政資金的數量，又要考察經濟發展和納稅人可以承受的稅收負擔能力。影響稅收負擔的因素有四：①社會經濟發展水平。這是首要的制約因素。在經濟發展水平較低的情況下，人均收入較少，可供國家集中使用的國民收入也較少，稅負水平只能很低。只有在經濟發展水平較高且人均收入較多的情況下，稅負才能達到較高水平。②國家職能範圍。稅收是以國家為主體的分配，國家職能與提供公共產品的範圍必然影響總體稅負的高低。一般而論，政府職能與提供公共產品較為廣泛，稅收承擔籌集資金、調節經濟任務較重的國家，國民收入稅收負擔率就要高一些；反之則較低。③經濟體制。由於不同國家或同一個國家的不同時期國

家財政稅收干預經濟的廣度和深度存在著差異,企業單位財權財力的大小也不相同,因而影響國民收入稅收率的水平。④財政收入結構。如有的國家依靠國有企業上交的利潤,有的國家過多地依賴債務收入等,在這些國家的稅收負擔率則表現出不會很高。

(一)稅收負擔分類

分析考察稅收負擔可以有不同的分類:

(1)稅收負擔根據是否可以轉嫁,分為直接負擔和間接負擔。如果經濟主體承受的稅收負擔是直接來自於稅法規定的納稅義務,則稱其為直接負擔。相反,如果經濟主體承受的稅收負擔不是直接來自於稅法的規定,而是由其他經濟主體轉嫁而來,則稱其為間接負擔。即當納稅人與負稅人一致,稅收負擔為直接負擔;即當納稅人與負稅人不一致,稅收負擔為間接負擔。

(2)稅負可分為名義負擔和實際負擔。名義負擔是指納稅人按稅法規定應當繳納的稅款額所形成的稅收負擔。實際負擔是納稅人實際繳納的稅款額所形成的稅收負擔。由於存在減免稅、稅基扣除等優惠以及管理的原因,納稅人的實際負擔率一般低於名義負擔率。

(3)稅負包括表象負擔與實質負擔。表象負擔是經濟單位及個人的收入因納稅而減少,可以用實物量或貨幣量確切地計算出來的稅收負擔。實質負擔則是經濟單位及個人利益的犧牲,表現為經濟單位及個人對收入的依賴程度的變化,一般很難加以確切的計算。

(二)稅收負擔水平

稅收負擔是質和量的統一體,既要從質的方面分析影響稅收負擔的各種因素及其結果,又要從量的方面分析合理負擔的客觀數量界限。稅收負擔水平一般可以從總體稅負水平分析,即宏觀稅收負擔率或微觀稅收負擔率。

1. 宏觀稅收負擔率

宏觀稅收負擔,是指一國納稅人在一定時期內(通常為一年)整體所繳納的稅額總額佔該國同期國民收入或國民(內)生產總值或社會純收入的比重。這表明一個國家在其國民收入或國民(內)生產總值分配中有多大份額被國家稅收集中,即一國稅收負擔總水平,它表明一國運用稅收對整個國民經濟進行宏觀調控,在客觀上可能具有的力度。

新中國成立60多年來,中國宏觀稅收負擔率變化情況如表6-1所示:

表6-1　　　　　1952—2011年中國宏觀稅收負擔率變化情況　　　　　單位:億元

年份	稅收收入	國內生產總值	稅收負擔率(%)
1952	97.96	679.00	14.4
1957	154.89	1,068.00	14.5
1965	204.30	1,716.10	11.8
1978	519.28	3,645.20	14.2
1980	571.70	4,545.60	12.6
1985	2,040.79	9,016.00	22.6
1990	2,821.86	18,667.9	15.1
1995	6,038.04	60,793.70	9.9
2000	12,581.51	99,214.60	12.7
2001	15,301.38	109,665.20	13.9

表 6-1(續)

年份	稅收收入	國內生產總值	稅收負擔率(%)
2002	17,636.45	120,332.70	14.6
2003	20,017.31	135,822.80	14.7
2004	24,165.68	159,878.30	15.1
2005	28,778.54	184,937.40	15.6
2006	34,804.35	216,314.40	16.1
2007	45,621.97	265,810.3	17.2
2008	54,223.79	314,045.4	17.3
2009	59,521.59	340,902.8	17.5
2010	73,210.79	401,512.8	18.2
2011	89,738.39	472,881.6	19.0

資料來源：根據《中國統計年鑒》(2012)加工而成。

2. 微觀稅收負擔率

微觀稅收負擔率，通常是指稅收負擔主體中最基本的構成單位實納稅額占其可支配收入的比重，反應國民經濟運行中納稅人集團基本細胞的稅收負擔情況。度量微觀稅負水平的指標有：①企業稅收負擔率，指一定時期內企業所繳納各種稅款的總額與同期企業各項收入總額之比。②企業流轉稅(或所得稅)負擔率，指企業在一定時期內所繳納的各種流轉稅額(或所得稅額)與同期企業銷售收入(或企業利潤總額)之比。③個人所得稅負擔率，指個人在一定時期內實際繳納的所得稅額與同期個人收入總額之比。

七、稅負轉嫁與歸宿

稅負轉嫁是指商品交換過程，納稅人在繳納稅款之後，通過種種途徑而將稅收負擔轉移給他人的過程。即最初繳納稅款的法定納稅人，不一定是該項稅收的最後負擔者，只要某種稅的納稅人和負稅人非一致，便發生了稅負轉嫁。稅負轉嫁的特徵是：①稅負轉嫁是和價格的升降直接聯繫的，這種價格的升降是由稅負轉移引起的。②稅負轉嫁是各經濟主體之間稅負的再分配，導致納稅人與負稅人的不一致，會引起經濟利益的轉移。③稅負轉嫁是納稅人在利益機制驅動下的主動行為，以維護和增加自身的經濟利益。

所謂稅收歸宿，就是指處於轉嫁中的稅負的最終歸著點或稅負轉嫁的最後結果，只要稅收的轉嫁過程結束，稅負總要最後落到負稅人身上，便找到了稅收歸宿。稅負的轉嫁運動，從納稅人到負稅人可以只經一次稅負轉移，就一次轉嫁完成；如其轉嫁運動發生兩次以上的，可稱輾轉轉嫁。但是稅負轉嫁也不是無窮無盡的，最終存在一個不可能再轉嫁而要負擔稅款的階層，主要是消費者。按照稅負轉嫁的徹底性可分為完全轉嫁和部分轉嫁。納稅人在納稅後不能將稅負轉嫁給他人，而由自己負擔的，是稅收的直接負擔；納稅人納稅後可以將稅負轉嫁給他人，而由別人負擔的，是稅收的間接負擔。凡不能或不易轉嫁的稅收，就是直接稅；凡在形式上具有轉嫁可能性的稅收，就是間接稅。

稅負轉嫁的基本方式有四種：①前轉，又稱為順轉，指納稅人通過提高銷售價格將稅負轉嫁給購買者(下一個環節的經營者或消費者)。它與商品的流轉方向相一致。納稅人的

加價額度與稅負額度的相等或不相等,可以實現充分的轉嫁或超額轉嫁,也可能不完全轉嫁。②後轉,又稱為逆轉,指納稅人通過壓低商品購進價格將稅收負擔轉嫁給商品供應者。它與商品的流轉方向相反,稅負逆轉給批發商→產制廠商→原料供應者和雇傭工人。③消轉,又稱稅收的消化,是納稅人對其所納稅款,因市場供求條件不允許前轉與後轉,只能通過自身改善經營管理,改進生產工藝與生產技術,提高勞動生產率,自我消化所納稅款,使納稅後的利潤水平不會比納稅前減少。④稅收資本化,亦稱資本還原,指對某些能夠增值在的商品(如土地、房屋、股票)的課稅,商品出售時,買主將今後若干年度納的稅額從所購商品的資本價值中預先扣除。

儘管任何納稅人都存在稅負轉嫁的願望,但要實現稅負的轉嫁則要受很多因素的制約。稅負轉嫁的基本條件是與商品價格由供求關係決定的自由浮動,所以稅負的轉嫁就與商品供求彈性有關。稅負轉嫁還要受稅種的不同、課稅範圍的寬窄等多種因素的制約。如就稅種而言,商品(流轉)課稅較易轉嫁,所得(收益)課稅一般不能轉嫁。因為對企業純收入或個人財產和勞動所得課徵的稅收,往往只能影響企業累積或降低個人消費水平。課稅範圍寬廣的較易轉嫁,課稅範圍狹窄的,難以轉嫁。同時,商品生產經營者在追求利潤目標時,還必須權衡稅負轉嫁所得與提高銷價會使商品銷售量減少所帶來的損失。所以在稅收轉嫁問題上,完全可以轉嫁或完全不能轉嫁的情況基本上是不存在的。較為常見的是一部分的前轉,一部分的後轉或消轉。

第二節　稅收制度

一、稅收制度及模式

稅收制度,簡稱稅制,其基本含義是指一個國家在一定歷史時期,根據社會經濟發展的需要和國家承擔的職能、任務,用立法形式制定徵稅的各種準則和辦法的總稱。包括稅收法規、條例、施行細則、徵收管理辦法等,是國家徵稅的法律依據和工作規程。一個好的稅收制度,能隨著社會經濟的變化而變化,使之反應社會經濟結構,體現生產關係的性質和經濟發展方向,促進社會生產力的發展,為實現國家社會經濟職能提供物質條件,並正確處理國家和納稅人的稅收分配關係。

稅收制度的模式,指一個國家在一定時期稅種的組成。按稅制的結構,可以分為單一稅制和複合稅制。單一稅制,就是一個國家在一定歷史時期內實行只有一個稅種的稅制。這種稅制在世界上幾乎沒有一個國家實行過。複合稅制,簡稱復稅制。它是指一個國家在一定時期內實行若干稅種組成的稅收制度。同時在不同的國家所構成的稅收制度的稅種數目又多寡不一。而不同的稅種(或種類)在稅收制度中所處的地位和所起作用不盡相同,有主有次、相互配合、相輔相成,構成一個嚴密的稅收制度。由於各國的政治經濟制度不同和經濟發展水平的差異,配置的主體稅種和輔助稅種,是有所不同的。現代發達國家的稅制結構,有些以所得稅為主體稅種的稅制結構,或以所得稅、商品課稅並重的稅制結構,也有以商品課稅為主體稅種的稅制結構。近些年,中國學術界和實際工作部門在探索稅制改革目標模式選擇中提出有:以所得稅為主體的稅制模式;以資源稅為主體的稅制模

式:以流轉稅為主體的稅制模式;以流轉稅和所得稅並重的稅制模式。

目前,普遍看法是以所得稅為稅基的稅制優於以消費稅為稅基的稅制。因為前者與納稅人的支付能力有關,資本所得與勞動所得的課稅差不多。這種稅制對於現在的消費,還是明天消費而儲蓄並不會產生扭曲效應。可是由於稅收徵管上和其他方面的原因,對於應計所得(包括未實現所得)不容易徵稅,它們等於自動地被免稅了。同時,所得和資本不易區別和管理。而且所得稅對工作徵稅、對閒暇不徵稅,這又有失於公平和效率的優越性。所以,主張以流轉稅為主體的人認為,所得稅影響勞動供給量、勞動質量和勞動生產率;所得稅對儲蓄兩次徵稅,會降低儲蓄的激勵,影響儲蓄的用途。因此,他們指責所得稅制不利於經濟增長和發展。總之,中國稅收制度模式的選擇,應從中國的基本國情出發,分析稅源結構和狀況,充分發揮稅收的職能作用,形成結構合理、有機的稅收制度體系。

二、稅制構成要素

稅收制度的核心是稅法。稅法是國家向一切納稅義務人徵收稅款的法律依據,也是調整稅收關係的準繩。中國《憲法》第五十六條明確規定:「中華人民共和國公民有依照法律納稅的義務。」為了保證國家和納稅人的合法權益不受侵犯,有必要將徵納雙方的權利義務法律化、制度化,同時稅法的制定也要符合一定的立法程序使徵納上的一切活動,均有法律根據,實行「依法治稅」。稅法由稅制的基本要素構成,一般包括納稅人、課稅對象、稅目、稅基、稅率、納稅環節、納稅期限、減稅免稅和違法處理等。

(一)納稅人

納稅人是稅法上規定的直接負有納稅義務的單位和個人,它是交納稅款的主體。每一種稅都有關於納稅義務人的規定、不同稅種的納稅人是由課稅對象的性質決定的,是解決各種稅向誰徵收由誰交納的問題。納稅人可以是自然人,也可以是法人。納稅人和負稅人不同,納稅人的劃分,還直接關係到稅收管轄權問題。因此,納稅人是稅收制度構成中最基本和主要的要素之一。

(二)課稅對象

課稅對象又稱徵稅對象,是徵稅的客體,指課稅的目的物,就是對什麼課稅。它是國家徵稅的依據,體現著不同稅種徵稅的基本界限,是一種稅區別另一種稅的主要標志,也是稅收槓桿的作用點。課稅對象的全體(集合)即構成該種稅的徵稅範圍。徵稅對象可以是商品、所得、資源、財產,也可以是人身、事實或行為、目的。從國家稅收的依據看,徵稅對象的選擇應是被國家所保護的人和財產、行為。從權利和義務角度看,一個國家對被其所保護的人和財產以及行為都有權力進行徵稅,而被保護的對象均有納稅的義務。然而,一個國家從微觀角度、從實際出發,並不需要從每個人身上,或每一份財富,或每一種經濟行為都取得稅收。因此,選擇課稅對象,一般應遵循有利於保證財政收入,有利於調節經濟和適當簡化(節省徵稅成本和避免稅收負擔的重複)的原則。

(三)稅目

稅目是課稅對象的具體項目,是課稅對象的具體化。稅目的劃分在於明確徵稅的具體界限,劃分稅目的兩種基本方法:列舉法(即按照每一商品的經營項目分別設計稅目),概括法(即以概括的方式規定課稅品目)。

(四)稅基

稅基又稱課稅基礎。它是據以計算應納稅額的基數,有實物量和價值量兩類。稅基可

以有廣義和狹義的理解，廣義稅基是抽象意義上的稅基，包括以國民收入、國民消費支出和社會財富為課稅基礎。狹義稅基即是指計算稅額時的課稅基礎即計稅依據，是計算國家稅收收入和納稅人稅收負擔的重要因素。而人們習慣上講的稅基一般是指狹義稅基。稅基的選擇是稅制設計的重要內容，包括以什麼為稅基、稅基寬窄，以及稅收收入的多少等。

（五）稅率

稅率是稅額與課稅對象數額之間的比例，是課稅的尺度，反應徵稅的深度。由於稅率高低直接關係國家稅收收入和納稅人的負擔狀況，因此，它是稅收制度的中心環節和基本要素。中國現行稅制的稅率一般分為：①比例稅率，是不分徵稅對象的數額大小，都按統一的比例計算徵收稅款，它一般適用於對流轉額的徵稅。在具體運用的表現形式上，可分為統一比例稅率、差別比例稅率和幅度比例稅率。②累進稅率，是按照徵稅對象數額的大小，規定不同等級的稅率。徵稅對象數額越大，稅率越高。這正如常說的，所得多的多徵，所得少的少徵。累進稅率又可分為全額累進稅率、超額累進稅率和超倍累進稅率等。③定額稅率是按徵稅對象的實物單位，規定一定數量的固定稅額，而不採用百分比的形式。

（六）納稅環節

納稅環節是稅法規定的課稅對象從生產到消費的流轉過程中應當繳納稅款的環節。納稅環節的確定主要是為了解決在什麼階段課稅和課幾道稅的問題，這關係對商品的生產、流通是否有利，是否便於徵管和國家財政收入能否得到保證。

（七）納稅期限

納稅期限是稅法規定納稅人發生納稅義務後向國家繳納稅款的時間期限。納稅期限一般分為按期納稅和按次納稅兩種。規定納稅期限體現了稅收的強制性、固定性，對保證稅收收入的及時穩定，促使納稅人搞好經營管理，認真履行納稅義務有重要作用。

（八）起徵點

起徵點，是指稅法規定對徵稅對象開始徵稅的臨界數額。徵稅對象的計稅依據達到並超過起徵點，就按徵稅對象的全部數額徵稅，未達到起徵點的不徵稅。

（九）免徵額

免徵額，是指稅法中規定的課稅對象全部數額中免予徵稅的數額。無論課稅對象的數額多大，未超過免徵額的，不徵稅；超過的，就其超過的部分徵稅。

（十）加徵

加徵是指為了體現國家的社會經濟政策，限制納稅人某些不利於國家和社會的行為，或為了調節收入，平衡稅負，除按照稅法規定的稅率徵稅外，另視情節輕重和獲利大小，加徵一部分稅款。

（十一）稅收減免

稅收減免是國家根據經濟社會發展的需要，對某些納稅人或課稅對象的一種優惠、照顧規定，是稅收支出的一種形式。稅收制度是根據經濟發展的一般情況和社會平均負擔能力來確定的，可以適應普遍性、一般性的要求，但不能適應個別的、特殊的要求。因此，在統一稅收制度的基礎上，需要一種靈活的調節手段來加以補充。減稅是指從應徵稅額中減徵部分稅款；免稅是對應徵稅款的全部免於徵稅。減免稅的形式，分為稅基式減免、稅率式減免和稅額減免三種。減免稅雖然有利於稅法的統一性與靈活性相結合，因事制宜，因地制宜，但必須按照稅權的劃分，保證稅法的嚴肅性，正確對待整體與局部的利益關係，有利於

納稅人在市場中的平等競爭。

（十二）違法處理

違法處理是對納稅人不依法納稅，不遵守稅收徵管制度等違反稅法行為而採取的處罰性措施，是稅收強制性的一種具體體現，這對保證稅收政策、法令制度的貫徹執行具有重要作用。

三、稅收分類

稅收分類是按照一定的標準對各種稅收進行的歸類。科學的稅收分類，對於研究稅收發展演變過程、稅制結構、分析稅源分佈與稅收負擔，規範稅收管理權限等，都有重要意義。

稅收分類的標準和方法很多，主要有：

（1）按課稅對象的性質，可分為流轉稅、收益所得稅、財產稅、資源稅和行為稅等，這是最基本的分類方法。

（2）依據稅收負擔的最終歸宿，即稅負是否容易轉嫁為標準，可分為直接稅、間接稅。凡由納稅人自己承擔稅負，不發生轉嫁關係的稅，稱為直接稅。凡納稅人可將稅負轉嫁於他人，發生轉嫁關係，由他人負擔的稅稱為間接稅。

（3）按計稅的標準不同，可分為從價稅和從量稅。從價稅是指以徵稅對象及其計稅依據的價格或金額為標準，按一定稅率計徵的稅收。從量稅是指以徵稅對象的重量、件數、容積、面積等數量為標準，採用固定稅額計徵的稅收。

（4）按稅收和價格的組成關係，可分為價內稅和價外稅。凡稅金構成價格組成部分，稱為價內稅；凡稅金作為價格之外附加的，稱為價外稅。與之相適應，價內稅的計稅依據稱為含稅價格，價外稅的計稅依據稱為不含稅價格。

（5）按稅收收入的實體形態為標準，可分為實物稅和貨幣稅。

（6）按徵稅是否構成獨立稅種，可分為正稅和附加稅。附加稅是指隨某種稅按一定比例加徵的稅。

（7）按稅收的徵收管理權和收入歸屬支配權的不同進行稅收分類。實行分稅制的國家必須在中央和地方各級政府之間，根據各自的職權、事權範圍劃分稅源，並以此為基礎確定各自的稅收權限和稅制體系。徹底分稅制國家把稅收劃分為中央稅和地方稅兩類。而不徹底分稅制國家把稅收分為中央稅、地方稅、共享稅。中央稅又稱國家稅，由一國中央立法機關立法，歸中央政府徵收、管理和支配的一類稅收。地方稅是指稅收管理權及收入分配歸地方政府的一類稅收。地方稅按稅收管轄權的劃分，立法權有歸屬地方的，有歸屬於中央的。共享稅亦稱中央地方共享稅，指一個國家由中央和地方按一定方式分享收入的一類稅收。

（8）以徵收的延續時間為標準，可以分為經常稅和臨時稅。即以立法者預期稅法生效期長短為依據，預期持續生效的為經常稅；反之，則為臨時稅。

第三節　流轉額課稅

流轉額課稅一般是根據商品流轉額和非商品流轉額徵收的稅。商品流轉額是指商品在流轉過程中由於購銷活動所發生的貨幣金額；非商品流轉額就是非商品營業額，一般是指一切不從事商品生產和商品交換活動的單位和個人，因從事其他經營活動所取得的業務或勞務收入金額。

流轉額徵稅的特點，一是課徵對象普遍。市場經濟的交換普遍深入到各個領域和社會生活的各個方面，一種商品從投入流通到最後進行消費之前，每經過一次交易行為，就發生一次對賣者的商品流轉額課徵流轉稅的問題。二是具有比例稅特點。按銷售收入或營業收入徵稅，稅收與價格成正比。在稅率既定的前提下，稅額的大小直接依存於商品和勞務價格的高低及流轉額的多少。計稅依據從價定率或從量定額徵收，在以產品銷售收入額計稅，可以選擇價內稅或價外稅，實行比例稅。三是具有隱蔽稅負的特點。一般而言，流轉額課稅的納稅人與負稅人往往相分離，稅負轉嫁容易，因而它對負稅人有隱蔽性，使實際負稅人難以精確地瞭解自己承受的稅收負擔。

流轉額課稅的作用有：①課徵普遍，稅源廣泛，可以保證及時、充分、穩定地獲得稅收收入。中國2008—2011年各年國內流轉稅占財政收入的比重分別為72.53%、74%、75.85%和74.57%。②它直接觸及社會再生產過程和商品經濟活動，可以靈活地、有針對性地調節生產和消費。通過對不同行業、產品制定不同稅率，配合價格政策調節企業盈利水平，調節產業結構、產品結構和消費結構，促進資源的優化配置和經濟又好、又快地發展。

中國現行流轉稅主要設置有：增值稅、消費稅、營業稅、關稅。

一、增值稅

增值稅是對生產、銷售商品者，就其生產流通或者提供加工、修理修配勞務各個環節實現的增值額為徵稅對象所課徵的一個稅種。

增值額從理論上講，是指企業生產產品過程中新創造的價值，相當於商品價值(C+V+M)扣除在生產上消耗掉的生產資料的轉移價值(C)之後的餘額V+M部分。這個餘額大體相當於這個單位活勞動新創造的價值，即企業所支付的工資、利息、租金及企業利潤的總和。增值稅實際的計稅只就銷售額中的增值部分徵稅，也就是只對銷售額中屬於本企業創造的尚未徵過稅的那部分銷售額徵稅，對上一環節已經徵過稅的轉移價值不再重複徵稅。因此，如就商品生產的全過程而言，某一個商品生產和流通過程各個經營環節的增值之總和，相當於該商品實現消費時的最後銷售總值。增值稅是對生產經營各個環節實行道道徵稅，這和一般銷售稅在多環節課稅是完全一樣的。但它只對增值額徵稅，稅負不受生產結構、產品結構和生產經營組織結構變化的影響，不論流轉環節多少，徵增值稅多少，始終保持同等的稅收含量，避免原來銷售稅按全值，「道道課稅，稅上加稅」，稅負因產品構成的變化而變化，所造成嚴重的稅負累積效應。

從世界各國看，增值稅可以分為三種類型：①消費型增值稅，允許扣除當期購置用於生產應稅產品的固定資產價款作為計稅增值額。因就國民經濟整體而言，計稅依據只包括全

部消費品價值,故稱為消費型增值稅。②收入型增值稅,只允許扣除當期應計入產品成本的折舊部分作為計稅增值額。③生產型增值稅,不允許抵扣任何固定資產價款,只能扣除屬於非固定資產的那部分外購生產資料的稅額。即以企業的商品銷售收入或勞務收入減除用於生產、經營的外購物資價值後的餘額為計稅增值額。2009年1月1日起中國已實現了從生產型增值稅向消費型增值稅的轉變。

增值稅的優點:①適應生產經營的社會化和協作化發展,有利於生產結構的合理化,促進生產要素的優化配置。②增值稅的課徵與商品流轉環節相適應,能夠保證國家廣泛、及時、均衡、穩定地取得財政收入。如中國2011年增值稅收入達到24,266.63億元,占同期稅收總收入27.04%。③有利於擴大國際貿易往來,出口需要退稅的商品,實行「零稅率」,能夠做到出口退稅準確、徹底,鼓勵出口;進口徵收增值稅能夠保護國內產品的生產,維護國家利益。④有利於簡化徵收管理,增強了徵管的嚴密性,可以使相關聯的企業在納稅上相互監督,可減少偷漏稅。

增值稅的徵收範圍,除農業生產環節和不動產外,對所有銷售貨物或進口貨物都徵收增值稅,並對工業性及非工業性的加工、修理修配也徵收增值稅。

增值稅的納稅人,凡在中國境內銷售貨物或者提供加工、修理修配、勞務以及進口貨物的單位和個人。

增值稅稅率,基本稅率為17%,低稅率為13%,出口適用零稅率。自2013年8月1日,「營改增」在全國推行,新增了11%和6%兩檔稅率。

計稅方法,中國增值稅實行憑進貨發票扣稅的方法。在計算納稅人的應納增值稅額時,可以憑進貨發票按照稅法規定的範圍,從當期銷項稅額中抵扣購進貨物或應稅勞務已交納的增值稅稅額(即進項稅額)。應納稅額計算公式為:

$$應納稅額 = 當期銷項稅額 - 當期進項稅額$$

銷項稅額,是納稅人銷售貨物或者應稅勞務,按照銷售額和適用稅率計算並向購買方收取的增值稅額。其計算公式為:

$$當期銷項稅額 = 當期銷售額 \times 適用稅率$$

上式中的銷售額為納稅人銷售貨物或者應稅勞務向購買方收取的全部價款和價外費用,但不包括收取的銷項稅額。增值稅額不包含在銷售價格內,把稅款同銷售價格分開,鮮明體現增值稅價外稅,屬於間接稅的性質,既讓企業成本費用及經營效益不受增值稅的影響,又能明確增值稅的負擔者最終是消費者而不是納稅人的經營者。因此,在計算增值稅的銷售額時,要將含增值稅價格的銷售額換算為不含增值稅銷售額。

$$不含稅銷售額 = \frac{含稅銷售額}{1 + 稅率}$$

進項稅額,與銷項稅額相對應,是指納稅人購進貨物或者接收應稅勞務隨價支付的增值稅為進項稅額。準予從銷項稅額中抵扣的進項稅額,主要有三種情況:一是增值稅扣稅憑證上註明的增值稅額,包括從銷售方取得的增值稅專用發票上註明的增值稅額;從海關取得的海關進口增值稅專用繳款書上註明的增值稅額。二是購進農產品,按照購進農產品收購發票或者銷售發票上註明的農產品買價和13%的扣除率計算進項稅額。三是增值稅一般納稅人外購或者銷售貨物以及在生產經營中所支付的運輸費用,根據運費結算單據(普通發票)所列運費金額,依7%的扣除率計算進項稅額準予扣除。

小規模納稅人銷售貨物或者應稅勞務,按照銷售額和徵收率(3%)計算應納稅額,不得抵扣進項稅額。應納稅額計算公式:

$$應納稅額 = 銷售額 \times 徵收率$$

納稅人進口貨物,按照組成計稅價格和規定的稅率計算應納稅額,不得抵扣任何稅額。計算公式如下:

$$組成計稅價格 = 關稅完稅價格 + 關稅 + 消費稅$$

$$應納稅額 = 組成計稅價格 \times 稅率$$

二、消費稅

消費稅是對生產和進口的應稅消費品課徵的一種稅。

消費稅有廣義和狹義之分。廣義的消費稅相當於銷售稅,即對所有的消費行為和消費品徵稅;狹義的消費稅是對特定的消費品和消費行為徵收的一種稅。現今世界各國徵收消費稅,一般只選擇一部分消費品(消費行為)課以重稅。中國古代都曾對鹽、茶、酒等消費品徵收過賦稅。1994年稅制改革規範了流轉稅,對所有的工業品普遍徵收增值稅,同時對一些特殊消費品再徵收消費稅。

消費稅與其他流轉稅相比,有其特徵:①徵稅範圍具有選擇性和靈活性。只是將那些消費量大、收入需求彈性充足和稅源普遍的消費品列入徵稅範圍。②宏觀調控目標明確。通過消費稅的徵收與否以及稅負的輕重,發揮對社會經濟的調控作用。③聚財功能強。④納稅環節集中,便於徵管。

消費稅的作用:①正確引導消費方向。消費稅體現國家的消費政策,調節消費結構、限制某些消費規模,誘導消費行為。因為針對一些特殊消費品的徵稅,能使消費者明確感受稅收對其經濟利益的調節,從而達到國家引導、調節、限制消費的目的。②增加國家稅收收入。消費稅通常採用較高的稅率,徵收不受產品成本和盈虧因素的影響,消費稅收入增長潛力巨大。③調節收入,緩解社會分配不公平現象。由於收入上的差異會導致人們在消費需求上的不同,在對高收入者進行高消費時,通過徵收消費稅可對其消費支出進行調節。

消費稅的徵收範圍。主要根據中國現有消費水平、消費政策及財政需要,只對生產和進口消費稅條例列舉的應稅消費品徵收消費稅。包括一些過度消費會對人類健康、社會秩序、生態環境等方面造成危害的特殊消費品,奢侈品、非生活必需品,高能耗及高檔消費品。

消費稅的納稅人。是指在中國境內生產、委託加工和進口消費稅條例列舉的應稅消費品的單位和個人。

消費稅的計稅依據。消費稅分別採用從價、從量和複合三種計徵方法。實行從價計徵的應稅消費品,計稅依據為含消費稅而不含增值稅的銷售額,與增值稅的稅基保持一致;實行從量計徵稅的應稅消費品,計稅依據為從量定額通常以每單位應稅消費品的重量、容積或數量。

消費稅稅率從3%~56%,總共設有14個檔次的稅率(稅額)。

消費稅應納稅額的計算公式:

實行從價計徵方法計算的應納稅額 = 銷售額 × 稅率

實行從量計徵方法計算的應納稅額 = 應稅消費品的銷售數量 × 單位稅額

實行複合計徵方法計算的應納稅額 = 銷售數量 × 定額稅率 + 銷售額 × 比例稅率

三、「營改增」

營業稅是對在中國境內銷售應稅勞務或不動產的單位和個人徵收的一種稅。

營業稅是世界各國普遍實行的稅種,在中國對營業行為的徵稅有著悠久的歷史。現行營業稅是以對非商品營業額徵稅為主。由於營業稅的徵收涉及面廣,與廣大人民群眾的日常生活息息相關。隨著中國第三產業的不斷發展,營業稅體現國家政策,為促進各行業協調發展,在特定的勞務服務領域發揮調節作用,有重要的經濟意義。

營業稅徵收範圍,是指屬於交通運輸業、建築業、金融保險業、郵電通信業、文化體育業、娛樂業、服務業有償提供應稅勞務、有償轉讓無形資產和有償轉讓不動產所有權的行為。所稱有償,包括取得貨幣、貨物或其他經濟收益。自己新建建築物後銷售,視同提供應稅勞務。轉讓不動產有限產權或永久使用權,以及單位將不動產無償贈與他人,視同銷售不動產。

營業稅的納稅人,凡是在中國境內提供營業稅條例規定的勞務、轉讓無形資產或者銷售不動產的單位和個人,均是營業稅的納稅義務人。

營業稅稅率,營業稅實行比例稅率。對交通運輸業、建築業、郵電通信業、文化體育業為3%;金融保險業、服務業、轉讓無形資產、銷售不動產為5%;娛樂業為5%~20%。

營業稅計稅依據,營業稅的計稅依據為納稅人提供應稅勞務、轉讓無形資產或者銷售不動產的營業額(包括向對方收取的全部價款和價外費用)和規定的稅率計算應納稅額。

2015年中國GDP增長率降至6.9%,為了刺激經濟增長,需要採取全面減稅減費政策,進一步減輕企業稅負。2015年國內增值稅(31,109億元)、營業稅(19,313億元)占全國稅收收入(124,892億元)的比例分別為24.9%、15.5%,增值稅和營業稅之和占全國稅收收入比例超過40%。按照科學的財稅制度發展要求,將營業稅改徵增值稅(簡稱「營改增」),有利於完善稅制,消除重複徵稅,有利於社會專業化分工,促進三次產業融合,增強企業發展能力,促進國民經濟健康協調發展。全面實施「營改增」是財稅領域打出「降成本」組合拳的重要一招,用短期財政收入的「減」換取持續發展勢能的「增」,為經濟保持中高速增長、邁向中高端水平打下堅實基礎。

(一)「營改增」歷程

1. 自2012年1月1日起,在上海市開展交通運輸業和部分現代服務業「營改增」試點。

2. 自2012年9月1日至2012年12月1日,將交通運輸業和部分現代服務業「營改增」試點範圍,由上海市分批擴大至北京等8個省(直轄市)。

3. 自2013年8月1日起,在全國範圍內開展交通運輸業和部分現代服務業「營改增」試點。適當擴大部分現代服務業範圍,將廣播影視服務納入試點。

4. 自2014年1月1日起,鐵路運輸和郵政業納入「營改增」全國試點。

5. 自2014年6月1日起,電信業納入「營改增」全國試點。

6. 自2016年5月1日起,在全國範圍內全面推開「營改增」試點,建築業、房地產業、金融業、生活服務業等全部營業稅納稅人,納入試點範圍。

(二)全面推開「營改增」試點的政策文件

1.《財政部 國家稅務總局關於全面推開營業稅改徵增值稅試點的通知》(2016-03-23 財稅〔2016〕36號),該通知包括4個附件:

（1）營業稅改徵增值稅試點實施辦法
（2）營業稅改徵增值稅試點有關事項的規定
（3）營業稅改徵增值稅試點過渡政策的規定
（4）跨境應稅行為適用增值稅零稅率和免稅政策的規定

2.《財政部 國家稅務總局關於營業稅改徵增值稅試點有關文化事業建設費政策及徵收管理問題的通知》(2016－03－28 財稅〔2016〕25 號)

(三)全面推開「營改增」試點的配套操作辦法

國家稅務總局發布全面推開「營改增」試點的配套操作辦法：

1.《國家稅務總局關於全面推開營業稅改徵增值稅試點後增值稅納稅申報有關事項的公告》(2016－03－31 國家稅務總局公告 2016 年第 13 號)

2.《國家稅務總局關於發布〈納稅人轉讓不動產增值稅徵收管理暫行辦法〉的公告》(2016－03－31 國家稅務總局公告 2016 年第 14 號)

3.《國家稅務總局關於發布〈不動產進項稅額分期抵扣暫行辦法〉的公告》(2016－03－31 國家稅務總局公告 2016 年第 15 號)

4.《國家稅務總局關於發布〈納稅人提供不動產經營租賃服務增值稅徵收管理暫行辦法〉的公告》(2016－03－31 國家稅務總局公告 2016 年第 16 號)

5.《國家稅務總局關於發布〈納稅人跨縣(市、區)提供建築服務增值稅徵收管理暫行辦法〉的公告》(2016－03－31 國家稅務總局公告 2016 年第 17 號)

6.《國家稅務總局關於發布〈房地產開發企業銷售自行開發的房地產項目增值稅徵收管理暫行辦法〉的公告》(2016－03－31 國家稅務總局公告 2016 年第 18 號)

7.《國家稅務總局關於營業稅改徵增值稅委託地稅機關代徵稅款和代開增值稅發票的公告》(2016－03－31 國家稅務總局公告 2016 年第 19 號)

8.《國家稅務總局關於營業稅改徵增值稅委託地稅局代徵稅款和代開增值稅發票的通知》(2016－03－31 稅總函〔2016〕145 號)

9.《國家稅務總局關於全面推開營業稅改徵增值稅試點有關稅收徵收管理事項的公告》(2016－04－19 國家稅務總局公告 2016 年第 23 號)

10.《關於進一步做好營改增稅控裝置安裝服務和監督管理工作有關問題的通知》(2016－04－19 稅總函〔2016〕170 號)

(四)全面「營改增」消除重複徵稅

2016 年 5 月 1 日,在全國範圍內全面推開「營改增」試點,歷時四年多的「營改增」試點終於進入收官階段,雖然試點改革的最終完成將以未來增值稅立法作為標誌,但全面推開「營改增」將結束營業稅和增值稅並存局面,從而打通增值稅抵扣鏈條,消除重複徵稅,這在中國稅收發展歷史上無疑具有劃時代的意義。

「營改增」前,增值稅與營業稅並存,造成重複徵稅。

(五)「營改增」試點前後稅負變化

1. 試點小規模納稅人稅負明顯下降;
2. 試點一般納稅人適用簡易法的稅負明顯下降;
3. 試點一般納稅人適用抵扣法的稅負有升有降;

試點前繳納營業稅,試點後作為一般納稅人適用抵扣法繳納增值稅,稅負有升有降;
4. 原增值稅一般納稅人適用抵扣法的稅負普遍下降;
5. 原增值稅納稅人適用簡易法的稅負不變。

四、關稅

關稅是對進出國境或關境的貨物、物品徵收的一種稅。

關境又稱稅境或海關境域,是一個國家的關稅法令完全實施的境域。國境是一個主權國家的領土範圍。

關稅分為進口關稅、出口關稅和過境關稅。進口關稅是一國海關對其進口貨物和物品所徵收的稅。它一般是在外國貨物和物品直接進入關境或國境時徵收,或者當外國貨物由自由港、自由貿易區或海關保稅倉庫等地提出運往進口國的國內市場銷售,在辦理海關手續時徵收,它是國家執行保護關稅政策的主要手段。出口關稅是當本國貨物出境時,由海關對出口貨物徵收的稅。出口關稅逐漸被削弱是世界經濟一體發展的必然結果,是各國為擴大本國經濟競爭實力所遵循一項基本原則。目前一些國家仍舊徵收出口關稅,一般是基於增加本國的財政收入,限制本國某些產品或自然資源的輸出,作為政治或經濟鬥爭的武器的目的。過境稅一般指對外國貨物通過本國關境時所徵收的關稅。

各國所採用的關稅政策,大體分為財政關稅、保護關稅兩種。財政關稅,主要是為了增加國家財政收入而徵收的關稅。保護關稅,主要是為了保護本國工農業生產而徵收的關稅,保護關稅政策主要內容是實行優惠關稅和差別關稅。

(1)差別關稅。是對一種進口貨物,由於輸出國家或生產國家不同,或輸入情況不同而使用不同稅率徵收的關稅。主要是為了增強保護作用而使用比一般稅率高的加重關稅,也即是一般說的歧視性關稅。差別關稅包括:①反傾銷關稅,它是為了對付和抵制進行傾銷的外國貨物進口而徵收的一種臨時附加稅。②反補貼稅或抵銷關稅。它是對直接或間接領受出口津貼或補貼的外國商品低於正常價格進口時所徵收的比一般稅率更高的加重關稅。③報復關稅。

(2)優惠關稅。是對待特定的受惠國給予優惠待遇,使用比普通稅率較低的優惠稅率。它是廣義差別關稅的一類關稅。主要有:①互惠關稅。這是兩國相互間在關稅方面給予對方優惠稅率的一種協定關稅。即按照規定,相互給予對方的進口貨物免徵關稅或使用比其他國家較低稅率的優惠待遇。②特惠關稅。這是對有特殊關係的國家,單方面或相互間按協定採用特別低的進口稅率甚或負稅的一種關稅。③最惠國待遇。締約一方現在和將來給予任何第三國的一切特權、優惠和豁免,也同樣給予對方的一種優惠待遇。④普遍優惠制。這是經濟發達國家對發展中國家出口貨物普遍給予的一種關稅優惠制度。⑤過去關稅及貿易總協定,現今世界貿易組織成員國間的關稅減讓。

(3)關稅壁壘和非關稅壁壘。關稅壁壘是一個國家為限制外國產品進入本國市場,對一些商品,遠遠超過保護本國工農業生產的需要,制定稅率極高的超保護關稅。非關稅壁壘是為了保護本國的經濟發展,在關稅壁壘之外採用種種行政手段和其他經濟手段。例如通過進口配額、許可證、衛生檢疫等各種管理制度。

(4)關稅的作用。關稅的作用主要是:①有利於保護和促進國民經濟持續健康發展,保障本國資源的有效利用、市場的充分發展和充分就業,實現經濟結構的優化,促進幼稚產業

迅速成長和出口貿易順利發展。通過對進口貨物徵收關稅和規定高低不同稅率，提高進口貨物成本，削弱其與本國同類商品的競爭力，保護本國生產，同時鼓勵某些必需品的進口，限制非必需品或奢侈品的進口；可以調節出口貨物的品種和數量，實行零稅率，鼓勵大部分商品多出口，多創外匯；通過徵稅又可抑制一些商品的輸出，限制本國自然資源的大量外流，調節國內市場供求。②維護國家權益，有利於貫徹對外開放政策。關稅作為經濟手段，也可以作為國家進行政治、外交關係的工具。③為國家建設累積資金，有利於調節國際收支。2011年中國進出口貿易總額達236,402億元，全年實現進口稅13,560.42億元，占全國同期財政收入13.05%；同時有利於擴大出口，2011年外貿出口退稅9,204.75億元，占同期流轉稅額19.4%。

（5）關稅的徵稅對象，是進出國境或關境的貨物或物品。屬於外貿進出口的稱為貨物；屬於出入境旅客、運輸工具服務人員攜帶的、個人郵遞，以及用其他方式進口個人自用的稱為物品。對一般出口貨物不徵出口關稅。

（6）關稅的納稅人，是進口貨物的收貨人、入境物品的所有人（或持有人）、進口郵件的收件人；出口貨物的發貨人。

（7）關稅的稅率，根據不同貨物和不同國家區別對待的原則，一般採取差別比例稅率，稅率分為進口稅率和出口稅率。

進口關稅的稅率，進口貨物按照必需品、需用品、非必需品、限制進口品等分成若干稅級分別規定稅率，必需品稅率最低、限制進口品稅率最高。各類同一貨物的進口稅率又分為最低稅率和普通稅率兩種。對產自與中國訂有關稅互惠條款的貿易條約或協定的國家的進口貨物，按照最低稅率徵稅，對產自與中國未訂有關稅互惠條款的貿易條約或者協定的國家的進口貨物，按照普通稅率徵稅。

中國為適應WTO規則的要求，2000年全面修訂了《中華人民共和國海關法》。2004年實施新的《中華人民共和國關稅條例》。中國履行WTO關稅減讓承諾，中國的平均關稅水平從加入時的15.3%，2012年關稅總水平降至9.8%，其中農產品平均稅率為15.1%，工業品平均稅率為8.9%。

中國對出口應稅商品和對個人進口物品是按比例稅率徵稅。

關稅稅額計算，進出口關稅稅額的計算公式為：

應納稅額 = 完稅價格 × 稅率

（8）完稅價格。關稅是從價徵收。進出口貨物的價格經貨主（或申報人）向海關申報後，經海關審查、估價、確定其完稅價格。進口貨物完稅價格是以該貨物運抵中國的到岸價格為依據，出口貨物的完稅價格為該貨物售與國外的離岸價格減除出口關稅計算。對個人進口物品徵稅的完稅價格由海關按照物品的到岸價格核定。

第四節　收益額課稅

收益額課稅是以納稅人的收益額為徵稅對象的一類稅。按收益額徵稅，既包括對從事營利事業的生產經營取得利潤的徵稅，也包括對利息、股息、紅利、工資、勞務報酬、財產租賃轉讓、專利權、特許權使用費等的各種所得的徵稅。作為徵稅對象的收益額可以是總收

益額,也可以是純收益額。

一、收益額課稅的特點和作用

(一)收益額課稅的特點

1. 量能課稅

收益課稅是以純收益或淨收益額為依據,所得多的多徵,所得少的少徵,無所得的不徵,較好地體現稅負的公平性。

2. 稅負明確

它屬於直接稅,稅負不能轉嫁,徵納雙方關係明確,不存在重複徵稅問題,所得稅的增減變動對物價不會產生直接的影響。

3. 課稅有彈性

課稅有彈性,按收益額徵稅,多採用累進稅率,也有採用比例稅率。

(二)收益額課稅的作用

1. 調節社會收入分配,有利於公平分配

對收益額的課稅不僅體現量能負擔、合理負擔的原則且又貫徹普遍徵稅,體現效率優先、兼顧公平的原則。實行累進課稅可以縮小社會個人貧富和企業之間實際收入水平的差距;同時所得課稅規定有起徵點、免徵額,對特殊困難的納稅人給以種種照顧,從而緩解社會矛盾,保持社會和諧。

2. 所得稅是穩定經濟的重要工具

政府可以根據社會總供給和總需求的平衡狀況,靈活調整稅負水平,以抑制或刺激納稅人的投資和消費需求,維持經濟穩定。即當經濟過熱,總需求過大時,可以提高所得稅稅負水平;反之,可以降低所得稅稅負水平。這種功能被稱為「內在穩定器」,在西方國家構成國家財政稅收政策的核心內容。

3. 是國家財政收入的重要來源

所得額或收益額來源於剩餘產品價值,稅源可靠。儘管所得稅直接受成本水平的影響,但它能比較準確地反應國民收入的增減變化情況。

4. 有利於維護國家的經濟權益

對跨國所得進行徵稅,維護了主權國家的經濟效益。

5. 能促使納稅人建立健全會計核算和經營管理制度

收益額課稅的局限性是:①受經濟波動和企業經營效益水平的影響,不能保證稅收收入的穩定。②所得稅的累進課稅,運用不當會在不同程度上壓抑納稅人的生產經營和工作積極性的充分發揮。③對收益額課稅的計徵管理比較複雜,需要較強的稽徵技術水平,容易造成偷漏稅,帶來稅負的不公平。

二、現行收益額課稅的稅種

中國現行稅制對收益課稅的稅種有:企業所得稅、個人所得稅。2007年取消了農業稅。

(一)企業所得稅

中國對工商企業徵收所得稅始於1950年。1958年的工商所得稅僅對非國營經濟性質

企業徵收。為適應改革開放的需要,1980年全國人大制定頒布了《中外合資企業所得稅法》,1981年又制定頒布了《外國企業所得稅法》。1983年利改稅,出抬了《國營企業所得稅暫行條例(草案)》,開始對國營企業徵收所得稅。1991年7月1日起施行《中華人民共和國外商投資企業和外國企業所得稅法》。國務院於1993年12月頒布了《中華人民共和國企業所得稅暫行條例》,統一了國營企業、集體企業、私營企業的所得稅制度。由此,中國企業形成內資企業、外資企業兩套稅制。這為吸引外資,發展經濟,對外資企業採取有別於內資企業的稅收政策,從實際平均稅負看,內資企業要高於外資企業。正由於內資所得企業稅法、外資企業所得稅法差異較大,企業要求統一稅收待遇、公平競爭的呼聲較高。同時上述企業所得稅優惠政策存在較大漏洞,扭曲了企業經營行為,造成國家稅款的流失。

2007年3月第十屆全國人大五次會議通過的《中華人民共和國企業所得稅法》自2008年1月1日起施行。同時廢止了以前的兩個企業所得稅法(條例)。企業所得稅「兩法」合併改革,對企業稅收實現了「四個統一」,即內資企業、外資企業適用統一的企業所得稅法;統一併適當降低企業所得稅稅率;統一和規範稅前扣除辦法和標準;統一和規範稅收優惠政策。這有利於促進中國經濟結構優化和產業升級;有利於為各類企業創造一個統一、規範公平競爭的稅收法制環境,不僅使國內企業得到實惠,而且有利於提高吸引外資的質量。這是適應中國社會主義市場經濟發展新階段的一項制度創新,是促進經濟社會可持續發展戰略的配套措施,是中國經濟走向成熟的重要標志。

1. 企業所得稅納稅人

凡「在中華人民共和國境內,企業和其他收入的組織(統稱企業)為企業所得稅的納稅人」,不包括個人獨資企業、合夥企業。企業分為居民企業和非居民企業。居民企業是指依法在中國境內成立,或者依照外國(地區)法律成立但實際管理機構在中國境內的企業。非居民企業,是指依照外國(地區)法律成立且實際管理機構不在中國境內,但在中國境內設立機構、場所的,或者在中國未設立機構、場所,但有來源於中國境內所得的企業。

2. 企業所得稅徵稅對象

居民企業應當就其來源於中國境內、境外的所得繳納企業所得稅。非居民企業在中國境內設立機構、場所的,應當就其所設機構、場所取得的來源於中國境內的所得,以及發生在中國境外但與其所設機構、場所有實際聯繫的所得,繳納企業所得稅。而非居民企業在中國境內未設立機構、場所的,或者雖設立機構、場所但取得的所得與其所設機構、場所沒有實際聯繫的,應當就其來源於中國境內的所得繳納企業所得稅。

企業應納稅所得額是按每一納稅年度的收入總額減除不徵稅收入、免稅收入、各項扣除以及允許彌補的以前年度虧損後的餘額 為應納稅所得額 。

企業收入總額是企業以貨幣形式和非貨幣形式從各種來源取得的收入,為收入總額。包括:①銷售貨物收入;②提供勞務收入;③轉讓財產收入;④股息、紅利等權益性、投資收益;⑤利息收入;⑥租金收入;⑦特許權使用費收入;⑧接受捐贈收入;⑨其他收入。

企業收入總額中的不徵稅收入,包括:①財政撥款;②依法收取並納入財政管理的行政事業性收費、政府性基金。

企業收入總額的免稅收入,包括:①國債利息收入;②符合條件的居民企業之間的股息、紅利等權益性投資收益;③在中國境內設立機構、場所的非居民企業從居民企業取得與該機構、場所有實際聯繫的股息、紅利等權益性投資收益;④符合條件的非營利組織的

收入。

　　企業在計算應納稅所得額時的扣除,是指企業實際發生的與取得收入有關的、合理的支出,包括成本、費用、稅金、損失和其他支出。準予在計算應納稅所得額時的扣除還有:①企業發生的公益性捐贈支出,在年度利潤總額12%以內部分;②企業按照規定計算的固定資產折舊;③企業按照規定計算的無形攤銷費用;④企業發生的已足額提取折舊的固定資產的改建支出、租入固定資產的改建支出、固定資產的大修理支出;⑤企業使用或者銷售存貨,按照規定計算的存貨成本;⑥企業轉讓資產,該項資產的淨值。

　　企業在計算應納稅額時,還可以對開發新技術、新產品、新工藝發生的研究開發費、企業綜合利用資源等加計扣除應納稅所得額。

　　非居民企業的應納稅所得額的具體計算:①股息、紅利等權益性投資收益和利息、租金、特許權使用費所得,以收入全額為應納稅所得額;②轉讓財產所得,以收入全額減除財產淨值後的餘額為應納稅所得額。

　　企業納稅年度發生的虧損,準予向以後年度結轉,用以後年度的所得彌補,但結轉年限最長不得超過五年。

　　3. 企業所得稅稅率

　　企業所得稅的稅率為25%。非居民企業適用稅率為20%。參照國際通行做法,旨在扶持小企業發展,促進就業,對符合條件的小型微利企業,減按20%的稅率徵收企業所得稅。國家需要重點扶持的高新技術企業,減按15%的稅率徵收企業所得稅。中國確定企業所得稅25%稅率主要考慮是,對內資企業要減輕稅負,對外資企業也盡可能少增加稅負,同時要將財政減收控制在可以承受的範圍內,還要考慮國際上尤其是周邊國家(地區)的稅率水平。25%的稅率在國際上是適中偏低的水平,有利於提高企業競爭力和吸引外商投資。

　　4. 企業應納所得稅額的計算

　　企業應納所得稅額的計算是以企業的應納稅所得額乘以適用稅率,減除稅收優惠的規定減免和抵免的稅額後的餘額,為應納稅稅額。計算公式如下:

　　應納稅所得額=收入總額－不徵稅收入額－免稅收入額－各項扣除額－允許彌補以前年度虧損額

　　應納所得稅額=(應納稅所得額×適用所得稅稅率)－稅收優惠減免稅額－抵免所得稅稅額

　　稅收優惠包括:①國家對重點扶持和鼓勵發展的產業和項目所給予企業的所得稅優惠;②從事農、林、牧、漁業項目的所得,從事國家重點扶持的公共基礎設施項目投資經營的所得,從事符合條件的環境保護、節能節水項目的所得,符合條件的技術轉讓所得等。

　　企業取得的下列所得已在境外繳納的所得稅稅額,可以從其當期應納稅額中抵免。包括:①居民企業來源於中國境外的應稅所得;②非居民企業在中國境內設立機構、場所,取得發生在中國境外但與該機構、場所有實際聯繫的應稅所得;③居民企業從其直接或者間接控制的外國企業分得的來源於中國境外的股息、紅利等權益性投資收益,外國企業在境外實際繳納的所得稅稅額中屬於該項所得負擔的部分,可以作為該居民企業的可抵免境外所得稅稅額。

　　上述抵免限額為該項所得依照企業所得稅法規定計算的應納稅額;超過抵免限額的部

分，可以在以後五個年度內，用每年度抵免限額抵免當年應抵免後的餘額進行抵補。

企業所得稅按納稅年度計算。納稅年度自公曆1月1日至12月31日止。

(二)個人所得稅

個人所得稅是對中國境內居住的個人所得徵收的一種稅。

個人所得稅在世界各國是普遍徵收的稅種。中國對個人收入的課稅起步較晚，但目前已成為主體稅種之一。開徵個人所得稅可以調節收入分配，體現社會公平，有利於社會和諧。個人所得稅是針對自然人徵收的，具體包括中國公民、外國公民、無國籍人、個體工商戶、港澳臺同胞等。

1. 個人所得稅的納稅人

個人所得稅的納稅人包括兩個方面，一是在中國境內有住所(指因戶籍、家庭、經濟利益關係而在中國境內習慣性居住的個人)，或者無住所而在境內居住滿一年，從中國境內和境外取得的所得的個人；二是在中國境內無住所又不居住或者無住所而在境內居住不滿一年，但有來源於中國境內所得的個人，均應按照個人所得稅法的規定繳納個人所得稅。

個人所得稅的納稅人是按照屬地主義(收入來源稅收管轄權)和屬人主義(居住國稅收管轄權)雙重稅收管轄權來確定，既包括中國境內有所得的居民，也包括從中國境內取得所得的非居民。

2. 個人所得稅徵稅對象

個人所得稅徵稅對象是以納稅人取得的個人所得。由於個人所得的範圍很廣，稅法列舉了應納稅所得的項目：①工資、薪金所得(指個人因任職或受雇而取得的工資、薪金、獎金、年終加薪、勞動分紅、津貼、補貼以及與任職或者受雇有關的其他所得)；②個人獨資企業、合夥企業和個體工商戶的生產、經營所得；③對企事業單位的承包經營、承租經營所得；④勞務報酬所得(指個人提供專利權、商標權、著作權、非專利技術以及其他特許權的使用權的所得)；⑤稿酬所得；⑥特許權使用費所得；⑦利息、股息、紅利所得；⑧財產租賃所得(指個人出租建築物、土地使用權、機器設備、車船以及其他財產所取得的所得)；⑨財產轉讓所得(指個人轉讓有價證券、股票、建築物、土地使用權、機器設備、車船以及其他財產所取得的所得)；⑩偶然所得(指個人得獎、中獎、中彩以及其他偶然性質所取得的所得)。

3. 計稅依據

個人所得稅的計稅依據為應納稅所得額，即從納稅人收入總額中扣除稅法規定的必要費用後的餘額。允許從個人收入中扣除的費用大體上可分為兩個部分：一部分是必要費用，另一部分是生計費(維持生活所需要的一般生活費，如對工薪收入進行的稅前費用扣除)。中國個人所得稅採取分項徵收制，與此相適應的費用扣除也採取分項計算的方法。具體扣除的方法和數額如下：

(1)工資、薪金所得，以每月收入額減除費用3,500元後的餘額，為應納稅所得額。但中國境內無住所而在中國境內取得工資、薪金所得的納稅義務人和在中國境內有住所而在中國境外取得工資、薪金所得的納稅義務人，在減除3,500元的基礎上再享受附加減除費用1,300元。

(2)個人獨資企業、合夥企業、個體工商戶的生產、經營所得，以每一納稅年度的收入總額，減除成本、費用以及損失後的餘額，為應納稅所得額。

(3)對企事業單位承包經營、承租經營所得，以每一納稅年度的收入總額(按照承包經

營、承租經營合同規定分得的經營利潤和工資、薪金性質的所得),減除必要費用(按月減除 3,500 元)後的餘額為應納稅所得額。

(4)勞動報酬所得、稿酬所得、特許權使用費所得、財產租賃所得,每次收入不超過4,000元,減除費用 800 元;4,000 元以上的,減除 20% 的費用,其餘額為納稅所得額。

(5)財產轉讓所得,以轉讓財產的收入額減除財產原值和合理費用後的餘額為應納稅所得額。財產原值,如有價證券為買入價以及買入時按照規定交納的有關費用;建築物為建造費或者購進價格以及有關費用;土地使用權,為取得土地使用權所支付的金額、開發土地的費用以及其他有關費用,等等。

(6)利息、股息、紅利所得、偶然所得和其他所得,以每次收入額為應納稅所得額。

4. 稅率

個人所得稅區別各種所得項目,規定了幾種不同稅率:

(1)工資、薪金所得,適用超額累進稅率,稅率為 3%～45%。

(2)個人獨資企業、合夥企業、個體工商戶的生產、經營所得和對企業事業單位的承包經營、承租經營所得,適用 5%～35% 的超額累進稅率。

(3)稿酬所得,適用比例稅率,稅率為 20%,並按應納稅額減徵 30%。

(4)勞務報酬所得、特許權使用費所得、財產租賃所得、財產轉讓所得、利息、股息、偶然所得和其他所得,適用比例稅率,稅率為 20%。但對勞務報酬所得一次收入畸高的,實行加成徵收(加徵五成、十成)。

5. 應納所得稅額的計算

(1)工資、薪金所得,個人獨資企業、合夥企業、個體工商戶生產、經營所得和對企事業單位的承包經營、承租經營所得,財產轉讓所得的應納所得稅額,基本計算公式如下:

應納個人所得稅額 = 應納稅所得額 × 適用稅率

(2)勞務報酬所得、稿酬所得、特許權使用費所得、財產租賃所得,由於其費用扣除分別採用定額扣除和定率扣除兩種方法,所以應納所得稅額也有兩種不同的計算公式。

實行定額扣除費用,其應納所得稅額的計算公式為:

應納個人所得稅額 = (每次收入額 - 扣除額) × 稅率

實行定率扣除費用,其應納所得稅額的計算公式為:

應納個人所得稅額 = 每次收入額 × (1 - 扣除率 20%) × 稅率

勞務報酬所得一次畸高的加徵個人所得稅額應按上式應納個人所得稅額乘加成率。

(3)利息、股息、紅利所得、偶然所得和其他所得按每次收入額徵稅,不扣除任何費用,適用比例稅率。其應納所得稅額的計算公式為:

應納個人所得稅稅額 = 每次收入額 × 稅率

中國個人所得稅法還具體規定了免稅所得。

目前個人所得稅尚需進一步完善,建立稅基、稅率合理和有利於徵收管理的個人所得稅制度。例如實行綜合個人所得稅稅制,納稅單位的確定應以家庭為主等等,以發揮稅收調節個人收入的功能。

(三)農(牧)業稅(已取消)

農(牧)業稅是對從事農(牧)業生產,有農(牧)業收益的單位和個人徵收的一個稅種。新中國建立以前革命根據地的農業稅在保障革命戰爭供給上其功不可沒。新中國建

立初期農民大力支持經濟建設,交納農業稅占全國農業實際產量13%左右。以後各年度由於農業產量的提高和增產不增稅政策,實徵農業稅占全國農業實產量逐年下降,「九五」時期只占2.7%。穩定負擔的農(牧)業稅、農業特產稅收入,1990年72.1億元、1995年225.3億元、2004年242億元,分別只占同期全國稅收收入總額的3.4%、4.3%、1%。

縱觀近代世界各國的稅收制度基本上不專門面向農業單獨設立農業稅。中國近些年來,在社會主義市場經濟體制的建立與完善中,城鄉矛盾和農業、農村、農民問題日益突出。為了深化農村稅費改革,2004年部分地區取消了農業稅或降低農業稅稅率。2007年3月第十屆全國人大五次會議通過取消農業稅、農業特產稅。從此宣告中國兩三千年「皇糧」的結束。這樣不僅完善了稅制,全國每年可減輕農民稅收負擔300億元以上,有利於促進「三農」難題的解決,有利於構建現代市場經濟體系,關係到實現國家的長治久安。

第五節　其他稅種課稅

中國稅制是由多稅種構成的,從兼顧財政收入與經濟調節的需要,除了主體稅種還需要一些屬於次要地位和發揮輔助作用的一般稅種,如資源稅類、財產稅類、行為稅類。

一、資源稅類

綜觀歷史與現實,確定以資源為徵象對象,一般是基於兩個目的:一是選擇豐盛的資源,利用資源優勢,通過徵稅來充實國家財政收入。二是運用稅收工具,保護和促進資源的及時、合理開發和有效利用。

對資源徵稅按其課稅目的和意義的不同,可以分為級差資源稅和一般資源稅兩種。級差資源稅是國家對開發和利用自然資源的單位和個人,就其資源條件的差別所取得的級差收入課徵的一種稅。一般資源稅是國家對國有資源(如城市土地、礦藏、水流、森林等),根據國家的需要,對使用某種自然資源的單位和個人,為取得應稅資源的使用權而徵收一種稅。實際在對同一種資源徵稅中,對這兩類性質的徵稅是兼而有之。中國對資源徵稅的稅種主要有:資源稅、城鎮土地使用稅、耕地占用稅和土地增值稅。

(一)資源稅

資源稅是對在中國境內開採礦產品和生產鹽的單位和個人,就其原料產品級差收入課徵的一種稅。對資源徵稅是國家作為自然資源的所有者,又是政治權力的行使者,一方面體現了對國有資源的有償占用性,另一方面對非國家所有的資源則屬於稅收的特徵。中國現行的資源稅徵稅對象既不是全部自然資源,也不是對所有具有商品屬性的資源都徵稅。它具有收益稅性質,具有級差收入的特點。

資源稅的作用:①調節級差收入,有利於正確評價企業的經濟效益。中國的自然資源分佈面廣,不同地區的同一類資源的豐瘠不同,其地理位置和開發條件差別較大,開發企業間的利潤水平相差懸殊。就在同一資源的開發初期、全盛期和後期也各不相同,在不同時期的利潤升降也較大。而這些都不能真實地反應開發者主觀努力的狀況。開徵資源稅,有利於促進企業在同一水平上開展競爭,不斷改善經營管理,提高其經濟效益。②有利於加強資源管理,合理有效地利用資源。運用稅收經濟槓桿,調節級差收入,使在不同資源條件

下的開發和生產企業,投入相同的資金和勞動,能取得大致相等的經濟效益,控制資源浪費和濫挖亂採的現象。③有利於增加財政收入。開徵資源稅不僅把屬於級差收入部分收歸國家所有,而且將屬於國有的一般資源實行有償開採的原則,增加國家財政收入。

資源稅的納稅人,包括從事資源稅條例規定的礦產品或者生產鹽的所有單位和個人。

資源稅的徵收範圍,應當包括一切開發和利用的國有資源,但目前資源稅徵收的範圍狹窄,只包括礦產品(原油、天然氣、煤炭、其他非金屬礦原礦、黑色金屬礦原礦和有色金屬礦原礦)、鹽(固體鹽、液體鹽)。

資源稅實施「普遍徵收,級差調節」的徵收原則,分別採用從價定率和從量定額兩種計徵方法。應納稅額計算公式為:

實行從價計徵方法計算的應納稅額＝銷售額×比例稅率

實行從量計徵方法計算的應納稅額＝課稅數量×單位稅額

2016年7月1日起,中國將全面推行資源稅改革,實行從價計徵,清理收費基金,突破目前僅對礦產品和鹽徵稅的局限,試點開徵水資源稅,進一步完善綠色稅收制度,理順資源稅費關係,減輕企業負擔,有效建立稅收與資源價格直接掛鉤的調節機制,促進資源節約集約利用,引導企業調整經濟結構,引領綠色發展。

(二)城鎮土地使用稅

城鎮土地使用稅是對在城鎮和工礦區使用土地的單位和個人,按實際占用面積分等定額徵收的一種稅。

徵收土地使用稅是配合運用經濟手段管理土地,達到合理節約使用土地,提高土地利用效益的目的。通過徵收土地使用稅還可以調節土地的級差收益,促使對土地使用加強經濟核算,改善經營管理,也有利於在平等條件下展開競爭。

土地使用稅的徵稅範圍是在城市、縣城、建制鎮、工礦區內開徵。即在開徵範圍內使用土地的單位和個人,為城鎮土地使用稅的納稅義務人。土地使用稅以納稅人實際占用的土地面積為計稅依據,從量定額計算徵收。採用定額稅率,即採用有幅度的差別稅額,按大、中、小城市和縣城、建制鎮、工礦區分別規定每平方米土地使用稅的年應納稅額計算徵收。

(三)土地增值稅

土地增值稅是對轉讓國有土地使用權及地上建築物的增值收益所徵收的一種稅。

為了發揮市場機制在土地資源配置方面的基礎性作用,國家有必要加強對土地使用權市場的宏觀調控,規範土地、房地產市場交易秩序,合理調節土地增值收益,維護國家權益。在房地產轉讓過程中,房地產增值的實質是土地使用權的增值(一般地講,房產基本上不會增值)。而土地增值主要原因是整個社會經濟的發展和國家對土地使用外部條件的改善。因此作為土地所有者理應對土地增值收益參與分配。但由於對土地使用權和房屋產權的增值很難截然分開,故定名為土地增值稅。

土地增值稅的納稅人,是轉讓國有土地使用權、地上建築物及其附著物並取得收入的單位和個人。土地增值稅的徵稅對象是轉讓房地產所得的增值額。增值額的計算,以轉讓房地產所得的收入減除稅法規定的扣除項目金額後的餘額為增值額 。土地增值稅實行四級超率累進稅率,最低稅率為30%,最高稅率為60%。土地增值稅應納稅額的計算公式為:

應納稅額＝轉讓房地產所得的增值額×稅法規定的適用稅率

(四)耕地占用稅

耕地占用稅是國家對占用耕地的單位和個人,按照規定稅額一次徵收的稅種。

徵收耕地占用稅的主要目的是運用稅收手段,加強對耕地管理,合理利用土地資源。耕地占用稅的納稅人是佔有耕地建房或者從事其他非農業建設的單位和個人。耕地占用稅以納稅人實際占用的耕地面積為計稅依據,從量定額徵收。耕地占用稅採用定額稅率,以縣為單位,按其人均耕地的多少,規定幅度差別稅額。

二、財產稅類

財產稅是以納稅人所有或屬其支配的財產課徵的稅。財產稅按照徵稅範圍寬窄,可分為一般財產稅和個別財產稅(如房屋、資本等);財產稅按照課徵時財產所處的狀態,可分為靜態財產稅和動態財產稅(如遺產和贈與稅)等。財產稅可以調節社會成員的收入分配,但由於難以查實納稅人的全部財產,難免有失「公平稅負」原則。財產稅在收入上彈性小,不能隨財政的需要而徵多徵少,也不可能普及到納稅人的全部財產。財產稅可以作為調節社會純收入分配,有利於防止兩極分化,但時至今日尚不能成為世界各國的主體稅種。而中國也由於種種原因,目前只開徵有房產稅、車船使用稅(船舶噸稅實質上屬於一種港務費性質)、契稅。適時開徵遺產稅也是有積極意義的。

(一)房產稅

房產稅是對城鎮、工礦區的房屋,向產權所有人和承典人徵收的一種稅。

開徵房產稅可調節財富分配,有利於加強房產管理,促進城市房屋合理利用,也為地方財政收入提供了一個較可靠的收入來源。房產稅的徵稅範圍為城市、縣城、建制鎮和工礦區。房產稅的納稅人為開徵地區的產權所有人或承典人。房產稅的計稅依據為房產原值一次減除10%~30%的餘額計算繳納;房產出租的,以房產租金收入為房產稅的計稅依據。房產稅的稅率,依照房產餘值繳納的,稅率為1.2%;依照房產租金收入計算繳納的,稅率為12%。

2010年國務院同意國家發展改革委員會《關於2010年深化經濟體制改革重點工作的意見》,該《意見》指出將逐步推進房產稅改革,至此房產稅改革提上日程。2011年1月,上海和重慶開始試點徵收房產稅。

1. 上海房產稅

上海房產稅的徵收對象,是自2011年1月28日起本市居民家庭在本市新購且屬於該居民家庭第二套及以上的住房(包括新購的二手存量住房和新建商品住房)和非本市居民家庭在本市新購的住房。稅率二檔,0.6%和0.4%。

2. 重慶房產稅

重慶房產稅的徵稅對象,是個人擁有的獨棟商品住宅、個人新購的高檔住房、在重慶市同時無戶籍、無企業、無工作的個人新購的第二套(含第二套)以上的普通住房。稅率三檔;0.5%、1%、1.2%。

(二)車船使用稅

車船使用稅是對行駛於中國境內的車船,向擁有並且使用車船的單位和個人徵收的一種稅。車船使用稅具有單項財產的特點,實現了財產稅和行為稅的統一。

徵稅範圍是指在中國境內行駛的車船。凡是在中國境內擁有並且使用車船的單位和

個人均屬納稅義務人。車船使用稅採用從量定額稅率,分別按車船的種類、大小、使用性質,對車輛制定不同的有幅度的稅額,對船舶統一規定分類分級的固定稅額。

(三)契稅

契稅是對不動產所有權轉移登記時,向產權承受人課徵的稅,屬於財產轉移課稅。契稅是一個古老的稅種。新中國成立後,1950年發布了《契稅暫行條例》。改革開放後國家重新調整了土地房屋管理政策,1997年發布了《中華人民共和國契稅暫行條例》。

契稅的徵稅範圍是買賣、贈與或交換不動產而訂立的契約。契稅的納稅人是承受中國境內轉移土地、房屋權屬的單位和個人。契稅的徵稅對象為發生土地使用權和房屋所有權權屬的土地和房屋。契稅實行3%～5%的幅度稅率。

三、行為稅類

行為稅是以納稅人的某種特定行為為徵稅對象的稅種。這個「特定行為」是指國家通過徵稅所要加以限制或監督的行為。即通過徵稅調節某種經濟行為,直接體現國家意志的特殊目的性。開徵行為稅不是通過課稅使這種稅收的收入不斷增長,有時「寓禁於徵」反而會導致這種稅收收入的不斷減少。行為稅往往具有臨時性或偶然性,有的稅種是當其需要就開徵,不需要就停徵,調節經濟發揮「拾遺補缺」的特殊作用。行為稅通過稅制改革的調整,現有城市維護建設稅、印花稅。固定資產投資方向調節稅已於2012年取消。

(一)印花稅

印花稅是因商業活動、產權轉移等行為所立書或使用的憑證徵收的一種稅。印花稅具有憑證稅和行為稅性質。

開徵印花稅有利於增加財政收入(徵收面廣、積少成多),能配合社會主義市場經濟秩序的建立,促進提高經濟技術合同的兌現率,也有利於提高納稅人的法制觀念。印花稅的納稅人是指在中國境內立書、領受,在中國境內具有法律效力,受中國法律保護的憑證的單位和個人。印花稅徵稅範圍包括經濟合同、產權轉移書據、營業帳簿、權利許可證照和財政部門確定徵稅的其他憑證。

印花稅的稅率根據應稅憑證的性質,分別規定從價比例稅率,即1‰、5‰、3‰、0.5‰;或按件固定稅額。印花稅實行由納稅人根據規定自行計算應納稅額,購買並一次貼足印花稅票的繳納辦法。

(二)城市維護建設稅

為了加強城市的維護建設,擴大和穩定城市維護建設資金的來源,對從事工商經營,凡繳納消費稅、增值稅、營業稅的單位和個人,不論是國有企業、集體企業、私營企業、個體工商戶均應就其實際繳納的稅額為計稅依據,計算繳納城市維護建設稅。

城市維護建設稅具有受益性質的行為稅,它屬於一種附加稅,其徵稅範圍較廣,所徵稅款專款專用,要保證用於城市的公用事業和公共設施的維護和建設。

【復習思考題】

1. 社會主義市場經濟條件下為什麼要充分利用稅收?
2. 增值稅的優點如何?
3.「營改增」的全面推開對中國經濟發展的意義有哪些方面?

4. 為什麼說所得稅在社會主義市場經濟體制下將會發揮越來越重要的作用？
5. 開徵個人所得稅的現實意義是什麼？

第七章
國際稅收

第一節 國際稅收概述

一、什麼是國際稅收

(一) 國際稅收的定義

國際稅收是在國家稅收的基礎上發展起來的,仍然是國家憑藉政治權力進行的一種特殊分配。國際稅收是一種稅收,必然反應著國家與納稅人之間的徵納關係,但是,它已不再是單個國家範圍內的徵納關係,而必須同時擁有兩個或兩個以上的國家,在各自的政治權力管轄範圍內的徵納關係。如果這兩個或兩個以上的國家的徵納關係依然是平行地而不是有所交叉地徵稅,那麼至多是延伸放大了的國家稅收,不可能衍化成為國際稅收。

顯然,國際稅收不僅與多個國家有關,而且涉及的納稅人必須是跨國納稅人,而且必須是同一課稅對象。

在圖7-1中,納稅人由於其經營活動跨出國界,成為跨國納稅人,甲、乙、丙國根據各自的徵稅權力,都可以對該跨國納稅人徵稅。這就出現了兩層關係:一是甲、乙、丙國各自同該國納稅人之間的關係。這層關係仍然歸屬於國家稅收,但由於納稅人不是一般的納稅人,而是跨國納稅人,所以其成為國際稅收關係的基礎。二是甲、乙、丙國之間的稅收分配關係。

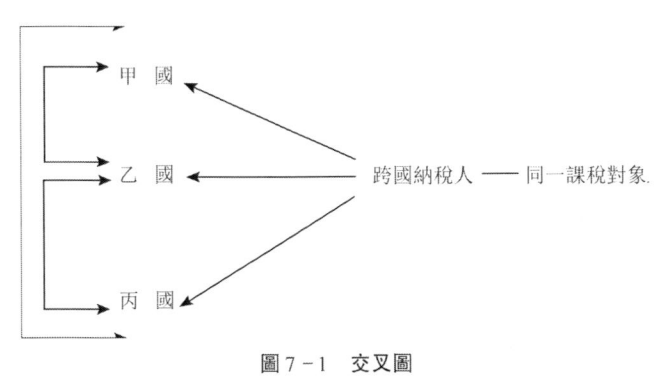

圖7-1 交叉圖

當這個跨國納稅人的同一筆跨國收入中有一部分或全部既向甲國又向乙國，或既向甲國又向丙國……履行納稅義務時，由於跨國納稅人在它所跨越的幾個國家內取得收入所應承擔的總稅負是一個既定量，如果甲國向跨國納稅人多徵了稅，就可能影響乙國、丙國；如果乙國向跨國納稅人多徵了稅，就可能影響甲國、丙國的稅收收入，如此等等。這影響到了國家之間的稅收權益分配，已超出了一個國家的國家稅收權力範圍，不是一個國家能獨立解決的，必須由有關國家共同去求得解決。這種國家之間的稅收分配關係，就成為國際稅收。

根據以上分析，我們把國際稅收的定義表述如下：國際稅收就是指兩個或兩個以上的國家，在對跨國納稅人行使各自的徵稅權力而形成的徵納關係中，所發生的國家之間的稅收分配關係。其實質是各國在對各自政權管轄範圍內的跨國納稅人徵稅的基礎上形成的稅收權益分配。

(二) 國際稅收與國家稅收的關係

1. 國際稅收與國家稅收的聯繫

(1) 國際稅收和國家稅收都歸屬於稅收範疇。它們必然與國家及其政治權力相關聯，必然與一定的徵納關係相聯繫。

(2) 國家稅收是國際稅收的基礎。無論是從歷史、現實，還是從邏輯的角度來看，國際稅收都是以國家稅收為基礎的，或者說是國家稅收在國際範圍的一種延伸，沒有國家稅收也就無所謂國際稅收。

2. 國際稅收與國家稅收的區別

(1) 國家稅收只與某一國的政治權力相關，而國際稅收則涉及多國的政治權力。任何一個擁有主權的獨立國家，都可憑藉其政治權力行使徵稅權，不會屈從於其他國家的政治權力。國際稅收反應的是國家稅收的國際關係，或國家之間的稅收關係，而非「國際」所課徵的稅收。而且，世界上還沒有超國家的「國際」這一政治權力，能夠在國際範圍內課徵稅收。國際稅收發生的國家之間的稅收分配關係，它必然涉及多國的政治權力，自然也只能在各國政治權力機構的協調下處理國家之間的權益分配。

(2) 國家稅收是某一國家與其管轄下的納稅人之間發生徵納關係，因而有獨立的稅種、納稅人和徵稅對象。而國際稅收是國家之間的稅收分配關係的總稱，它不是一個獨立的稅種，因而只有涉及的稅種、納稅人和徵稅對象。涉及的納稅人和徵稅對象是國際稅收的關鍵因素，因為只有納稅人和徵稅對象跨出了國界，才能成為跨國納稅人和跨國徵稅對象。國際稅收主要是在所得稅和財產稅課徵上發生的國家之間的權益關係。

(3) 國家稅收依靠某一主權國家制定的法律來確定該國與納稅人之間的徵納關係。而國際稅收中國家之間的稅收分配關係則只能通過國家之間的協議來解決。世界上不存在超國家的、凌駕於各國政府之間的法律機構。各國政府只能在平等互利的原則下，通過談判、協商，從而制定有關國際稅收的協定和條約，處理有關的國際稅收關係。

弄清了國際稅收的概念，有助於區別外國稅收、涉外稅收，並對其範圍作出恰當的規定。因為，外國稅收只不過是外國的國家稅收，是一個相對於本國稅收的概念。涉外稅收只不過是一個國家徵稅涉及與國際經濟活動中的納稅人的徵納關係，是該國國家稅收的組成部分，是一個相對於國內稅收徵納關係的概念。所以把外國稅收、涉外稅收簡單地視為國際稅收的觀點是不正確的。但是，國際稅收涉及國家之間的稅收關係，就會受到各國稅

收的制約；其涉外稅收制度是國際稅收存在和發展的基礎。各個國家課徵涉外稅收，最容易引起國際稅收問題。加強對國際稅收的研究，有助於各國稅制建設遵循國際稅收的各種準則和規範，有助於本國涉外稅收的建設。

二、國際稅收的起源和發展

人類的國家稅收從最老的稅收開始，大體經歷了古老直接稅階段、間接稅階段、近代直接稅階段。國際稅收的起源和發展，也大體沿襲國家稅收的起源和發展的脈絡。

(一)古老的直接稅階段——國際稅收的史前期

古老直接稅是建立在自然經濟的客觀基礎之上的，同時也是建立在土地私有制基礎之上的。馬克思說：「直接稅，作為一種最簡單的徵稅形式，同時也是一種最原始最古老的形式，是以土地私有制為基礎的那個社會制度的時代產物。」[1]說它「簡單」是由於計稅基礎粗糙，如人丁稅按人口課徵，土地稅丈量田土面積，房屋稅中最簡單的為竈稅、菸囪稅。農業稅以土地田畝數、農業勞動力人數或農業家庭戶數為計稅標準，這都在一國的領土疆域之內。農業和手工業產品主要是為了滿足生產者本身的需要，而非為了交換。總之，早期的自然經濟以農業生產為主，具有明顯的地域概念，是一種封閉型經濟，不具備產生國際稅收的條件。

(二)間接稅階段——國際稅收的萌芽期

到了17～18世紀，關稅與消費稅等間接稅已普遍實行。資產階級奪取政權以後，資本主義生產方式確立，資本主義社會表現為龐大的「商品堆積」。資產階級廣泛實行商品課稅，可達到一箭雙雕的目的：一是只要課稅商品能按提高的價格出售，資本家即可將稅款轉嫁給消費者負擔，而坐享其利；二是國外進口的工業品和本國生產的高質量工業品，主要的顧主是富裕的貴族和大地主階級，課以消費稅，既可削弱封建勢力，又可充實資產階級政府的國庫。

對商品流轉額的徵稅本身，並不會發生國際稅收，因為對商品流轉額課稅就是交易行為稅，間接稅不僅與交易行為有關係，而且具有不中斷的特點，除非已進入消費，否則買方不斷轉化為賣方，不斷發生商品的轉手。與之相適應，對交易的課稅，就是對交易發生行為的課稅，在交易行為發生所在地課稅。隨著商品流通從國內市場延伸到國際市場，按照間接稅對於跨國交易行為應由起點的出口國家對出口商徵稅，由終點的進口國家對進口商徵稅。所以，在這種情況下並不會發生國際稅收。

由於資本主義政治經濟發展不平衡規律的作用，在激烈的國際貿易競爭中，一些先進的資本主義國家為自身利益往往提出「自由貿易、門戶開放」政策，後進國家針鋒相對地提出保護主義的壁壘政策，相互間展開了激烈的鬥爭，即所謂關稅戰、貿易戰。從17世紀開始，為減少國家間的矛盾，開始簽訂國家間的協定，相互給予對等的專利，這些都往往要涉及進出口稅則和其他稅收事務的調整，但並不直接觸及國家間稅收權益的調整。總之，這個時期，由貿易而引起的國際稅收關係，較為簡單，只作為貿易的附加。這個時期，我們稱之為國際稅收的萌芽期。

---

[1] 馬克思恩格斯全集：第8卷[M]．北京：人民出版社，1961：543．

(三)近代直接稅階段——國際稅收形成期

近代直接稅是商品經濟高度發展的產物。在商品經濟社會裡,商品生產受到價值規律的支配,每個商品生產者都要求他所生產的商品的價值低於商品的社會價值,每個企業所關心的都是毛收入扣除生產費用後的淨收入的大小。而所得稅這種近代直接稅就是對其淨收入所課的稅,「所得稅以不同社會階級的不同收入來源為前提,就是說,以資本主義社會為前提」[1]。商品經濟一旦進入資本主義社會,它就成為普遍的、占統治地位的經濟。因此,所得稅在資本主義社會得到迅速發展。

所得稅的課稅對象是所得,它與流轉額是不相同的:①所得不受一國疆界範圍的限制。無論是自然人還是法人既可以從甲國取得所得,又可以同時從乙國取得收入,所以,所得有可能橫跨國界而帶有跨國的性質。②所得不同於商品流通,有明確的跨國交易起點國和終點國的概念,但它沒有一個明確的、清晰的概念而可能是跨國家的所得。

近幾十年來,國際稅收得到了越來越大的發展。特別是第二次世界大戰以後,由於科技革命的發展,帝國主義的壟斷資本對外擴張達到空前的規模。跨國公司代替了卡特爾,通過資本輸出,加速生產的集中和對國際市場的競爭,形成了國際化的生產。國際化的生產必然導致收入國際化,收入的國際化必然導致稅收的國際化。對跨國所得徵稅,必然產生國際稅收。

總之,與近代直接稅階段相適應,國際稅收概念廣泛使用,進入了形成期。

國際稅收的發展,經過了上述史前期、萌芽期和形成期這樣三個階段。

第二節 國際稅收關係的內容

一、稅收管轄權及其類型

稅收管轄權並不是在國際稅收形成之後才出現的,而是在稅收產生的同時就存在了。在國際稅收形成以後,出現了兩個或兩個以上的國家對同一納稅人及徵稅對象徵稅,稅收管轄權出現交叉重疊現象。這樣,稅收管轄權問題在國際上也就變得十分突出和複雜。

稅收管轄權,是一國政府在徵稅方面所擁有和行使的管理權力。它具有獨立性、排他性兩大特徵。即依法確定對什麼徵稅、徵多少稅、怎樣徵稅及由誰納稅的權力。稅收管轄權受國家政治權力所能達到範圍的制約。一個主權國家的政治權力所能達到的範圍,從地域概念來說,包括該國疆界內的全部空間;從人員概念來說,包括該國認定的公民或居民,具體包括本國人、外國人、雙重國籍人、無國籍人和法人。與此相適應,按照屬地原則確定的稅收管轄權,稱之為地域管轄權,也叫收入來源地管轄權。在實行地域管轄權的國家,一般對來源於本國的所得行使稅收管轄權,予以徵稅,而不論納稅人是何國公民或居民;對來源於國外的所得,則不徵稅。按照屬人原則確定的稅收管轄權,稱之為公民或居民管轄權。在實行公民或居民管轄權的國家,一般對本國公民或居民的來源於國內外的全部所得行使稅收管轄權,予以徵稅。一國採用何種稅收管轄權,由該國根據其國家權益、國情、政策和

---

[1] 馬克思恩格斯選集:第3卷[M].北京:人民出版社,1972:22.

在國際上所處的經濟地位等因素決定。一般地說,資本技術輸入較多的發展中國家,多側重維護地域管轄權;;而資本技術輸出較多的發達國家,則多側重居民(公民)管轄權。大多數國家為維護本國權益,一般都同時行使兩種稅收管轄權。在國際上單一行使地域管轄權的國家有文萊、法國、荷蘭、玻利維亞等。美國同時行使居民管轄權、公民管轄權和地域管轄權。

那麼,用什麼標準判定法人和自然人是何國居民呢?

判定法人居民的標準,國際上通行的有兩種:一是法律標準,即註冊登記地標準。凡在本國各級政府註冊的公司、企業,不論其總機構是否設在本國,也不論投資者是何國國籍,都看成是本國企業,對來源於全世界收入都予以徵稅;不在本國註冊的公司、企業,則只對其來源於本國的那部分收入徵稅。二是戶籍標準,即管理機構所在地標準和總機構所在地標準。凡公司、企業的總管理機構設在本國境內,不論其投資者是何國國籍,都看成是本國企業,對其來自全世界的收入都予以徵稅;總管理機構沒有設在本國的,則僅對其來自本國的那部分收入徵稅。世界許多國家都不是僅採用一個標準,而是同時採納兩種或兩種以上的判定標準。如日本不僅採用總機構標準,同時採用註冊登記地標準。

判定自然人居民的標準,國際上通行的也有兩種:一是法律標準。凡屬本國的公民和有各種居留證明的外國僑民,都屬於本國居民;其餘則為非居民。二是戶籍標準(即住所標準)和居民標準(也稱時間標準)。凡在本國有永久住所,居住達到一定期限的個人,包括本國公民和外國人,均為本國居民;沒有達到居住期限的為非居民。世界各國對居住期限的具體規定是很不一樣的,例如美國、日本、法國等定為一年,英國規定為半年。凡是被確定為居民者,一般都要按其世界範圍的全部收入納稅,此居民就成為國際稅收中的無限納稅義務人。非居民作為有限納稅義務人,僅對其國內所得徵稅,這已成為國際慣例。

二、國際稅收涉及的納稅人和徵稅對象

(一)國際稅收涉及的納稅人

和世界各國稅收規定的納稅人一樣,國際稅收涉及的納稅人也包括法人和自然人,而且是跨國的法人和自然人。

如果一國規定的納稅人,只是在本國地域管轄範圍內從事經濟活動,那他只與本國政府發生單一的徵稅關係,則不成為國際稅收涉及的納稅人。只有當該納稅人的經營活動跨出出國界,同時成為兩個或兩個以上國家重複交叉的納稅義務人時,並引起這些國家之間稅收分配關係的發生,他才成為國際稅收涉及的納稅人。例如甲國的某家公司,到乙國去投資建廠,就同時對甲、乙兩國都負有納稅義務,這家公司就成為國際稅收涉及的納稅人。這樣的納稅人,可以是被不同國家交叉管轄權的同一主體的跨國納稅人,也可以是被同一經濟淵源所聯繫起來的不同主體跨國納稅人。

需要指出的是,國際稅收涉及納稅人不單純以國籍為判斷依據。儘管國籍是分析判斷納稅人的因素,但不是唯一的因素。一個具有外國國籍的納稅人,並不一定就是國際稅收涉及的納稅人,而一個具有本國國籍的納稅人,也不一定就不是國際稅收涉及的納稅人。國際稅收涉及的納稅人,是由有關國家採取的不同的稅收管轄權的各種因素共同決定的。

(二)國際稅收涉及的徵稅對象

國際稅收涉及的徵稅對象是對跨國納稅人徵稅的目的物。包括跨國所得和一般財產

價值。其大致可以分為以下四類：

1. 跨國經營所得

跨國經營所得，是指跨國納稅人從事跨國的工業、商業、服務等生產經營活動取得的所得。

2. 跨國勞務所得

跨國勞務所得，是指跨國納稅人跨越國界，從事設計、講學、諮詢、演出等項勞務取得的所得。其中，獨立勞務所得是指自由職業者從事專業性勞務取得的所得，如從事科學、文學、藝術、教育的人員以及醫師、律師、工程師、會計師從事獨立活動的所得；非獨立勞務所得是指雇員或職員取得的工資、薪金和其他報酬等。

3. 跨國投資所得

跨國投資所得，是指跨國納稅人通過投資入股、放貸、轉讓特許權等活動取得的所得，如股息、利息、特許權使用費等。

4. 其他跨國所得

其他跨國所得，是指上述三種跨國所得以外的跨國所得，如財產所得、遺產繼承所得等。

對國際稅收涉及的徵稅對象的概括和分類，世界各國並不完全一致，所以在研究和處理國際稅收關係時，必須注意到徵稅對象可能出現的差別，防止由於對徵稅對象範圍規定不同而出現歧義。

(三)國際上對所得來源的確定

一個國家在行使稅收管轄權時，第一步要確定納稅人的居民身分，即判定其是無限納稅義務人還是有限納稅義務人；第二步是確定課稅對象，主要就是確定該納稅人的所得來源地，即判定其所得是來源本國境內還是境外，從而行使不同的稅收管轄權。一個國家對於本國居民取得的來自本國的所得是比較容易確定的，而對於非居民的所得來源卻不易確定，即很難判定某非居民是否來源於本國境內的所得。所以，確定所得來源地，是對該非居民行使所得來源地管轄權的依據和前提。

當今，世界各國確定上述的各類所得來源地的標準不盡相同，這給合理地行使稅收管轄權帶來一些矛盾和問題。世界各國稅法確定「所得」的主要特徵：

(1)以合法來源的所得為主。

(2)以連續性所得為主。大多數國家的應稅所得是以經營性或連續性收益為主，目前有些國家把凡是財富的增加或經濟上的收益，都列為應稅所得，如資本利得稅、遺產稅、贈與稅。

(3)以淨所得為主。對所得進行徵稅，首先要對納稅人的所得進行合理扣減後才能徵稅。但對股息、利息、特許權使用費的徵稅，目前國際慣例的做法是直接按全部收入徵收，不扣除費用，用扣繳預提所得稅的辦法。

(4)應稅所得範圍。應稅所得是指能夠提高納稅能力的所得，是從他人處收到貨幣金額，而不是包括自有財產的重估價。而且應稅所得是貨幣和實物的所得，而不是精神上的所得，如榮譽、知識的所得和體質上、心理上的收益。

三、跨國關聯企業徵稅

跨國關聯企業徵稅，是指主權國家依據本國法律，參照有關國際稅收準則，對跨國關聯

企業確定計稅依據、計徵應納稅款的統稱。

(一)關聯企業的認定

關聯企業也稱聯屬企業。確定某些跨國公司之間是否為關聯企業,是各國稅務當局考慮它們之間的交易是否具有轉讓定價行為,並對他們的跨國收入與費用進行合理分配的前提。

所謂關聯企業,一般是指具有血緣關係的跨國企業,如跨國的母公司與子公司之間、同屬於一個母公司的子公司之間、跨國總公司與分公司之間,以及同屬於一個總公司的公司之間,都屬於關聯企業。關聯企業除了具有「血緣關係」的公司以外,還包括彼此之間存在著控制與受控制關係的企業。跨國公司之間的控制手段通常有兩種,即股權控制和非股權控制。

(二)轉讓定價的概念

轉讓定價是指國際關聯企業內部基於共同利益的需要,經過人為安排的、背離正常的市場價格的各種內部交易價格和費用收取標準。

轉讓定價可以進一步劃分為公司內部定價和聯營公司間定價。轉讓定價不必等於跨國公司實際的內部成本,它們可以大大高於或低於實際會計成本,在某些情況下,甚至與實際成本沒有直接聯繫。這樣,轉讓定價往往成為跨國公司為達到某種目的,而經常採取的手段。

轉讓定價產生的原因,總的說來,不外乎是:①降低總公司的稅負。跨國公司通過壓低在高稅負國家的關聯企業向在低稅負國家的關聯企業的商品銷售價格或應收費用的辦法;或是抬高在低稅負國家的關聯企業向在高稅負國家的關聯企業的商品銷售價格或應收費用的辦法,從而把一部分在高稅負國家的關聯企業的利潤轉移到在低稅負國家的關聯企業中去,達到在總體上降低公司集團稅負的目的。②出於國際競爭的需要。如為了支持某個初建的子公司或分公司占領其所在國的市場或擊敗競爭對手,可以通過壓低對子公司或分公司的商品售價或費用,從而降低其成本來使商品的最後出售價格降低。③避免匯率風險。④出於投資靈活性及加速資本週轉的需要。⑤逃避外匯管制。

(三)跨國公司收入和費用分配的原則

跨國關聯企業經營的一般特點是,經營活動跨國化、經營戰略全球化和企業內部管理一體化。跨國關聯企業往往利用其經營特點及相關聯的企業間經濟、財務的緊密聯繫,來轉移利潤,達到減少納稅的目的。為矯正其國際收入與費用的分配,緩解有關國家稅收權益分配的矛盾,堵塞跨國關聯企業逃稅的漏洞,對跨國關聯企業徵稅的主要原則是:

1. 獨立核算原則

獨立核算原則,要求跨國關聯企業的所有企業,包括總機構和分支機構,母公司和子公司、孫公司之間的經濟業務往來,完全按照無關聯關係的獨立企業來處理,即按獨立企業的經濟業務往來中所適用的正常交易價格(按市場標準、組成市場標準或成本標準),核算國際收入、費用和利潤。

2. 總利潤原則

總利潤原則,要求將跨國關聯企業的所有企業視為一個整體,匯總其在全世界範圍內所取得的全部利潤並按一定方法重新進行分配,以確定各個關聯企業的利潤,分別據以計算徵稅。

3. 合理原則

合理原則,強調跨國納稅人和稅務當局雙方對跨國關聯企業之間的國際收入、費用和利潤都要合理地進行分配。只要這種分配符合所在國稅法規定的合理範圍,稅務當局都應予以認可。

第三節　國際重複徵稅及其免除

一、國際重複徵稅

國際重複徵稅,是指兩個或兩個以上的國家,在同一時期對同一跨國納稅人的同一徵稅對象,或對不同跨國納稅人的同一稅源,徵收同類稅收所造成的雙重或多重徵稅。

國際重複徵稅作為一種特殊的經濟現象,必然對國際經濟合作與交往產生影響,而且這種影響往往是消極的。

(1)國際重複徵稅給跨國納稅人造成額外的稅收負擔,削弱了跨國投資和經營者的競爭能力及籌措資金的能力,損害參與國際經濟活動的企業家的積極性。

(2)國際重複徵稅阻礙國際資本、商品、勞務和技術的自由流動,不利於國際資源的有效利用,也不利於國際技術分工的協作,從而阻礙各國經濟發展,特別是發展中國家經濟的發展。

(3)國際重複徵稅違背稅收負擔公平合理的原則,從外部限制了公平稅制的建設和發展。

二、國際重複徵稅的原因

(一)各國稅收管轄權的差別性

如果各國都行使同一稅收管轄權,一般就不會發生國際重複徵稅。例如,世界各國均實行地域管轄權,只就來源於本國地域內的收入徵稅,而不向本國居民來源於國外的收入徵稅,就不會發生國際重複徵稅;世界各國均實行居民管轄權,只對本國的居民徵稅,也不會引起國際重複徵稅。當前的實際情況是,世界上大多數國家都同時行使兩種稅收管轄權,個別國家甚至同時行使三種稅收管轄權。這就出現了稅收管轄權的交叉,主要表現為:地域管轄權與居民管轄權的交叉;地域管轄權與公民管轄權的交叉;公民管轄權與公民管轄權的交叉。這三種情形表明,稅收管轄權中的任何兩種,若同時對同一跨國納稅人的同一所得徵稅,都會發生國際重複徵稅。

同一稅收管轄權有時也會出現交叉,這是由於在國際稅收實踐中,許多國家對一些概念的理解和判定標準不同,所以在行使同一稅收管轄權時,也會發生國際重複徵稅。

總之,世界各國稅收管轄權的差別性,就隱含著國際重複徵稅的可能性。

(二)所得稅制在各國的普及化

20世紀初,世界上實行所得稅的國家還不多,國際重複徵稅還只是偶然的、個別的現象。第一次世界大戰後,實行所得稅制度的國家才開始增加,特別是第二次世界大戰後所得稅制度在世界範圍內普及開來,這就為國際重複徵稅提供了稅制方面的條件,使國際重複徵稅的可能性大大增加了。

(三)跨國納稅人的出現和所得的國際化

隨著社會生產力的發展,形成了國際分工,跨國的生產經營活動成為普遍的現象。從事跨國經營活動的納稅人,其所得也具有國際化的性質,對有關的兩個或兩個以上的國家負有納稅義務。如果沒有這一條件,即使是存在稅收管轄權的差別性和所得稅制度的普及化,所得稅的徵收也就限於一國的地域範圍之內。跨國納稅人的出現和所得的國際化,而有關國家又行使不同的稅收管轄權對同一跨國納稅人的同一所得徵稅,從而使國際重複徵稅產生的可能性成為現實。

國際重複徵稅的產生是歷史的必然,它是由上面三個因素的結合所決定的。國際經濟活動的發展,跨國納稅人和跨國所得的出現,是國際重複徵稅產生的決定性因素。只有稅收管轄權的差別性,也才使有關國家在行使稅收管轄權時出現衝突。而這個衝突對同一跨國納稅人的同一所得徵收所得稅時,就不可避免地發生了國際重複徵稅。

三、國際重複徵稅的免除

國際重複徵稅的免除,世界各國普遍接受地域管轄權為優先徵稅的權力,其他稅收管轄權從屬行使,借以減除國際重複徵稅。從世界各國的實踐考察,主要有以下方法:

(一)扣稅法和低稅法

扣稅法是指居住國政府在實行居民(或公民)稅收管轄權時,允許在跨國納稅人來源於國外的所得中,扣除該所得所負擔的外國所得稅稅款,就扣除後的餘額計徵所得稅,以免除國際重複徵稅的一種方法,其計算公式為:

居住國應徵所得稅稅額 = (居民的總所得 − 國外已納所得稅) × 適用稅率

低稅法是指居住國政府對居民(或公民)來源於國外的所得,單獨制定較低稅率,借以減輕國際重複徵稅的方法。

扣稅法和低稅法,不能完全免除稅收管轄權交叉而造成的國際重複徵稅,其給予跨國納稅人扣除一部分稅款或實行低稅率,只能對國際重複徵稅起一定的緩解作用,不能妥善地解決國際重複徵稅問題。

(二)免稅法

免稅法是指居住國政府對本國居民(或公民)來源於國外的跨國所得,單方面免予徵稅,借以消除國際重複徵稅的一種方法。這種方法實質上是居住國政府單方面放棄了居民(或公民)稅收管轄權,不僅承認地域稅收管轄權的優先地位,而且承認其獨占地位。在所得稅普遍採用累進稅率的條件下,由於實行免稅法採用的稅率不同,免稅法又分為全額免稅法和累進免稅法。

全額免稅法是指居住國完全不考慮居民(或公民)在國外的所得,僅按國內所得額確定適用稅率徵稅的方法。其計算公式如下:

居住國應徵所得稅稅額 = 居民的國內所得 × 適用稅率

累進免稅法是指居住國對居民(或公民)來源於國外的所得不予徵稅,但國內所得額計徵適用的稅率,由國內外所得匯總為依據為確定,這種免稅法就稱為累進免稅法。其計算公式如下:

居住國應徵所得稅稅額 = 居民的總所得 × 適用稅率 × $\dfrac{國內所得}{總所得}$

採用免稅法的國家,有法國、澳大利亞等少數國家。

(三)抵免法

抵免法是指居住國在本國稅法規定的限度內,允許本國居民(或公民)用在國外已繳納的所得稅稅額,來沖抵應繳本國所得稅稅額的一種免除國際重複徵稅的方法。它是目前世界各國普遍採用的一種方法。其基本的計算公式如下:

居住國應徵所得稅稅額＝居民總所得×適用稅率－允許抵免的已繳國外稅額

抵免法又可分為直接抵免和間接抵免

1. 直接抵免

直接抵免是直接對本國居民(或公民)在國外已經繳納的所得稅的抵免。它一般適用於統一核算的經濟實體的抵免。例如,對個人在國外繳納的所得稅和公司、企業的國外分支機構繳納的所得稅的抵免,就屬於直接抵免。

允許抵免已繳國外所得稅稅額。由於對其處理的不同,直接抵免又分為全額抵免和限額抵免。全額抵免是指用在國外已繳納的所得稅的全部數額來沖抵的抵免。限額抵免是允許抵免的稅額,最高不超過其國外所得額乘以本國法定稅率計算出的數額。

2. 間接抵免

間接抵免是允許母公司將其子公司已繳國外的所得稅中,應由母公司分得股息承擔的那部分稅額,來沖抵母公司應納稅額的抵免。它一般適用於公司、企業的國外子公司所繳納的所得稅的抵免。其一般的計算公式和步驟如下:

(1)計算屬於母公司的外國子公司所得:

$$屬於母公司的外國子公司所得 = \frac{母公司來自外國子公司的股息額}{1-外國子公司所得稅稅率}$$

(2)計算應由母公司承擔的外國子公司已繳納所得稅:

$$母公司承擔的外國子公司所得稅 = 外國子公司所得稅 \times \frac{母公司來自外國子公司的股息額}{外國子公司稅後所得}$$

(3)計算抵免限額:

抵免限額＝屬於母公司的外國子公司所得×母公司所在國稅率

(4)計算允許抵免限額:

用(2)和(3)相比較,取值小者為允許抵免的所得稅稅額。

(5)計算母公司所在國應對母公司徵收的所得稅稅額:

應徵稅額＝(母公司所得額＋屬於母公司的外國子公司所得額)×適用稅率－允許抵免的子公司已繳稅額

由於抵免法既承認了地域管轄權的優先地位,又行使了居民(或公民)的管轄權,並且起到了免除國際重複徵稅的作用,所以被世界上大多數國家所採用。

3. 稅收饒讓

稅收饒讓是指一國政府對其納稅人從國外得到優惠減免的所得稅稅款,視同已納稅款,從而準予抵免的一種特殊抵免措施。

目前,發展中國家為了吸引外國資本到本國投資和引進先進技術,往往在稅制上特別是對所得稅給予許多減免稅優惠待遇。如果資本輸出國作為居住國不給予稅收饒讓,那麼非居住國給予的減免稅,就會轉化成居住國的稅收收入,從而使非居住國的優惠措施失去

作用。為了使稅收優惠落實到納稅人的身上,非居住國要求居住國政府,將給予納稅人優惠減免的稅收,視同於已繳納給外國政府的稅額進行抵免。

對稅收饒讓,世界各國所持的態度不同,有些國家讚成,有些國家反對。在讚成的國家中,各國出於各自國家利益的考慮,在準予饒讓的範圍上也是不盡相同的。一般都是通過有關國家之間簽訂國際稅收協定來加以規定。

第四節　國際避稅和反避稅

一、國際逃稅

國際逃稅又稱國際偷漏稅,即跨國納稅人利用國際稅收管理工作的困難和漏洞,以種種非法手段逃避或減輕納稅義務的行為。國際逃稅產生的原因和後果與國際避稅基本相似。兩者的根本區別在於,國際避稅不屬於違法行為,國際逃稅屬違法行為。但兩者的目的和動機都是一樣,都是為了少繳或不繳納稅款。

國際逃稅的方式主要有:①隱報應稅收入、應納稅所得。跨國納稅人還往往利用某些國家嚴格的銀行帳戶保密法,把大量的應稅收入轉到國外銀行而使國內稅務部門無法偵察。②虛增投資數額,多列折舊、多分股息。③假報資金來源渠道,虛增利息支出。④亂列費用,虛增成本,等等。

二、國際避稅

(一)國際避稅的概念

國際避稅是跨國納稅人利用各國稅法規定的差異,在不違反稅法規定的前提下,以種種合法手段,利用稅法的漏洞以及意義不明確之處,跨越稅境,而規避或減輕稅負的行為。

所謂稅境,是指一國稅收管轄權能夠有效發揮作用的界限,是有關稅收管轄權實施範圍的理論概括。當國際避稅行為發生時,就意味著納稅人或徵稅對象從一個國家稅收管轄權的控制範圍轉移到另一個國家稅收管轄權的控制範圍。而在後一個稅收管轄權控制範圍之內,為他或它提供的更為良好的稅收待遇,使之承受的稅收負擔為零或低於在前一個範圍內承受的稅收負擔。因此,國際避稅一般認為是「合法」地減少其稅收負擔的行為,這是國際上通用的定義。但具體到某個國家,對什麼叫「合法」、什麼叫「不合法」的理解是不同的,只有根據與當事人有關的國家稅法規定才能判定。

(二)國際避稅的常用方法

根據稅收管轄權原則,一個自然人或法人要進行國際避稅,無非包括兩個方面:一是逃脫居民(公民)管轄權的約束,避免成為一國的納稅人;二是逃脫地域管轄權的約束,使自己的所得和財產避免成為一國的課稅對象。

在世界各國出現的避稅方法非常多,常見的方法有:①通過居所轉移遷居國外來改變居民身分,或設法成為無國籍人;利用各國對居住時間長短的規定不一致,避免在任何一個國家中成為居民。②虛構避稅地營業。③轉讓價格。④將收入和財產在國際間轉移,以避重(稅)就輕(稅)。⑤選擇有利於避稅的企業組織形式。⑥公司居所的選擇。⑦避免成為

常設機構。⑧「虛假信託資產」。⑨在避稅港設立受其控制的公司借以避稅。⑩不合理保留利潤等等。

(三)國際避稅地

國際避稅地,亦稱「避稅港」或「租稅樂園」,是指為跨國投資者取得所得或財產提供免稅或低稅待遇的國家和地區。自由港是指不設海關管轄,在免徵進口稅、出口稅、轉口稅的情況下,從事轉口、進口、倉儲、加工、組裝、包裝、出口等項經濟活動的港口或港區。自由港主要以免徵關稅為特徵,也可以減免所得稅;而避稅港則主要以減免所得稅或財產稅為特徵。自由港可以同時是避稅港,如香港;但自由港也不一定就是避稅港,如漢堡自由港貿易區。避稅地和自由港由於可為投資者提供少納稅、多獲利的好處,對外商引誘力巨大,故在利用外資發展本國經濟方面作用顯著。同時,被跨國投資者作為避稅基地,通過設立種種「招牌公司」將其他地方收入轉到避稅地用以避稅;但也有可能因為資本輸出國單方面採取反避稅措施,而使稅收優惠部分抵消,甚至不能發揮作用。

三、反國際避稅、逃稅的措施

由於國際避稅、逃稅活動的存在,會使不同跨國投資者的競爭條件處於不公平的狀態,同時還會對相關國家的稅收收入造成不利的影響。因此,各國政府主要是運用法律手段,在立法和執法上下功夫打擊避稅逃稅,並尋求在更大的國際範圍內進行反避稅、逃稅的多邊合作。國際上常見的反避稅、逃稅的措施主要有:

(1)單方面制定反避稅、逃稅法。其主要內容通常有:①規定跨國納稅人負有延伸提供稅收情報的義務,以此取得跨國納稅人的國外活動資料。②規定跨國納稅人負有就某些交易行為事先取得政府同意的義務,以此對某些有可能導致避稅和逃稅的行為進行有效控制。③規定跨國納稅人負有對國際逃稅案件事後提供證據的義務。④制定各種反避稅、逃稅條款,以此對國際避稅、逃稅活動進行全面系統的防範。

(2)單方面加強稅務行政管理,通過稅務調查、稅務審計和加強與銀行合作,打擊國際逃稅活動。

(3)簽訂雙邊或多邊稅收協定。通過國際合作,交換稅收情況,共同堵塞國際逃稅途徑。

(4)調整轉讓定價。調整轉讓定價,是指以獨立交易原則進行符合商業常規和相互獨立的市場價格標準的稅務調整。調整轉讓定價的方法包括傳統價格交易法和新興利潤交易法兩大類,前者包括可比非受控價格法(CUP)、轉售價格法(RPM)、成本加成法(CPM),後者包括交易淨利潤法(NPM)、利潤分割法(PSM)等。

(5)推廣預約定價。為了解決調整轉讓定價的困難,一些國家的法律允許採用預約定價的方法,即關聯公司在進行跨國業務之前,通過事先與主管稅務機關和多國稅務利益當局的協調,對內部作價或者關聯企業之間定價做出安排,獲取徵納雙方的一致認同,減少納稅人的稅務成本和風險。

第五節　國際稅收協定

一、國際稅收協定的必要性

國際稅收協定,是指兩個或兩個以上的主權國家,為了消除或減輕國際重複徵稅,協調處理跨國納稅人有關稅收分配關係,本著對等原則,經由政府間通過談判而簽訂的一種具有法律效力的書面協議。國際稅收協定的產生和發展有其必要性。

(一)國際經濟的發展需要國際稅收協定

國際重複徵稅使納稅人承擔雙重或多重的稅收負擔,嚴重影響著國際經濟的正常發展。而國際經濟的發展是歷史發展的必然趨勢,所以,避免國際重複徵稅,簽訂國際稅收協定,以適應國際經濟發展的需要,已成為有關國家的一致要求。

(二)各國稅制的差異需要國際稅收協定

為了避免國際重複徵稅,促進國際經濟的發展,有關國家不能繼續停留在早期於一國範圍內,通過國內稅法單方面作出權宜處理國際稅收分配關係而採取的一些措施上。由於各國的政治經濟不同和受經濟權益的驅使,其稅收制度存在著一定的差異,所以一國單方面採取的措施,不可能解決各國稅制之間出現的重複徵稅和避稅、逃稅問題。因此,有關國家就選擇了雙邊或多邊的國際稅收協定,用以協調有關國家稅收制度的差異。

(三)維護國家主權和經濟利益需要國際稅收協定

國際經濟活動的發展,產生了國家之間的稅收分配關係,涉及有關國家的稅收權益。如果國家之間的稅收分配關係處理不當,影響到有關國家的權益,這些國家就會採取某些保護性措施,以至於可能阻礙相互之間的國際經濟交往。而且,世界各國經濟發展的不平衡性,導致發達國家的資金技術單向流動至發展中國家,使國際稅收更加複雜。同時,簽訂國際稅收協定是爭取實現稅收饒讓和抵免的需要,並且有利於消除稅收歧視和防止國際偷漏稅的需要。所以,為了平等互利地解決國家之間的稅收分配關係,促進國際經濟合作,締結法律性的書面協議很有必要。

二、國際稅收協定的主要內容

多少年來,各國都嘗試通過自己的立法規定與國際條約解決國際稅收問題。從 1843 年比利時和法國簽訂國際上第一個稅收協定,到 1983 年的 140 年裡,世界上簽訂的各種國際稅收協定已達 1,316 個。在過去相當長的時期內,各國所締結的國際稅收協定的內容頗不一致,甚至某些協定的內容相互抵觸,所以,如何協調國際稅收協定的內容,成為國際稅收研究中亟待解決的問題。

為此,由美、英、法、日等 24 個發達國家組成的「經濟合作與發展組織」,於 1963 年提出了一個國際稅收協定範本草案,經過修改,於 1977 年通過並頒布了《關於對所得和資本避免雙重徵稅的協定範本》,簡稱為「經合組織範本」。這個範本為其各成員國締結國際稅收協定提供了一個範例。但是這個「範本」所擬定的規範和方法,反應了發達資本主義國家的利益,遭到發展中國家的反對。為了協調發達國家與發展中國家之間避免國際雙重徵稅

事務,聯合國組織發達國家和發展中國家的稅務專家組成國際稅收專家小組,經過反覆研究和討論,並參照「經合組織範本」,於1979年制定頒布了《聯合國關於發達國家和發展中國家間雙重徵稅的協定範本》,簡稱「聯合國範本」。它的形成,標志著國際稅收關係的調整進入了成熟階段。它比「經合組織範本」更注重地域管轄權,易於為發展中國家接受,同時也易於為條件不同的國家所接受。

這兩個範本的內容並不完全一致,甚至某些政策原則有較大差異,但基本內容和格式是一致的,為世界各國締結國際稅收協定所參照。

概括來說,一般國際稅收協定包括以下主要內容:

(一)確定納稅人的範圍

在納稅人方面,一切雙邊稅收協定只適用於締約國雙方境內的居民,凡系居民都要受協定的約束,同時享有協定所規定的權力。確定納稅人身分的標準問題,兩個範本完全一致,即「締約國一方居民這一用語,是指按照該國法律,由於住所、居住時間、管理機構或任何其他類似性質的標準,負有納稅義務的任何人」。

(二)明確所得和稅種範圍

締結國際稅收協定必須確定各方都認可的所得概念及各類所得的概念。一般說來,協定中涉及的所得都是純所得,即扣除成本項目以後的經營和勞務淨收入。

國際雙邊稅收協定必須明確稅種範圍。締約國只能在協定所列的稅種範圍內,參與權益的分享和應盡的義務,納稅人享有相應規定的稅種待遇。各締約國在其簽訂的國際稅收協定中,所確定的稅種範圍不盡一致,涉及的稅種包括所得稅、財產稅、社會保險稅和遺產稅等,但一般國家傾向於僅僅簽訂所得稅方面的雙邊稅收協定。

(三)協調締約國之間的稅收管轄權

由於重複徵稅是由各國政府同時行使居民(或公民)管轄權和地域管轄權引起的。為了解決這一問題,必須在協定中明確各締約國行使稅收管轄權的範圍,如規定確切的地理概念等,以免在執行協定中發生爭議。在協定中,也要確認在各締約國行使稅收管轄權的範圍內,對哪些所得允許優先行使地域管轄權,對哪些所得限制優先行使地域管轄權等。

(四)確定消除重複徵稅的方法

對於國內稅法中未規定免除雙重徵稅方法的國家,必須在協定中確定免除雙重徵稅的方法,以保證該國投資者在國外繳納所得稅後,能夠得到本國政府的稅收抵免。對於國內稅法中規定有抵免、免稅等免除雙重徵稅方法的國家,也必須在協定中加以確認,保證雙方協調一致。另外,在國際稅收協定中,還要明確締約各方是否同意稅收饒讓。

(五)規定無差別待遇和情報交換

雙邊稅收協定中規定的無差別待遇,就是國民待遇,即締約國雙方各自對本國國民和對方國家的國民一視同仁,要求對方國家的國民所承擔的稅收義務同本國國民相等或不高於本國國民所承擔的稅收負擔,避免和防止稅收歧視。

簽訂雙邊稅收協定的締約國雙方,各自均有義務將協定所涉及的有關稅種的國內法律規定,包括協定生效期間內有關稅法的修改或變化,向對方提供。尤為重要的是相互提供防止偷漏稅的情報,加強雙方稅務當局的稅務行動協助,以堵塞偷漏稅和減少避稅行為的發生。

三、簽訂國際稅收協定必須遵循的原則

由於國際稅收協定的簽訂，涉及國際法、國際經濟、雙方國家的權益等多方面的問題，而且，不同的國家強調的原則也不盡相同，所以，在稅收協定的談判、簽訂過程中，必須遵循以下幾個原則：

(一) 獨立自主

獨立自主是國際社會中處理國際事務的一個基本準則。根據這個準則，有關國家在談判簽訂國際稅收協定的過程中，要相互尊重對方的國家主權，不得發號施令，將某些條款強加給對方。

(二) 平等互利，友好協商

平等互利是締結國際稅收協定的基本出發點，它要求有關國家都處於完全平等的地位，反對一方只享有權力而不承擔義務，而另一方只承擔義務而不享有權力。同時，要使各方都有利可得，並且利益相當。由於各國國情的差異，真正做到完全平等互利是不容易的，所以在具體簽訂協定時，只能通過友好協商，在相互尊重對方的權益的前提下，恰當地處理雙方的利益。

(三) 維護國家利益

在簽訂國際稅收協定時，要注意維護本國的利益。在國家的利益中，就稅收利益而言，凡屬於本國徵稅權力範圍內的稅收，應盡量徵收入庫。同時還須特別注意國家的長遠利益。許多發展中國家，給外國投資者某些稅收優惠，以部分稅收利益的損失來換取經濟發展的長遠利益，在稅收協定中簽訂稅收饒讓條款就屬於此。

(四) 尊重國際慣例

國際稅收協定關係到簽約國的切身利益，從其各自的立場出發，必然會出現各種各樣的矛盾。解決這些矛盾的主要出路，在於有關國家共同尊重國際慣例。在國際稅收中，國際慣例主要表現為經合組織範本和聯合國範本。因此，絕大多數的國際稅收協定，都是根據這兩個範本起草和簽訂的。

四、國際稅收協定簽訂的程序

國際稅收協定是重要的法律文件，有關國家為簽訂稅收協定而進行的談判簽約活動，是非常嚴肅的。為了保證稅收協定的嚴肅性，協定的簽訂需要經過一定的程序。根據國際慣例，這個程序包括以下幾個階段：

(一) 談判階段

一般參加談判的人員，是當事國政府財政稅收主管部門的代表，有時也是特派全權代表。

通過談判，對稅收協定的內容達成協議，最終形成一個稅收協定草案。這個草案可以由雙方共同起草，也可以由一方先行擬出，然後雙方對此展開談判。

(二) 簽字階段

在協定文本草簽後，經締約國國家核准，即可安排正式簽字。簽署協定是國家的大事，也是談判簽約過程中的關鍵程序。協定的簽字儀式通常是很莊嚴的，代表國家簽字的雙方人員級別一般是對等的。

(三)批准階段

國際稅收協定作為法律文件,在正式簽字後,還需由國家批准。批准意味著國家對協定內容的確認,願意接受協定的約束。對協定的批准,有的國家是由國家元首批准,有的是由議會批准。中國是由全國人民代表大會常務委員會批准。

(四)互換批准書階段

稅收協定批准後,雙方還要互換批准書。批准書是國家批准協定的證明文件,在批准書中要聲明該協定已經審查並獲批准,正式宣布予以執行。

【復習思考題】
1. 如何理解國際稅收與國家稅收的關係?
2. 為什麼會出現國際重複徵稅? 有哪些減除方法?
3. 在改革開放形勢下,研究國際稅收有何現實意義?

第八章
非稅收入

非稅收入就是指除稅收以外的一切財政收入。但是隨著各國債務收入數量的不斷增加以及債務收入在作用和管理上的獨特性與複雜性,一般都將債務收入作為一個單獨的範疇加以研究而不包含在非稅收入的研究之中。因此,本章對非稅收入的研究主要包括國有資產收入、國有資源收入和政府收費收入這三部分。

第一節 國有資產收入

一、國有資產收入的含義

國有資產收入是指由政府投資形成的各種工商金融資產所產生的盈利性收入。在政府直接組織企業進行經營的情況下,國有資產收入又稱為國營企業收入;而在實行產權分離、資產國有、企業自主經營的情況下,就稱為國有資產收入。

二、國有企業的分類

由於中國經濟體制變化較大,國有企業的組織經營方式在不同的體制下有很大的不同,因而國有企業收入的內容和分配方式在財政收入中的變化也是很大的。國有企業從收入研究的角度看,有以下兩種分類。

(一)國有企業按經營企業中的國有資產組織形式劃分

1. 獨資國有企業

這類企業可以是中央政府獨資的,也可以是地方政府獨資的,還可以是中央與地方或地方與地方合資的。但無論其資產屬哪級政府管理,企業的全部資產都是屬於國有的。

2. 合資國有企業

這類企業以國有資產為主,適當吸收各類非國有投資主體的資產加入,如外商投資、社會團體投資、個人投資等。

3. 控股國有企業

這類企業是指按股份制方式組建的,國有資產作為股份加入其中並擁有決策控制權的企業。

4. 國家參股企業

這類企業以非國有資產為主,有一定數量的國有資產參入其中。企業資產組織形式的

不同,會對國有資產的經營方式和國有資產收入的數量與分配方式產生影響。

(二)按國有企業的資產經營方式劃分

1. 產權合一、國有國營的國有企業經營方式

在這種經營方式中,政府投資形成國有資產,其歸屬產權和經營產權都由政府這一主體所擁有,直接組織企業進行生產經營活動,並直接進行管理。這種經營方式下的國有企業又可稱為國營企業。

2. 產權分離、自主經營的國有企業經營方式

將國有資產的歸屬產權與經營產權適當分離,讓其分屬於兩個或兩個以上的獨立主體,由不同的主體按各自擁有的產權權力和承擔的責任彼此負責、相互約束、獨立經營的資產經營方式。

三、國有企業與財政分配關係

(一)國有資產收益

國有企業是運用國有資產從事社會生產和流通的經濟單位,國有企業資產經營的目的是要取得一定的經營成果,包括物質形態的產品和價值形態的經營收益兩個方面。國有資產收益從其來源構成考察,主要有兩類不同性質的收入:一類是經營收益,是生產經營業務的產品銷售、提供勞務所實現的利潤;另一類是投資性收益,如出售股本、變賣資產的溢價收益,對外投資入股、購買債券、股票所取得的利息、股息、紅利等收入。

(二)財政參與國有企業收益分配的依據與意義

國有資產應歸屬代表全體人民的國家所有。企業經營者以其全部法人財產依法自主經營、自負盈虧、照章納稅,並對出資者承擔資產保值增值的責任,而出資者應按投入企業的資本額享有所有者權益。所有權的核心是支配權,包含財產的最終處置權和收益權。國有資產收益權的分配是國家所有權在經濟上的實現。因此,國家對國有資產收取投資經營收益,有著重要意義。

四、財政參與國有資產收益分配的制度

財政參與國有資產收益分配的制度,作為整個經濟體制的一個有機組成部分,它的變革始終受制於經濟體制的變革,是整個經濟體制變革在分配領域中的體現。新中國成立以來,中國國有企業利潤分配制度經歷了多次變革。儘管這些變革形式多樣,但按國有資產經營方式的變化大致可以劃為兩個階段。

(一)產權合一、國有國營資產經營方式下的國營企業收益分配

在產權合一的國有國營經濟方式中,政府通過財政投資形成國營企業的資產,並對企業的生產經營活動進行直接管理,因此在1983年前,國營企業收入分配上,政府具有較大的權力,通常採用直接分配利潤的方式。在這種利潤分配方式下,中國先後實行過:

1. 統收統支的分配方式

1978年前,國營企業實現的利潤,不徵收所得稅,基本上全部上交國家,同時企業國有資產折舊費也不同程度地交給國家。企業要擴大生產追加投資或更新改造,則必須通過統一的國家預算由財政撥付資金。因此,這種分配方式被稱為統收統支。這是由當時的高度集中的計劃經濟體制所決定的。當然,由於各個具體歷史時期經濟發展的具體情況及政治

環境的變化，即使都是實行統收統支的體制，其統收統支的程度和具體實現形式也是不斷變化而略有不同的。

2. 企業基金制

1978年推行經濟體制改革後，政府為了調動國營企業生產經營的主動性與積極性，開始在利潤分配上對國營企業實行企業基金制。基本做法是：企業在完成國家規定的經濟指標後，可按工資總額的一定比例提取企業基金，用於職工福利和獎金，但絕大部分實現利潤仍然以上繳利潤的方式交給國家。

3. 利潤留成制

隨著經濟體制改革的進行，國營企業生產經營上的自主權開始擴大，從1979年開始，國營企業利潤分配逐步推行了利潤留成制度。其做法是：將企業經濟利益和經濟效益掛勾核定利潤留成基數，效益越好，企業留利的比重也就越高。企業留利被確定用於建立職工福利基金、職工獎勵基金和生產發展基金。同時國家逐步取消了對企業折舊基金的分配，這樣企業留利形成的生產發展基金與企業折舊基金，共同構成企業自有基金，成為企業擴大生產、更新改造的資金來源。

4. 利改稅

中國城市經濟體制改革是從調整國家與國有企業的權責利關係起步，並從國家與企業的分配入手的。為了配合經濟體制改革對政企分開的要求，同時也是為了克服利潤留成制度中財政收入減少彈性大，增加彈性小的問題。1983年，政府開始對國營企業利潤分配制度進行「利改稅」，其實質內容是對國營企業開徵所得稅。經過1984年調整後形成的利潤分配格局的基本內容是：①國家對企業銷售收入先徵流轉稅；②對實現利潤徵收國營企業所得稅：大型企業稅率為55%，小型企業實行八級超額累進稅率；③對稅後留利較高的企業再徵一次利潤調節稅；④對大中型企業正常留利仍可以徵收一定的旨在調節經濟的特殊稅種（或基金）。

利改稅是為了用稅收的形式來確定政府與企業的分配關係，但新的分配制度卻混淆了政府作為公共權力代表所具有的課稅權和政府作為資產所有權代表所具有的收益分配權，將這兩種權力合為一種去分配國營企業的利潤，使這種分配稅不像稅，利不像利。

在上述產權合一國有國營的國有經濟經營方式中，隨著利潤分配制度上的變化，企業實現利潤中上交給國家的比例逐步降低，而留利比例則逐漸增加。雖然企業自主財力不斷擴大，但國營企業始終沒有成為真正獨立的經營者，也不具備完整的法人財產權利。當然，國營企業也不對自己占用的國有資產承擔保值增值的責任，沒有破產的壓力，經營沒有動力，不能自負盈虧。盈利時可以作為全民的一員與國家爭利，虧損時又以全民一員的身分向國家要補貼。在這種經營方式下的分配制度，被人們形象的稱為「大鍋飯」。財政收入雖然主要來自國營企業收入，但整個國有經濟的效益卻並不好。

5. 承包經營責任制

這是中國1987—1993年在國營企業中實行一種經營管理制度。指企業在堅持全民所有制的基礎上，按照所有權與經營權適當分離的原則，以承包經營合同形式，確定國家與企業之間的權責利關係。主要內容是：包上交國家利潤，包完成技術改造任務，實行工資總額與經濟效益掛勾。其特徵是：「包死基數，確保上交，超收多留，歉收自補」。國家與國營企業收入分配格局的基本內容是：①企業依法向國家繳納各種流轉稅後的收入餘額，構成企

業實現的利潤總額。②國家以企業利潤為對象徵收國營企業所得稅,作為企業上交的承包利潤。③核定企業合理留利,實際留利要隨著企業完成承包任務的情況而增減變化。④國家以企業留利為對象徵收一定比例的「兩金」(能源交通重點建設基金和預算調節基金)。

(二)產權分離、自主經營方式下的國有企業收益分配

中國經濟體制改革的基本取向是逐漸打破傳統僵化、高度集中的計劃經濟體制,向市場經濟體制轉變。改革初期,國有企業改革的目標是放權讓利,卻忽視了企業機制的轉換,更沒有從根本上解決國有企業產權問題。隨著市場經濟運行方式的建立,對國有經濟提出了新的要求,一方面要保持國有資產的全民所有性質;另一方面又要求賦予國有資產經營企業作為獨立市場主體的自主權,通過市場調節、市場競爭去提高國有經濟的效益。對此中國對國有資產管理制度進行了根本的改革並根據各類企業的行業特點、生產技術特點以及資產規模和組織形式的不同,形成了多種產權分離、自主經營的國有資產經營方式,國營企業成為了國有企業。

1. 與國有企業相關的產權主體及其各自的權利與職責

根據政企分開、產權分離的要求,中國建立了三個層次的與國有資產有關的產權主體,它們是:

(1)國有資產管理局。國有資產管理局是國家為實現政企分開而專門建立的國有資產所有權代表機構,並按政府的行政級次設立。國有資產管理局擁有資產的最終所有權,其產權的權力包括:對國有資產的監督管理權、收益分配權和最終處置權。其職責包括:制訂國有資產法律、法規和各種有關的管理制度;參與國有資產經營的總體處置方式和國有資產結構調整與總量控制的宏觀政策的制定。

(2)仲介性資產經營機構。仲介性資產經營機構包括:國有資產管理局所屬的各種投資公司、控股公司、股份公司;企業集團核心公司;行業總公司等。這些仲介機構都是經營實體,通過國有資產管理局的直接委託或授權,對有關的國有資產進行經營與管理。仲介機構位於國有資產管理局和基層企業之間,它們與國有資產管理局的關係是資產經營者與資產所有者的關係,擁有國有資產的經營產權,同時也就承擔了保證國有資產價值完整和不斷增值的職責。仲介機構又主要是通過直接或間接的投資,對國有資產進行經營,因此仲介機構與基層企業的關係又是出資者與資產經營者的關係,擁有出資國有資產的所有權,可以對相關的國有資產行使監督控制權、收益分配權和資產處置權。

(3)基層企業。基層企業是國有資產的生產經營者,是獨立的市場經濟主體,對所佔有的國有資產擁有獨立經營的權力,即有權自主決定國有資產的具體使用方式,負有運用國有資產按市場需求進行商品生產和流通活動的職責,並通過生產流通活動創造利潤來保證國有資產的增值和資產所有者應獲得的利益。

2. 國有企業的經營形式

由於國有企業在產權分離方式上的差異,使其投入營運的組織方式有所不同,因而形成了許多種經營方式:

(1)直接委託經營。國有資產管理局將一部分國有資產直接委託給一些重要行業的主管部門,或地方政府,或仲介性投資公司、控股公司,由它們負責對被委託國有資產進行經營和管理,國有資產管理局只對其經營管理狀況進行監控並參與經營收益的分配。

(2)授權經營。由國有資產管理局將一定的國有資產授權給大型企業集團的核心企業

或聯合企業的總公司,由其對授權資產進行自主經營,並派出產權代表進行監控和收益分配。

(3)股份制經營。國有資產管理局將部分國有資產折股加入股份制公司,由股份公司負責對資產的自主經營,國有資產管理局派出國有股的代表進入董事會對資產的經營狀況進行監控,並以國有股分紅的方式參與收入分配。

(4)承包經營。由國有資產管理局將小型全資國有企業直接以承包合同的方式交給承包人自主經營,並以有法律效力的承包合同去規範承包人的行為和參與收入分配。

(5)租賃經營。由國有資產管理局將一些小型的微利或虧損的國有企業,用租賃合同的方式交給承租人自主經營。

3. 國有企業收益分配的基本格局

在新的國有資產管理體制形成後,政府主要以稅收形式參與各類企業的利潤分配,形成兩個層次的分配格局,即首先繳納流轉稅,企業流轉稅後的利潤再按統一的稅率向政府交納企業所得稅。所得稅以後的利潤又在與資產有關的各產權主體間進行分配,大致包括三個方面:

(1)基層企業以資產經營權獲得經營者應得的收益。
(2)仲介性資產經營機構以出資者所有權獲得出資者應得的收益。
(3)國有資產管理部門獲得資產最終所有權應獲得的收益。

4. 國有企業稅後利潤上交的具體形式

(1)直接上繳利潤。在國有資產直接委託和授權經營的方式下,各行業主管部門、投資公司、控股公司、企業集團總部都應從自己獲得的國有資產收益中拿出一部分,以上繳利潤的方式直接交給國有資產管理局。

(2)國有股分紅。在國有資產的股份經營中,股份制公司的稅後收益一般以國有股分紅的方式分配給國有股的股權代表。與國有資產管理局直接有關的股份公司將紅利直接交國有資產管理局;與仲介機構有關的股份企業則將紅利上交仲介機構成為它的資產經營收益。

(3)上交承包費和租金。在國有資產承包經營和租賃經營中,承包企業和租賃企業應按合同規定,將資產收益的一部分以承包費和租金的形式交給國有資產管理局。凡是由國有資產管理局獲得的國有資產收入,都要納入國庫成為財政收入的一部分,並作為國有資產增量投資的資金來源。

需要指出的是,國有資產稅後收益的相當部分被留在基層企業和仲介機構 這些收益除少數部分用於增加這些經濟實體內部職工的福利收入外,絕大部分作為新的投資形成新的資產。對此,國有資產管理局必須注意兩點:一是對新增投資的規模和結構要從宏觀上給予指導;二是及時明確新增資產的國有性質。

五、國有企業進一步改革與發展的趨勢

中國要構建真正的市場經濟制度,就必須形成眾多真正經營自主的、適應市場競爭的、充滿著活力的經營主體。為此,必須進一步加快推進國有企業改革。由於國有企業數量眾多、國有資產所有權代表特殊,以及在產權分離的企業制度下必然會產生各種風險等問題,因此進一步改革與發展的趨勢主要表現為:

從戰略上調整國有經濟的佈局,將其同產業結構的優化升級和所有制結構的調整完善結合起來,堅持有進有退,有所為有所不為。國有經濟應主要控制涉及國家安全的行業、自然壟斷行業、提供重要公共產品和服務的行業,以及支柱產業和高新技術產業中的骨幹企業。

而在競爭性領域中,則要堅持「抓大放小」的原則,著力培育實力雄厚、競爭力強的大型企業和企業集團;同時採取改組、聯合、兼併、租賃、承包經營和股份合作制、出售等多種形式,放開搞活國有中小企業,建立和完善現代企業制度。

第二節　國有資源收入

一、國有資源的含義

(一) 資源的概念

資源在這裡是指由自然界形成的可供開發利用的物質條件,如山川、河流、海洋、湖泊、土地、森林、礦藏等等,因此通常也稱為自然資源。

(二) 資源的資產性和有價性

一般我們把投資形成的並可以不斷加以利用、產生收益的財富累積稱為資產。但從廣義的角度看,凡是能夠帶來收益的東西都可以稱為資產。資源作為一種自然形成的物質條件,一般是不包含人類勞動價值的,但由於以下原因使資源成為有價值和有價格的東西:①資源的開發利用可帶來收益(資產性)使它具有了價值,並由於人們對其投資改造而增加價值。②隨著人們在資源利用上對資源支出的增加,資源的資產性就更加突出,如人工營造的森林、人工改良的土地等等。③資源是有限的,並且有許多是不可再生的,這種有限性使最劣等的資源也會具有價值,並使得優劣程度不同的資源產生價格差異。資源的資產性和有價性說明資源的所有者不僅可以通過開發利用資源而源源不斷地來獲承收益,並且也可以通過出租和出售資源去獲得收益。

(三) 資源的國有性

由於資源具有的資產性和有價性,使得資源的產權歸屬成為一個十分重要的問題。就一國範圍內的資源而言,不外乎有三種歸屬形式:一是歸國家所有;二是歸集體所有;三是歸私人所有。在中國,按《憲法》第九條規定:「礦藏、水流、森林、山嶺、草原、荒地、灘塗等自然資源都屬於國家所有,由法律規定屬於集體所有的森林、山嶺、草原、荒地、灘塗除外。」《憲法》第十條還規定:「城市的土地屬於國家所有,農村和城市郊區的土地,除法律規定屬於國家所有的以外,屬集體所有。」在《礦產資源法》中還進一步明確規定:「礦產資源屬國家所有」,不因其地表所依附的土地所有權和使用權的不同而改變。由此可知,中國絕大部分自然資源是屬國家所有的。世界各國雖制度有所不同,但大多數國家的自然資源也都大多數屬國家所有。

資源國有的理由有三:①自然資源是與國家領土相聯繫的,是與國家主權及國家的領土管轄權相一致的;②自然資源中絕大部分是由自然力形成的,而天然形成的資源交由國家代表全社會來佔有顯然是最合理的;③現代生產的社會化發展要求自然資源的開發利用

也應具有社會化的特徵,從而能在一國範圍內得到最合理的利用。顯然,自然資源歸國家所有,由國家來統一佈局和有計劃地開發利用也是最經濟合理的。

綜上所述,中國的國有資源是指按憲法等法律規定屬於國家所有的各類自然資源,這些資源中那些具有資產性和有價性的資源正是產生國有資源收入的基礎。

二、國有資源收入的內容及形式

(一)國有資源收入的性質

國有資源收入作為一種特殊的財政收入形式是區別於國有資產收入的。資源作為一種具有資產性和有價性的物質生產資料、資源的所有者可以從中獲得收益,其中自己不經營而憑藉對自然資源所有權獲取的收益被稱為資源的產權收益,又可叫做地租收益,包括以下類型:

1. 絕對地租收益

絕對地租收益是指凡開發利用自然資源獲取盈利的經營者,無論其使用的資源優劣程度如何都要向資源所有者交納的收益。

2. 級差地租收益

級差地租收益是指由於資源天然稟賦不同而帶給開發利用優質資源經營者的超過同類資源產品收益的超額收益部分,這部分收益由於是資源帶來的,顯然應為資源所有者的收入;另一種級差收益是由於資源所有者改造資源、提高其生產能力而生產的,它也是一種應歸資源所有者收取的資源產品的超額收益。

3. 壟斷地租收益

壟斷地租收益是指某些珍稀資源(如金剛石、物質礦泉水等)的開發利用由於無競爭,其產品的價格可以大大高出價值而形成的高額壟斷收益,這種收益形成珍稀資源所有者的壟斷地租收益。

上述性質國有資源收入的具體收入方式,又是同國有資源開發利用的經營形式相聯繫的。

(二)國有資源的經營形式

1. 國家所有,國家直接經營

這是一種資源所有權與經營權高度統一的資源經營方式,其經營的主要對象是珍稀資源和具有戰略意義的重要資源。

2. 國家所有,行業包干經營

國家直接將某資源交給行業主管部門包干經營(如石油、煤炭、有色金屬等)。這同國有資產的直接委託經營相類似。

3. 國家所有,集體或個體經營

國家通過辦理開採許可證的方式,將資源交由集體或個體經營者去經營。

4. 國家所有,合資經營

將國有資源作為股份同其他非政府出資者以股份制方式合資開發經營資源產業的一種方式。

5. 國家所有,中外合作開發

這是一種通過與外資簽訂有限的合同(最長為 30 年),彼此在期限內按契約規定的方

式投資和進行收益分配的資源開發方式。

6. 國家所有,出讓使用權

這是一種將某一區域內的國有資源(土地)依據國家法律和合法的協議形式,將其使用權有償出讓給投資經營者,並依據協議到期收回使用權的資源開發經營形式。目前主要適用於對土地使用權的出讓,出讓期限最長不超過 70 年。

(三)國有資源收入的形式

與國有資源經營形式相聯繫,國有資源收入的形式主要有以下幾種:

1. 直接分配利潤

在國有國營、行業包干和中外合作開發等資源經營方式中,國有資源的產權收益是同國家的投資收益以及經營收益混在一起的。

2. 按股分紅

在股份制經營方式中,國有資源被作為股本入股,其資源收益就表現為國有股的紅利。

3. 收取管理費

在集體在和個體開發經營的資源經營方式中,國有資源收益是以許可證收費和徵收開發管理費的方式取得的。

4. 轉讓使用權收益

在中國,國有資源收入還有一種重要的形式,就是徵收資源稅,雖然這種收入方式被命名為稅,但實質上卻是一種資源產權收益。

應當指出,為了使國有資源得到長遠的保護和合理的開發利用,許多可再生資源必須投資進行涵養和再造,可改造資源也必須不斷增加投資去提高生產能力。因此國有資源收入的絕大部分應該專設預算,成為資源保護再生和改造的資金來源。要做到這一點,從長遠來看,國有資源收益就應從性質上嚴格同國家投資資產的收益和一般稅收收入分開,直接以資源地租的方式來收取。

第三節　政府收費收入

由於中國通常將政府建立的公共機構區分為行政機構和事業單位兩種,與此相適應,政府收費收入也可劃分為行政性收費收入和事業性收費收入。

一、行政性收費收入

(一)行政性收費收入的含義

行政性收費收入,是指政府各類行政機構在實施社會經濟管理時借助於行政服務和行政手段所取得的收入。

(二)行政性收費收入的內容

行政性收費收入的主要內容有:

1. 規費收入

規費收入,是指政府行政管理機關在為居民或單位提供某些特殊行政服務時所收取的手續費和工本費,如工商執照費、商標註冊費、戶口證書費、結婚證書費、商品檢驗費以及護

照費,等等。國家徵收規費的目的主要不在於獲取收入,而是為了對某些行為進行管理和統計。

2. 罰沒收入

罰沒收入,是指工商、稅務、海關、公安、司法等國家管理部門,按規定依法處理違法行為時所獲得的罰款收入、沒收品收入,以及追回的贓款收入,罰沒的目的主要是為了對違法行為進行懲處,以維持社會秩序。

3. 特別課徵

特別課徵,是指政府為了某項特定的任務或工程的需要而臨時課徵的收入。這種課徵可以是按受益原則在部分社會成員中徵收,如西方各國開徵的工程受益費(按工程完成後的不同受益狀況由受益者分攤)、中國地方政府徵收的道路建設資費(由機動車主分攤);也可以在一定範圍內進行較為普遍的徵收。特別課徵一般是通過行政機構用行政手段來徵收的,並且是不固定的,因此不同於稅收。

4. 特許金

特許金,是指政府對某種行為給予特許時收取的費用,如車船行駛權、某些特種行業經營權等。特許金收費與規費相比,大大超過了辦理特許證時所應收取的工本費用手續費。特許金與稅收的區別在於徵收不固定,並且是由各特定的行業管理部門來徵收的。

二、事業性收費收入

(一)事業性收費收入的含義

事業性收費收入,是指各級政府所屬的事業單位在為社會和居民提供服務時所收取的收入。所謂事業,主要是指文化、教育、科學、衛生以及公共交通、通訊、環境保護等公共事業。各國政府為了提高本國居民的素質、保證科學技術的發展、促進社會的文明進步,主要由政府出資來發展這些事業,因而這些事業單位為社會提供的各類服務大多數是免費的。但為了促進人們合理節約地消費這些公共服務,政府也允許事業單位在提供服務的同時收取一定的費用,這樣就形成了政府財政的事業性收費收入。

(二)事業服務的收費標準

根據事業單位提供服務的公共性差異,事業服務的收費標準大致可歸納為兩種:

1. 象徵性收費

對於以追求公平和強制為目標的公共服務,一般採用免費或象徵性收費的原則。如義務教育、強制防疫、文化宣傳、廣播電視等,在提供服務時一般不收費,或只收取很少的費用(如報名費、掛號費、低價門票等)。

2. 成本性收費

成本性收費也可稱為平價收費,是以提供事業服務所耗費的成本作為收費標準的,如公共交通、公共供電、供水等。

兩種方式的收費,雖然標準不同,但都不同程度地可獲得一定的事業收入。在市場經濟條件下,政府舉辦的事業服務應主要用以彌補由市場缺陷產生的供應不足,因而公共事業服務單位所提供的事業服務是不能以盈利為目的的。

三、完善行政事業收費

許多發達市場經濟國家的公共收費(政府收費),數量最多的是使用費。使用費是政

府向特定公共設施或公共服務的使用者收取的費用。使用費在付費和從政府獲得服務之間建立了一種直接的聯繫，付費者就是服務的受益者。因而支付使用費獲得政府的特定服務是受益原則的體現。20世紀80年代以後，西方興起的新公共管理學派，強調公共服務的效率，主張把競爭和市場機制引入部分公共物品和服務領域，這為通過使用費籌資提供了理論基礎。當地方政府的稅收權限和增加轉移支付的可能性較小時，收取使用費成為地方政府一種重要的籌資途徑。但在法治國家中，收費同樣必須要受到法定程序的控制和約束，無論是收費項目的選擇和收費標準的確定都有規範的管理制度。

中國在經濟體制的轉型過程中，在政府收費方面還存在著很多問題需要我們進一步的改進和規範。

【復習思考題】
1. 應如何認識國家與國有企業之間的分配關係？
2. 目前國有資產收益分配的基本格局和具體形式是什麼？
3. 什麼是資源的資產性和國有性？
4. 應該如何看待政府收費？

第九章
公　債

第一節　公債概述

一、公債的概念

(一)公債的界定

公債是政府憑藉信用權力獲取財政收入的一種特定方式,是一種特殊的財政活動。一般來說,公債又可稱為國債。當代各國大都在法律中規定:當政府在確實有必要時,有權以債務人的身分向個人、企業、社會團體、金融機構及他國政府借款。借款所取得的收入構成了政府的債務性收入。債務性收入既是政府的一種收入,又是政府的一種負債。政府必須按借款時的約定方式向債權人支付利息和償還本金。因此,在整個公債活動中,形成了政府與公債持有者之間穩定的債權債務關係。一般而言,債權債務關係是一種雙方自願的交易關係,完全不同於稅收分配關係中的強制性和無償性。

(二)公債與國家信用

國家信用是指政府憑藉信用權力進行的財政活動,又稱政府信用或財政信用。通常,國家信用由中央政府信用和地方政府信用組成,它包括兩個方面:一是政府作為信用關係的債務人而進行的公債活動;二是政府作為債權人所進行的財政資金有償運用的活動。由此可見,公債是國家信用活動的一部分。當然,無論從國家信用的產生還是從現代各國國家信用的實踐活動來看,國家信用活動的絕大部分內容都表現為公債活動。

(三)公債與公債券

政府借公債時與債權人之間形成的借貸關係,可以通過兩種方式來建立。一種是通過借款合同向金融機構或外國政府直接借款;另一種是通過發行記有固定債務面額的書面憑證向社會公眾借款,這種書面憑證就是公債券。由此可見,公債券是公債的一種基本形式。隨著現代化交易系統的出現,憑證式的有形公債券已逐步被記帳式無形債券所代替。

二、公債的產生與發展

(一)公債產生與發展的條件

公債的產生與發展必須具備三個基本的條件:一是作為債務人的政府要有借債的需求,即政府的經常性財政收入無法抵補必不可少的財政支出,因而必須尋找新的資金來源。

二是社會上必須要有可供政府借貸的資金存在。從歷史的角度看，正是隨著國民財富的增長與累積，政府借債才成為可能。三是信用制度的產生、發展與完善。早期公債是受私人信用(高利貸信用)的啓發才得以產生的，而現代公債則無論發行、流通、償還還是各種調節功能的發揮都與現代信用制度和信用體系密切相關。

(二)早期公債——公債的萌芽期

早期公債建立在奴隸社會和封建社會的經濟基礎之上，屬於公債發展的第一個歷史階段。早期公債具有兩個特點：第一，早期公債具有國家和君主個人借債相統一的特點；第二，早期公債時斷時續，興廢無常，尚未確定為經常性的公共信用制度，因而不具有連續性，而具有波動性。

(三)近代公債——公債的形成期

近代公債產生於封建社會末期，建立在資本主義經濟基礎之上，屬於公債發展的第二個歷史階段。近代公債具有四個特點：第一，近代公債對封建國家的國家信用制度進行改革，把公債制度建立在資本主義經濟基礎之上；第二，近代公債改進了財政預算制度，制定了發行公債以及公債還本付息的相關規定；第三，國家不輕易舉債，且債信較好；第四，公債成為了政府彌補財政赤字的主要手段。

(四)現代國債——公債的發展期

19世紀末20世紀初，公債發展進入了第三個歷史階段，即現代公債階段。現代公債建立在發達的商品經濟基礎之上，具有四個特點：第一，公債形式複雜多樣；第二，公債不僅是彌補財政赤字的手段，而且是國家有意識地調節經濟的重要槓桿，即公債功能的發展性；第三，公債有一套相對獨立的管理體系，收入和支出講究對稱性和週轉性；第四，公債和預算收支、銀行信用緊密聯繫，既相對獨立，又相互制約和協調，具有聯動性。

中國具有現代意義的公債始於清朝末期，而且外債先於內債。根據不完全統計資料顯示，1853—1894年，清政府共計舉借外債43次，外債金額折合銀元約6,900萬元。中國正式發行國內公債則是在光緒二十年(1894年)，清政府為應付甲午戰爭軍需向國內舉借的「息借商款」，以及光緒二十四年(1898年)發行的昭信股票。辛亥革命勝利以後的南京臨時政府、北洋軍閥政府和國民黨政府都曾依賴發行國債方式籌集資金，解決財政困難，以維持國家機器運轉。

新中國成立後，中國公債的發展經歷了三個不同的發展階段。第一階段是從新中國成立到1950年，政府為了保證解放戰爭的勝利和恢復國民經濟，發行了「人民勝利折實公債」；第二階段是1954—1958年，為國家經濟建設需要發行了「國家經濟建設公債」；第三階段是改革開放以來，政府為了適應體制變化後所面臨的財政困難、重點建設資金需求量大以及市場經濟下宏觀調控的需要，從1979年開始舉借外債，並於1981年開始發行國庫券。截至2011年年底，中國中央財政債務(含內債和外債)餘額達到了7.2萬億元[①]。

三、公債的分類

(一)內債與外債

按公債的發行地域，可將公債分為國內公債和國外公債。國內公債(即內債)是指政

---

① 資料來源：《中國統計年鑒》(2012)。

府向本國境內的自然人和法人發行的公債。國外公債(即外債)是指一國政府向外國政府、國際金融機構和境外的自然人或法人發行的公債。國內公債和國外公債的區別,一方面體現為兩者的發行地域不同,另一方面則體現為二者對國內資金總量的影響不同。國內公債收入主要來自國內資金,表現為資金總量在政府部門與非政府部門之間的一種再分配;而國外公債的資金來源於國外,所形成的債務收入將增加一定時期內本國可支配的資金總量。

(二)中央公債與地方公債

按公債的發行主體,可將公債分為中央公債和地方公債。中央公債是指中央政府憑藉信用權力對內和對外舉借的債務。按照「誰受益誰負擔」的市場經濟原則,中央公債的發行收入往往由中央政府支配,相應的公債本息由中央政府負責償還。地方公債是指地方政府憑藉信用權力舉借的債務,其收入由地方政府支配,本息由地方政府負責償還。

(三)貨幣公債與實物公債

根據公債的本位,可將公債分為貨幣公債和實物公債。貨幣公債是以貨幣為債務本位發行的公債,債權債務關係以貨幣計值來表示。現代各國發行的公債基本上都是貨幣公債。其中,內債一般以本國貨幣計值,而外債則一般以外國貨幣計值。

實物公債是以實物作為債務本位發行的公債。其中,直接借實物還實物的公債稱為直接實物本位公債,以一定的實物購買力作為依據進行貨幣折算的公債稱為折實公債。直接實物本位公債的代表是中國解放戰爭時期革命根據地發行的以稻谷為本位的「勝利公債」,而折實公債的代表是中國政府在 1950 年所發行的「人民勝利折實公債」。實物公債可以避免貨幣貶值給債權人帶來的損失,一般在通貨膨脹率較高的情況下採用。

(四)短期公債、中期公債與長期公債

按照債務期限,可以將公債分為短期公債、中期公債與長期公債。

短期公債是指一年期以內的政府債務。短期公債包括政府向中央銀行的直接短期借款、透支及短期債券等。短期公債的目的在於彌補財政資金的季節性餘缺。

中期公債是指一年以上十年以內的政府借款。中期公債資金可根據期限長短的不同將其用於不同的財政支出項目,是彌補年度預算赤字的主要手段。

長期公債是指十年期以上的政府借款。長期公債的期限可長達二三十年。長期公債一般多用於特定的公共支出項目融資。

除上述有期公債外,政府還可發行不定期公債,不規定債務的時間期限,持有債權的人可以定期憑息票獲得政府的利息支付。

(五)強制公債與自由公債

根據債權債務關係的自願性,可將公債分為強制公債和自由公債。強制公債是指政府通過強迫的方式讓人們認購的公債。強制公債一般以分攤方式發行。第二次世界大戰時,英國政府發行的強制公債,就是要求人們在交稅時按一定比例認購。中國在 20 世紀 80 年代發行國庫券時,曾採用過分攤公債指標的發行方法。自由公債是指人們自願認購的公債。現代各國的公債一般都是自由公債。

(六)固定利率公債與浮動利率公債

根據公債利率的變動性,可將公債分為固定利率公債和浮動利率公債。固定利率公債是指利率在發行時確立後不再變動的公債。浮動利率公債是指利率隨物價指數或市場利

息率的變動而進行調整的公債。通常,在通貨膨脹比較嚴重或通貨膨脹預期較高時,採用浮動利率公債有利於公債的順利發行。

(七)可流通公債與不可流通公債

根據公債的流通性,可將公債分為可流通公債和不可流通公債。可流通公債,又稱上市公債,是指可在證券市場上自由流通和轉讓的公債;不可流通公債,又稱不可上市公債,是指不能在證券市場上自由流通和轉讓的公債。通常,長期公債大多屬於不可流通公債。

(八)特種公債與一般公債

根據公債的特定目標和用途,可將公債分為特種公債和一般公債。特種公債是指具有特定的認購對象、發行方式及專門用途的公債。一般公債是指對認購對象、發行方式及用途沒有特別規定的公債。中國曾經有兩次發行特種公債,一是 1998 年財政部發行的 2,700 億元特別國債,所籌集的資金全部用於補充國有獨資商業銀行資本金;二是 2007 年財政部發行的 1.55 萬億元特別國債,所籌資金用於購買約 2,000 億美元外匯,作為國家外匯投資公司的資本金。

四、公債的基本功能

(一)彌補財政赤字,平衡財政收支

從歷史上看,公債是與財政赤字相聯繫的經濟範疇,是作為彌補財政收支差額的資金來源而產生的。因此,彌補財政赤字是公債最原始的功能,而公債的其他功能則是在此基礎上派生出來的。

在各國的年度財政收支中,各種難以預料的原因都有可能使財政出現收不抵支的問題,而隨著國家職能的擴大和社會事務的增加,即使是正常的財政活動也會導致財政赤字不斷擴大。為了彌補財政赤字,政府通常可以採用三種方法:第一是增加稅收,第二是增發貨幣,第三是舉借債務。但是,第一種方法在面對經濟衰退、國民收入減少的情況下是很難實施的;第二種方法則很容易引發通貨膨脹。因此,彌補財政赤字最好的方法是舉借債務,以有償的方式動員社會閒置資金。舉借債務既容易為民眾所接受,又有利於迅速而有效地彌補財政赤字。

(二)為非經常性重大支出需要籌措資金

非經常性重大支出最典型的表現是戰爭引起的支出。當一個國家面臨戰爭時,軍費支出會急遽上升,使政府財政支出的規模可能迅速擴張,加上戰爭期限的不確定性,更加大了軍費需求的變化。僅靠相對穩定的稅收來籌集資金,顯然難以滿足其需要。因此,根據戰時需要向社會發行公債則成為一種較好的選擇。而公債所具有的有償性和戰爭所產生的民族向心力都有助於公債的順利發行。從西方各國的公債發展史來看,20 世紀 50 年代以前公債的每一次急速增長幾乎都是與戰爭和軍費的膨脹直接相關。

在和平時期,非經常性重大支出通常表現為規模較大的基礎設施工程項目支出或重大災害的重建支出。基礎設施工程項目和災後重建對資金的需求十分巨大,各國政府通常會考慮在正常收入以外通過公債為其籌措資金。這不僅可以使公債的使用被限定在某資本項目上,而且可以通過公債負擔的轉移,使財政支出更合理地在更多的受益者之間分擔。

(三)執行經濟調節政策

公債是政府執行經濟調節政策所必不可少的重要手段。一般認為,公債的發行可以作

為政府「反衰退」的財政政策工具。經濟衰退時期,社會有效總需求不足,因而可以通過擴大財政支出來實現社會總需求的擴張。如果用增加稅收的方式來增加財政支出,儘管一方面增加了政府的支出,但另一方面卻減少了私人的消費。公債動員的主要是社會閒置資金,並且常被認購者看成個人的金融資產,因而公債發行對私人投資和消費的影響較小。因此,學界通常將公債發行看成一種擴張性財政活動。實際上,當公債活動頻繁發生並始終存在的情況下,公債的發行、流通、使用和償還的整個過程都可以被政府作為調節經濟的工具。政府通過調整債務規模、改變債務期限、選擇債務使用方向等手段來貫徹鬆緊不同的財政貨幣政策及結構調整政策。

第二節　公債的發行與償還

一、公債的發行規模、期限與利率

(一)公債發行規模

公債發行的規模是指一國政府在一個財政年度裡可以發行的公債數額。公債發行規模的大小是由社會經濟發展水平決定的,即社會經濟發展水平能夠承受多大的債務負擔,或者說社會發展能夠承受的公債限度。要注意的是,在公債餘額管理的條件下,公債發行規模的控制不再成為決策層關注的核心問題,而公債餘額才是決策層關注的核心。

(二)公債期限

公債期限是指公債發行之後的還款期限。公債期限不僅影響到公債的發行對象、發行範圍、發行方式及流通能力,而且直接關係到公債的籌資效果。通常,政府在選擇公債期限時需要考慮以下因素:

1. 公債收入的用途

通常,如果公債是為長期支出項目籌資,則債務期限較長;如果公債的發行是為了滿足短期需要,則債務期限較短。當然,長期債務使政府在安排使用方向上有更大的選擇餘地,因此政府通常更願意舉借長期公債。

2. 社會資金的閒置狀況

政府能舉借債務的期限取決於國內外資金的閒置期限。如果國內外資金的閒置期較短,則政府舉借公債的期限就比較短;而如果國內外資金的閒置期較長,則政府舉借公債的期限則可延長。

3. 公債利率水平

由於長期公債的利率通常高於短期公債利率,因此從減少利息支付的角度考慮,政府應發行短期公債。在存在通貨膨脹的情況下,固定利率的長期公債儘管名義利率比較高,但實際利率可能接近或低於短期公債利率,因而發行長期公債對於政府更合算。

4. 財政貨幣政策

由於短期公債主要是在貨幣市場上融資,對資本市場的影響較弱,從而對私人投資的抑製作用較小。同時,短期債務多為可流通債務,且利率較低,對貨幣流通量的影響亦較弱。長期債務的利率較高,對私人投資和貨幣流量將產生雙重的抑製作用。因此,在擴張

性的財政貨幣政策下,政府多選擇短期債務;而緊縮性財政貨幣政策下,政府大多選擇長期債務。

此外,借債程序的控制程度和公債流通市場的狀況等都會對政府債務期限的選擇產生影響。從總體上評價,實行多種期限的債務結構比單一期限的債務結構對政府的公債發行、流通及償還更為有利。

(三) 公債利息率

公債的利息率是指公債利息占公債本金的比率。通常,政府確定公債利息率需要考慮以下因素:

1. 市場利息率

市場利息率反應了當前的資金供求狀況,是資金供應者進行投資選擇的基本依據。政府公債利率的確定可以高於或低於市場利率,需要以市場利率作為確定公債利息率的基礎。

2. 公債期限

公債期限是影響公債利息率的重要因素。由於不同期限的公債面臨的風險水平是不同的,因而要求的風險回報存在一定的差異。通常,公債期限長,其風險相對較高,故利率水平相應較高;而公債期限短,其風險相對較低,故利率水平相對較低。

3. 政府信用

通常,利率水平與信用水平呈負相關。如果信用水平低,面臨的風險較高,則利率較高;而信用水平較高,面臨的風險較低,則其利率相應降低。通常,公債由政府稅收作為後盾,信用比較有保障,故其利率水平一般低於同期市場利率。當然,不同國家及不同層級的政府信用水平也有一定的差別,其利率回報要求也有一定的差異。比如,經濟發達國家的政府信用水平一般高於低收入國家,而中央政府的信用水平一般高於地方政府的信用水平。

4. 財政貨幣政策

在經濟衰退期,社會資金大量閒置,政府推行擴張性財政貨幣政策,發行公債大多選擇較低的利息率。在經濟高漲期,社會資金供應緊張,政府推行緊縮性財政貨幣政策,發行公債大多選擇較高的利息率。

此外,政府公債的用途、政府對資金需要的緊迫程度等都會對公債的利率產生影響。

二、公債的發行價格和方式

(一) 公債的發行價格

政府在確立了公債發行的規模、期限和利息率之後,一般要按不同期限確定公債的票面額。公債的票面額是確立公債發行價格的基礎。按發行價格與票面額之間的關係,公債發行價格可分為三種:一是平價,即公債的發行價格與債券的票面額一致,平價發行的公債利息率一般與市場利率比較接近。二是折價,即公債的發行價格低於債券的票面額,而公債到期後政府仍按債券的票面數額償還本息。因此,折價發行的實質是提高公債的實際利率,一般在公債法定利率較低時,或政府發債困難又急於籌到資金時採用。三是溢價,即公債的發行價格高於債券的票面額。溢價發行的實質是降低公債的實際利率,一般在政府債信很高,或者公債法定利率較高時採用。

(二) 公債的發行方式

公債的發行方式是指作為公債發行主體的財政部門代表政府與公債投資人之間進行的公債推銷與購買的方式。公債的發行方式主要有：

1. 直接發行

所謂直接發行是指由財政部門直接向社會公眾及相關部門發售公債。直接發行比較典型的做法有三種：一是由各級財政部門直接銷售公債，這在 20 世紀 80 年代中國剛恢復公債發行時常採用；二是運用行政手段向城鄉居民及有關企事業單位攤派，也出現在中國 20 世紀 80 年代前期；三是定向私募，即向特定的機構投資者推銷公債。

2. 代銷發行

所謂代銷發行是指財政部委託有關金融機構代為發售公債。在經歷直接銷售和行政攤派之後，中國於 20 世紀 80 年代後期開始採用該方式發售公債。代銷發行一方面減少了財政部門的工作量，提高了公債發行的效率，使財政部門更加專注於財政資金的安排與調度；而另一方面則提高了金融機構的參與度，也為金融機構提供了一筆穩定的代銷手續費。

3. 承購包銷發行

所謂承購包銷發行是指由大型機構投資者直接向財政部承購一定數額的公債，再由機構投資者向普通投資者銷售公債；如果機構投資者無法將其所承購的公債全部銷售出去，則由承購包銷者用自有資金將其消化。

4. 招標拍賣發行

招標拍賣發行是指由財政部在公債市場上通過公開招標推銷公債的發行方式。公債的發行條件通過招標決定，即認購者對準備發行的公債的收益和價格進行投標，推銷機構根據預定發行量，通過決定中標者名單，被動接受投標決定的收益和價格條件。招標拍賣發行可分為：價格投標，即發行機構按投標價格及購買數額由高到低依次出售；利率投標，即發行機構根據投標利率的高低由低到高依次出售；競爭性出價，即發行機構按認購者自報的價格和利率，或從高價開始，或從低利率開始，依次決定中標者。

三、公債的付息與償還

(一) 公債的利息支付

公債的利息支付通常有三種方法：一是在公債還本時一次性付息，多用於中期債券的利息支付。一次性付息可以降低公債付息的成本。二是在公債發行後，每年按期向公債持有者支付利息。每年支付利息的方式一般適用於長期債務的利息支付，可以減輕還本時一次性付息的財政壓力。三是不付息，而由政府在債券市場進行回購時支付較高的價格間接支付，該方法適用於一年期以內的短期債券。

(二) 公債的償還

公債償還的方法通常依照公債發行時的契約或法律規定條件來進行，可選擇的償還方法主要有：

1. 直接償還法

直接償還法是指政府直接向公債持有人兌付本金和到期利息。直接償還法既可以對到期債務進行一次性全部償付，又可以分期償還到期債務。直接償還的操作，一般借助於金融機構的服務能力來實現。

2. 市場購銷法

市場購銷法,又稱購銷償還法,是指政府在債券市場上對即將到期的公債,在行市有利時買進並清償的方式。市場購銷法適用於可流通公債,且主要是短期公債。在採用市場購銷法的情況下,政府通常通過中央銀行的公開市場業務買賣公債以維持債券價格的相對穩定,從而降低政府還本付息支出。

3. 調換償還法

調換償還法是指政府以新債調換到期舊債的債務償還法。調換償還法一般採用自願的方式。但在特殊時期,政府也可採用強制的方式要求債權人必須用新債替換舊債。公債調換的實質是在不改變債權人情況下的債務延期。

第三節 公債的負擔與限度

一、公債的負擔

(一)公債負擔的含義

所謂公債負擔是指公債發行、流通、使用、償還活動造成的負面影響。通常,公債負擔包含三個層次:第一是公債對國民經濟活動的負面影響,稱為國民經濟負擔;第二是公債對政府財政收支的負面影響,稱為財政負擔;第三是公債對公眾福利的影響,稱為公眾負擔。

(二)公債的國民經濟負擔

在公債執行經濟調節政策時,政府發行公債有利於穩定經濟活動,熨平經濟發展週期,因而對國民經濟的發展是有利的,不存在國民經濟負擔。當公債為重大非經常性項目融資時,政府發行公債有助於解決重大的公共危機,或有助於緩解經濟發展中的重要瓶頸和矛盾,能夠在一定程度上增進社會福利,不存在國民經濟負擔。但是,如果政府通過發行貨幣來還本付息,則會產生通貨膨脹,嚴重的通貨膨脹將導致國民經濟的崩潰。

(三)公債的財政負擔

如果政府的還本付息額較大,難以通過現有手段籌措到足額的資金,這時將會產生公債的財政負擔,即影響財政活動的運行。在政府還本付息額度不大、融資條件寬鬆的條件下,公債活動不會引起財政運行的困難,不會引起財政負擔。具體來說,如果政府將債務收入投資於存在直接收益的項目,並以其收益建立償債基金用於還本付息,那麼公債發行將不會增加財政負擔。如果通過增加稅收來還本付息,那麼公債發行也不會增加財政負擔。如果通過發行新債來償還舊債,則短期不會產生財政負擔。但是,如果公債投資項目的收益率低於公債利率、增加稅收的數量低於公債還本付息額、發行的新債少於舊債的本息,那麼公債活動將會引起財政負擔,惡化財政收支環境。

(四)公債的公眾負擔

如果政府將債務收入投入於存在直接收益的項目,並以項目的收益建立償債基金來還本付息,那麼公債活動將不需要增加公眾的稅收負擔。如果政府通過發行貨幣來還本付息,將會產生「通貨膨脹稅」,降低民眾的貨幣資產價值。其中,債券持有人將會因本金和利息的貶值而遭受更大的損失,因此公債持有人的負擔相對更大。

如果政府通過增加稅收來還本付息,那麼將會產生代際分配和代內分配兩種效應。在公債利率與銀行利率一致、公債用於公共產品項目的條件下,公債的代際分配與代內分配表現為:①如果短期公債用於短期投資項目,並以增加當代人的稅收來還本付息,項目投資的收益直接由當代人享受,因此不存在代際分配的問題,但卻存在代內分配的問題。其原因在於,現代稅收的大部分內容不是按照受益原則來徵收的,而是按照能力原則來徵收的,納稅能力強的人需要多繳稅,因而承擔的項目成本較多但其從項目投資中獲取的收益卻與其他人基本相同,從而導致納稅能力強的人向納稅能力弱的人進行了再分配。換句話說,公債收益在公眾之間是均勻的,而量能納稅決定了稅負在公眾之間的不均衡,即公債收益與稅負之間的不匹配。②如果長期公債用於長期項目,則存在代內分配而不存在代際分配。③如果長期公債用於短期項目,則存在代際分配,即需要為當代人的收益項目向後代人增加稅收,導致從後代人向當代人的再分配。

如果政府以借新債還舊債的方式來還本付息,實質上是延長了公債期限,即將短期公債變成長期公債。借新債還舊債對公眾負擔的影響如下:①如果以公債收益作為還本付息的最終資金來源,則不會導致公眾負擔。②如果以發行貨幣作為還本付息的最終資金來源,則不僅會產生代際分配,而且會產生代內分配。原因在於,當代人從項目投資中獲益,但後代人卻遭受通貨膨脹所害,從而存在後代人向當代人的再分配;而在後代人中,公債的持有人將遭受更大的損失,從而存在公債持有人向債務人及其他公眾的再分配。

二、公債的限度

公債的限度一般是指公債年度發行的適度規模及國家債務餘額的最高限額,包括兩個層面的內容,一是年度公債發行的限度,二是公債累積餘額的限度。

(一)年度公債發行的限度

政府每年發行多少公債,一般取決於政府當年財政政策所決定的財政收支對比,財政支出大於收入的部分即是當年公債發行的數額。如果政府以借新債還舊債的方法來償債,財政支出中包含的還本付息需求會進一步增大開支,導致債務發行規模不斷擴大。在實踐中,政府年度公債發行的限度主要受兩個客觀因素的約束:

1. 私人閒置資金的約束

當一個社會存在私人閒置資金(儲蓄)時,說明這個社會的投資需求和消費需求不充分,政府通過發行公債來啓動該閒置資金有助於實現總供給與總需求的均衡。因此,私人閒置資金的數量是當年政府公債發行的最高限度。如果超過這個限度,則會造成私人投資的萎縮,形成公債的「擠出效應」。

2. 公共物品有效供應的約束

政府發行公債最終表現為政府可支配資源的增加,而政府部門的主要任務是提供公共物品,因此,政府通過公債籌集到的資金最終都會被用於公共物品的供應。在社會資源一定時,公共物品的供應並非越大越好,而必須與私人產品供應相協調並實現公共產品與私人產品之間的產品組合效率。公債發行超過一定額度,就不可避免地造成資源配置的效率損失。因此,為了保證公共物品的有效供應,必須對政府年度公債發行額進行約束。

(二)債務累積額的限度

隨著國家發行公債的規模不斷增加,導致公債餘額不斷上升。從一個長期的趨勢看,

各國債務累積餘額均呈增長趨勢。人們常用公債負擔率,即債務累積餘額占年度國民生產總值的比重來說明一個國家債務累積的程度。按國際貨幣基金組織2006年的測算,美國、德國、法國、加拿大、義大利的公債負擔率分別達到62.5%、68%、64.5%、79.6%和107.5%,而日本更高達182%。

從理論上來分析,債務累積餘額的增長有無限度 取決於債務累積餘額對於政府和社會公眾的影響。從政府來看,只要能借新債還舊債,就不存在還本之憂。因此,債務累積額的增長對政府的壓力就主要是利息支付額的增加問題。對於政府而言,能否維持高的債務餘額,關鍵是看其能否在年度財政支出中安排足夠的利息支付。從社會公眾來看,只要政府能遵守信用(債信好),按期還本付息,他就不會在意還本的錢是怎麼來的。同時,只要政府守信用,政府的債券也就永遠會有人購買,而不會去考慮政府到底已借下了多少債,但社會公眾卻必須承擔政府為支付利息而增加的稅收。當然這種稅收的增加只要是在現實既定的稅制下取得的,公眾也不會產生反感。因此,從理論上看,一般認為一國新增國民生產總值能否承受財政支出增長中的利息支付是判斷一國債務餘額規模能否繼續增長的標準,只要國民生產總值在不斷增長,新增的財政利息支付在這個增長範圍之內,政府的債務餘額就可以繼續擴大。當然在實踐中,人們普遍認為控制一國的債務累積餘額是十分必要的。

(三)公債限度的衡量指標

(1)赤字率。赤字率是指年度財政赤字在年度國民生產總值中的比重。赤字率越低,表明一國經濟對公債的承受餘地越大。公式為:

$$赤字率 = \frac{赤字額}{年度GDP} \times 100\%$$

(2)公債負擔率。公債負擔率是指公債餘額占年度GDP的比重,反應了一國經濟對公債的負擔程度。公債負擔率越低,表明一國經濟對公債的承受餘地越大。公式為:

$$公債負擔率 = \frac{公債餘額}{年度GDP} \times 100\%$$

(3)償債率。償債率是指財政所安排的還本付息額占當年財政收入的比重,反應了財政的償債能力。償債率越高說明財政的償債能力高,具有借債的潛力。公式為:

$$償債率 = \frac{還本付息額}{年度財政收入} \times 100\%$$

(4)公債依存度。公債依存度是指公債發行額占當年財政支出的比重,反應了當年財政支出對公債發行的依賴程度。公式為:

$$公債依存率 = \frac{公債發行額}{年度財政支出} \times 100\%$$

第四節　公債市場

一、公債市場的概念與功能

（一）公債市場的概念

公債市場是指公債發行和流通的場所，通常包括發行市場和流通市場。公債發行市場，又稱公債的一級市場，是指政府為籌措資金而發行公債，將公債出售給投資人所形成的市場。公債流通市場，又稱公債的二級市場，是指已經發行的公債買賣與轉讓的場所。

（二）公債市場的功能

1. 發行和償還公債

有了公債市場，公債就可以通過一定的方式在公債市場交易中完成發行和償還。這可以使政府公債活動更加市場化，使公債的發行和償還更加順暢有效。流通市場的存在還為公債的投資者提供了更加靈活的投資選擇機會，反過來又可以促進公債的發行，保證公債為財政籌資融資的效果。

2. 調節社會資金的運行

公債流通市場的存在為政府通過中央銀行買賣公債調節貨幣流通量提供了可能。由於可流通的公債與不可流通的公債對資金運行的影響具有一定的差異，使政府能夠根據不同的目標來確定可流通公債的種類和規模，以及可流通公債與不可流通公債的比例，從而實現調節社會資金運行的目的。

二、公債發行市場

（一）公債發行市場的組成

公債發行市場是公債交易的初始環節，公債發行市場由政府、仲介機構和公債投資者三方組成。在多數情況下，公債發行市場是政府與證券承銷機構之間的交易，其作用就是完成公債的發行，保證政府財政籌集到足額資金，為資金的多餘者提供投資並獲取收益的機會。

（二）中國公債發行市場的建立與發展

中國真正意義上的公債發行市場始於1991年，並於1993年建立了一級自營商制度。所謂一級自營商是指具備一定條件並由財政部認定的銀行、證券公司和其他非銀行金融機構，可以直接向財政部承銷和投標競銷公債，並通過開展分銷、零售業務，促進公債發行，維護公債發行市場順暢運轉。1996年開始採用招標發行方式，通過競價確定公債價格，市場化程度大為提高。

中國目前公債發行的市場結構是：以差額招標方式向一級承銷商出售可上市公債；以承銷方式向承銷商銷售不可上市公債；以定向私募方式向社會保障機構和保險公司等機構出售定向公債。

（三）中國公債發行市場的改革方向

1. 進一步改進公債發行方式

中國公債發行方式應走以公募拍賣為主、其他方式為輔的多樣化發行模式。為此，中

國可採取兩個步驟：先採用公募拍賣和承購包銷結合的方式；在條件成熟時，採用完全以公募拍賣取代承購包銷的發行方式。

2. 完善公債一級自營商制度

建立完善的公債一級自營商制度，是公債市場走向規範化和現代化的重要標志。中國於 1993 年首次建立一級自營制度，但目前一級自營商的權利義務關係不對稱，示範作用不明顯，需要進一步完善。

3. 建立和完善規範化的記帳和託管系統

由於無紙化發行與轉讓已經成為公債市場發展的方向，必然要求建立規範的記帳系統，保證全國計算機聯網操作。同時，必須建立和完善全國統一的託管系統，防止承銷機構開具空頭代保管憑證，避免公債交易風險。

三、公債流通市場

(一) 公債流通市場的組成

公債流通市場通常由承銷商與公債投資人構成，有時政府也參與公債流通市場交易。公債流通的交易方式主要有現貨交易、期貨交易、回購交易和期權交易等。公債流通市場可分為場內交易市場與場外交易市場。

場內交易市場是指證券交易所內的交易，是公債流通市場最基本、最規範的形式，是公債流通市場的中心。其特點是：①有集中固定的交易場所和交易時間；②交易只能委託具有證券交易所會員資格的經紀商進行；③交易實行競價制；④交易所有特定的交易制度和規則；⑤有完善的交易設施和較高的操作效率。

場外交易市場，又稱店頭市場或櫃臺交易市場，是指證券經紀商和自營商不通過證券交易所，而是在證券商之間或證券商與客戶之間直接進行的證券分散買賣市場。場外交易市場是一個無形的市場，通常採用協商議價方式進行交易

(二) 中國公債流通市場的建立與發展

1988 年中國首先允許 7 個城市進行國庫券流通轉讓的試點，允許 1985 年和 1986 年的國庫券上市。1988 年 6 月，國務院批准 54 個大中城市進行國庫券的轉讓試點。這時的交易均由證券仲介機構進行，屬於場外交易。

1990 年 12 月上海證券交易所開業，有會員 26 家，掛牌證券 40 種，至此場內交易市場開始形成。1991 年全國 400 個地級以上城市開放公債流通和轉讓，場外市場進一步擴大。

場內交易市場由於管理相對規範，信譽良好，市場統一性強，市場交易量迅速增加。1996 年，由上海證券交易所、深圳證券交易所、武漢公債交易中心和全國證券交易自動報價中心構成的場內交易市場控制了整個公債交易量的 90%，從而形成了中國公債流通市場以場內交易為主、以證券經營網點場外交易為輔的基本格局。

(三) 中國公債流通市場的改革方向

1. 打通銀行間市場和交易所市場，建立統一的公債市場

目前公債市場的分割格局不利於公債功能的進一步發揮，是公債市場進一步發展的阻礙。建立統一的公債市場，關鍵是要實現公債在兩個市場的連通和自由流動，即統一兩個市場的後臺系統，上市交易的公債均在中央公債登記結算有限責任公司進行統一託管和結算；所有投資者均可自由出入兩個市場進行債券買賣。

2. 有計劃、有步驟地引入公債衍生產品

公債品種的多樣化是增強公債流動性的重要途徑,是公債市場進一步發展的前提。目前中國的公債主要是現券品種,衍生產品只有回購。實際上,債券衍生工具對於規避市場風險、發現價格以及提高市場流動性都具有非常重要的意義。目前,中國公債品種單一的現狀不利於公債市場流動性的提高和公債功能的發揮。因此,在保證公債市場健康發展的基礎上,應該有計劃、有步驟地引入公債衍生產品。要適時開辦公債遠期交易和公債期貨交易。

3. 完善公債餘額管理,優化公債期限結構

公債餘額管理是指立法機構不再直接批准公債發行的額度,而是規定公債餘額的規模。在餘額管理的條件下,政府可以根據需要靈活調整公債發行的品種和期限結構。中國於 2006 年開始實行餘額管理制度,目前尚待進一步完善。目前,中國公債以中期公債為主,長期公債與短期公債的比重均比較低。單一的期限結構不僅使公債市場的流動性降低,而且使中央銀行公開市場業務的開展受到制約,需要進一步調整和優化期限結構。

第五節　地方公債及其風險控制

一、地方公債的概念

所謂地方公債,是指地方政府憑藉信用權力,按照有償原則籌集財政性資金的一種信用方式,是一種特殊的財政活動,簡稱地方債。狹義的地方公債是指地方政府通過債券市場發行的債務,作為地方政府籌措財政收入的一種形式而發行的債券,其收入列入地方政府預算,由地方政府安排調度。中義的地方公債是指地方政府作為債務人按法定條件和合同約定,向債權人籌集資金並承擔償付義務的債務。廣義的地方公債是指地方公共部門(包括地方政府及其相關部門、地方融資平臺公司等)借款、提供擔保、回購等信用支持而形成的債務。

地方公債可以劃分為顯性債務和隱性債務兩種類型。顯性債務主要是指外國政府與國際金融組織的貸款、國債轉貸金、農業綜合開發借款、解決地方金融風險專項借款、拖欠工資、國有糧食企業虧損新老掛帳、拖欠企業離退休人員基本養老金等。隱性債務則包括地方政府擔保債務(含內債和外債)、地方金融機構的呆壞帳、社會保障資金缺口等。

二、西方國家地方公債

(一)西方主要國家地方公債的產生與發展

美國是發行地方公債較早、規模較大的國家。19 世紀初紐約州首次採用發行債券的辦法籌集開鑿伊利運河所需的經費,開創了美國地方政府依靠發行進行基本建設的先河。美國地方政府主要通過發行市政債券、銀行借款和融資租賃等形式進行債務融資,其中市政債券是地方政府支持基礎設施項目建設的重要融資工具。隨著人口增加和城市規模的擴大,地方政府公用事業迅速發展,基礎設施建設大量增加,市政債券的規模也隨之擴大,到 2010 年達到歷史最高點 4,331 億美元。

日本早在明治初年就開始發行地方債[①]，20世紀90年代以後進一步發行了大量以籌集經常性經費為目的的地方赤字債。截至2012年年底，日本的地方債發行餘額為185.1萬億日元，約占當年日本GDP的38.9%。日本的地方債分為地方公債和地方公企業債兩種基本類型，地方公債是真正的政府直接債務，地方公企業債兼具政府債券和企業債券雙重性質，是政府的或有債務，兩者比例大致為5:1。

德國屬聯邦制國家，實行聯邦、州、地區三級管理，相應建立分級管理的財政體制。各級政府均有獨立預算，分別對各自議會負責。聯邦、州和地區政府都可發行債券，其中，州和地區政府發行的債券統稱為地方債券。原則上，德國州和地區政府只能發行籌集投資性經費的地方公債，但經濟不景氣時也可以破例發行赤字債。截至2011年，德國各州政府債券存量累計達2,751.27億歐元，占政府債券存量的21%。

(二)西方國家地方公債的管理模式

各國地方公債管理模式可以分為四種，即市場約束模式、制度約束模式、行政控制模式和合作管理模式。

1. 市場約束模式

市場約束模式是指利用資本市場對地方政府舉債進行約束管理，中央政府在整個過程中不干涉地方公債的發行，地方政府自行決定借債規模、借債對象和借債用途。當然，地方政府會制定一些政策對其自身活動進行約束管理。採用該模式的國家，其市場充分自由和開放，地方政府與其他舉債者一樣沒有任何特權；中央政府也不給地方政府任何違約擔保的希望和機會，由地方政府在市場條件下自行承擔發行債券的一切風險。

瑞典是市場約束模式的代表國家。傳統的地方分權體制是瑞典發行地方公債的基礎，其地方政府具有完全的自主權，原則上可以自由發債，發行的債券資金用途並沒有明確的規定。瑞典的地方公債完全依靠市場運作，由市場機制加以約束。瑞典的地方政府有一個共同的籌資機構——瑞典地方金融公社。該機構由地方政府自發出資創立，憑藉自身信用籌集資金，並以此資金為營運資本，向各個地方政府、公營企業提供貸款及財務顧問服務。

2. 制度約束模式

制度約束模式主要是指通過法律法規對地方政府借債實行管理和控制。這種管理模式的優點是公開透明，具有一定的可預測性，並在一定程度上消除了政治因素的控制。當然，與所有的法律制度一樣，這種基於法律的管理模式也存在缺乏靈活性的問題。

美國是制度約束模式的代表國家。在美國，多數州政府及地方政府具有舉債權，可直接參與資本市場發行債券。一般情況下，美國地方政府借債很少受到上級政府的管制，擁有相對的自由權。地方政府發行債券主要受到一套較為完善的法律法規的約束。這些監管法律體系主要由《證券法》(1933)、《證券交易法》(1934)、《實業控股公司法》(1935)、《信託債券法》(1939)、《投資公司法》(1940)、《投資顧問法》(1940)等六個聯邦證券法案及後續補充性法規構成。這些法律對地方政府發債權限、規模和監管等都做出了明確規定。美國的州、地方政府發債雖然不用上級批准，但上述法律制度對地方政府發債做出了嚴格的限制，要求州和地方政府不得隨意發債。如果要發行一般責任債券，必須經當地公民全體投票或者議會表決同意。

---

① 日本的地方債與地方公債的概念不能等同。

3. 行政控制模式

行政控制模式是中央政府運用行政手段直接管理地方政府債務,包括確定地方公債的期限、規模及單筆借款限制等,對借債行為進行檢查和授權。行政控制模式的約束力很強,可以通過中央審批和檢查控制地方政府發債的規模,防止地方政府不負責任的借債行為發生。當然,由於中央政府對地方政府的借債行為實行嚴格的審批制度,在一定程度上增加了借債融資的不確定性,不利於地方政府制訂長期的投融資計劃。由於債務完全由中央政府管理,風險由中央政府控制,地方政府缺乏壓力和動力改進其財政管理,地方公債的預算軟約束情形比較普遍。

日本是行政控制模式的代表國家。日本地方債券的發行受到中央政府的嚴格控制,地方債的審批權由中央政府控制,由中央政府的監管部門制定發行條件,決定發行規模。日本的《地方自治法》第二百五十條規定:「發行地方債以及變更發債、償債方法、調整利率時,必須根據政府規定經自治大臣或都道府縣知事批准。」所謂都道府縣知事批准是針對市町村債券而言的,實際上,市町村發債必須經所屬都道府縣知事同意後報中央政府,故而所有地方債發行的批准權都在中央政府。

4. 合作管理模式

合作管理模式是指聯邦與地方政府對地方債券的發行等事宜進行協商,共同制定控制地方政府發債行為的規則。在合作管理模式下,地方政府能夠積極參與宏觀經濟目標和財政目標的管理,能夠加強各級政府之間的交流。該模式主要適用於人口少、地方政府數量少的國家,對人口多、地方政府層級多、數量大的國家不大合適;對財政紀律良好的國家較適用,而對市場秩序較差、中央對地方管理薄弱的國家不適用。

澳大利亞是合作管理模式的代表國家。澳大利亞規定:經財政部長批准,地方政府可以通過透支、貸款或其他方式舉借債務。地方政府通過舉債所籌資金一般用於基礎設施等資本性項目。為保障地方政府及時償還所借債務,地方議會在舉債時需要提供相應的擔保。

三、中國地方公債

(一)中國地方公債的產生與發展

新中國地方公債的產生與發展大致可以分為四個階段。

1. 計劃經濟時期的地方公債(1949—1978 年)

新中國成立以後,中國社會經濟面臨價格飛漲、戰後重建等艱鉅任務。為了抑制通貨膨脹,充實財政實力,擴大建設資金,確保重點建設項目的投入,新中國成立初期發行了兩次地方公債。一是 1950 年發行的東北生產建設折實公債,募集資金 3,000 萬分[①]。二是 1958 年 4 月 2 日,中央做出了《關於發行地方公債的決定》,允許各省、市、自治區、直轄市在確有必要的時候,發行地方經濟建設公債。同年 6 月 5 日,全國人民代表大會常務委員會通過並頒布了《中華人民共和國地方經濟建設公債條例》,制定了各地發行公債的基本管理制度。該條例頒布之後,江西、東北、安徽等省區根據本地實際發行了一批地方經濟建設公債。

---

① 註:「分」為新中國成立初期舊幣之貨幣單位,相當於後來的「元」。

随著中央政府牢牢控制國家經濟命脈,國家財政實力不斷加強,經濟建設的資金保證日漸穩定;同時,由於政治的「左」傾,黨和政府對公債的認識也越發狹隘,出現了對公債的意識形態仇視,地方公債與中央公債於 1968 年還清之後暫時退出了歷史舞臺。

2. 改革開放初期的地方公債(1978—1992 年)

改革開放之初,為了迅速擺脫中國經濟停滯的局面,中國大幅加快基本建設,但受到國內資本嚴重不足的困擾。為了籌集大量經濟建設資金,中國於 1981 年開始恢復舉借公債,並實行規模管理。在「放權讓利」和「分級管理」的體制下,多個地方政府開始嘗試通過舉借債務投入基礎設施建設,並希望借助於未來的稅收增長償還債務。

3. 市場經濟建設時期的地方公債(1993—2008 年)

1993 年開始,中國經濟體制開始向市場經濟體制轉軌,相關財政經濟法律法規開始逐步完善。1993 年 4 月 11 日國務院頒發《關於堅決制止亂集資和加強債券發行管理的通知》,要求「不得發行或變相發行地方政府債券」。1995 年施行的《中華人民共和國預算法》則進一步規定:除法律和國務院另有規定外,地方政府不得發行地方政府債券。

但事實上,各地方政府自行舉債或變相融資等現象十分普遍,地方公債規模隨著經濟社會發展逐年增長。1998 年為應對東南亞金融危機,中央政府決定實施以國債投資為主的積極財政政策,並將部分國債資金轉貸地方政府使用,轉貸給地方的國債資金還本付息由地方政府來承擔責任。此外,地方投融資平臺作為地方政府舉借債務的重要工具開始形成並發展起來。

4. 經濟建設新時期的地方公債(2009 年至今)

為應對 2008 年全球金融危機,加快汶川災後重建,中國於 2009 年初推出了過渡性的地方公債融資制度,由財政部以地方政府的名義發行地方公債,並由地方政府負責償還。2011 年 10 月財政部制定了《2011 年地方政府自行發債試點辦法》,在國務院的批準下,在上海市、浙江省、廣東省、深圳市進行地方政府自行發債試點。同時,地方融資平臺得到了更為迅速的發展,由 2009 年的 3,800 多家發展為 2011 年的 10,468 家,平臺貸款餘額達到了 9.1 萬億元。

(二) 中國地方公債存在的風險

1. 地方公債餘額巨大,債務構成複雜

截至 2010 年年底,全國地方公債餘額為 10.71 萬億元,其中:政府負有償還責任的債務 6.71 萬億元,占 62.62%;政府負有擔保責任的或有債務 2.33 萬億元,占 21.80%;政府可能承擔一定救助責任的相關債務 1.67 萬億元,占 15.58%。規模如此巨大的地方公債,如同一把達摩克利斯之劍,懸在各級政府的頭頂,構成了地方財政運行的巨大風險。同時,中國地方公債構成相當複雜,表現形式多種多樣,既有納入財政預算的地方公債,又有不納入財政預算管理的地方公債;既有直接債務,又有三角債和連環債等間接債務。

2. 地方公債隱蔽性強,透明度低

由於國家《預算法》不允許地方政府舉債,而地方經濟建設(特別是基礎設施建設)又需要大量資金,故而地方政府「創新」了不少方式來繞開限制進行舉債。實際上,各地競相發展的融資平臺公司就是為規避《預算法》及相關法律法規而設立的機構。各地的融資平臺公司憑藉國有資產做抵押,通過銀行取得授信,投融資規模大,監管缺位。另外,地方政府為規避監管,還巧立各種借債名目,導致各級政府及相關部門難以有效掌握地方公債的

實際情況。總體來看,地方公債的隱蔽性較強,透明度較低,監管相對困難。

3. 地方公債償還能力低,缺乏風險預警機制

由於地方政府舉借債務的主要目的是興辦扶持國有企業、建設市政基礎設施,經濟效益相對較差,呆帳死帳較多,回收難度大,導致償債能力較低。在較低的償債能力下,各地以貸還貸、以貸還息、拖欠工程款等現象非常普遍,甚至有地方乾脆賴帳。根據國家審計署的公布數據,截至 2010 年年底有 148 家融資平臺公司存在逾期債務 80.04 億元,逾期債務率平均為 16.26%,違約風險已初步顯現。目前,中國尚未建立完善的地方公債風險預警機制,中央政府對地方公債的掌握和控制能力有限,難以有效監管形式多樣、隱蔽性強的地方債務,增大了地方公債的隱性風險。

(三) 中國地方公債的風險控制

1. 修改和完善相關法律規定,賦予地方政府一定的舉債權

現行法律不允許地方政府發行赤字債,也不允許地方政府直接向銀行貸款,堵住了地方政府兩個重要的融資渠道,使得地方政府不得不通過融資平臺公司、政府擔保等方式來解決融資問題,由此產生了一系列問題。為此,中國需要在修改和完善相關法律法規的條件下,賦予地方政府必要的舉債權,規範地方政府的舉債行為。

2. 各級地方政府要增強對地方公債的風險意識,從思想上高度重視政府債務管理

各級政府及相關部門要把握「適度舉債,加強管理,規避風險」的原則,從全局、長遠、戰略的高度,通盤研究發展的要求與可能,合理規定政府負債規模,嚴格舉借程序,設立相應的償債準備金。

3. 進一步明確賦予財政部門管理職能,切實加強地方公債的歸口管理

要進一步明確財政部門在地方公債管理中的主體地位,禁止政府各部門、單位直接舉債或者間接承擔償債責任,盡快扭轉多頭舉債、分散使用、財政兜底的局面。要配備專門的機構和管理人員,制定地方公債會計核算制度,研究科學的債務風險評價指標,對地方公債的規模、結構和安全性進行動態評估和監測,夯實債務管理基礎。

【復習思考題】
1. 如何認識公債的基本功能?
2. 決定公債利息率的因素有哪些?
3. 如何理解公債的限度指標?
4. 如何看待中國地方公債的風險,你認為應如何控制?

第十章
國家預算

第一節　國家預算的特點及其體系

一、國家預算的概念

在現代國家制度中,國家預算是政府為實現自身的政治經濟目標進行規範性的分配和再分配財政資金的重要工具。通過國家預算的編製、執行,使政府按照國家整體發展的需要對部分社會資源進行有效地配置,以滿足國家職能實現的需要,因此,國家預算必然反應著政府活動的範圍、方向和國家的政策,並對整個社會各方面的發展產生深遠的影響。

國家預算作為實現國家職能的重要工具,受一定的國家制度的約束而為不同性質的國家服務。中國社會主義國家預算是國家為實現其職能的需要,有計劃地籌集和供應國家集中性財政資金的基本財政計劃。其表現形式由預算收入和預算支出組成。

中國是建立在公有制基礎上的社會主義國家,國家的基本職能是:一方面保證國家在政治上的獨立穩固,保障全體人民的共同利益不受侵害,打擊和防止外來侵略,保衛國家的安全;另一方面是實現對國家經濟建設事業的組織領導,發展社會主義的生產力。為實現國家職能,必須有計劃地籌集和分配一部分社會產品和國民收入作為財力保證,國家預算則是實現這種分配的基本形式。預算收入反應中國經濟發展和累積水平,也反應國家財政的集中程度。預算支出體現國家為實現一定時期內的政治經濟目標對部分社會資源的配置及對國民經濟發展中的各種比例關係如何安排的政策取向。因此,國家預算是從宏觀上對國民經濟和社會發展計劃的實現發揮作用,成為財力上保證國家職能實現的重要分配工具和經濟槓桿,是國家的基本財政計劃。

二、國家預算的特點

國家制度的性質決定國家預算的性質和特點。中國是社會主義制度國家,這從根本上決定了中國的國家預算具有以下特點:

(一)中國國家預算的人民性

中國社會主義制度下,勞動人民既是國家的主人,又是社會物質財富的創造者,國家通過國家預算參與國民收入的分配,取得預算收入形成全國集中性的財政資金。中國國家預算支出以鞏固社會主義公有制,發展社會主義經濟和不斷提高勞動者的物質文化生活水平

的需要為根本出發點。從而使中國的國家預算收支充分體現了國家與廣大勞動人民利益上的一致。正如馬克思所指出的:「從一個處於私人地位的生產者身上扣除的一切,又會直接或間接地用來處於社會成員地位的這個生產者謀福利。」①

(二)中國國家預算的計劃性

新中國建立以來為了盡快建立中國的工業基礎,加快國家經濟發展速度,國家通過制訂每一時期的國民經濟計劃來規範經濟發展的方向和要求,在此過程中,國家預算通過預算收支為國民經濟計劃的實現服務。在建立社會主義市場經濟過程中,儘管社會資源的配置首先要由市場來選擇,但整個社會經濟的協調發展和適應宏觀經濟調控需要的社會資源的有效配置卻不是市場本身能解決的。如與國家管理部門、科學、教育、文化、衛生等部門發展的合理比例,需要國家通過對部分社會資源的分配和調節才能實現,中國預算收入的計劃性表現在:①預算收入總量一經確定批准,就必須千方百計去完成,而且應在可能條件下超額完成,這是保證國家實現財政年度任務的前提和基礎;②每一預算收入項目的確定要有計劃,國家每一年都要根據不斷變化的經濟情況和宏觀調控的要求預先確定具體的預算收入項目,為組織預算收入提供制度上的保證;③對每一預算收入項目的數量要切合實際地進行預先計劃,使預算收入的增長和實現與經濟發展可能提供的財源有效地結合起來。

中國預算支出的計劃性表現在:①要求在計劃收入實現的條件下有計劃地安排支出總量;②合理確定每一支出項目及其數量,以保證國家在經濟發展和社會發展方面的計劃的實現;③為保證年度預算收支按計劃完成,在預算執行過程中的日常組織管理工作也是十分重要的,而當每一預算年度結束後,還應認真分析研究預算執行中的問題和經驗,為以後年度預算的計劃編製更切合實際創造條件。

(三)中國國家預算的穩定性

新中國成立後,中國在預算編製和執行中,一直堅持收支平衡 略有結餘的原則 反對搞赤字預算和預算赤字,以避免由財政預算赤字引起的國民收入超分配和通貨膨脹對國民經濟產生不利影響,為社會和國民經濟的穩定發展創造條件。因此,在正常情況下,國家預算的編製要求收入和支出都要留有餘地,使預算收入略大於預算支出,不要在計劃上留缺口;在預算年度結束後的決算表上,也要求實際的收入執行數要略大於支出執行數。應當說,在過去中國實行單式預算的條件下,堅持這一原則對保證預算收支平衡,以預算的穩定為國民經濟穩定發展服務發揮了十分重要的作用。中國的《預算法》規定:在編製複式預算的基礎上,「中央政府公共預算不列赤字」,「地方各級預算按量入為出,收支平衡的原則編製,不列赤字」,而為了增強國家財政對經濟建設的宏觀調控和促進其發展的能力和作用,《預算法》還規定:「中央預算中必需的建設投資的部分資金,可以通過舉借國內和國外債務等方式籌措,但是借債應當有合理的規模和結構。」這些都充分反應出國家預算堅持收支平衡以保證預算穩定的原則,即使是為滿足經濟建設需要的借債也應當是適度的,因此從長遠看,國家為經濟建設全局和長遠發展而適當負債,並不是將債務作為一般社會消費來處理,因此也是有利於國民經濟長期穩定發展要求的。

(四)中國國家預算的法律性

國家預算關係到國家和全體人民的根本利益,為保證國家預算按預定目標實現,中國

---

① 馬克思恩格斯選集:第3卷[M].北京:人民出版社,1972:10.

憲法規定,國家預算經全國人民代表大會審查批准後,即成為具有法律效力的文件,作為各級人民政府、各部門、企業、事業單位比照執行的依據。1994年3月22日中國頒布的《中華人民共和國預算法》對國家預算的組成、管理職權、收支範圍、預算的編製、審批、執行、調整、國家決算等有關問題作出了詳細的規定,這更進一步地從法律上強化了國家預算的分配和監督功能,對健全國家預算管理,加強國家宏觀調控,保障經濟和社會的健康發展提供了法律保證。

三、國家預算體系的構成

中國國家預算體系的設計是與中國政權結構和行政區域的劃分相適應的。《中華人民共和國預算法》(以下簡稱《預算法》)規定:「國家實行一級政府一級預算。」設立中央;省、自治區、直轄市;設區的市、自治州;縣、自治縣、不設區的市、市轄區;鄉、民族鄉、鎮五級預算,習慣上又將省及其以下的各級預算稱為地方預算,加上中央預算則使中國預算體系由中央預算和地方預算兩個環節,中央、省、市、縣、鄉五個級次所構成,在這個體系中,要求在中央的統一領導下,實行中央和地方預算的分級管理。中國預算體系構成如圖10-1所示:

```
                    ┌ 中央預算
                    │                          ┌ 設區的市預算 ┌ 市轄區市預算——鄉(鎮)預算
                    │              ┌ 省預算  ┤              └ 市屬縣預算——鄉(鎮)預算
                    │              │          │ 自治州 ┌ 市預算——鄉(鎮)預算
                    │              │                  └ 自治縣預算——鄉(民族鄉、鎮)預算
   國家預算 ┤              │
                    │              │ 自治區預算 ┌ 設區的市預算 ┌ 市轄區市預算——鄉(鎮)預算
                    │ 地方預算 ┤                              └ 市屬縣預算——鄉(鎮)預算
                    │              │
                    │              │ 自治州預算 ┌ 市預算——鄉(民族鄉、鎮)預算
                    │              │              └ 自治縣預算——鄉(民族鄉、鎮)預算
                    │              │
                    └              └ 直轄市預算 ┌ 市轄區預算——鄉(鎮)預算
                                                      └ 市屬縣預算——鄉(鎮)預算
```

圖10-1　預算體系構成圖

在國家預算體系中,中央預算與地方預算的地位作用不同:

(1)中央預算是中央政府的預算,由中央各部門的單位預算和中央直屬企業的財務收支計劃組成。中央預算根據中央國家機關的職能實現要求主要承擔的任務是:①承擔具有全國意義的科學文化、國家管理、國防外交、重點建設及援外支出;②根據全國各地區的經濟發展水平和地方政府職能實現的要求,調劑地方預算收支;③支援經濟不發達地區、民族地區的發展。由於中央承擔著事關全局和促進國家經濟協調發展的資金安排,客觀上要求中央預算應集中國家預算資金的主要部分,這必然使中央預算在國家預算體系中居於主導地位。

(2)地方預算指地方各級政府的預算,是省級預算及其所屬各級預算的總稱,是國家預算的重要組成部分。地方各級政府根據中央統一領導的要求實現各級政府職能,並負責管理所屬區域內的經濟文化建設事業,與此相適應,地方預算主要承擔的任務是:①按國家確

定的預算管理權限組織本級預算收入,並承擔國家規定的代上級預算組織收入的任務。從較長時期看,中國國家預算的大部分收入都是由地方預算來組織的,同時,也負責管理和落實上級預算安排的預算支出以及中央財政對地方財政的轉移支付資金的分配。②為地方經濟文化建設的發展,地方社會經濟資源的開發利用及產業結構的合理化提供資金支持並促進地方公益事業的發展。③從資金和政策方面為地方農業的發展創造條件,在少數民族地區,地方預算還承擔著貫徹黨的民族政策促進民族地區經濟發展的任務。因此,地方預算在組織全國預算收支,貫徹黨和國家的政治經濟政策,促進地方經濟發展方面起著十分重要的作用。

第二節　國家預算管理體制

一、國家預算管理體制的概念

國家預算管理體制是國家為有效地處理各級預算的財政分配關係,根據國家的政權結構及各級政府的職責權,在各級預算之間劃分預算管理權限和資金收支範圍的制度。它是預算管理工作順利進行的基本依據和保證。

二、國家預算管理體制的原則

(一)統一領導,分級管理的原則

中國預算管理體制的確定首先要堅持統一領導,分級管理的原則,這是由中國的政治經濟制度決定的。中國是政治上統一、經濟上公有制占主導地位的社會主義國家,為保證國家的獨立安全及國內安定,實現在社會主義市場經濟條件下全國生產力的合理佈局和協調發展,必須有中央的強有力的統一領導。同時,由於中國各地區的自然環境和經濟發展水平存在較大的差異和地區性特點,又使各地區,各部門有必要在中央統一的方針政策前提下因地制宜地來進行建設,以調動各地方管理發展經濟的積極性。與此相適應,國家在劃分預算管理權限方面,則表現為在中央統一領導下,實行分級管理。

在統一領導,分級管理這一原則中,統一領導居於主導地位,是解決集權方面的問題,要求全國性的各項財政方針政策,全國性的財政計劃及基本的財政規章制度,必須由中央統一制定,各地方必須貫徹執行,不得違反。分級管理是解決分權的問題,即在中央統一領導的前提下,給地方適當的財政管理權限和財力,主要包括:地方對本級總預算有適當的調劑權;地方有支配和使用本地區機動財力的權力;地方有根據中央政策法令,結合本地區的實際情況制定具體執行辦法和實施細則的權力。由此可見,統一領導分級管理原則反應了國家預算管理中統籌兼顧全面安排的要求,也是民主集中制原則在預算管理體制中的具體體現。

(二)財權與事權相統一的原則

國家預算管理體制的實質是解決中央與地方各級政府在財政預算管理方面的權限問題,最終表現為確定各級政府財權財力的大小,這一問題的合理解決關係到各級政府職能實現的物質條件。因此預算管理體制關於財權財力的劃分也就必須建立在明確劃分中央

政府與地方政府的職責事權的基礎上。確定事權是確定財權的前提,即「辦多少事花多少錢」,財權是實現事權的財力保證。為了保證各級政府職責的實現,中國憲法對中央政府與地方政府的事權作了總體上的劃分,如國防、武警、外交、外援、債務還本付息,支援不發達地區,特大自然災害救濟、國家物資儲備等支出由中央政府承擔,城市維護建設、支援農業、一些地方性的社會事務等方面支出由地方政府負擔,並明確規定各級政府承擔的行政管理費和社會科學文化教育衛生事業費等方面支出的責任。

應當說,中央與地方政府在政治、社會、文化教育等方面的事權和財政是較容易劃分清楚的,而較難劃分的事權主要是各級政府應承擔的經濟建設方面的任務,這一問題解決不好,就難免造成中央困難擠地方,地方困難擠中央的現象,或造成預算體制為適應各方面的要求經常調整的不穩定性,為各級政府的財力安排造成困難。因此,預算管理體制的確定要使各級政府的需要得到基本保證,除了明確劃分政治、社會、文化教育等方面的事權外,還必須對各級政府應承擔的經濟建設方面的任務進行劃分。一般而言,全國性的重點建設支出,如全國性的鐵路、公路交通、能源建設、大江大河治理,重要的原材料開採及工業基礎建設等等應由中央政府承擔,而地方政府則主要承擔地區性的經濟建設和資源開發任務,如地方城市建設、基礎設施,地方公用事業,地方性的能源、交通、原材料和農田水利等方面的投資,為地方經濟發展提供條件。只有明確劃分了各級政府在各方面的事權範圍,財權的劃分才會有客觀依據。

(三)兼顧中央與地方利益的原則

在中國,中央政府與地方政府從根本上講並沒有相互衝突的利益,各級政府都是為實現國家和人民的整體利益服務的。但各級政府在實現其職能的過程中,由於職責任務的不同,也存在相對獨立的利益。中央政府職責任務的實現關係到全國上下的整體利益和長遠利益,關係到全國生產力的合理佈局和社會經濟協調發展,並擔負著協調地方政府之間關係的職責,是國家政治上安定經濟上實現繁榮的保證。因此,在全國的財政資金的分配中,客觀上要求中央掌握足夠的財力,特別是在建立社會主義市場經濟的過程中,中央政府對經濟保持有力的調控能力是市場經濟健康發展的重要條件。在現代市場經濟國家中,一般講中央政府掌握的財政收入占全國財政收入的比例都在50%以上。因此,要保證中央對全國的強有力的領導,必須首先保證中央政府在財政資金分配中主導地位,提高中央財政收入占全國財政收入的比重。當前,分稅制的推行對這一目標的實現有積極的作用。在堅持中央政府掌握足夠財力的同時,也必須重視照顧地方的財政利益。這是由於地方政府作為一級政權層次,負有中央規定的政治經濟任務的要求所決定的,地方政府的財力大小,關係當地經濟發展和人民生活水平提高的要求,地方經濟又是全國經濟發展的基礎。在財力分配上,應充分注意地方的利益,給予地方作為一級政權所必須具有的財權財力,並劃給一定的主體財源,這樣才能調動地方當家理財的主動性和積極性,也才能使國家經濟發展和財政收入的增長,財力的有效使用建立在堅實的基礎上。

(四)兼顧公平與效率的原則

社會主義市場經濟的建立,客觀上要求社會經濟的發展建立在效率的基礎上,這不僅表現在生產流通領域,也表現在分配領域,從財政預算管理角度看,這也將成為一個十分突出的問題。預算管理體制的實質是要正確處理中央與地方政府在財政分配和財權財力上的集權與分權問題,但這必須建立在各地區經濟發展的基礎上。為了促進經濟的發展,以

增加財力基礎,預算管理體制的設立應首先考慮各地區經濟效率提高的要求,使各地在發展市場經濟的過程中有相應的物質條件,並承認各地在經濟發展方面的差別,使提高效率成為各地區發展經濟改善財政狀況的目標,這就是經濟發展所需要的效率優先原則。但中國各地經濟發展不平衡,如果僅僅考慮提高效率則會加大地區之間經濟發展和人民生活的差距,甚至會影響社會穩定,並最終影響全國經濟的均衡發展。所以,在處理國家預算管理體制中的集權和分權問題時,也必須充分考慮和兼顧社會公平的要求。這就必須通過中央財政的宏觀調控,使全國財政收支在各地區的實現保持一定的均衡,控制地區間的差距,對低財政收入地區的公共服務要實行保護性政策,對貧困地區要給以必要的扶持,最終體現公平與效率的有效結合。

三、現行的預算管理體制

為適應市場經濟建立的需要,國家決定從1994年1月開始實施新的預算管理體制——分稅制。

(一)分稅制的基本含義

分稅制是通過對稅收收入的劃分來處理中央與地方各級政府之間財政分配關係的財政預算管理體制。當代世界各國,在處理中央與地方政府的財政分配關係中,分稅制已被廣泛採用。中國實行的分稅制應具有符合中國國情的特點。為建立一個適應社會主義市場經濟需要的財政運行機制,這就要求在改革完善中國稅制的基礎上,以合理劃分中央與地方事權為依據,通過對不同稅種收入的劃分,實現各級政府財力分配的科學化、規範化,使各級政府在國家稅收法律和政策保障下,按照預算管理體制的基本原則實現自主管理,以充分調動各級政府的積極性。

(二)實行分稅制的意義

(1)實行分稅制對中國社會主義市場經濟的建立發揮積極的推動作用。建立市場經濟的基本要求是運用價值規律調節經濟,並要求企業經濟組織按市場要求進行生產經營,同時也要求形成國內的統一市場,保護公平競爭,反對地區封鎖。分稅制的實施:①有利於國家與企業的行政隸屬關係,真正實現政企分離,促使企業不再依靠行政領導而自覺按市場要求經營企業;②分稅制的逐步完善將促使稅收、價格體制的改革和完善,有利於形成社會主義市場經濟正常運行所需要的公平競爭環境;③實行分稅制有利於推動稅制改革的完善,有利於中國的國際合作與對外開放,有利於國內市場與國際市場的對接,為中國經濟的發展開闢更廣闊的空間。

(2)分稅制的實施有利於加強中央對國民經濟的宏觀調控能力,為中國經濟改革和經濟的迅速發展創造條件。客觀地講,前期實行的財政包干體制使中央掌握運用的財力受到削弱,影響了中央的宏觀調控力度,使中央對地方企業因財權財力增加造成的財力分散和投資的盲目性、實現社會公平和安定等問題的調控受到一定影響,也給改革的深化帶來一些困難。實施分稅制後,通過稅制改革和規範,不僅使各級政府都有可靠的財力保證,也使中央集中了稅基寬、數量大的稅種,並掌握了絕大部分財政收入增量,中央的財力明顯增強,更有利於維護國家整體利益和中央宏觀調控的作用。

(3)分稅制有利於中國分級財政的真正建立。中國財政預算管理體制改革的方式經歷過多種模式,但最終目標是要建立真正的分級財政,使各級政府在中央的統一政策領導下,

真正獨立地實現自身的事權,這首先要求建立獨立的分級預算。推行分稅制後,中央與地方財力劃分日益清楚,隨著分稅制的完善,各級財政支出也將明確劃分,各級政府各收其稅,各管其事,並同時建立中央對地方的轉移支付制度,以實現中央對地方的調控,這樣,就為地方預算的真正獨立,及實現一級政權,一級財政,一級預算的分級財政的實現創造了條件。

(三)現行分稅制的主要內容

中國從1994年開始實施分稅制,這一體制的建設以預算管理體制原則為依據,在劃分各級政府事權的基礎上,進行了政府間財權的劃分,並通過政府間轉移支付制度的建設,為各級政府職責的實現提供了重要的制度保證。

1. 政府預算支出的劃分

(1)中央政府的預算支出。根據中國現行政策規定,中央財政主要承擔國家安全外交和中央國家機關運轉所需經費,中央在調整國民經濟結構、協調地區發展、實施宏觀調控方面的支出,中央直接管理的事業發展支出。與此相適應,分稅制體制規定,中央政府預算支出包括中央財政承擔的本級各部門經濟、社會事業發展支出,中央對地方的稅收返還支出,中央對地方的專項撥款補助支出,中央對地方的特殊撥款補助支出。

(2)地方政府預算支出。地方財政主要承擔本地區政權機關運轉所需支出以及本地區社會經濟、事業發展所需支出。按分稅制體制規定,地方財政應承擔地方本級的行政事業與地方經濟發展的相關支出,地方上級財政對下級財政的稅收返還支出以及對下級財政的各項補助支出,地方財政應上解中央財政的支出等方面。

2. 預算收入的劃分

與各級政府職責相適應,分稅制體制規定了中央與地方政府主要財力的劃分,並通過現行稅種來劃分中央與地方的預算收入。從現行稅種收入的歸屬考察,可以大體表現為中央稅、地方稅、中央與地方的共享稅,在實踐中,中央預算的固定收入由中央稅與共享稅中劃歸中央的稅收比例組成,地方預算的固定收入則由地方稅與共享稅中劃歸地方的稅收比例組成。其具體內容如下:

(1)中央稅。中央稅主要指全部劃歸中央的各項稅收,由消費稅(含進口環節海關代徵的部分)、車輛購置稅、關稅、海關代徵的進口環節增值稅等構成。

(2)地方稅。地方稅主要指全部劃歸地方的各項稅收,由城鎮土地使用稅、耕地占用稅、土地增值稅、房產稅、城市房地產稅、車船使用稅、車船使用牌照稅、契稅、屠宰稅(已停徵)、筵席稅(已停徵)、農(牧)業稅(已停徵)等構成。

(3)中央與地方的共享稅。在現行稅制中,增值稅、營業稅、各類所得稅、資源稅、城市維護建設稅、印花稅均為中央與地方政府的共享收入。目前各稅分享規定為:①增值稅(不含進口環節由海關代徵的部分):中央政府分享75%,地方政府分享25%;②營業稅:鐵道部、各銀行總行、各保險總公司集中繳納的部分歸中央政府,其餘部分歸地方政府;③企業所得稅、外商投資企業和外國企業所得稅:鐵道部、各銀行總行及海洋石油企業繳納的部分歸中央政府,其餘部分中央與地方政府目前按 60%與40%的比例分享;④個人所得稅:儲蓄存款利息所得的個人所得稅歸中央,其餘部分的分享比例與企業所得稅相同;⑤資源稅:海洋石油企業繳納的部分歸中央政府,其餘部分歸地方政府;⑥城市維護建設稅:鐵道部、各銀行總行、各保險總公司集中繳納的部分歸中央政府,其餘部分歸地方政府;⑦印花稅:

證券交易印花稅收入的97%歸中央政府,其餘3%和其他印花稅收入歸地方政府。為保證中央稅和地方稅的徵管,中國在實施分稅制的同時分設了國稅局與地稅局,中央稅和共享稅由國稅局負責徵收,共享稅中地方分享的部分,由國稅局直接劃入地方金庫,地方稅由地稅局負責徵收。

3. 分稅制中的轉移支付

1994年實行的分稅制,是在全國按統一的制度設計重新劃分了中央財政與地方財政收入的比例,這使中央財政收入占全國財政收入的比重明顯提高,中央政府的宏觀調控能力得到增強。在全國財政收入一定的條件下,地方財力占全國財政收入的比重也將相應下降。因此,分稅實施後,為了實現保障地方政府的基本財力需要,分稅制相應調整了政府間財政轉移支付的數量和形式。除保留了原體制中中央財政對地方的定額補助、專項補助和地方上解外,還重新建立了中央對地方的稅收返還制度,以保障地方利益,從而實現了新體制的平穩過渡。其基本做法為:中央財政對地方稅收返還數額以1993年為基期核定。按1993年地方實際收入以及稅制改革和中央與地方收入劃分情況,核定1993年中央從地方淨上劃的收入數額(即消費稅+75%的增值稅-中央下劃收入)。1993年中央淨上劃收入,全額返還地方,保證現有地方既得財力,並以此作為以後年度中央對地方稅收返還的基數。1994年以後,稅收返還額在1993年基數上逐年遞增,遞增率按本地區增值稅和消費稅增長率的1:0.3系數確定,即上述兩稅每增長1%,中央對地方的稅收返還增長0.3%。如果1994年以後中央淨上劃收入達不到1993年基數,則相應扣減稅收返還基數。

在分稅制實施過程中,對轉移支付辦法又進行了一些調整,目前中國中央對地方轉移支付的方式有六種,即稅收返還、原體制補助、專項補助、過渡期轉移支付補助、各項結算補助和其他補助。

中國的分稅制改革採取了整體設計、逐步推進的方式,實施近20年來在規範中央與地方政府間的財政分配關係方面成效顯著,但由於各級政府的職責事權的確定還未能全面反應政府職能需要,中國稅收制度本身也還有一個不斷改革完善的過程,使中國的分稅制基本上還是一種初步的分稅制。因此,中國的分稅制還需要配合中國經濟體制的轉換和政治體制的改革,最終科學地界定各級政府的職責事權,並按照財權與事權統一的原則,通過稅收收入的合理劃分,進一步完善預算調劑方法,建立科學的轉移支付制度,以有效解決中央與地方政府之間的財力分配問題。與此同時,還應加快對省以下的財政體制的改革,解決現行分稅制中存在的省級政府調節省以下政府財力不平衡的不足,各地區普遍存在省以下橫向和縱向財力不平衡,以及部分地方基層財政困難日益突出的問題,研究分稅制體制在省以下的政府財力分配中的運行方式,使分稅制能真正成為各級公共財政職能實現的重要制度保障,這樣,才能有效實現分稅制的目標,分稅制也才能日臻完善。

四、轉移支付制度

(一)轉移支付制度的含義

在財政分配中,轉移支付是政府為實現特定的社會經濟目標,利用財政資金向社會成員、經濟組織、社會集團進行的一種無償性地資金轉移,也包括政府間的財政資金的轉移。但一般意義上的轉移支付制度,是指為均衡各級政府間的財力與實現公共服務的均等化而進行的政府間的財力轉移,並主要表現為上級政府向下級政府進行的財力轉移。在分稅制

財政體制條件下,中央與地方的財權財力是以稅種作為劃分的依據。而由於各地區的社會經濟條件存在客觀上的差異,這使各地區能實現的稅收在數量上也將產生很大的差別,進而造成各地區財力分配上的差異。特別是經濟落後地區,在體制確定的分稅中往往表現為財力不足,甚至不能保證地區政府職能實現的需要,這客觀上要求通過政府間的財力轉移來解決這一問題。在實踐中,政府間的財力轉移即是通常所說的轉移支付制度,並主要是指在財政體制中確定的中央向地方政府的轉移支付。這一制度,既是分稅制改革的重要組成部分,又對正確處理中央與地方的財力分配關係,保證各級政府職能的實現,為各地區社會經濟的發展,實現國家的宏觀經濟政策及促進全社會公共服務水平的均等化起著十分重要的作用。

(二)轉移支付制度的形式

根據轉移支付制度實施的目標與特點,可將其分為幾種主要類型:

1. 一般性轉移支付

一般性轉移支付是指上級政府根據不同級次的政府在稅收能力、支出需求及資源、人口、貧富等方面存在的差別,按照統一的法定標準或按公式計算出應給予下級政府的補助數額的轉移支付形式。這類轉移支付主要通過有關法律制度進行約束和管理,對其投向並不加以明確的限制,而由下級政府自主地決定其使用方向。一般性轉移支付又主要分為收入分享轉移支付和均衡性轉移支付,前者用於消除政府間的縱向不平衡,後者則主要用以消除各地方政府間存在的稅收能力與其基本需求開支的橫向不均衡,以促進各地區社會公共服務水平的基本一致性。

2. 特殊性轉移支付

特殊性轉移支付是指上級政府為實現特定的目的,將財政資金轉作下級政府的財力,用以支持地方政府實現對一些有利於地方社會經濟的發展,有利於周邊區域或全國社會經濟發展的項目的建設。由於這類轉移支付能體現中央政府或上級政府的政策取向,有利於實現政府的宏觀調控目標,因此這類轉移支付也具有重要作用。在實施過程中,特殊性轉移支付又可分為配套性轉移支付與非配套性轉移支付,前者要求下級政府在取得上級政府的特殊轉移支付時要提供一定比例的配套資金,後者則不必提供。

在中國,新中國成立後政府間的轉移支付制度是與一定時期的財政管理體制相適應的,中央政府通過轉移支付對中國各地區,特別是落後地區社會經濟的發展產生了重要的推動作用。地方政府(主要是經濟較發達地區的地方政府)對中央政府的財力上繳也對中央財力的增強發揮著重要的影響。但是,中國轉移支付制度的實施具有較明顯的傳統體制特徵,突出表現在以基數法作為確定轉移支付的主要依據,這種作法使中國的政府間轉移支付不能科學合理地加以確定。因此,隨著分稅制財政體制的健全完善,中國政府間的轉移支付制度還要進一步改革,需要在科學界定各級政府事權的基礎上,以逐步實現公共服務均等化為目標,確定影響公共服務水平的基本因素,來考慮一般性轉移支付制度的建設。同時,在特殊性轉移支付的安排上,則應充分考慮國家在一定時期內的社會經濟目標與建設重點,並建立健全必要的制度和民主決策程序來加以控制與約束,以保證特殊性轉移支付的合理性與科學性。

第三節　國家預算的編製執行和國家決算

一、國家預算編製的原則

(一)貫徹、執行黨和國家的路線、方針、政策的原則

國家預算的編製過程,就是科學、準確地預計每一財政年度的預算資金的籌集和供應情況,規定預算收入的來源和去向的過程,必須以黨和政府在一定時期內的路線、方針政策、政策作為編製的依據。因為黨和政府的路線、方針、政策,是適應中國各個時期的政治經濟任務的要求而制定的,並集中體現了中國社會主義制度的鞏固和不斷發展的要求,體現了全國人民共同利益實現的要求。通過預算資金的合理計劃和安排處理好各種比例關係,安排好重點項目的資金需要,使國家預算成為黨和政府的路線方針政策得以實現的重要財力保證。當然,根據黨和政府提出的逐步建立和完善社會主義市場經濟的要求,配合分稅制的實施,國家預算的編製必將適應這種變化進行調整,如復式預算的推出和新的預算管理辦法的出拾及預算收支內容的調整都無不體現黨和政府對國家預算的政策約束。

(二)正確處理國家預算與國民經濟和社會發展計劃的關係

為了保證國家經濟的迅速發展和實現資源的有效配置,無論在典型的計劃經濟條件下還是在推行社會主義市場經濟的條件下,國家都有必要制定國民經濟和社會發展計劃來實現對經濟的組織和領導。國家預算的資金安排則是實現這種計劃的重要財力保證。因此,國家預算編製中,必須根據經濟的發展和可能,預計預算收入的總量和構成來有效地集中財政資金,同時根據國民經濟和社會發展的需要,求得資金供需的平衡,努力處理好國家預算與國民經濟和社會發展計劃的關係。在二者關係之中,應明確預算收支指標主要是根據國民經濟和社會發展計劃所涉及的經濟指標和事業指標確定的,但國家預算又能在一定程度上對國民經濟和社會發展計劃起反應、檢查和監督作用,並制約其實現程度。

(三)堅持預算收支平衡,略有結餘的原則

編製國家預算要堅持收支平衡,略有結餘,即指當年的預算支出數應在預算收入數的基礎上來安排,在編製預算時,對預算收入的安排要在實事求是的基礎上努力增加收入,在預算支出的安排上要充分考慮預算收入的可能,兼顧各方面的需要,必須安排的支出要打足,不留缺口,留足預備費和必要的週轉金,這樣,實現預算收支平衡,略有結餘才有可靠的基礎。

編製預算堅持收支平衡,略有結餘的原則,體現了中國預算資金分配上的量力而行的指導思想。背離了這一基本原則要求,則難以避免出現財政赤字,造成社會總供需的不平衡及通貨膨脹,物價上漲,給整個國民經濟的正常發展造成不良影響。

二、國家預算編製的基本要求

(一)編製國家預算的準備工作

編製國家預算是一項政策性強的業務工作和複雜細微的技術性工作,必須在一系列準備工作的前提下來進行,其內容如下:

1. 對本年度預算執行情況的預計和分析

中國預算的編製要以上一年的預算執行情況為基礎,如中國過去一般在每年10月即開始對本年度的預算情況進行總結,這就需要各級財政部門將本年度1~9月的實際預算執行數與對後三個月的預算執行情況的預計結合起來進行分析,供編製下一年度的預算時參考。但隨預算編製週期的改革,中國年度預算執行情況的預計和分析時間將提前,一些地方甚至試行提前到每年的1月。

2. 擬訂計劃年度預算控制指標

在正式編製計劃年度國家預算之前,財政部在對本年度預算執行情況的預計和分析基礎上,根據黨和國家的方針政策要求和計劃年度國民經濟和社會發展計劃的要求,擬定主要收支項目的控制數,經國務院核定後下達全國各省(自治區、直轄市),作為地方總預算編製的主要依據。

3. 統一頒發編製國家預算草案的提示和規定

中國國家預算是由中央預算與地方預算組成的統一的計劃體系,預算的編製必須保持統一性、完整性和正確性。因此,每年國務院及財政部都要向各地區、部門發出編製預算草案的指示和要求,包括編製預算的方針、任務;編製各項收入和支出預算的要求;各級預算收支劃分和地方機動財力的使用範圍;預算編製的方法,程序,報送份數和報送時間等。

4. 修訂預算科目和預算表格

預算科目是國家預算收支的總分類及其明細分類。預算表格是預算收支指標體系的表現形勢,根據國家財政管理體制和行政管理機構變化的要求,財政部每年要對預算收支科目和預算表格進行修訂,以統一頒布下達供各級預算編製時採用。

(二)國家預算的編製

1. 中央預算與地方預算的編製

國家預算是由中央預算和地方各級預算匯編而成,因此,正確編製中央預算和地方預算是正確編製國家預算的主要環節。在實踐中,中央預算由財政部負責編製並由中央各部門及其直屬單位的預算組成。中央預算收入包括中央本級收入與地方上繳收入,中央預算支出由中央本級支出和中央補助地方支出構成,其收支的對比關係則體現中央財政的平衡、結餘與赤字。但中國《預算法》規定:中央政府的公共預算不列赤字,建設性預算可通過適度的借債來平衡收支。

地方預算的編製由各省、直轄市、自治區及所屬各級政府逐級編製,從下到上逐級匯總為地方各級的總預算。地方各級總預算一般由本級政府預算和匯總的下一級預算組成。地方各級政府預算通常由本級各部門預算組成,本級各部門預算又由所屬的各單位預算組成,這裡所指的單位預算指列入部門預算的國家機關、社會團體和其他單位的收支預算。地方預算收入主要包括本級直接籌集的財政、稅收收入,上解上級的收入,從上級取得體制補助收入等。其支出主要包括地方本級各部門的預算支出,補助給下級財政的預算支出。

2. 部門預算的編製

部門預算的編製是指按照一個部門一本帳來編製每一部門的預算收支的方法。在實施中由財政部預算司一個口子對外,統一接收和批覆部門預算,中央每一個部門所有的收入和支出都在一本預算中得到反應。在部門預算中,既要反應財政部門直接安排的預算撥款,又要反應國家有預算分配權的部門安排的資金。因此,實行部門預算有利於預算編製

的統一性。同時,通過部門預算的編製使以往因預算編製過程進度不一,許多經費預算都難以在法律規定的時間內批覆到有關預算單位的問題得以解決,從而有利於各部門預算按計劃實現,有利於維護預算的嚴肅性。部門預算的編製改變了以往按「基數」編製預算的方法,能有效地克服由於基數的不合理所造成的部門之間、支出項目之間苦樂不均的問題。實行部門預算後,一個部門的所有各項收支都在一本預算中反應,從而能對部門各項開支進行科學、合理的核定,這對科學合理地確定預算支出,規範部門收入,實現預算管理的規範化均有十分積極的意義。

三、國家預算的執行

(一)預算收支的執行

國家預算經批准後,即成為全國上下各級政府執行預算的依據。預算收入的執行,由財政部門統一負責組織,並分別由財政部門和各主管收入的專職機關負責徵收管理,中央負責管理的收入由國家稅務局徵收,地方固定收入與其他資源稅由地方稅務局徵收,預算支出則由各個預算支出機關具體負責執行。一般是由財政部門根據主管部門的申請,按計劃分月撥給主管部門,再由主管部門按照隸屬關係層層下撥到基層用款單位,財政部門負責具體組織與監督預算支出的執行。

(二)預算執行中的調整

預算在執行過程中由於受國民經濟中各種因素變化的影響,可能造成預算收支的變化,這客觀上要求在執行預算的過程中不斷進行必要的調整,組織新的平衡。

在實際操作中,可通過一些調整預算的具體措施來促進預算收支的平衡,這些措施一般包括:①預算科目之間的經費流用,即按國家制度規定在一定範圍內,通過部分改變資金用途,形成資金的再分配,以調整預算支出的餘缺。②動用預備費,預備費是各級預算按預算體制規定提取,但事前並未安排具體用途的那部分預算資金,其設置目的是用以解決預算執行過程中難以預料的急需開支提供追加資金的來源。在必要時動用預備費,可以為預算收支平衡提供條件。③預算的追加減,是指在預算執行中,由於客觀經濟條件變化必須增加或減少原核定的收入或支出預算,但追加追減必須按規定程序辦理。④預算的劃轉,指由於行政區域或企事業單位隸屬關係的改變,將預算收支在地區或部門之間進行的調整。

四、改革財政資金繳撥方式,實施國庫集中支付制度

國庫集中支付制度是中國近年來完善預算管理制度的一項重要改革,對中國預算收支計劃的實現有直接的影響。在中國財政分配中,由於普遍存在的多頭開戶與分級撥付的支出方式,長期以來造成財政撥款環節過多、管理分散、截留、擠占、挪用財政資金的問題十分嚴重,不僅使財政收入不能及時入庫,而且還造成財政支出的嚴重失控,損害國家利益,影響預算的嚴肅性。實行國庫集中支付制度,通過大力清理各部門銀行帳戶,取消一切收入過渡帳戶,按照政府預算級次,由財政在中國人民銀行開設國庫單一帳戶,所有財政性資金逐步納入各級政府預算統一管理,財政收入直接繳入國庫或財政指定的商業銀行開設的單一帳戶,財政支出均從國庫單一帳戶直接支付給商品和勞務的供應者,這樣,不僅能有效地解決財政支出多頭開戶造成的問題,而且能通過嚴格控制財政支出,盡可能地合理安排和

節省財政支出,達到提高財政支出的整體效益的目的。同時,實行國庫集中支付制度後,可首先實現對制度外的財力的合理整頓,並在條件成熟時將預算外的財力逐步納入預算內,這樣,中國預算的完整性與統一性也將最終得以實現。

五、國家決算

國家決算是反應年度國家預算執行結果的年度會計報告。根據國家《預算法》規定,各級政府、各部門、各單位在每一預算年度終了後按國務院規定的時間編製決算,正確及時地對預算執行情況進行總結。

由於國家決算是國家預算執行的結果,又是國家經濟活動在財政上的集中反應,因此國家決算的編製對檢查預算執行情況,檢查黨和政府有關方針政策的貫徹落實,檢查預算資金的使用效果,總結預算設計管理及執行中的經驗教訓,為國家決策機關提供制定政策的依據及編製以後年度的國家預算提供重要參考等方面都有十分重要的意義。

中國的國家決算與國家預算相適應,由中央級總決算和地方級總決算組成,決算的編審,是從執行預算的基層單位開始,採取自下而上的編製程序,並逐級審核匯總,最後由財政部根據送報的各省(自治區、直轄市)總決算匯編成地方總決算,再加上財政部編製的中央級總決算最後匯編為國家決算。

國家決算編成之後,由財政部報送國務院審查通過,最後與國家預算草案一起提請全國人民代表大會審查批准。地方各級總決算,則由地方財政部門報送同級人民政府審查後,提請同級人民代表大會審查批准。

第四節　復式預算

一、復式預算的概念

復式預算是指為全面反應國家預算年度內性質不同的預算收支活動,支部由兩個以上相對獨立的預算組成的一種預算形式復式。復式預算是在單式預算的基礎上發展演變而形成的一種經濟分析預算。國家預算自產生以來,世界各國在很長時間內都實行單式預算,直到20世紀30年代,北歐的丹麥和瑞典才率先將預算收支按經濟性質分編為兩張收支表,從而產生了復式預算。

二、單式預算與復式預算的區別

(一) 單式預算與復式預算的形式不同

單式預算是將所有的財政收支全部列入統一的表格中,復式預算則將財政收支按不同性質分別編入兩個或兩個以上的表格中,形成兩個以上的相對獨立的預算。西方國家中採用的典型的復式預算通常劃分為經常性預算和資本預算,發展中國家又常劃分為經常性預算和發展預算。

(二) 單式預算與復式預算的內容不同

單式預算列入全部財政收支,收大於支則為預算結余,收不抵支則為預算赤字。復式

預算是按財政收支的不同經濟性質劃分為兩個或兩個以上的預算,各個預算各有收支項目,相互之間資金不擠占,經常性預算一般不列赤字,資本預算可以用債務彌補赤字。

(三)單式預算與復式預算的收支處理方式不同

單式預算收支項目包括一切正常財政收支及債務收支。西方復式預算中的經常性預算只列債務利息支出,不列債務本金,而資本預算則與債務收支直接相關。

兩種預算形式的上述區別使單式預算和復式預算在具體運用中各有特點。單式預算具有全面性和綜合性,卻難以明確反應收支結構和建設資金的投資效益,但比較簡便,項目設置清楚,編製、審批比較容易。復式預算的總體功能較弱,但預算功能劃分較科學,對收支結構和經濟建設支出效益反應較明顯,有利於對財政收支的控制,更有利於政府分析掌握財政活動。因此,復式預算在實踐中為不少國家所採用。

三、中國實行復式預算的必要性

新中國成立後,國家預算一直採用單式預算的編製方法,將全部財政收支統一編製在一個預算之中,預算結構比較簡單,編製方法也比較簡便。儘管中國預算收支中建設性部分一直佔有較大比例,但在計劃經濟體制下,財政的主要職能就是為經濟建設籌集供應資金。同時,中國在很長一段時間中沒有債務收支或占的比重很小,所以單式預算已可以滿足預算管理需要。隨著經濟體制改革的深入發展,中國國民收入的分配格局發生了很大變化,在建設資金投資方面,投資主體多元化,投資渠道增多,從而改變了以財政撥款為主的局面,財政收支結構也發生了很大變化,債務的發行、還本付息和使用及財政赤字的控制和管理也都成為財政收支管理的重要內容,在此情況下,單式預算的不足日益突出,主要表現在:①現行單式預算及預算範圍已不能全面、準確地反應政府活動和國家對經濟建設的投入規模和資金來源。②不能明確劃分各項財政收支的性質,從而不能如實地反應預算赤字形成的原因和債務收入用途。③不能對各項財政性資金進行有效的管理和監督,使政府難以對國民經濟進行有效的宏觀調控。為增強政府的宏觀調控能力,健全財政職能,國務院決定從1992年開始,中央預算和部分省市預算開始採用復式預算的編製方法,1994年頒布的《預算法》又規定:「中央預算和地方各級政府預算按照復式預算編製。」這樣,復式預算編製方法在中國全面實施。在中國社會主義市場經濟下,實行復式預算的必要性在於:

(一)實行復式預算有利於國家雙重職能的實現

在中國社會主義制度下,國家具有社會管理和經濟建設雙重職能,反應在財政分配上,即一方面要為國家的安全穩定,社會事業發展和人民生活的提高進行分配;另一方面,國家要通過政府的財政投資促進經濟建設的發展和實現宏觀調控。實行復式預算後,各項財政收支按不同經濟性質區分為經常性預算和建設性預算,前者主要為國家實現其社會管理職能服務,後者主要服從國家經濟職能實現的需要,這將更有利於國家雙重職能的正確實施。

(二)實行復式預算有利於加強對預算收支的約束和預算管理

復式預算把不同性質的財政資金劃分開來,並建立起相應的收支對應在關係,經常性預算不能列赤字,必須實現收支平衡略有結餘,建設性預算則必須在可能的條件下實現國家經濟建設的協調發展保持合理的投資規模和結構,債務收支也必須以服務於國家經濟建設需要為目的,這種預算收支的明確分工和規定性必將有效地約束預算分配不公,也為根據各類預算收支的特點制定不同的管理制度創造了條件,從而有利於預算管理水平的提高。

(三)實行復式預算有利於國債的管理

實行復式預算後,通過建設性預算可以準確地反應國債的數量和使用情況,特別是要求國債必須用於經濟建設以保證債務的使用效果和按期償還,這使國家能在掌握國債總量的前提下,研究由此產生的社會的和經濟的效果及國家的償債能力,並將國債規模控制在一定的範圍內。

(四)實行復式預算有利於中國經濟體制的改革和向社會主義市場經濟過度

實行復式預算客觀上要求投資體制、財政體制、企業體制改革的配套,從而促進中國經濟改革的發展。而建立市場經濟,必然出現投資主體多元化和投資渠道的擴展,國家通過復式預算的實施將有利於對社會投資的引導(如通過向社會各界的舉債融資),這既肯定了市場經濟條件下各投資主體的利益和各自的市場行為,又有利於國家在調控市場方面的政策的推行。

四、中國復式預算的組成

中國目前實行的復式預算,是從中國國情出發設計的,不同於西方國家和其他發展中國家的復式預算模式。其基本結構的組成服從於國家社會管理職能和經濟建設職能相區別的要求,目前由一般預算(公共預算)、基金預算、國有資本經營預算三部分組成。

一般預算與原經常性預算相同,收入主要是稅收,支出主要是維持政權運行,公用事業發展和社會保障等支出。基金預算主要由政府性基金收支和專項收支構成。國有資本經營預算主要由國有資本經營收支構成,具體包括上交的國有資本收益如上交的國企利潤、國有股利、股息、國有資產轉讓收入、清算收入;國企資本性支出、費用性支出和其他支出等。

五、零基預算

零基預算是指在預算的編製中,對每一預算收支項目的確定都是以零為起點,不受以往年度預算收支基數的約束,而是根據計劃年度的實際情況來確定預算收支指標的一種預算編製形式。在實踐中,由於零基預算否定了過去的預算與計劃年度預算的連續性,因此又可稱為不連續預算。零基預算的採用,側重於對政府預算支出的控制,其目的是將一些不重要或可有可無的支出項目予以取消,以節省政府支出。但這一方式的採用,要以成本效益分析方法作為決策的基礎,對每一支出項目的科學性與合理性進行全面的分析研究,因此編製預算的成本較高。但這種方式的有效採用,對提高財政支出的使用效益有積極的作用,特別是在進行政府行政部門與機構的改革調整後,採用零基預算作為預算編製的方法則更具實踐意義。

零基預算形式可以在各種預算層次編製預算時採用,但零基預算本身並不能避免各部門誇大預算開支的可能,同時在實踐中,要完全不顧及以往年度的投資也是不可能的,因此政府可以根據不同的預算管理目標來考慮是否加以採用。

【復習思考題】
1. 簡述中國國家預算的特點?
2. 怎樣理解國家預算管理體制的原則?
3. 試述實行復式預算的必要性。

第十一章
金融概論

第一節　金融的構成

一、金融的含義

什麼是金融？一般地說，金融是指貨幣資金的融通，即貨幣、貨幣流通、信用以及直接相關的經濟活動。貨幣資金的融通按有無媒介體作用其間劃分為直接金融和間接金融兩個大類。直接金融是在沒有金融媒介體參加的條件下的一種融通資金方式，比如融資雙方直接協商買賣有價證券，預付和賒銷商品等。間接金融則是通過金融媒介體，比如銀行、保險公司參加的融通資金的方式。在這種方式下，貨幣資金的融通，是通過各種金融機構來進行的。由此可見，金融這一概念的含義涉及貨幣、信用和銀行三個既相互區別又密切聯繫的經濟範疇，所以人們通常把同貨幣、信用和銀行有關的一切活動，諸如貨幣的發行和回籠，各種存款的吸收和提取，各類貸款的發放和收回，以及各種證券的發行和轉讓都歸屬於金融活動的範圍。組織這種活動的機構則是銀行和其他金融機構。

金融是商品經濟發展的產物，在封建社會，貨幣資金的融通主要是依靠經營金銀貨幣各種形式的借貸活動來實現的。隨著商品經濟的發展和資本主義生產關係的出現，金融活動的範圍才隨之擴大到貨幣兌換、保管和匯兌業務方面，到資本主義生產方式確立後的自由資本主義時期，商品經濟進一步發展，這種與貨幣有關的經濟活動便迅速發展到以信用為中心的貨幣和貨幣資金的流通。

二、金融的構成

金融的構成是指金融活動中直接相關的各個相對獨立的組成部分，主要包括貨幣、信用和銀行三個方面的內容。為了更好地理解金融的內涵，我們必須弄清楚同金融活動有著內在聯繫的貨幣、信用和銀行三個經濟範疇的基本特徵。

(一) 貨幣

貨幣是社會經濟生活中接觸最多的一個經濟範疇。貨幣到底是什麼？關於這個問題，馬克思在《政治經濟學批判》中明確指出：「它(指貨幣──引者註)是商品交換價值的結晶，是商品在交換過程本身之中造成的……為了彼此以交換價值的資格見面，它們就必須

採取新的形式規定,發展為貨幣。」①馬克思在《資本論》中進一步指出:「貨幣結晶是交換過程的必然產物,在交換過程中,各種不同的勞動產品事實上彼此等同,從而事實上轉化為商品……隨著勞動產品轉化為商品,商品就在同一程度上轉化為貨幣。」②可見,貨幣不是別的什麼,它是在交換發展過程中,從商品界自發地分離出來作為一般等價物的特殊商品。

把貨幣的本源認定為商品,這是馬克思主義貨幣學說的基本點。遠在原始公社時期,社會生產力極其低下,人類社會沒有商品生產,沒有交換,社會產品在公社氏族成員之間的分配是直接參與進行的。後來由於社會大分工,出現了私有制,社會生產力的發展,勞動生產物作為商品生產和商品交換的規模和範圍日益擴大,客觀上要求有一種商品從商品界分離出來作為其他所有商品的一般等價物。如中國歷史上的牲畜、獸皮、貝殼、布帛等等都起過一般等價物的作用。「隨著商品交換日益突破地方的限制,從而商品價值日益發展成為一般人類勞動的化身,貨幣形式也就日益轉到那些天然適於執行一般等價物這種社會職能的商品身上,即轉到貴金屬身上」③。這表明,貨幣本來就是商品。

(二) 信用

信用是貨幣或商品以償還為條件的讓渡,通俗地說,就是指商品的延期付款和貨幣的借貸運動。在商品貨幣經濟條件下,信用活動一方面表現為債權人貸出貨幣或賒銷商品,另一方面債務人則按照雙方約定的日期和條件償還款項,支付一定的利息。所以,馬克思指出:「這個運動——以償還為條件的付出——一般地說就是貸和借的運動。」④正因為如此,人們把信用這一概念總是簡括為以償還為條件的價值的特殊運動形式。馬克思的精闢指示明確告訴我們,信用具有償還性,支付利息和價值形式單方面轉移的特徵。把握了信用的這些特徵,就能正確區分金融活動中信用與其他經濟範疇的界限。

在商品貨幣經濟條件下,信用之所以得到廣泛的發展,是由於商品或貨幣在持有者之間分佈的不均衡性所決定的。因為在商品經濟的社會中,一定時期內經常都會有大量的商品所有者需要出售商品,而商品購買者又不一定有足夠的貨幣,使商品交換無法實現。為了解決這個矛盾,購銷雙方有必要通過賒銷或購買者先向他人借入貨幣購買商品的方式來實現商品的讓渡,最後由購買者償還欠款或借款。這表明信用從根本上講是一種借貸行為。當然也要指出,信用借貸行為在不同的社會反應著不同的生產關係。

(三) 銀行

銀行是經營貨幣借貸業務的經濟組織。它是在前資本主義的貨幣經營業的基礎上逐步發展而形成的。馬克思在《資本論》中把銀行稱為特殊的資本主義企業。這種企業之所以特殊,在於銀行經營的對象不是普通商品,而是特殊商品——貨幣。銀行經營業務的範圍必然是同貨幣商品相聯繫的貨幣信用領域。在資本主義制度下,銀行通過接受存款、辦理放款、匯兌和儲蓄,充當資本家之間的信用仲介,並發行貨幣為資本家生產剩餘價值和實現剩餘價值服務。在社會主義制度下,由於生產資料公有制是中國社會主義政治制度和經濟制度的基礎,貨幣發行由國家壟斷,社會各單位的貨幣收付一般都通過銀行辦理,使銀行成為全國的信貸、結算和現金出納中心,成為國家管理金融市場,調控經濟,促進社會發展

---

① 馬克思.政治經濟學批判[M].北京:人民出版社,1957:22.
② 馬克思.資本論:第1卷[M].北京:人民出版社,1975:105.
③ 馬克思.資本論:第1卷[M].北京:人民出版社,1975:107.
④ 馬克思.資本論:第3卷[M].北京:人民出版社,1975:390.

的重要工具。

三、金融工具

(一)金融工具及其特徵

金融工具是指以書面形式發行和流通,借以證明債務人的義務或債權人權利的證書。這種以確立和清償債權債務關係的證書,人們通常稱之為金融工具或叫做信用工具。中國社會主義市場經濟中的現有金融工具,主要有商業匯票、債券、股票、支票和銀行券。隨著市場經濟的發展和完善,金融工具將會愈來愈現代化和多樣化。

金融工具一般都具有以下基本特徵:

1. 償還性

償還性是指金融工具除股票外,一般都具有到期償還的特點,即各種金融工具的發行和流通均載明有到期償還的義務和期限。

2. 流動性

流動性是指金融工具可以在金融市場上買賣、轉讓。流動性越大的金融工具,變現性也就越強。

3. 安全性

安全性是指投資於金融工具如股票、債券的本金的風險程度,具體體現在收回本金和取得收益的安全程度和保障程度兩個方面。

4. 收益性

收益性是指投資於金融工具,能給投資者所帶來的收益能力。

金融工具的上述四個基本特徵是作為一個群體來考察的。具體到每一種金融工具來講,很難使四個特徵統一於一身是常有的現象。例如流動性越強的金融工具,如果購買者多,求過於供,這種金融工具出售、轉讓的價格就有可能上揚,結果會導致投資者收益降低,風險大。這表明金融工具的各個特點之間有一種替代關係,投資者究竟需要擁有哪種金融工具,必須從本身的實際情況出發,擇其優而用之。

(二)中國主要的金融工具

1. 商業匯票

商業匯票是一種以合法商品交換為基礎所產生的信用支付工具。中國《銀行結算辦法》明確規定禁止簽發無商品交換的匯票。因為沒有商品交換做後盾的商業匯票,缺少實物價值保證,匯票到期可能出現支付困難,影響企業生產和資金的良性循環。十分明顯,如果允許簽發的無商品交換商業匯票,其結果必然不利於國家加強對商業信用的管理,助長企業的投機行為,而且還會導致信用膨脹。

商業匯票的運行過程,一般都要經過簽發、背書轉讓、承兌和付款的處理程序(詳見第十八章中國的非現金結算)。

2. 債券

債券是債務人向債權人出具的一種債務證書。即政府、金融機構、公司為了籌集資金,按照法定程序發行,在指定時間內支付一定利息和償還本金的有價證券。債券的基本要素由面值、利率和還本期三個部分構成。

債券的種類繁多,按發行主體為標準劃分,大體上可分為:政府債券、公司債券、金融債

券和國際債券四個大類:

(1)政府債券,是國家根據信用原則舉借債務的借款憑證,它由國家債券和地方債券兩部分組成。凡是中央政府發行的債券叫做國家債券,又稱公債或國庫券。凡是由地方各級政府發行的債券,叫做地方債券或稱地方公債。

(2)公司債券又叫做企業債券,是公司或企業為籌集資金而發行的債務憑證,即由發行債券的公司為籌措資金,公開舉債而發行的一種契約證書。債務發行公司對債券持有人作出承諾,在一定時期內按債務票面金額和約定利率償還本息。公司債券的風險較政府債券風險大,利率也較高。

(3)金融債券,是銀行或其他金融機構為籌集中長期資金而向社會發行的一種借債憑證,以擴大信貸資金的來源。金融債券在大多數情況下,都是由信用度較高的大金融機構發行,利率略高於同期銀行存款利率,期限為1~5年不等。中國從1985年開始發行金融債券,金融債券的發行對象只限於社會公眾個人,不對企業和團體發行,利率較高,風險小,收益較好,頗受公眾青睞。

(4)國際債券,是政府或企業在境以外發行的債券。例如甲國在乙國發行的乙國貨幣債券;甲國在乙國發行的丙國貨幣債券都統稱為國際債券。

3. 股票

股票是股份公司發給股東(出資者)證明其投資入股,並有權取得股息收入的憑證。股票的擁有者就是股份公司的所有者,既有分享公司利益的權利,也有承擔公司的責任和風險的義務。股票不是勞動生產的物質,本身沒有價值,不是真實的資本,而是一種虛擬資本。但是,股票代表著取得一定收入的所有權證書,可以當作商品在金融市場上進行買賣轉讓,股票又有價格,成為一種有價證券。股票價格又叫做股票行市,也就是在證券市場上買賣股票的價格。股票的市場價格是變動的,一般取決於股息收入的多少和當時存款利息的高低。

股票可以根據需要,從不同角度進行分類。按股東的權利為標準,股票一般分為普通股和優先股兩類。按股票票面形態為標準,股票可以分為記名股票和無記名股票,有面額股票和無面額股票四類。按股票持股主體為標準,股票可以分為國家股、單位(法人)股和個人股三類。

4. 支票

支票的基本形式為現金支票和轉帳支票兩種。現金支票可以從銀行提取現金,轉帳支票只限於劃轉存款。支票具有適用範圍廣,結算過程簡單,使用方便、靈活的特點,是金融工具中使用量較多,通用性最強、涉及面最廣的一種信用工具。

5. 銀行券

銀行券,俗稱鈔票。它是由銀行發行的一種信用貨幣。最早的銀行券出現於17世紀,開始由各商業銀行分散發行,後來逐漸固定在國內信譽較高的大銀行發行。到19世紀中葉各資本主義國家最後都集中由中央銀行壟斷發行。中國的人民幣,從根本上講也是銀行券,是中國人民銀行發行的一種信用貨幣。

第二節 信用的職能和形式

一、信用的產生和發展

(一)信用的產生

信用是同商品貨幣關係密切聯繫的,隨著商品貨幣關係的產生而產生,隨著商品貨幣關係的發展而發展,是從屬於商品貨幣經濟的經濟範疇。

在生產力水平十分低下的原始公社時期,人們勞動是共同的集體勞動,勞動產品為全體公社成員共同享有。在那個時期沒有剩餘產品,沒有商品交換和貨幣,產品分配在公社成員之間是直接的平均分配,可以說人們不知道商品貨幣為何物。可是,當人類社會進入原始公社末期,情況就大不一樣了。生產力的發展帶來了畜牧業與農業的第一次大分工,以及隨後手工業與農業的第二次大分工,產生了直接以交換為目的的商品生產和生產資料的私人佔有制,於是在原始公社內部發生著愈來愈大的財富兩極分化,一些家族憑著自己的某些優越條件,依靠職權佔有公地,掠奪公共財富,逐步擁有大量的貨幣財富,而另一些家庭的經濟地位極其脆弱,一旦發生任何意外,比如戰爭、歉收、瘟疫等天災人禍,便會使自己處於破產境地而無法生活下去。貧窮家庭為了生存不得不以高昂代價求助於富裕家庭,向富有者借貸,這樣就產生了信用。人類社會最古老的信用形式——高利貸信用,就是在原始公社制度末期,生產力有了發展,出現了社會分工和生產資料私人佔有制的基礎上產生的。

(二)信用的發展

1. 高利貸信用

高利貸信用是前資本主義社會最基本的信用形式,高利貸信用貸款的對象主要是:①貸給奴隸主或封建主,供奴隸主和封建主任意揮霍浪費,以維持這兩個剝削階級窮奢極欲的寄生生活。②貸給小生產者,用來維持其瀕於破產的經濟,購買生存所必不可少的消費品,償還地租和向國家繳納捐稅。在奴隸社會和封建社會,高利貸者不論把貨幣貸放給誰,他們取得的利息收入歸根到底都是來自農民和手工業者所創造的剩餘產品,甚至是一部分必要產品。高利貸者榨取農民和手工業者的高利收入,是對小生產者勞動成果露骨的直接佔有。而來自奴隸主、封建主的高利收入,不過是剝削小生產者剩餘勞動的轉化形態而已。

在前資本主義社會大量小生產者的存在是高利貸信用賴以存在的經濟基礎。小生產者如自耕農和小手工業者經濟的極端不穩定,奴隸主階級和地主階級驕奢淫逸、尋歡作樂的需要,使高利貸信用獲得了廣泛的發展。

在奴隸社會和封建社會,高利貸信用一方面促進著自然經濟的解體和商品貨幣關係的發展,另一方面又破壞舊的所有權形式,使生產力衰退。因為高利貸者通過貨幣投放,重利盤剝,加速了財富分化過程,造成貧者更加赤貧,富者愈益巨富,特別是封建社會末期,高利貸者的殘酷剝削,小生產者往往會傾家蕩產,成為一無所有的無產者,他們為了維持起碼的生活需要,被迫出賣自身的勞動力。貨幣財富的大量集中,勞動者貧困破產,這就為資本主

義生產方式的產生創造了條件。正如馬克思說的那樣:「高利貸有兩種作用:第一,總的說來,它同商人財產並列形成獨立的貨幣財產;第二,它把勞動條件占為己有,也就是說,使舊勞動條件的所有者破產,因此,它對形成產業資本的前提是一個有力的槓桿。」[1]但是,高利貸信用又是保守的、落後的,它和當時的商業一樣,是剝削已有的生產方式,而不是創造新的生產方式。由於舊的生產方式使高利貸者發財致富,因此,高利貸者力圖直接維持這種生產方式,以便不斷進行剝削。殘酷的剝削必然導致生產力衰退,使社會再生產更加困難。由於奴隸主和封建主在債務重壓下破產後,高利貸者會代之而成為新的奴隸主和封建主。小生產者破產後會淪為奴隸、債務農奴,所以,高利貸只有在資本主義生產方式其他條件已經具備的地方,才會成為促進資本主義前提條件形成的槓桿。

高利貸信用的利息是不受任何限制的,利率一般都為年利的 20% ~ 40% ,有的高達 100%、200%。由於高利貸者貸出的貨幣資本利息特別高,期限短,獲利豐厚,決定了高利貸者不願意把集中起來的貨幣財富向產業資本轉化,而寧願像寄生蟲那樣,緊緊地貼在小生產者身上,無止境地吸吮著他們的膏脂,過著不勞而獲的寄生腐朽的生活。隨著資本主義發展,古老的高利貸信用,越來越不適應資本主義的發展對貨幣資本的需要,而成為社會生產力發展的嚴重阻礙,這樣,就產生了新興產業資本的發展與落後的高利貸信用關係的矛盾,產生了新興資產階級反對高利貸的鬥爭,產生了建立資本主義銀行的迫切需要。鬥爭的結果,通過高利貸性質的銀行的演變或者按照資本主義原則,以股份公司的形式建立了資本主義銀行,從而產生了資本主義信用。

2. 資本主義信用

資本主義信用是借貸資本的運動形式,是以貸放生息的資本運動,是生息資本在資本主義條件下的表現形式。資本主義信用的基本形式是商業信用和銀行信用。而商業信用又是資本主義信用制度的基礎,它的對象是商品資本。

商業信用一般都是短期性質的信用。由於商品買賣延期支付,無需要現款,而是出一張票據在約定時間內把賒欠款付給商品出售者,因而票據就成了商業信用通行的工具。商業信用的票據分期票和匯票兩種。期票是一種定期付款的票據,由商品購買者發出,到期付款。在未到期以前,經債權人簽字,可以流通,用來購買商品或清償債務。匯票又分為商業匯票和銀行匯票。商業匯票由商品出售者簽發,經購買者簽章承兌,於到期之日把款項付給持票人。銀行匯票是一種匯款憑證,由銀行發出,交由匯款人寄給異地收款人,憑以兌取匯款。在資本主義制度下,票據可以流通,起流通手段和支付手段的作用,但是,它只局限在彼此有經濟往來,而且又相互瞭解的資本家之間的範疇以內。

商業信用的存在,對於加速資本主義商品流通起著一定的作用,同時又加深了資本主義市場的盲目性,投機倒把,買空賣空,掩蓋了生產過剩危機,使資本主義經濟危機日益尖銳化。

商業信用所貸出的資本是處在產業資本循環過程中的商品資本,它的借貸規模受到各職能資本家的資本數量、資本歸流和商品流轉方向的限制,帶有一定的局限性。比如某資本家只有 1 萬元的商品資本,他就只能在 1 萬元的範圍內提供信用,而不能超過這個界限。為了滿足資本主義擴大再生產的需要,促進資本主義的順利發展,在商業信用的基礎上,還

---

[1] 馬克思. 資本論:第 3 卷[M]. 北京:人民出版社,1975:689 - 690.

需要有另一種形式的信用,即銀行信用。資本主義的銀行信用是銀行以貸款形式向職能資本家提供的信用。銀行信用所貸出的資本是從產業資本中分離出來的暫時閒置的貨幣資本,它不受個別資本家所擁有資本數量的限制,可以在任何方向上把貨幣資本貸出去,因而,存在於商品信用那樣的局限性就被銀行信用完全克服了。

3. 社會主義信用

中國社會主義制度下,信用存在的客觀必要性,是由商品貨幣關係存在決定的。列寧早就指出社會主義階段不能消滅貨幣。他說:「我們不能一下子廢除貨幣。我們說,貨幣還要暫時保留下來,而且在從資本主義舊社會向社會主義新社會過渡的時期,還要保留一個相當長的時間。」①既然社會主義建設階段不能消滅貨幣,那麼在商品貨幣關係基礎上建立和發展起來的信用就成為完全必要了。因為社會主義再生產過程的運動,必須借助於貨幣週轉才能實現,而信用為社會再生產服務,是實現社會再生產不可缺少的重要條件。由於社會再生產中物資和資金運動的特點,無論從國民經濟各部門還是從企業來看,任何時候、任何地區都會經常出現貨幣資金的不平衡狀況。在同一時間、同一地區內,總有一些部門和企業會有暫時閒置不用的資金,而另一些部門和企業又急需短期補充資金,這些矛盾的存在是不可能採取財政方式解決的。為了充分發揮資金的作用,變閒置資金為生產資金,提高資金使用效益,加快社會主義建設,國家有必要利用信用,通過信用形式動員一切閒置資金,並在有借有還的原則下,有計劃地加以再分配,以調劑餘缺,滿足各方面的需要。在中國現階段,還由於存在著以公有制為主體,多種所有制經濟共同發展的各種經濟形式,這些不同所有制的經濟形式都是社會主義商品生產的經濟實體,實行獨立核算,自負盈虧。所有制性質不同,經濟利益不完全一樣,它們之間經濟關係的處理只能按照商品經濟的原則,實行等價交換,因而國民經濟各部門,企業在商品生產和交換過程中發生的一系列經濟往來,也必須借助於貨幣信用才能實現。比如全民所有制企業與集體所有制企業、民營企業之間,集體所有制企業、民營企業和個體經濟之間的貨幣結算和資金餘缺調劑;全民所有制經濟各企業之間的貨幣結算和資金餘缺的調劑;國家集體、勞動者個人之間的貨幣結算和資金餘缺的調劑等等都離不開信用。所以社會主義制度下,信用必然成為國家管理經濟、協調生產和流通關係,加強企業經濟核算,提高企業管理水平的重要手段,是集中社會閒置資金,調劑餘缺,促進社會主義生產建設發展的有力槓桿。

二、信用的職能

信用在社會再生產過程中處於分配環節,對社會生產力的發展起著巨大的推動作用。在現代經濟生活中,信用的這種積極作用,通過信用再分配資金和創造流通工具兩個職能得到了最充分的體現。

(一)再分配資金的職能

社會主義市場經濟條件下,社會再生產過程中社會總產品的分配,是通過價值形式的分配來實現的。社會總產品實現為貨幣後,不管是在企業範圍內進行的初次分配,比如企業把貨幣收入分解為支付墊支的補償基金,支付職工的勞動報酬,向國家交納稅利和企業用於擴大生產規模的累積,還是企業初次分配基礎上進行財政再分配所形成的累積基金和

---

① 列寧全集:第 29 卷[M].北京:人民出版社,1956:321.

社會消費基金,從整個社會資金循環的規律來看,總會經常出現資金的彼餘此缺現象 。通過信用再分配資金的功能,吸收存款、組織儲蓄,便可以把社會再生產過程中暫時閒置的資金集中起來,然後又以發放各種貸款的形式,用於滿足國民經濟發展的需要,有力地推動著生產的穩定發展,促進商品流通不斷擴大。

需要指出,信用與財政都具有再分配資金的功能,兩者雖然有著緊密的聯繫,但是它們之間又是有著明顯區別的。就資金的來源和運用考察,財政再分配資金除國家信用採取有償原則外,基本上都是無償性的、轉變資金所有權的一種永久性的分配。而信用再分配資金則完全是以償還為條件的讓渡,只改變資金的使用權而不改變資金的所有權,是資金所有權與使用權的暫時分離。

(二)創造流通工具的職能

信用同貨幣流通有著不可分割的聯繫。這種聯繫表現在信用分配的對象不僅是貨幣,而且在分配和提供貨幣的過程中能夠創造流通工具,以代替貨幣流通。體現在商業信用方面,商品生產者通過賒銷方式出售商品實現了商品交換,實質上就是一種以信用形式來代替貨幣流通,即不需要現實的貨幣支付。至於在商業信用基礎上所產生的商業票據,經過「背書」以後,可以作為購買手段和支付手段使用,用於購買商品,這樣「背書」流通的票據便起著代替銀行信用貨幣流通的作用,相應地節約了貨幣流通。信用創造流通工具的功能,體現在銀行信用領域就更為明顯。例如銀行創造使用支票、匯票、匯兌、委託收款等金融工具,採用非現金結算辦法來轉移單位間的債權債務關係,使單位間的債權債務關係相互抵銷,從而縮小了貨幣流通範圍,減少了市場現金流通量。

三、信用的基本形式

現階段,中國社會主義信用的主要形式有:商業信用、銀行信用、國家信用、消費信用、民間信用和國際信用。

(一)商業信用

商業信用是企業之間賒銷商品和預付貨款形式所提供的信用。在資本主義制度下,商業信用是資本主義信用制度的基礎,對資本主義生產和流通起著促進作用。同時又加深了資本主義的經濟危機。在中國社會主義制度下,為了加強國民經濟的計劃管理,在過去一個較長的時期內,國家對商業信用規定了嚴格的限制,實踐證明,這種過嚴的限制,不利於搞活經濟。為了適應中國現階段商品經濟發展的需要,把宏觀控制和微觀搞活結合起來,商業信用在直接為商品流通服務,加速商品流通,調節企業之間的資金餘缺,提高資金使用效益等方面發揮著積極作用。但是,由於商業信用的授信能力、信用方向、信用範圍和信用期限的局限性,這就決定了商業信用不可能成為現代經濟中信用的主要形式。

(二)銀行信用

銀行信用是銀行以貨幣形式對企業和個人提供的信用。在中國,信用集中於銀行,銀行通過信貸、結算業務吸收社會閒置資金,根據經濟社會發展需要發放貸款,用於擴大再生產,監督各部門、企業合理使用資金,對於加強企業經濟核算,提高企業經營管理水平起著積極作用。由於銀行信用具有間接信用、為信用客體提供單一形態的貨幣資本、授信能量大、作用範圍廣和創造信用的功能的特點,從而克服了商業信用存在的局限性,使銀行信用在現代經濟信用體系中必然居於主導地位,成為動員和分配社會資金的中心。

(三)國家信用

國家信用是以國家為主體所發生的信用。國家信用的基本形式是公債。國家在國內舉借的公債叫做內債。國家在國外舉借的債款和在國外發行公債舉借的債款叫做外債。中國社會主義建設中,國家利用國家信用形式籌集建設資金作為財政資金的補充,對於平衡財政收支,保證重點建設起著重要作用。

(四)消費信用

消費信用是企業、銀行或其他金融機構對消費者直接購買消費品所提供的信用。消費信用的形式有分期付款、消費貸款、信用卡三種。分期付款是指企業用賒銷方式向消費者推銷商品,比如出售高檔耐用消費品採取先提貨,再分期付款等。消費貸款則是指銀行和農村信用合作社向居民個人提供的購買消費品貸款。信用卡是銀行和企業聯合向消費者提供的信用。消費者憑卡可以在指定的單位購買商品和支付勞務,定期與銀行結算。消費信用在中國運用的範圍不廣,數量很小。

(五)民間信用

民間信用是城鄉居民個人之間,以貨幣或實物形式所提供的一種直接借貸活動。例如農村居民之間借款購買農業生產用生產資料,城鎮個體經濟和私營經濟為發展生產、方便群眾生活經營販運業務籌集資金。民間信用的存在,有利於調劑居民個人之間的資金餘缺,特別是對於發展農村經濟有一定的積極作用。但是,民間信用的利率較高,且帶有很大的盲目性,國家必須加強管理和引導。

(六)國際信用

國際信用是指國與國之間的政府、企業、經濟組織、銀行以及國際金融機構相互提供的信用。國際信用的主要形式有:出口信貸、銀行信貸、國際租賃、補償貿易、國際間政府貸款和國際金融機構貸款,比如國際貨幣基金組織、世界銀行向其成員國提供的貸款等。國際信用對於國際貿易和國際間的經濟交往起著重要的促進作用。

第三節　銀行概述

一、銀行的產生

銀行同高利貸信用的出現一樣,也是商品貨幣經濟發展的產物。在歷史上,商品貨幣經濟的發展,市場交換規模和範圍的不斷擴大,各國之間、各個地區之間的經濟交往日趨頻繁。由於各個國家流通著不同的貨幣,即使是在一個國家內,各地區之間鑄幣的重量、成色往往也不盡相同,阻礙著國家之間、地區之間物資交換的順利進行。為了適應市場需要,方便買賣,客觀上要有一個職能部門能發揮支付仲介作用,在這種情況下,從商人中便分離出一種從事鑄幣兌換業務的貨幣兌換商,出現了貨幣經營業。開始他們為商人保管貨幣,或將各種名目不同,成色各異的貨幣,兌換成便於商品交換支付清算的貨幣。隨著商品交換的進一步發展,這些兌換商又為商人辦理支付和兌換業務,並發放貸款。於是,貨幣兌換商就逐漸發展成為辦理存、放、匯業務的銀行,不過這一時期出現的銀行屬於高利貸的性質,而不是資本主義性質的銀行。1580年在義大利威尼斯成立的銀行,就是這類性質銀行的

代表。

二、銀行的發展

銀行的出現,對商品經濟的發展起了一定的促進作用。但是,舊式金融業信用能量小,加上又具有高利貸的性質,決定了它不可能有較大的發展,最後必然為資本主義性質的銀行所取代。因為資本主義生產關係的確立,資產階級為了擴大生產規模,不僅對信用需求量大,而且要求貸款的利息不能過高,以便自己有利可圖,顯然,在封建社會成長起來的具有高利貸性質的銀行,遠遠不能適應資本主義經濟發展需要。新興資產階級為了擴大貸款來源,迫切需要建立起資本主義性質的銀行,這就產生了新興資產階級反對高利貸的鬥爭。通過鬥爭,迫使高利貸性質的銀行發生變化,或者按照資本主義原則,以股份公司的形式建立了資本主義的銀行。例如1694年在英國倫敦建立的英格蘭銀行就是在英國政府幫助下,由資本家合夥開辦的。英格蘭銀行的出現,標誌著資本主義信用制度的建立。

三、銀行在社會主義經濟中的作用

(一)集聚和再分配資金,促進社會主義經濟的發展

中國社會主義現代化建設需要大量資金,沒有足夠的建設資金,我們就不可能實現工業、農業、國防和科學技術的現代化,就不可能在本世紀把中國建設成為具有高度物質文明和高度精神文明的社會主義強國。中國社會主義政治經濟制度決定了建設資金的累積和籌集,必然是走自力更生為主,爭取外援為輔的道路,依靠自己國家內部來解決。而廣大勞動人民與國家利益的一致性,他們生產建設熱情的不斷高漲,為社會增加財富創造更多的累積提供了可能性。但是,各部門勞動者創造的累積、各部門、企業之間資金餘缺的調劑,不可能採取行政手段集聚和分配。而最適宜於信用方式集中和再分配。正如馬克思所說,銀行把社會上「一切階級的貨幣積蓄和暫時不用的貨幣」集中起來「結合成為巨額,就形成一個貨幣力量」,這「是銀行制度的特殊作用」[①]。銀行以靈活方式把分散的社會閒置資金集中起來,用於支持工、農業生產和商品流通擴大需要,多次為生產和商品流通服務,這樣,就把閒置的「死錢」變為「活錢」,充分發揮了社會資金促進國民經濟發展的作用。

(二)調節貨幣流通

根據貨幣流通規律調節貨幣流通,使流通中的貨幣量保持與商品流通需要量相適應,穩定市場金融物價,是國民經濟健康發展和安定人民生活的重要條件。中國人民銀行是全國貨幣的唯一發行機關,各商業銀行在社會主義經濟中執行信貸結算,現金出納職能。人民幣發行的高度集中統一,保證了人民幣的投放和回籠,如人體血液循環通過心臟。國家銀行就像閘門一樣,掌握控制著全國貨幣流通,自覺調節著貨幣流通與商品流通相適應。

(三)促進物資和資金加速週轉

國家規定各部門、企業的商品買賣除小額零星支付以外,都要通過銀行辦理非現金結算,用劃撥轉帳方式了結雙方的債權債務關係。銀行執行全國結算中心的職能,就能夠最大限度地便利各部門、企業間的商品交換,縮短商品買賣時間,加速購銷雙方的資金週轉,節約現金使用。

---

① 馬克思.資本論:第3卷[M].北京:人民出版社,1975:453-454。

(四)反應和監督國民經濟活動

銀行是國民經濟的綜合部門之一,具有反應情況及時、靈敏、全面的特點。社會再生產過程中的物資週轉,不管多麼紛繁複雜,千變萬化,都可通過價值運動,從銀行的貨幣信用業務中反應出來。銀行作為全國的公共簿記、核算和調節機關,把社會再生產各個環節、國民經濟各方面的活動緊密連接成為一個有機整體。銀行通過信用業務不僅可以瞭解個別企業的經濟活動情況,而且能夠反應一個地區,甚至全國的經濟發展。例如生產企業產銷狀況良好,資金週轉正常,銀行就能按期收回貸款。反之,產品質次價高,貨不對路,庫存積壓,企業便會發生支付困難,多占用信貸資金。又如,通過貨幣投放、回籠數據同商品生產、商品流通情況分析,可以瞭解市場貨幣流通量與商品流通需要量是否相適應。通過國民經濟主要部門貸款比重變化的分析,可以瞭解各部門間的比例關係是否平衡協調。這一切說明,只要商品貨幣關係存在,信用集中於銀行,銀行便必然成為反應和監督國民經濟活動的重要工具。當然,也要看到,銀行反應的情況有一定的局限性,它只是揭露矛盾發現問題的一種綜合動態,起到發出信號、提出問題的作用,而不是揭示出現問題的根本因素。要解決社會經濟生活中出現的複雜問題,還必須進行調查研究,找出產生問題的實質,才有可能作出正確的判斷。

(五)發展對外金融關係,為國內現代化建設服務

對外開放是中國堅定不移的國策。隨著國家對外政治、經濟和文化交往日益發展,中國對外金融關係,如國際間的貨幣結算、匯兌、存款和貸款等信用業務也將不斷擴大。因而發展對外金融關係,做好銀行對外信用業務,對於促進中國對外經濟聯繫、發展進出口貿易和利用外資有著重要意義。在中國對外金融關係中,銀行執行著國際結算、外匯信貸和外幣出納的業務,發揮著外匯收支管理和監督的積極作用,我們必須把銀行作為發展對外金融關係,廣泛吸收外匯存款和外援的橋樑,充分利用一切有利的外資,為現代化建設服務。

第四節　市場經濟條件下的利息

一、利息和利息率

什麼是利息?通俗地說,利息就是指貨幣所有者因貸出貨幣或貨幣資本,而從借款人(債務人)手中取得的報酬。經濟學上有時也稱之為借貸資金的「價格」。當然,所謂借貸資金的「價格」,並非馬克思所指商品價值的貨幣表現的價格,而是一種借用,是借貸資金市場上,因資金的供求狀況而形成的資金「市場價格」。

利息率是指一定時期內,利息額和貸出的貨幣資金額的比率,習慣上簡稱利率。在資本主義社會,利息率的高低,取決於平均利潤率。在正常情況下,利息率隨平均利潤率的升降而升降。與此同時,還要受到借貸資本供求狀況的影響。假定平均利潤率一定,如果借貸資本供過於求,利息率就下降,反之就上升。但是利息率的波動上限不能超過平均利潤率,下限也不能低於零。中國社會主義市場經濟條件下,利息率的變動,除受到平均利潤率和借貸資金供求狀況的影響外,還要受到國家利率政策的制約。

$$利息率 = \frac{利息額}{本金}$$

利率通常有年利率、月利率和日利率之分。年利率按本金的百分之幾計算,如年利率6厘,可寫成6%,月利率按本金的千分之幾計算,如月利率6厘,可寫成6‰,日利率通常按本金的萬分之幾計算,如日利率6厘,可寫成6‱,目前中國的存款均以月利率計算。月利率×12就換算成了年利率。

二、利息的本質

利息屬信用經濟的範疇,反應著一定的生產關係。在人類歷史上,由於社會制度不同,利息所體現的生產關係不同,利息的本質有著根本區別。

在奴隸制和封建制生產方式占統治地位的奴隸社會和封建社會,奴隸主佔有全部生產資料和奴隸,封建地主階級佔有基本生產資料(土地)和不完全佔有農民,在此基礎上,信用活動的利息必然體現著高利貸榨取生產者的剩餘勞動,甚至是一部分必要勞動。在資本主義生產方式占統治地位的資本主義社會,一切勞動產品和工人的勞動力都成為商品。資本主義生產的目的和動機是為了獲得剩餘價值。資本家雇傭工人,以工資形式所支付的勞動報酬,實質上不過是工人必要勞動所創造的勞動力價值,工人剩餘勞動創造的價值則被資本家無償佔有,利息體現著資產階級剝削無產階級的剝削關係。在資本主義制度下,借貸資本家把貨幣資本貸給職能資本家所取得利息,是剩餘價值的一部分,體現著職能資本家和借貸資本家共同瓜分剩餘價值的經濟關係。可見,資本主義的利息是剩餘價值的一種特殊轉化形態。

在以生產資料公有制為基礎的社會主義社會,占主導地位的生產關係性質不同,利息的本質發生了根本變化。國家銀行和其他金融機構對社會主義經濟中的全民所有制企業、集體所有制企業、合資企業和其他經濟成分發放貸款收取利息,是企業純收入的一部分,是金融機構參與國民收入的再分配。銀行和其他金融機構吸收單位存款、城鎮居民儲蓄存款所支付的利息,是社會主義累積在企事業單位和城鄉居民個人之間的再分配。可見,社會主義條件下,銀行和其他金融機構發放貸款取得的利息收入和吸收存款所付出的利息支出,最終都來源於企業的純收入,來源於生產過程中勞動者為社會勞動創造價值的一部分,是憑貨幣資金借出的所有權參與國民收入的再分配。誰擁有貨幣資金越多、借出的數量越大,在國民收入再分配中所佔有的份額也就愈大。從這個角度講,可以說社會主義利息是按資分配的一種形式,基本上不具有剝削性質。但要說明,中國社會主義市場經濟條件下,多種經濟成分和形式並存,利息的來源比較複雜,利息收入中也不排除某些資本主義因素,辯證唯物主義者,應當實事求是,具體問題具體分析,不要一概而論。

三、利息的作用

(一)有利於促進企業改善生產經營管理

利息是勞動者為社會勞動創造產品價值的一部分,是企業純收入的一種扣除。社會主義國有企業,集體企業和其他經濟單位借入貨幣的資金都必須支付一定數額的利息。借款單位利息的付出,不管是列入生產成本還是企業分配後的留利列支,對利潤的形成發生著直接聯繫。如果企業經營管理不善,借入貨幣資金過多,利率較高,所付出的利息數額必然越多,企業最終所能獲得的利潤就會減少。相反,企業經營狀況良好,資金週轉較快,獲得的利潤便會越多。在企業經濟效益同企業和職工物質利益密切掛勾的條件下,利息使企業

既有外部壓力,又增添了內部動力。為了取得較好的經濟效益,企業就必須努力改善經營管理,提高資金使用效益,減少資金占用,加速資金週轉。

(二)有利於協調國家、集體和個人三方面的經濟利益關係

隨著經濟的發展,中國城鄉居民收入不斷增加,他們除用一部分貨幣收入滿足自己的即期需要而外,尚有相當大的一部分暫時閒置的資金,國家根據一定時期內的經濟政策要求,運用利息槓桿,制定合理利率,能引導消費,鼓勵居民把暫時不用的貨幣收入存入銀行,使其轉化為生產建設資金,用於滿足國民經濟發展最急需的項目建設。城鄉居民把錢存入銀行,從利息收入中取得一份報酬,也有利於進一步改善自己的生活。社會再生產過程中,資金運動的不平衡性,會經常出現一些企業暫時資金不足,另一些企業部分資金閒置不用的現象。銀行通過利息槓桿,對借款者收取利息,對存款者支付利息,一方面滿足了資金短缺單位的需要,有利於促進生產的發展,增加累積。另一方面也使資金有餘的企業獲得了必要的收入。可見,正確發揮利息的經濟槓桿作用,有利於處理好國家、集體和勞動者個人三方面的經濟利益關係,為國家建設聚集更多的資金。

(三)有利於國家調控宏觀經濟運行

黨的十四屆三中全會指出:建立社會主義市場經濟體制,就是要使市場在國家宏觀調控下對資源配置起基礎作用。毫無疑問,市場機制下,市場在分配資源中的作用是巨大的。但是市場機制運行實踐反覆證明,資金的最優分配,只簡單依靠「看不見」這只手的作用是難於達到預期目的的,還必須有「看得見」這只手與之相配合,需要有國家干預,即需要國家進行宏觀經濟調控。利息恰好是國家調控宏觀經濟運行的一個重要槓桿。銀行根據國家產業政策需要,對不同部門、不同地區、不同行業,按照「區別對待,擇優扶植」的原則,實行差別利率。例如對農業、能源、交通等部門採取低利率政策,對某些部門的長線產品採取高利率政策,而對經營管理不善,效益低下,逾期不歸還貸款企業實行加息罰息政策,這樣做的結果,就有利於引導資金流向,節約資金使用,實現國家的產業政策,調整經濟結構,使社會資源得到合理配置。

四、利率的類別

利息率有多種多樣。為適應不同的信用行為對經濟所發揮的調節作用,可以根據需要進行不同的分類。各類利率之間的相互關係和所占的比重就構成利率結構。目前中國利率的類別主要有:

(一)統一利率

統一利率是指國家在全國範圍內,對同一類、同一期限的存款和貸款規定的統一利息率。中國各銀行機構吸收的存款和發放貸款都實行國家統一規定的利率。

(二)差別利率

差別利率是指銀行根據國家政策要求,對不同地區、不同部門、不同期限和不同用途規定不同的存款和貸款利息率。例如在基準利率基礎上,各銀行實行的優惠利率、浮動利率、加息、罰息等。差別利率是貫徹國家區別對待政策,用經濟辦法管理經濟的重要經濟手段,對貫徹執行國家的產業政策,引導資金流向,調整經濟結構起著重要作用。

(三)市場利率

市場利率是指在國家統一規定的利率以外,借貸雙方根據資金的供求狀況,相互協商

自行確定的利率。中國銀行同業拆借、信託機構的存貸款和民間個人借貸基本上都屬於市場利率。

(四) 名義利率和實際利率

名義利率又叫做貨幣利率,即以貨幣為標準計算的利率。實際利率則是指以名義利率加物價下降指數或減除物價上漲指數的利率。其計算公式為:實際利率 = 名義利率 ± 物價下降上漲指數。實際利率只有在保持正值的情況下才有利於銀行吸收存款和保護存款者的利益。

第五節　中國的金融體系

一、什麼是金融體系

金融體系是指一定的歷史時期和社會經濟條件下,各種不同的銀行和金融機構所形成的不同層次和系統及其相互關係的組織體系。一個國家在一定歷史時期內建立的金融體系,是由這個國家同一時期的商品經濟發展水平和經濟管理體制模式決定的。

世界各國所建立的金融體系,大體上可以區分為複合銀行體制和單一銀行體制兩種類型。

(一) 複合銀行體制

複合銀行體制是一種多種銀行體制,這種類型的金融體系以中央銀行為核心,以商業銀行為主體,多種金融機構並存和分工協作。西方資本主義國家的金融體系多屬於複合銀行制類型。

(二) 單一銀行體制

單一銀行體制是將中央銀行的職能和商業銀行的職能集中於單一的國家銀行。其特點是銀行的各種金融活動交織在一起,即既掌管貨幣發行、制定和執行金融政策、檢查、監督各金融機構的業務活動,又辦理商業銀行的存放款業務。另外,也建立幾家專業性的銀行,如儲蓄銀行、外匯銀行。

現代市場經濟國家的金融體系,一般都由中央銀行、商業銀行、專業銀行和非銀行金融機構四大部分構成。

二、中國金融體系的建立與發展

中國社會主義金融體系是在 1948 年 12 月 1 日中國人民銀行成立後,逐步建立和發展起來的。經過黨的十一屆三中全會以來的改革和發展實踐,現在已基本上形成了以中國人民銀行為中央銀行,商業銀行為主體,包括政策性金融機構、股份制商業銀行、其他非銀行金融機構並存,分工協作的金融體系。其發展過程大致經歷了三個主要階段。

(一) 1948—1978 年階段

這一時期內,中國基本上只有中國人民銀行一家國家銀行。在長達 30 年的社會主義建設中,曾先後建立過中國農業銀行和中國人民建設銀行。由於「左」的思想干擾,中國農業銀行分設後,在很短的時間內又被撤銷了,沒有發揮什麼作用。中國銀行一直都是中國

人民銀行的一個隸屬機構，經營範圍局限在辦理一些涉外業務。中國人民建設銀行分設後雖未被撤銷，但隸屬於各級財政部門，實際上是財政部門辦理基本建設投資撥款，進行財務監督的一個內部機構，這一時期中國的金融體系完全是一種單一的國家銀行體系。

(二) 1979—1983 年階段

中國農業銀行正式恢復，中國銀行單設，兩行隸屬於國務院領導，業務上受中國人民銀行指導。1980 年起，基本建設撥款改為貸款體制，中國人民建設銀行辦理固定資金信貸業務。這樣，中國過去長達三十年的單一國家銀行體系，通過初步改革，逐步形成了一種多元混合型的國家銀行體系。

(三) 1984 年至今

隨著經濟體制改革的進一步深化，為適應商品經濟發展需要，國務院於 1983 年 9 月決定，中國人民銀行從 1984 年起專門行使中央銀行的職能，領導和管理全國金融事業。同時決定成立中國工商銀行，承辦原來由中國人民銀行辦理的工商業信貸和儲蓄業務。

除此以外，為適應改革開放的新形勢，中國先後還建立了銀監會、證監會、保監會、中國投資銀行、中國國際信託投資公司、交通銀行、中國農業發展銀行、中國進出口銀行和國家開發銀行等金融機構，形成了中國的社會主義金融體系。

三、中國現行金融體系構成狀況

中國現行的社會主義金融體系由以下金融機構組成：

(一) 中央銀行

中國人民銀行是中國的中央銀行，專門行使中央銀行的職能，享有貨幣發行的壟斷權，是發行銀行，在中國社會主義金融體系中居於中心地位，是國務院領導和管理全國金融事業的國家機關，在國務院領導下，制定和執行貨幣政策，防範和化解金融風險，維護金融穩定，依法獨立履行職責，不受地方政府和各級政府部門的干預。中國人民銀行總行設在北京，在全國設分支機構作為總行的派出機構，負責本轄區的金融監管工作。人民銀行總行設行長 1 人，副行長若干人。總行行長人選，根據國務院總理提名，由全國人民代表大會決定，由中華人民共和國主席任免，副行長由國務院總理任免，實行行長負責制。中國人民銀行總行設立的貨幣政策委員會，其職責、組成和工作程序，由國務院規定，報全國人民代表大會常務委員會備案。

(二) 商業銀行

商業銀行是以經營存款、放款和辦理轉帳結算為主要業務，以盈利為主要經營目標的金融企業。商業銀行同其他金融機構相比，具有吸收活期存款、創造貨幣的顯著特徵，被人們稱之為存款貨幣銀行，是金融體系的主體。商業銀行根據《中華人民共和國商業銀行法》的規定，以安全性、流動性、效益性為經營原則，依法經營規定的業務，實行自主經營，自擔風險，自負盈虧，自我約束，不受任何單位和個人的干涉。商業銀行對其分支機構實行全行統一核算，統一調度資金，分級管理的財務制度。各商業銀行的業務範圍由商業銀行章程規定，報國務院銀行業監督管理機構批准。現階段中國股份制等商業銀行主要有：

1. 中國農業銀行

中國農業銀行是國務院的直屬局級的經濟實體，業務上接受中國人民銀行的領導。

中國農業銀行以開辦農村信貸業務為主，組織制編和執行農村信貸計劃，籌集和管理

農村信貸資金,辦理農村各項存款、貸款業務;辦理結算和單據貼現;組織農村的貨幣投放和回籠;辦理批准的外匯存款、貸款、外匯匯款和進出口貿易結算;受中國人民銀行委託,領導和管理農村信用合作社。隨著體制改革的深化,中國農業銀行改造成為股份制商業銀行後,在城市淡化了傳統專業銀行分工,經辦著各類存、放、匯業務,2010年成為上市公司。

2. 中國工商銀行

中國工商銀行成立於1984年1月1日,是國務院領導的直屬局級的經濟實體,在業務上接受中國人民銀行的領導、管理和監督,2006年成為上市公司。

中國工商銀行的基本職能是,根據國家的金融政策籌集社會資金,加強信貸資金管理,支持工農業生產發展和擴大商品流通,推進技術進步和企業的技術改造。

中國工商銀行以辦理人民幣業務為主,同時兼營外匯業務。其內容主要有:辦理城鎮儲蓄、工商企業存款和機關、團體、學校等單位存款;辦理國有工商企業、城鎮集體工商企業和個體工商企業的流動資金貸款;辦理技術改造貸款;辦理科技開發貸款;辦理結算業務和外匯業務。

3. 中國銀行

中國銀行過去是經營外匯業務的專業銀行,中國的十一屆三中全會以後在體制上進行了重大改革,1979年3月,經國務院批准,中國銀行從中國人民銀行分離出來,成為國務院領導的直屬局級的經濟實體,業務上接受中國人民銀行的領導和監督,2006年成為上市公司。

中國銀行的主要業務是:辦理外幣存款和與外匯業務有關的人民幣存款、進出口貸款和外匯貸款,三資企業的信貸業務;辦理與利用外資有關的國際結算業務;辦理國際匯兌和僑匯業務,經營外匯、黃金買賣業務;辦理國內商業銀行所經營的業務;在國外投資,合資經營銀行、財務公司、發行有價證券,辦理信託和諮詢業務;根據國家授權,發行外幣債券和其他有價證券等。

4. 中國建設銀行

中國建設銀行是國務院領導的直屬局級的經濟實體,業務上接受中國人民銀行的領導、管理和監督,2007年成為上市公司。

中國建設銀行過去很長一個時期內具有財政和銀行的雙重職能。主要任務是:貫徹執行國家的方針、政策,管理基本建設、地質勘探的預算支出;辦理基本建設、技術改造撥款和貸款;籌集融通社會資金;辦理銀行信貸和結算業務;管理建築安裝企業財務;實施財政和信貸監督。隨著專業銀行向商業銀行轉化,中國建設銀行已不再是專門辦理有關基本建設財政預算支出方面的專業銀行,而成為名副其實的國家商業銀行,按照商業銀行經營原則和管理方法,辦理商業銀行的一切業務。

5. 中國投資銀行

中國投資銀行於1981年12月23日經國務院批准正式成立,是中國政府指定向國外籌集建設資金,辦理投資信貸的專業銀行,是中國建設銀行的直屬金融企業,實行獨立核算,自負盈虧。它的主要業務是:向國外籌集中長期外匯資金;對國內企業發放投資貸款,對象主要是中外合資企業、國內企業的中、小型項目發放投資貸款等。

6. 交通銀行

1986年重新組建的交通銀行,是國務院直屬局級的經濟實體,是中國實行改革開放後

成立的第一家以公有制為主體,全國性的股份制性質的綜合性商業銀行。在業務上接受中國人民銀行的領導、管理和監督,2007 年成為上市公司。

交通銀行的業務範圍不受專業分工限制,它既可以經營人民幣業務,又可以經營外幣業務;既可以經營各商業銀行的業務,又可以經營非銀行金融機構的業務。在管理體制上,實行董事會領導下的總經理負責制。交通銀行的資本金為人民幣 20 億元,國家控股 50%,總管理處設在上海。

7. 中信實業銀行

中信實業銀行是在中國國際信託投資公司(集團)業務日益發展壯大、銀行體制深化改革的新形勢下,於 1987 年經國務院批准建立起來的全資附屬於中國國際信託投資公司的綜合性商業銀行。註冊資本為人民幣 8 億元。主要經營外幣和人民幣存款和放款;辦理國內和國際銀行間存款、貸款、拆借和貼現業務;辦理貿易和非貿易國際結算;發行債券、股票和經營有價證券買賣;辦理國內外融資租賃業務;接受國家和人民銀行委託交辦的其他金融業務。2007 年成為上市公司。

8. 招商銀行

招商銀行是在招商局集團有限公司及所屬企業投資基礎上建立起來的經濟實體,實行獨立核算,自主經營,自負盈虧,自擔風險,自求平衡的經營原則。在業務上受中國人民銀行的領導、管理和監督。其業務範圍主要是:吸收企業和居民的人民幣存款和外匯存款;辦理國內外結算和匯兌;辦理各種人民幣貸款和外幣貸款;辦理國際和國內投資、租賃業務;經營外匯、有價證券買賣等。2002 年成為上市公司。

9. 廣東發展銀行

廣東發展銀行於 1988 年 6 月經中國人民銀行批准正式成立。註冊資本為人民幣 15 億元。在業務上受中國人民銀行領導、管理和監督。廣東發展銀行的業務範圍主要有:辦理人民幣和外幣存款業務;辦理流動資金、固定資產貸款和票據承兌、貼現業務;辦理國內結算、匯兌和外匯買賣業務;參與國際、國內聯合貸款和銀行團貸款業務。

10. 深圳發展銀行(現平安銀行股份有限公司)

深圳發展銀行是適應深圳經濟特區改革開放發展需要,在吸收特區內 6 家農村信用合作社資金基礎上,由深圳市投資管理公司等 11 個單位和中國公民入股成立起來的股份制商業銀行。1987 年 6 月開始試營,12 月正式開業。實行獨立核算、自主經營、自負盈虧的經營原則,業務上受中國人民銀行領導、管理和監督。2012 年與平安銀行合併,更名為「平安銀行股份有限公司」,為上市公司。

11. 福建興業銀行

福建興業銀行是在福建省福興財務公司的基礎上,於 1988 年根據福建經濟發展需要,由福建省福興財務公司,福建投資企業公司,福建華興投資公司聯合發起,向社會公開招股,經中國人民銀行批准成立的股份制商業銀行。股東由 17 個單位組成,註冊資本為人民幣 15 億元,業務上受中國人民銀行領導、管理和監督,2007 年成為上市公司。

12. 郵政儲蓄銀行

中國郵政儲蓄銀行經國務院批准,於 2007 年 3 月 20 日在北京宣布成立,其業務範圍主要是從事對個人的存款、貸款、匯兌、結算,代辦保險及其他批准的特殊業務。中國郵政儲蓄銀行的成立,必將進一步促進中國銀行業的發展和銀行體系的完善,加快推進中國社

會主義新農村建設和支持社會各項事業的發展。

13. 外資銀行與中外合資銀行

外資銀行和中外合資銀行,是指依據中國法律規定,經國家批准在中國境內設立和營業的金融機構。經中國人民銀行批准經營的業務範圍主要是:外匯存款和放款;外匯票據貼現;經批准的外匯投資;代理外幣和外匯票據兌換,經批准的人民幣業務。

(三)政策性銀行

中國於1994年組建了國家開發銀行、中國進出口銀行和中國農業發展銀行三家政策性銀行。這三家政策性銀行都是以貫徹國家產業政策和區域發展為目的,而不以盈利為目標的金融機構。

1. 國家開發銀行(現為國家開發銀行股份有限公司)

國家開發銀行成立於1994年3月17日,是直屬國務院領導的政策性金融機構,註冊資本為500億元人民幣。其業務範圍主要是:按照國家的法律、法規和方針政策籌集和引導社會資金,支持國家基礎設施、基礎產業和支柱產業大中型基本建設和技術改造等政策性項目及其配套工程的建設,從資金來源上對固定資產投資總量進行控制和調節,優化投資結構,以提高投資效益。

2. 中國進出口銀行

中國進出口銀行成立於1994年7月1日,是直屬國務院領導的政策性金融機構,實行自主、保本經營和企業化管理。註冊資本為33.8億元人民幣。主要任務是:執行國家產業政策和外貿政策,為擴大企業機電產品和成套設備等資本性貨物出口提供政策性金融支持。

3. 中國農業發展銀行

中國農業發展銀行建立於1994年11月18日,是直屬國務院領導的政策性金融機構,實行獨立核算、自主、保本經營、企業化管理的經營原則,業務上接受中國人民銀行的指導和監督,註冊資本為200億元人民幣,其主要任務是:按照國家的法律、法令和方針、政策,以國家信用為基礎,籌集農業政策性信貸資金,承擔國家規定的農業政策性金融業務,代理財政性支農資金的撥付,為農業和農村經濟發展服務。

(四)非銀行金融機構

中國的非銀行金融機構主要有:

1. 保險公司

中國人民保險公司是負責辦理國內外各類保險和再保險業務的國家保險公司,是國務院直屬局級的經濟實體,業務上接受中國人民銀行的領導和管理。

中國人民保險公司在國內的主要業務是:辦理各種所有制的企業的財產保險,各種物資運輸保險,各種運輸工具保險以及個人財產保險;辦理各種人身保險。在國外的主要業務是:辦理進出口物資的運輸保險,遠洋船舶保險;國際航線上的飛機保險與外僑有關的各種財產保險,各種國際再保險等。通過辦理保險和再保險業務建立補償基金,同時為國家聚集必要的資金。

為了適應市場經濟體制建立的需要,加快保險業改革步伐,1993年以後,中國人民保險公司完成了財產險、人壽險和再保險業務的分離工作,改組設立了中國人民保險(集團)公司,包括中保財產保險公司,中保人壽保險公司和中保再保險公司三家子公司。

太平洋保險公司與交通銀行脫鉤,改制成為獨立的股份制商業保險公司;平安保險公司取消了六家子公司的獨立法人地位,將其改成為直屬分公司。截至 2012 年年底,全國保險公司已增加到 165 家,保費收入達 1.55 萬億元,保險服務已延伸到國民經濟的各個領域。①

2. 信託投資公司

信託投資公司是一種以受託人的身分,代人理財的金融機構,是經營金融投資業務的專業公司,是適應經濟體制改革和商品經濟發展需要建立起來的一種獨立核算、自負盈虧的經濟實體,各公司之間沒有上下級的隸屬關係,業務上接受中國人民銀行領導、管理和監督。

信託投資公司的業務範圍有信託業務(信託存款、貸款);投資業務;諮詢業務和代理業務,以及經中國人民銀行批准可以經營的租賃和證券業務,但不得辦理銀行存款業務。為適應信託業務發展需要,1979 年 10 月 4 日,成立了中國國際信託投資公司,作為國家對外經濟聯繫的一個重要窗口。

中國國際信託投資公司經營金融、貿易、技術、服務等綜合性業務,是直屬國務院的部級公司,註冊資本為 30 億元人民幣。

中國國際信託投資公司的宗旨是:按照國家的法律、法規和方針、政策,通過吸收和運用外資,引進先進技術和管理經驗,開展國內外經濟技術合作,從事國際、國內的金融活動,辦理國內外投資業務,為中國現代化建設服務。

3. 證券機構

證券機構是指從事證券業務的非銀行金融機構,包括證券公司、證券交易所、證券登記結算公司、證券投資諮詢公司、基金管理公司和證券評估公司等。各類獨立的非銀行金融機構,在證券市場上從事不同的業務,起著不同的作用。

4. 財務公司

中國財務公司是由企業集團內部各成員單位入股,向社會募集中長期資金,為企業技術進步服務的金融股份有限公司。財務公司實行自主經營、自負盈虧、自求平衡、自擔風險,獨立核算和照章納稅的經營原則。在業務上受中國人民銀行的領導,行政上隸屬於企業集團。

5. 信用合作組織

信用合作組織由農村信用合作社和城市信用合作社組成,簡稱信用社。它是城鄉居民集資聯合組成的合作金融組織。1978 年以來,在改革開放方針指導下,中國農村和城市經濟獲得了巨大發展。適應經濟發展的需要,城鄉信用合作社也得到了迅速的發展和壯大,尤其是農村信用合作社目前已成為農村金融的主體,是合作經濟不可分割的一個重要層次。

信用合作社的自有資金,主要來源於農村和城鎮居民個人投入的股金,這就決定了信用合作社在組織上必然具有群眾性、管理上的民主性和業務經營上的靈活性,並實行按照股金多少分紅的分配制度。中國農業銀行通過正確制定方針、政策和組織執行,發揮自己在農村金融中的主導作用,從而促使信用合作社沿著社會主義方向前進。

---

① 項俊波.截至 2012 年年底全國保費收入 1.55 萬億元[OL]. 2013-07-15.

農村信用合作社的主要業務是：辦理農村個人儲蓄、辦理集體經濟組織的存款、貸款、代理中國農業銀行委託的各項業務；協助集體經濟管好用好資金。信用合作社實行獨立核算，自負盈虧，民主管理的原則。銀行委託辦理的業務，要付給手續費。

城市信用合作社現已逐步改為城市合作銀行、城市商業銀行或農商銀行，其主要業務是：辦理城市集體企業、民營企業、個體經濟的存款、貸款、結算業務；辦理城市個人儲蓄存款；代理人民銀行批准的證券業務和代收代付的其他金融業務。實行獨立核算，自負盈虧，民主管理，為社會提供信用服務。

(五)金融監管機構

1. 銀監會

銀監會是中華人民共和國銀行監督管理委員會的簡稱。是國務院直屬事業單位。2003年4月28日正式履行職責。

銀監會的職責有17條，歸納起來就是：①管風險，即堅持以風險為核心的監管內容，通過對銀行業金融機構的現場檢查和非現場監管，對風險進行跟蹤監控，對風險早發現、早預警、早控制、早處置；②管法人，即堅持法人監管，重視對每個銀行業金融機構總體金融風險的把握、防範和化解，並通過法人實施對整個系統的風險控制；③管內控，即堅持促進銀行內控機制的形成和內控效率的提高，注重構建風險的內部防線；④提高透明度，即加強信息披露和透明度建設，通過加強銀行業金融機構和監管機構的信息披露，提高銀行業金融機構經營和監管工作的透明度。

銀監會監管的目的是：通過審慎有效的監管，保護廣大存款人和消費者的利益；通過審慎有效的監管，增進市場信心；通過宣傳教育工作和相關信息披露，增進公眾對現代金融的瞭解；努力減少金融犯罪。

2. 證監會

證監會是中華人民共和國證券監督管理委員會的簡稱。是國務院直屬事業單位。1992年10月成立。

證監會的職責有13條，歸納起來就是：依照法律、法規和國務院授權，統一監督管理全國證券期貨市場，維護證券期貨市場秩序，保障其合法運行。具體地說，①建立統一的證券期貨監管體系，按規定對證券期貨監管機構實行垂直管理；②強化對從事證券期貨交易的機構(交易所、上市公司、證券期貨經營機構、證券投資基金管理公司、證券期貨投資諮詢和從事證券期貨仲介業務的其他機構)的監管，提高信息披露質量；③加強對證券期貨市場金融風險的防範和化解工作。

3. 保監會

保監會是中華人民共和國保險監督管理委員會的簡稱。是國務院直屬事業單位。1998年11月18日成立。

保監會職責有11條，歸納起來就是：①擬訂保險業發展的方針政策，制訂行業發展戰略和規劃，起草保險業監管的法律、法規，制訂業內規章；②對從事保險和非保險的機構的設立、合併、分立、變更、解散、破產、清算進行監管；③審批關係社會公眾利益的保險險種、強制保險的險種和新開發的人壽保險險種等的保險條款及保險費率；④制訂保險行業信息化標準，建立保險風險評價預警和監控體系，跟蹤分析、監測、預測保險市場運行狀況。

【復習思考題】
1. 試述金融工具的基本特徵?
2. 市場經濟條件下利息有哪些作用?
3. 中國金融體系的構成狀況是怎樣的?

第十二章
貨幣和貨幣流通

第一節　貨幣的本質和職能

一、貨幣的本質

貨幣是同商品相聯繫的經濟範疇，是商品交換發展的必然產物。考察貨幣的本質必須從貨幣的形式和內容兩個方面去認識。

（一）從貨幣的形式上看

貨幣是充當一般等價物的特殊商品。大家知道，貨幣的本質是由貨幣的職能來體現的。貨幣的價值尺度、流通手段、貯藏手段、支付手段和世界貨幣五個職能，它所體現的最本質的東西，歸結到一點便是貨幣在商品交換過程中充當一般等價物的作用。貨幣作為一般等價物的質的規定性，是由貨幣與商品的內在聯繫決定的，是不以人的主觀意志為轉移的客觀存在。因為貨幣本身就是在商品交換發展中，從商品界分離出來的一種商品。貨幣是商品，它就必然和普通商品一樣，具有價值和使用價值兩重屬性。但是貨幣一旦從商品界分離出來，卻又與普通商品相區別而成為一種特殊商品，即商品的使用價值兩重化了。貨幣除了具有它原有的自然屬性的使用價值，能滿足人們的需要，如黃金可以鑲牙、做裝飾品外，又增添了一層使用價值，這就是人們通常所謂的一般的、社會的使用價值，直接體現著社會勞動，成為價值的一般代表，起著一般等價物的作用，可以用來購買任何商品。貨幣商品的一般等價物作用的這種形式特徵，在任何社會形態下都是共同的，是被歷史發展反覆證實的客觀事實，如果否認這一點，貨幣就不成其為貨幣了。可見，從形式上看，貨幣的本質只能是固定充當一般等價物的特殊商品。

（二）從貨幣的內容上看

貨幣既然是從商品交換過程中分離出來的一種特殊商品，並在商品界獨占了一般等價物的特殊地位，其他一切商品的價值只有通過貨幣才能衡量和實現，貨幣自然就成為表現商品生產者之間的生產關係的物質形式。十分明顯，在不同社會形態下，貨幣所體現的生產關係必然有著不同的階級內容。如果不抓住這一點，就無法理解不同社會制度下貨幣的階級本質。

貨幣同其他經濟範疇一樣，不能抽象地離開一定的社會經濟條件而孤立的存在。商品生產是在一定的社會經濟制度下進行的，以商品生產和商品交換為基礎的貨幣運動必然依

存於一定社會的經濟制度,體現著該社會的生產關係。在資本主義制度下,生產資料和勞動生產品歸資本家私人佔有,勞動力轉化為商品,貨幣轉化為資本,這就決定了資本主義的貨幣必然反應著資本家對廣大勞動者的剝削關係,即資本對勞動的剝削關係。反之,在社會主義制度下,貨幣反應的是社會主義的生產關係,也就是勞動人民在利益根本一致的基礎上,相互協作的關係,這與資本主義貨幣反應階級剝削關係有著根本性質的區別。

(三)中國貨幣的本質

中國社會主義生產關係的性質,決定了中國貨幣的本質是為社會主義建設和不斷提高勞動者的物質文化生活水平服務的。中國貨幣的這種社會主義性質,表現在貨幣交換的目的是為了保證社會再生產的順利進行,以盡可能多地增加社會財富,滿足人民群眾的需要。在中國社會主義公有制為基礎的條件下,廣大人民群眾生產商品的勞動二重性(具體勞動和抽象勞動、個別勞動和社會勞動)以及商品的二重性(使用價值和價值)之間均不存在著對抗性的矛盾,從而商品與貨幣之間也不存在著對抗性的矛盾,這就使中國社會主義貨幣與資本主義貨幣從根本性質上區別開來了。

但是,不能由此就認為,中國社會主義生產商品的勞動二重性、商品二重性,商品與貨幣之間就不會有任何非對抗性矛盾存在。因為,在中國現階段還客觀地存在著社會生產以公有制為基礎的多種經濟成分和經濟形式,以及在此基礎上所形成的各種不同的交換關係。這一事實本身就說明中國生產商品的具體勞動和抽象勞動,個別勞動和社會勞動,以及商品的使用價值和價值之間還存在著某些非對抗性的矛盾,而這些矛盾只有通過貨幣,才能獲得外在的表現,同時也只有借助於貨幣才能統一起來。這就是說,通過貨幣形式來衡量社會勞動的質量和數量,把整個社會勞動所創造的產品,按照等價原則,在國民經濟中有計劃地組織流轉,用以滿足社會主義擴大再生產和滿足人民物質文化的需要。

二、貨幣形態的演變

貨幣作為商品交換和勞務結算的支付工具,隨著社會生產力的發展,商品交換的擴大,在不同的歷史時期貨幣的表現形態也是不斷發展變化的。從世界範圍看,貨幣從產生以來,其形態的演變大致經歷了:實物貨幣、金屬貨幣、代用貨幣、信用貨幣和電子貨幣幾個演變過程。

(一)實物貨幣

實物貨幣是指以某些商品為媒介表現的貨幣,又叫做商品貨幣。這種貨幣是人類社會最古老的貨幣形態。在歷史上,有不少商品都起過一般等價物的作用,例如中國古代的牲畜、糧食、貝殼、布匹等都充當過貨幣,其中尤以貝殼表現的貨幣形態流通時間最長。

(二)金屬貨幣

金屬貨幣是指以貴金屬金、銀、銅等為材料表現的貨幣。金屬貨幣是在實物貨幣基礎上演進而來的貨幣形態。由於實物貨幣自身存在著體積大,量重,質地不均,不便攜帶和運輸等缺陷,不能適應商品經濟發展需要,古老的實物貨幣必然為體積小、耐磨、易於分割,便於攜帶的金屬貨幣所取代。

(三)代用貨幣

代用貨幣是指政府或銀行發行的,作為金屬貨幣代用品的紙幣。這種紙幣代表與其面

額相同數量的金屬貨幣,充當交易媒介在市場上流通。代用貨幣存在於金屬貨幣流通階段,克服了金屬貨幣作為流通手段的諸多缺點,降低了發行成本。但是代用貨幣的流通必須有充足的金屬貨幣作準備,只有與金屬貨幣自由兌換掛勾的條件下,才能以它所代表的一定單位的金屬貨幣量發揮流通手段作用。

(四)信用貨幣

信用貨幣是指不代表任何貴金屬,而是以發行者(如政府或銀行)自身的信用作為發行依據的貨幣。信用貨幣是代用貨幣的進一步發展,它脫離了金屬貨幣而成為本身沒有內在價值的貨幣符號。信用貨幣以信用為基礎,體現著一種債權債務關係。當代世界各國主要的信用貨幣形式是各國中央銀行依據政府法令發行的紙幣、輔幣和銀行存款貨幣。紙幣發行量多少,取決於一國經濟發展的需要量,紙幣發行過多過少都不利於經濟發展和穩定幣值。

(五)電子貨幣

電子貨幣是指銀行體系運用電子資金傳送系統來處理貨幣的流通,以取代現存形態的貨幣流通。電子貨幣的出現,使貨幣的交易媒介職能和支付職能為電子計算機系所行使。這樣,經濟交往中的貨幣收付,不僅同城,而且異地乃至國際間的資金傳送,均可以借助電子計算機系統來完成,給人們支付結算提供了極大的方便,大大節約了時間和在處理現金、支票及其他憑證的成本耗費。

三、貨幣的職能

如前所述,貨幣在商品交換中起著一般等價物的作用,這種作用是通過貨幣的職能來表現的,那麼,貨幣到底有哪些職能呢? 貨幣的職能有:價值尺度、流通手段、貯藏手段、支付手段和世界貨幣五個職能,其中價值尺度職能和流通手段職能是貨幣五個職能中的兩個基本職能。

(一)價值尺度

價值尺度職能是貨幣的基本職能之一,這個職能的核心在於貨幣是衡量和表現一切商品價值的尺度。任何商品的價值都是由生產商品所消耗的社會必要勞動時間決定的。但是商品本身並不直接體現它所消耗的社會勞動,不能直接反應自身的價值,只有當它在交換過程中表現為一定數量貨幣的時候,人們才知道這種商品的價值有多少。可見,商品的價值是價格的基礎,價格則是價值的貨幣表現。然而作為一般等價物的貨幣卻能直接體現生產商品所花費的社會必要勞動,把各種商品的價值表現為同一名稱量(如人民幣元、德國馬克、法國法郎等),從而使它們在質的方面相互同等,在量的方面可以相互比較。比如50千克大米值100元,50千克菜油值500元,一丈棉布值20元,等等。各種商品通過交換都表現為一定數量的貨幣,商品生產中所凝結的社會勞動也就便於比較了。

貨幣之所以能夠發揮價值尺度職能作用,這是因為貨幣本身也是商品,具有價值。自身沒有價值的東西是不能衡量和表現其他商品價值的。正如沒有刻度的尺子是無法量出其他物品長度的道理一樣。

應當指出,貨幣的價值尺度職能,不是說在執行這一職能的時候,一定要有現實的貨幣。例如百貨商店的各種商品的價格就不需要在它的旁邊放著等質等量的現實貨幣,而是在商品上用貨幣表示標一個價就行了。由此可見,貨幣的價值尺度職能是作為觀念上的貨

幣來執行的。

(二)流通手段

流通手段職能是貨幣的又一個基本職能。貨幣作為流通手段,在商品交換中起著媒介作用,它與貨幣作為價值尺度職能相比,有著自身的特點。這些特點概括起來就是:

(1)貨幣作為流通手段,必須是現實的貨幣,沒有現實的貨幣在市場上是買不到任何商品的。而貨幣作為價值尺度職能則是觀念上的貨幣,是以想像的貨幣來發揮作用的。

(2)貨幣作為流通手段,不需要足值的貨幣,甚至可以用沒有內在價值的價值符號代替。因為商品通過貨幣實現交換,在商品運動中貨幣發揮著短暫的轉瞬即逝的作用,人們手中拿到貨幣的目的是為了購買需要的商品,關心手中的貨幣能否買到等值的商品,而不是貨幣本身的價值。這就出現了不足值的貨幣或完全沒有價值的價值符號代替貨幣流通的可能性。比如當今世界各國發行的紙幣就是一種沒有價值的貨幣符號,貨幣作為價值尺度職能,則必然是足值的貨幣,不足值的貨幣會帶來物價波動。

貨幣作為流通手段,把原來直接的商品交換(物物交換)改變成了商品──→貨幣──→商品的間接交換,使商品的買和賣在時間上、空間上分裂成了兩個獨立的過程。商品生產者就有可能只賣不買,或多賣少買。賣和買不一致,買賣脫節,必然孕育著經濟危機。

(三)貯藏手段

貨幣退出流通領域,作為社會財富的一般代表而被儲存起來,就是貨幣的貯藏手段職能。貨幣之所以能夠發揮貯藏手段的職能作用,是因為貨幣是起著一般等價物的商品,本身就有價值,人們擁有貨幣,實際上就擁有財富,就能夠在任何時間、任何地點購買任何商品,所以人們總是想方設法貯藏貨幣。

貨幣作為貯藏手段職能,與貨幣作為價值尺度職能和流通手段職能是不同的。作為價值尺度職能的貨幣,必須是足值的,但可以是觀念上的貨幣。作為流通手段職能的貨幣必須是現實貨幣,但又可以用價值符號代替。而作為貯藏手段職能的貨幣,不僅是足值的貨幣,而且是現實的貨幣,這種情況表明,能發揮貯藏手段職能的只能是金屬貨幣。

貨幣作為貯藏手段的職能,自發的調節著貨幣流通量。比如當市場上出現貨幣流通量過多,引起商品供給和需求之間的矛盾,物價上漲,貨幣持有者就自動地把貨幣貯藏起來;反之,則自動把貨幣投入流通。貨幣的貯藏手段職能使貨幣就像蓄水池一樣,自發地調節著流通中的貨幣需要量。

(四)支付手段

用貨幣來作為清償債務或支付租稅、利息、工資等,貨幣就執行著支付手段職能。貨幣作為支付手段職能起源於商品的賒銷和預付。隨著商品經濟的發展,交換範圍擴大,這一職能就由商品的賒銷、預付為中心的流通領域,擴展到支付租稅、利息、工資等各個方面。在生產資料私有制條件下,貨幣的支付手段職能,使商品買賣可以採取賒欠延期付款的方式進行,這就便利了商品交換的實現,加速了商品流轉。同時也擴大了商品經濟的矛盾,特別是在資本主義制度下,商品生產者之間經常發生著大量的頻繁的債務關係,一旦某些商品生產者發生困難,無法償還欠款就會引起連鎖反應,造成整個支付關係混亂,出現信用危機,加深資本主義生產過剩的危機。

(五)世界貨幣

貨幣突破了國內流通的界限,在國際上發揮一般等價物作用時,貨幣就執行著世界貨

幣的職能。作為世界貨幣職能的貨幣必須是貴金屬黃金和白銀,而不能是沒有價值的價值符號。

世界貨幣的作用是：
(1)作為一般的支付手段,用來清償國際間的債務,平衡國際收支差額。
(2)作為一般的購買手段,用來購買國際市場上的各種商品。
(3)作為社會財富的一般代表,由一個國家轉向另一個國家。

四、中國的貨幣商品

如前所述,貨幣是作為一般等價物的特殊商品出現的,那麼,究竟哪種商品最適宜於充當一般等價物呢？這就要看商品的天然屬性是否同貨幣的社會屬性相符合。在歷史上,由於種種原因,各種各樣的商品都先後起過一般等價物的作用,但是最後都被貴金屬黃金所代替。這是因為貨幣商品黃金本身具有體積最小、值大、耐火、輕便,可以任意分割、隨意合併起來的特點,便於流通和貯藏。在社會主義制度下,中國的貨幣商品是什麼？新中國成立以來,在學術界一直是有著爭議的重大理論問題,眾說紛紜。我們認為,中國的貨幣商品仍然是貴金屬黃金,人民幣是黃金的價值符號。這是因為：

(一)中國的物價體系是在一定的金屬貨幣的基礎上形成的

例如中國清朝時代的貨幣商品是銀,貨幣名稱是「銀兩」,當時的物價體系就是以「銀兩」為單位而形成的。辛亥革命後物價體系就繼承了銀兩單位的物價體系。1933年民國政府實行「廢兩改元」和1935年所謂的「幣制改革」,禁止白銀流通,明文規定偽法幣一元等於英鎊的一先令二點五便士,就表明了舊中國的貨幣商品在名義上已經由白銀過渡到了黃金。新中國成立後,1955年3月中國實行新人民幣,規定新舊人民幣的兌換率為一比一萬,實際上就是把新人民幣所代表的金量在當時的基礎上提高了一萬倍,這說明中國社會主義的物價體系明顯地帶有歷史繼承性的印記。

(二)黃金在中國是作為貨幣商品而生產和儲存的

國家積極鼓勵黃金生產,並責成中國人民銀行收兌黃金和禁止黃金出口,這正是為了加強黃金的集體儲備,作為保證中國貨幣穩定的因素之一。貨幣商品的儲備不同於普通商品的儲備,前者主要是作為貨幣對外匯價穩定的保證,後者主要是作為國內物價穩定的保證。

(三)黃金是當今世界各國通行的貨幣商品

中國是一個發展中的社會主義大國,同世界上絕大多數國家保持著廣泛的密切的政治經濟聯繫和文化聯繫,這就在客觀上要求中國的貨幣商品也必須是黃金,以便充分發揮中國貨幣的世界貨幣職能。

必須指出,黃金雖然是中國的貨幣商品,但是在國內沒有必要把貨幣符號兌換成黃金或使之在市場上流通。馬克思說：「全部現代產業史都表明,如果國內的生產已經組織起來,事實上只有當國際貿易平衡暫時遭到破壞時,才要求用金屬來結算國際貿易。國內現在已經不需要使用金屬貨幣了。」[①]中國雖未明文規定貨幣單位——人民幣的含金量,然而

---

① 馬克思. 資本論：第3卷[M]. 北京：人民出版社,1975：585-586.

人民幣一直都作為唯一的黃金符號,在全國範圍內穩定地行使其價值尺度的職能,這正是馬克思所指出的,中國生產已經是有計劃地組織起來的必然結果。

黃金是中國的貨幣商品,人民幣是中國的貨幣符號,各種商品的價值用貨幣表現就是各種商品的價格。由於人民幣是黃金的符號,因而用人民幣來表現商品的價值,實際上也就是間接地用黃金來表現商品的價值。中國人民幣之所以能同商品建立交換價值的關係,關鍵就在於它代表黃金而執行貨幣的價值尺度職能。

第二節　貨幣流通與貨幣流通渠道

一、貨幣流通與商品流通的關係

什麼叫貨幣流通,簡言之,貨幣流通就是由商品流通過程所產生的貨幣運動。即貨幣作為流通手段和支付手段不斷地離開出發點,從一個商品所有者手裡轉到另一個商品所有者手裡的貨幣運動。這是因為貨幣流通是商品流通的反應,是為商品運動而服務的。商品運動的變化要求貨幣與它相互對立和相互換位,從而引起商品與貨幣成為完全相反,價值完全對等的運動。只要有商品生產,有商品流通,商品由賣者轉入買者之手的同一個行動中,貨幣就必然由買者轉入賣者手中,商品與貨幣之間的這種相互對立、相互交換位置的運動就不會停止。所以馬克思說:「商品流通直接賦予貨幣的運動形式,就是貨幣不斷地離開起點,就是貨幣從一個商品所有者手裡轉到另一個商品所有者手裡,或者說,就是貨幣流通。」[1]由此可見,貨幣流通是由商品流通引起的,商品流通是貨幣流通的基礎,貨幣流通不過是商品流通表現的形式而已。

二、貨幣流通渠道

在中國社會主義制度下,由於商品生產客觀存在,商品的運動必須借助於貨幣來進行,因而形成了廣泛、複雜的貨幣關係。與商品運動相聯繫,國民經濟中的一切貨幣活動,即貨幣運動,就可劃分為國家機關、企業、事業單位之間的貨幣運動和有關居民個人收付的貨幣運動兩大領域,表現為現金流通和非現金流通(或稱轉帳結算、存款貨幣流通)兩種形式。

直接用鈔票進行的貨幣收付運動,就是現金流通。不直接用鈔票,而是通過銀行將款項從一個單位的帳戶劃到另一個單位的帳戶的貨幣收付運動,就是非現金流通,以非現金流通表現的存款貨幣流通,是中國貨幣流通的主要形式。現金流通(包括活期存款)屬狹義的貨幣流通範疇。現金流通和非現金流通則屬廣義的貨幣流通,即國民經濟中統一的貨幣流通。

(一)現金流通渠道

由於中國人民銀行是國民經濟中的貨幣發行和現金出納中心,是現金流通的起點和終點,中國現金流通的渠道必然是從國家銀行投放出去,然後又回到國家銀行,貨幣的這種投

---

[1] 馬克思.資本論:第1卷[M].北京:人民出版社,1975:134.

放和回籠是通過商業銀行來實現的。根據國家現金管理辦法的規定，中國通過商業銀行投放和回籠的現金流通渠道主要是：

1. 現金投放渠道

(1) 工資和對個人的其他支出。工資和對個人的其他支出，是指國家機關、企業、事業單位、城鎮集體經濟組織，從銀行領取現金支付給職工的工資、獎金及其對個人的其他現金支出，例如支付某種勞動報酬、學生助學金、社會保險等，這是銀行在城鎮投放現金的主要渠道，約占銀行現金投放總額的一半以上。通過工資和對個人的其他支出，形成勞動者的個人收入，用來購買消費品、支付勞務費用或用於儲蓄。

(2) 採購支出。採購支出，是商業、糧食、供銷社及其他指定的收購單位，對城鄉中小企業、農戶採購農副產品或手工業品的現金投放，這是銀行向農村投放現金的主要渠道。

(3) 財政信用支出。財政信用支出，是國家財政部門用於支援農村的財政投資，財政救濟撥款、有價證券買入和還本付息支出。銀行、信用社(農商銀行)用於居民儲蓄存款的現金支出，發放農業貸款、預購定金，以及用於重點戶、專業戶的貸款等。這些支出的大部分除按規定實行轉帳結算外，對社會個人的財政信貸支出一般都使用現金。

(4) 行政企事業管理支出。行政企事業管理支出，是指城、鄉行政管理單位，企業、事業單位，按照國家現金管理規定用於管理方面的現金支出。例如差旅費、會議費、管理費等現金支出。

(5) 其他支出。其他支出，是指上述 (1)~(4) 條現金流通渠道以外的其他現金支出，例如用於受自然災害地區的財政援助，以及對烈士家屬或因公負傷人員的補助等等。

2. 現金回籠渠道

(1) 商品銷售收入。商品銷售收入，是指商業部門通過出售各種商品而回收的貨幣，又叫做商品回籠。按照國家規定，凡是出售商品的單位，其收入的現金都必須及時送存銀行，因而，這項現金收入就成為國家銀行回籠貨幣最重要的渠道。據測算，商品銷售收入的現金，大約占銀行現金收入總額的 80%~90%。

(2) 服務事業收入。服務事業收入，是指服務部門通過向廣大群眾提供各種服務所收回的貨幣。例如出售車、船票款、電影、戲劇票款以及居民繳納的房租、水電費等，所以又叫做服務回籠。

(3) 居民稅款收入。居民稅款收入，是指國家依據稅法規定，向居民個人徵收的各種稅收收入，例如個人所得稅、車船使用牌照稅、屠宰稅等，這些貨幣收入屬於財政資金的性質，所以又叫做財政回籠。

(4) 信用收入。信用收入，是指銀行通過各種方式吸收的居民儲蓄存款和收回的農村貸款，比如收回農村個體經濟的貸款等。隨著工農業生產的發展，城鄉人民生產生活水平的逐步提高，居民儲蓄存款在銀行信貸資金來源中，將越來越占重要地位。

(5) 其他收入。上述現金流通渠道，如圖 12-1 所示。

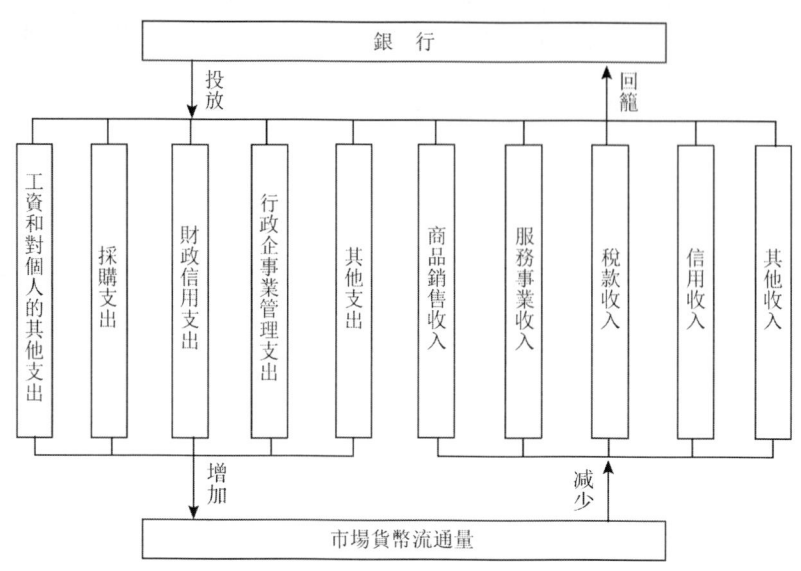

```
                         銀　行
                ┌─────────────────────┐
            投放↓                     ↑回籠
    ┌──┬──┬──┬──┬──┬──┬──┬──┬──┬──┐
    │工│採│財│行│其│商│服│稅│信│其│
    │資│購│政│政│他│品│務│款│用│他│
    │和│支│信│企│支│銷│事│收│收│收│
    │對│出│用│事│出│售│業│入│入│入│
    │個│  │支│業│  │收│收│  │  │  │
    │人│  │出│管│  │入│入│  │  │  │
    │的│  │  │理│  │  │  │  │  │  │
    │其│  │  │支│  │  │  │  │  │  │
    │他│  │  │出│  │  │  │  │  │  │
    │支│  │  │  │  │  │  │  │  │  │
    │出│  │  │  │  │  │  │  │  │  │
    └──┴──┴──┴──┴──┴──┴──┴──┴──┴──┘
            增加↓                     ↑減少
                ┌─────────────────────┐
                     市場貨幣流通量
```

圖 12－1　現金流通渠道

　　從現金投放的起點到現金回籠的終點，可以清楚地看出票子是怎樣從銀行投放出去，最後又是怎樣回到銀行的。在這裡，國家銀行成為現金流通的中樞。為此，國家可以通過銀行實行全國範圍的現金週轉監督，促使各單位按照現金管理的規定用途使用現金，並保證現金及時回到銀行，這就為黨和國家進行有計劃地組織和調節貨幣流通創造了有利條件。

　　（二）非現金流通渠道

　　中國的非現金流通是與現金流通相互聯繫，又相互區別的另一種貨幣流通。它是採取劃撥轉帳的辦法來實現各單位在銀行存款的轉移，從而代替現金流通，所以又叫做轉帳結算或存款貨幣流通。非現金流通範圍主要是：

　　國有企業之間的商品和勞務供應；國有企業與集體企業、民營企業之間，集體企業之間的商品買賣和勞務供應；國家機關、團體之間的勞務供應；國家財政部門、銀行部門對財政、信用資金的發放和收回；主管部門與所屬單位之間的資金上繳下撥等。這些單位間的轉帳結算，儘管每一筆款項收付都有不同的經濟內容，但是，歸結起來，不外是：商品交易和勞務供應結算；財政款項的分配和再分配，以及銀行信貸的投放和收回；主管部門與所屬單位間的資金上繳和下撥三種類型，也可以叫做三條非現金流通渠道。非現金流通在中國統一的貨幣運動中佔有極為重要的地位，正確組織社會主義經濟中的非現金結算，對促進生產發展，加速商品流轉有著巨大的意義。

三、中國的貨幣制度

　　（一）貨幣制度的含義及其內容

　　貨幣制度，簡稱「幣制」是指一個國家或地區以法律形式規定的該國或地區貨幣流通的結構、體系和組織形式。貨幣制度的基本內容有：

　　1. 選定貨幣幣材

　　選定貨幣幣材是指選定以何種材料來製作貨幣，這是一個國家或地區建立貨幣制度的

基礎。例如選用金為製作貨幣材料的貨幣制度叫金本位制,選用銀為製作貨幣材料的貨幣制度叫銀本位制,選用無內在價值的紙為製作貨幣材料的貨幣制度叫紙本位制。

2. 確定貨幣單位

確定貨幣單位是指規定一國幣貨單位的名稱與其所含的貨幣金屬重量。例如美國的法定貨幣單位名稱為美元,1934年的法令規定1美元紙幣的含金量為0.888,671克純金。瑞士的法定貨幣單位名稱是法郎。中國的法定貨幣單位名稱是人民幣元。

3. 規定本位幣和輔幣的鑄造、發行和流通程序

本位幣亦稱「本位貨幣」,是一個國家法定作為價格標準的主要貨幣,是國家計價、結算的唯一合法的貨幣單位。輔幣則是本位貨幣單位以下的小額通貨,又叫「輔助貨幣」。主要為日常零星交易和找零之用。在紙幣流通條件下,紙幣的發行權集中於中央銀行,由國家壟斷。

4. 建立準備制度

建立準備制度是指貨幣發行時,必須建立以某種金屬或某些資產作為發行貨幣的準備,使貨幣發行與所確定的金屬或資產相互聯繫和相互制約。在金屬貨幣流通條件下,國家就用法律規定貨幣發行必須以貴金屬金或銀作為準備。在現代紙幣流通條件下,多數國家則採用以外匯儲備和黃金做準備,以用於國際購買、國際支付和國際轉移的最後手段。

從貨幣制度變遷的歷史進程看,世界各國貨幣制度都經歷了金屬貨幣本位制和信用貨幣本位制的演變過程。其中金屬貨幣本位制又細分為銀本位制、金銀復本位制和金本位制。信用貨幣本位制又叫做紙幣本位制,採取信用程序投放,國家用法律規定強制賦予其無限法償的能力。

(二) 中國貨幣制度的建立

中國社會主義貨幣制度,是在解放區特定的歷史條件下建立和成長起來的。早在民主革命時期,各個革命根據地為了戰勝國民黨的軍事進攻和經濟封鎖,發展根據地經濟,支援戰爭需要,建立了自己的工農銀行,並發行了本地區的貨幣。例如陝甘寧邊區發行的邊區幣、山東根據地的北海幣、蘇浙根據地的江南幣,等等。隨著解放戰爭的不斷勝利,解放區迅速擴大,那種分散的貨幣制度,顯然遠遠不能適應形勢發展的需要。1948年12月1日成立了中國人民銀行,同一天開始發行全國統一的貨幣——人民幣。人民幣的發行標誌著中國社會主義貨幣制度的建立。以後人民幣的流通範圍很快擴大到全國城鄉各地。1955年適應大規模經濟建設的需要,國家決定用1:10,000的比價以新的人民幣收兌全部面額大的人民幣。從此,中國社會主義貨幣制度得到了進一步健全和完善。

(三) 中國社會主義貨幣制度的基本內容

(1) 國家規定人民幣是中國唯一合法的貨幣,在全國範圍內流通,行使貨幣的各種職能。中國的貨幣單位為「元」,即元為本位幣。人民幣的輔幣為元以下的角和分。現行的主幣有1元、2元、5元、10元、20元、50元和100元七種,輔幣為1分、2分、5分、1角、2角和5角六種。國家授權中國人民銀行發行人民幣,取得資金來源是國家銀行的一種負債,對國家和銀行來講,處於債務人的地位,而人民幣的持有者則是債權人,這說明,中國人民幣是在銀行信用基礎上發行的,其性質是一種信用貨幣。

(2) 人民幣由中央銀行——中國人民銀行集中統一發行,國家明令規定,任何地區、任何部門都不得發行貨幣、變相貨幣或貨幣代用品。

(3)國家授權人民銀行掌握管理貨幣發行事宜,集中管理發行基金,未經國家批准,任何地區、單位和個人都無權動用。

(4)國家通過銀行的信貸計劃和現金計劃,對貨幣流通實行計劃管理。

(5)黃金、外匯儲備由中國人民銀行集中掌握,作為國際支付的準備金,統一調度。外匯匯率由國家外匯管理局統一制定,每日公布。

四、人民幣的發行原則和程序

(一)人民幣發行原則

中國人民幣的發行實行高度集中統一,發行權集於中央,由國家壟斷。其發行原則是:

(1)集中統一發行的原則。國家委託中國人民銀行總行根據國家的經濟政策,提出貨幣發行計劃報國務院批准後,統一組織發行貨幣。

(2)堅持經濟發行的原則。人民幣的發行有兩種類型:一種是經濟發行,另一種是財政發行。經濟發行是適應生產發展和商品流通擴大需要而增加的貨幣投放,符合馬克思揭示的貨幣流通規律的客觀要求,它有著可靠的物質基礎,不會引起物資供求緊張和物價上漲的現象。財政發行則會破壞正常的貨幣流通。

(3)堅持計劃發行的原則。人民幣的投放要根據經濟發展和商品流通擴大需要的實際情況,在國民經濟綜合平衡的基礎上,有計劃地發行。

(二)人民幣的發行程序

中國人民幣的發行工作是通過各級人民銀行的發行庫和商業銀行的業務庫來進行的。每年由國務院核定批准發行額度,交中國人民銀行總行統一管理和組織執行。

(1)發行庫。發行庫又叫做發行基金保管庫,是保管國家發行基金的機構。它的主要任務是:根據國務院核定的貨幣發行額,統一調度發行基金;辦理貨幣發行工作和損傷票幣的回收銷毀工作;調劑市場各種票幣的流通比例;辦理發行業務的會計核算,正確地、全面地反應市場貨幣投放與回籠情況。由發行庫保管的人民幣,叫做發行基金。它是國家已經印刷完成尚未發行的人民幣票券,屬於調節市場貨幣流通的準備金。發行基金的動用權屬於總庫,各地分、支庫所保管的發行基金只是總庫的一部分。下級庫只能憑上級庫核定的出庫額和調撥命令辦理出庫,不準擅自動用發行基金。發行基金在各地發行庫之間調撥,是採取逐級負責的辦法進行的。即總庫負責分庫之間的調撥,分庫負責轄區內中心支庫之間的調撥。發行基金在上下級庫或同級庫間的調撥,目的在於使國家的發行基金擺布合理,以適應市場需要,有計劃地調劑貨幣流通。

中國發行庫是比照中國人民銀行的機構來設置的。人民銀行總行設立總庫。省、市、自治區分行設立分庫。地區中心支行設立中心支庫。市、縣支行設立支庫。自人民銀行與中國工商銀行分設後,沒有人民銀行機構的市、縣,國家的發行基金由中國工商銀行設專職幹部代管。

(2)業務庫。 業務庫是辦理日常業務的現金收付金庫,原來設立在中國人民銀行各基層行,自人民銀行與中國工商銀行分設後,業務庫的工作就由工商銀行等商業銀行基層行負責。

業務庫保存的現金是流通中貨幣的一部分,經常處於週轉狀態之中,但是,在未投放到市場之前,實際上並不直接參加市場的貨幣流通,而是作為銀行業務收付的一種備用金。

(3)現金調撥。現金調撥就是發行庫與業務庫之間鈔票調撥。各級銀行的業務庫都要根據營業需要，核定一個保證日常現金收付業務最低需要量的庫存限額。超過限額的，必須及時繳回發行庫，叫做貨幣回籠。業務庫存現金不足支付時，要按規定程序上報計劃，在上級發行庫批准的出庫限額以內辦理出庫手續，一次或分幾次把發行基金撥入業務庫，叫做出庫，又稱貨幣發行。通過業務庫把票子投放到市場上，就增加了市場的貨幣流通量。

第三節　貨幣流通規律與紙幣流通規律

一、貨幣流通規律

貨幣流通規律，就是決定商品流通過程中貨幣需要量的規律。它是商品經濟中的一條重要的客觀經濟規律。不管社會形態如何，只要存在著商品經濟，存在著貨幣和貨幣流通，貨幣流通規律就必然發生作用。馬克思指出：「流通手段量決定於流通商品的價格總額和貨幣流通的平均速度這一規律。」[1]馬克思所揭示的貨幣流通規律告訴我們，一定時期，商品流通過程需要的貨幣量決定於以下三個最基本因素：

(1)參加流通的商品量。由於貨幣流通是商品流通引起的，而商品進入流通領域又總是帶著一定價格的。流通中的商品如果沒有價格，就失去了商品的意義。貨幣參加流通是為了實現商品的價格，因此，在商品價格不變，貨幣流通速度不變的條件下，流通中的商品數量越多，商品流通需要的貨幣量就越多。反之，流通中的商品數量越少，商品流通需要的貨幣量也就越少。

(2)商品價格水平。我們知道，待實現的商品價格總額是由商品總量和各種商品的價格水平決定的。在市場經濟條件下，商品的價格水平總是受到商品的供求關係所制約。如果貨幣流通速度不變，商品總額不變，不論商品價格上漲或下跌，都同流通中的貨幣需要量成正比的變化。

(3)貨幣流通速度。一定時期貨幣流通速度的快慢，對流通中的貨幣需要量多寡也起著重大的影響。因為貨幣參加流通是為商品運動周而復始的循環服務的。當某種商品進入流通領域，實現交換，退出商品界以後，貨幣並不因此就停止運動，而是繼續為其他商品流通服務，也就是說同一枚貨幣可以多次參加商品流通，因而在商品價格總額不變的條件下，商品流通必要的貨幣量，與貨幣流通速度成反比的變化。即貨幣流通速度越快，流通中的貨幣需要量就愈少；反之，便愈多。假定某一時期內，參加商品流通的商品價格總額為50萬元，同一時期內的貨幣週轉次數為一，那麼，這一時期流通中的貨幣需要量就是50萬元。如果同一時期的貨幣週轉次數為二，這一時期流通中的貨幣需要量只要25萬元就夠了，可見，貨幣流通量同貨幣流通速度是成反比關係變化的。

根據馬克思揭示貨幣流通規律各個因素之間的關係，用公式來表示就是：

$$流通中的貨幣必要量 = \frac{商品價格總額}{貨幣流通速度}$$

---

[1] 馬克思.資本論:第1卷[M].北京:人民出版社,1975:142.

参加流通的商品量,商品價格水平和貨幣流通速度三個因素之間的關係是互相依存、相互制約的辯證統一關係,其中一個因素發生了變化,就會影響其他因素發生不同程度的變化。一般說來,商品價格總額的變化起著主導作用。

綜上所述,我們可以清楚地看出,貨幣流通必須與商品流通相適應,流通中的商品價格總額是決定貨幣必要量的基礎,貨幣必要量與商品價格總額成正比的關係,而與貨幣流通速度成反比的關係,這就是貨幣流通規律的基本點。

隨著商品經濟和信用關係的發展,在商品交換過程中,大量的商品買賣採取了賒銷的辦法,一連串的債權債務關係,又可以互相衝銷。因此,在決定一定時期裡流通中所需要貨幣量的時候,要從商品價格總額中減去賒賣的那一部分商品的價格總額,加上這一時期到期的支付總額,再減去到期支付總額中互相抵銷的債務總額。全部商品的價格總額,經過這三種增減以後,就是這一時期需要用現金來幫助流通的全部商品價格總額。這時,計算流通中貨幣必要量的公式便是:

$$流通中的貨幣必要量 = \frac{全部商品價格總額 - 賒銷商品價格總額 + 到期支付總額 - 互相抵銷的支付總額}{同一單位貨幣的平均流通次數}$$

貨幣流通速度實際上就是指在一定時期內,同一單位的貨幣平均週轉次數,能在一定程度上彌補流通中貨幣數量的不足。其計算公式是(指現金):

$$貨幣流通速度(次數) = \frac{現金週轉總額}{流通中平均貨幣量}$$

二、紙幣流通規律

紙幣流通規律是指紙幣的流通量決定於它所代替的流通中所需要的金屬貨幣量。它是在金幣流通的基礎上派生出來的一個經濟規律,是貨幣流通規律在紙幣流通條件下的特殊表現形式。馬克思指出:「紙幣流通的特殊規律只能從紙幣是金的代表這種關係中產生,這一規律簡單說來就是:紙幣的發行限於它象徵地代表的金(或銀)的實際流通數量。」[1]可見,沒有內在價值的貨幣符號紙幣,只是代替金(或銀)而執行流通手段和支付手段的職能,因此紙幣流通的必要量也只能在金幣流通必要量的限度以內。紙幣流通,如果超過了它所代替流通的同名的金幣量,不論這種紙幣帶著什麼招牌進入流通,結果必然會導致貨幣符號的貶值,物價上漲,造成通貨膨脹,比如某一年內,流通中的商品價格總額為 100 億元,貨幣流通速度為一,流通中的貨幣必要量就是 100 億元,在貨幣符號代替金幣流通情況下,國家發行的紙幣,如果同商品流通需要的金幣量相一致也是 100 億元,那麼,每張票面額 1 元的紙幣便能代表 1 元的金幣價值同商品相交換。如果國家發行的紙幣超過這個限度,增加到 200 億元,則原來每張票面額 1 元的紙幣,就只能代表 0.5 元金幣的價值同商品相交換。這時商品的價格就會隨著紙幣的過量發行而上漲一倍。所以,紙幣流通不能離開它所代表的金量。

馬克思揭示的紙幣流通規律的基本原理,用公式表示為:

$$單位紙幣所代表的金屬貨幣量 = \frac{流通中需要的金屬貨幣量}{流通中的紙幣總量}$$

---

[1] 馬克思.資本論:第 1 卷[M].北京:人民出版社,1975:147.

這個公式表明，紙幣流通規律從屬於貨幣流通規律，它所表示的是價值符號與金屬貨幣的關係，紙幣流通必要量直接受到金幣流通必要量的制約，間接地才受商品流通必要量的制約。紙幣進入流通以後，不論多少數量都能被流通過程所吸收，而不會自動地退出流通界，不過紙幣的價值將隨著發行量的增加而相應減少。紙幣的發行只能限制在它所代表的金幣需要量以內，才能充分發揮紙幣流通的職能作用，促進經濟的發展。這是任何類型的國家都必須遵守的一條真理。

馬克思所揭示的貨幣流通規律及其從屬於貨幣流通規律的紙幣流通規律，在中國社會主義制度下是完全適用的。我們黨和國家能夠自覺地利用貨幣流通規律為中國社會主義建設服務，造福於廣大人民群眾。

三、貨幣供給量的層次劃分

貨幣供給量與貨幣定義的界定直接相關，是貨幣供給理論中一個最基本問題，西方國家學術界迄今爭論不休。有些學者把貨幣只看成是一種交易媒介或支付手段的通貨，貨幣的內容就應該包括通貨和活期存款。而另一些學者則認為信用工具中的信用卡、旅行支票等現代信用工具也經常起著交易媒介的作用，貨幣的內容還應該包括一些信用工具。國際貨幣基金組織的定義，把貨幣供給分為貨幣與準貨幣兩大部分。貨幣包括了銀行之外的所有儲備貨幣及活期存款。準貨幣包括了儲蓄存款、定期存款和居民的外幣存款。而美國聯邦儲備委員會的定義，把貨幣供給劃分為三個總量指標，一個流動性指標和一個債務指標。即 M_1、M_2、M_3、L 和 $Debt$。M_1 包括硬幣、紙幣、旅行支票，及其他使用最為廣泛的交換手段。M_2 包括 M_1、一般儲蓄存款、小額定期存款等。M_3 包括 M_2、大額定期存單。L 包括經濟中的流動資產，$Debt$ 指經濟中非金融部門債務。[①] 可見，貨幣供給量的層次劃分與所選擇的貨幣定義有著密切聯繫，世界各國貨幣供給量的計算口徑也不完全一致。

由於金融是國家實施貨幣政策調控宏觀經濟運行的重要手段，而調控的對象又是貨幣供應量。即在某個時點上全社會承擔流通手段和支付手段職能的貨幣總額，也就是一般通稱的全社會總的購買力。為了保持幣值穩定，防止通貨膨脹，實現促進經濟發展的貨幣政策目標，有必要對貨幣供給範圍與層次進行劃分。

按照貨幣流動性的特點，中國將貨幣供應量劃分為以下三個層次：

M_0 = 流通中現金

M_1 = M_0 + 企事業單位活期存款

M_2 = M_1 + 企事業單位定期存款 + 居民儲蓄存款

上述貨幣供應量的三個層次中，M_0 與消費物價水平變動密切相關，是流通性最強、最活躍的貨幣，一直是中央銀行調節貨幣供應量的重要目標。M_1 通稱為狹義的貨幣供應量，是反應企業資金鬆緊的重要指標，流動性僅次於 M_0。M_2 通稱為廣義的貨幣供應量，流動性最弱，但反應著社會總需求的變化，在國家宏觀調控中也具有重要意義。

四、通貨膨脹與通貨緊縮

[①] 胡代光，高鴻業.現代西方經濟學辭典[M].北京:中國社會科學出版社,1996:453.

(一)通貨膨脹

通貨膨脹是與紙幣流通密切聯繫在一起的,實質上是紙幣發行過多,引起紙幣貶值,一般物價普遍上漲的一種經濟現象。為此,可以把通貨膨脹的含義歸結為一般物價價格持續上漲的一種過程,或者是貨幣不斷貶值的一種過程。那麼,我們用什麼方法來衡量通貨膨脹呢?世界各國最常用的方法是一個國家消費價格指數變化的百分率,或者是國民生產總值指標扣除通貨膨脹因素指數變化的百分率。

造成通貨膨脹的因素是多方面的。通常是貨幣的財政過量發行,信用過度擴張、企業過量投資和消費需求膨脹所致。從表面現象看,通貨膨脹似乎短期內能在一定程度上緩和生產和消費的矛盾,有助於市場繁榮。但是從根本上講,通貨膨脹對生產和市場機制起著破壞作用。為此,世界各國都十分重視通貨膨脹的治理。

新中國成立以來,曾經出現過多次通貨膨脹,主要有20世紀50年代初期、50年代末到60年代初、1979—1980年、1988—1989年、1994—1995年五次。每次引起通貨膨脹的原因雖然不一,但是,造成通貨膨脹最直接的原因不外是:①由於財政赤字,信用膨脹,投資膨脹和消費膨脹導致的社會總需求膨脹。②國民經濟比例關係失調。例如社會生產兩大部類之間的比例失衡;累積與消費之間的比例關係惡化;產品結構失調。不管是何種原因引起的通貨膨脹,歸根到底都是貨幣供應量過多,使社會總需求超過社會總供給的結果。也就是說有支付能力的貨幣購買力超過有效的商品可供量。為此,治理通貨膨脹就必須從控制需求,增加供給兩個方面入手才能產生積極的效應。

(二)通貨緊縮

通貨緊縮是指從流通中回籠一部分過多的貨幣,是一種貨幣流通量被壓縮的經濟過程。通貨緊縮一般都具有以下幾個顯著的基本特徵:

1. 商品價格持續下跌

通貨緊縮過程中,商品價格持續下跌,不僅存在於個別部門與部分商品的價格下跌,而且存在於整個社會物價總體水平較長時期內的普遍下降和勞務價格的持續下跌。

2. 貨幣供給量相對不足

通貨緊縮是針對通貨膨脹而採取的對應措施。這種對應措施不是自發產生的,而是政府實施相應政策及其貫徹執行政策的結果。例如實施從緊的財政政策和貨幣政策,嚴格控制集團購買力,削減公共支出規模和信貸規模,提高存款、放款利息,擴大商品銷售,以回籠貨幣等。這樣就會導致通貨緊縮,市場貨幣供給量不足。

3. 經濟增長乏力

通貨緊縮,物價總水平持續下降,產生價格不斷下跌,市場蕭條,使生產企業利潤減少,甚至出現虧損,被迫減產、停產,大大抑制了生產者的積極性,導致整個社會經濟增長速度緩慢或下降的局面。

通貨膨脹與通貨緊縮兩者既相互對應,密切聯繫,又是相互可以轉化的經濟過程。治理通貨膨脹和通貨緊縮的主要對策是政府部門實施雙緊、雙鬆,或一緊一鬆的財政政策和貨幣政策。即當出現通貨膨脹時,通過財政政策、貨幣政策的合理配合,適當緊縮通貨。反之則通過兩個政策的配合擴張通貨,從而使流通中的貨幣與商品流通達到平衡,穩定物價,推動經濟健康持續發展。

第四節　現金管理

一、什麼是現金管理

什麼叫做現金管理？現金管理就是國家銀行根據國家的方針政策和有關規定,管理、監督各單位的現金收入、支出和庫存。它是我們國家組織領導經濟、管理經濟的一項重要的財經制度。按照1988年9月12月中華人民共和國國務院令第12號關於《現金管理暫行條例》和中國人民銀行1988年9月23日銀行(1988)288號文關於《現金管理暫行條例實施細則》規定:凡在銀行和其他金融機構開立帳戶的機關、團體、部隊、企業、事業單位和其他單位,都必須依照暫行條例和實施細則的規定收支、使用現金,接受開戶銀行的監督。中國人民銀行總行為現金管理的主管部門。各級人民銀行必須嚴格履行金融主管機關的職能,負責對開戶銀行的現金管理進行監督和稽核。

開戶銀行負責現金管理的具體執行,對開戶單位的現金收支和使用行使現金管理權,進行監督管理。

二、國家實行現金管理的意義

現金是貨幣供應量的重要組成部分,是最活躍的一個貨幣供應層次,同消費需求有著十分密切的聯繫,直接影響到零售物價指數,因此,控制現金投放總量,抑制通貨膨脹,促進經濟穩定發展具有重要意義。

(一)有利於有計劃地組織貨幣的投放和回籠,為現代化建設創造條件

中國有計劃地發展國民經濟,要求銀行自覺地運用貨幣流通規律,有計劃地組織和調節市場貨幣流通。實行現金管理,國有企業、事業單位和集體經濟組織的一切現金收支集中於銀行,使銀行成為全國的現金出納中心,這就為銀行根據國民經濟發展需要調節貨幣流通提供了可能性。銀行通過現金管理,嚴格控制現金投放,掌握各單位現金收付動向,有計劃地組織貨幣回籠,自覺主動地使市場上的票子與商品可供量之間保持經常的平衡關係,維護金融物價基本穩定,必然有利於社會主義經濟的發展。

(二)有利於擴大信貸資金來源,支持國民經濟的發展

實行現金管理,全民所有制的國有企業、事業單位、機關團體和集體所有制經濟組織的一切現金收入,都必須及時送存銀行,這樣,就把分散在社會主義經濟中暫時閒置的大量資金,集中於銀行,成為信貸資金來源的一個重要方面。銀行把集中起來的資金通過貸款,支持國民經濟各部門生產和商品流通擴大需要,從而有力地支持著各部門生產建設的發展。

(三)有利於維護國家的財政經濟紀律,堵塞經濟生活中的漏洞,保護國家財產安全

在中國現階段,貨幣仍然起著一般等價物的作用,是物質財富的體現,各單位和居民個人,只要擁有貨幣就可以用來購買各種商品。在商品經濟的條件下,一些單位和個人企圖利用現金進行各種非法活動總是難以完全避免的。通過實行現金管理,銀行能夠從現金的收付活動中把好口子,堵塞各方面的漏洞,一經發現問題,也便於協同有關部門進一步調查追究,及時進行打擊不法分子的犯罪活動,維護財經紀律,保護社會主義公有經濟的安全。

三、現金管理的主要內容

根據國家有關現金管理的規定,現金管理的主要內容是:

(一)核定合理的庫存現金限額

凡是實行現金管理的單位,都必須由銀行核定一個合理的庫存現金限額,以用於日常業務開支或工作中的零星需要。庫存限額是指銀行對實行現金管理的單位核定保留現金的最高額度。庫存現金的限額原則上以開戶單位3~5天的日常零星開支為限,離銀行較遠的邊遠地區和交通不便的開戶單位的庫存現金限額,可以適當放寬,但最多不得超過15天的日常零星開支需要。

對沒有在銀行單獨開立帳戶的附屬單位也要實行現金管理,必須保留的現金要核定限額,其限額應包括在開戶單位的庫存限額之內。

商業和服務行業的找零備用現金也要根據營業額核定定額,但不包括在開戶單位的庫存現金限額之內。

各開戶單位的庫存現金限額,由於生產或業務變化,需要增加或減少時,可向開戶銀行提出申請,經批准後再進行調整。

(二)明確規定現金使用範圍

根據國家有關規定,各開戶單位只能在下列範圍內使用現金:

(1)職工工資、各種工資性津貼。
(2)個人勞務報酬,包括稿費和講課費及其他專門工作報酬。
(3)支付給個人的各種獎金,包括根據國家規定頒發給個人的各種科學技術、文化藝術、體育等各種獎金。
(4)各種勞保、福利費用以及國家規定的對個人的其他現金支出。
(5)收購單位向個人收購農副產品和其他物資支付的價款。
(6)出差人員必須隨身攜帶的差旅費。
(7)結算起點以下的零星支出。
(8)確定需要現金支付的其他支出。例如因採購地點不確定、交通不便、搶險救災以及其他特殊情況,辦理轉帳結算不夠方便等,必須使用現金,開戶單位應向開戶銀行提出書面申請,由本單位財會部門負責人簽字蓋章,經開戶銀行審查批准後,可以支付現金。

按照現行制度規定,結算起點金額為1,000元,結算起點的調整,由中國人民銀行總行確定後,報國務院備案。

(三)規定單位現金收支辦理的程度

(1)各開戶單位收入的現金必須於當日送存開戶銀行。距離銀行較遠,交通不方便的單位,如果當天送存銀行確有困難,可以根據具體情況,同開戶銀行協商,由開戶銀行確定送存時間。

(2)開戶單位支付現金,可以從本單位庫存現金限額中支付或者從開戶銀行提取,不得從本單位的現金收入中直接支付(即坐支)。如因特殊情況需要坐支現金,應事先報經開戶銀行審查批准,由開戶銀行核定坐支範圍和限額。坐支單位必須在現金帳上如實反應坐支金額,並定期向開戶銀行報送坐支金額和使用情況。

(3)開戶單位根據《現金管理暫行條例》第五條和第六條的規定(即開戶單位現金使用

範圍和開戶單位支付給個人的款項,超過使用現金限額的部分確需全額支付現金的),從開戶銀行提取現金,應當寫明用途,由本單位財會部門負責人簽字蓋章,經開戶銀行審核批准後,予以支付。

(四)對個體工商戶、農村承包經營戶發放貸款和異地採購貸款的現金管理

(1)個體工商戶、農村承包經營戶的貸款,應當通過轉帳方式支付。對確實需要在集市使用現金購買物資的,由承貸人提出書面申請,經開戶銀行審查批准後,可以在貸款金額內支付現金。

(2)在銀行開戶的個體工商戶、農村承包經營戶異地採購的貸款,應當通過銀行以轉帳方式進行結算。由於採購地點無法確定,交通不方便而必須攜帶現金的,由客戶提出申請,開戶銀行根據需要,予以支付現金。

(3)未在銀行開戶的個體工商戶、農村承包經營戶異地採購所需貨款,可以通過銀行匯兌方式支付。凡加蓋「現金」字樣的結算憑證,匯入銀行必須保證支付現金。

中國現行的現金管理條例,對單位的現金收支由於作出了上述的明確規定,這就能夠充分發揮銀行管理現金,組織貨幣投放和回籠的作用,有利於加強國家的現金監督,穩定市場貨幣流通。

【復習思考題】
1. 簡述貨幣的價值尺度職能。
2. 什麼是貨幣流通規律?
3. 什麼是紙幣流通規律?
4. 導致通貨膨脹的主要因素有哪些? 如何治理通貨膨脹?

第十三章
中央銀行

第一節 中央銀行的發展概況

中央銀行是銀行制度發展過程中，以社會生產力的發展為基礎，與商品貨幣市場經濟發展相適應，從商業銀行獨立出來的一種特殊的金融機構。

一、中央銀行的起源與建立

（一）中央銀行的起源

中央銀行起源於壟斷貨幣發行的需要，並因其背景、實力和信譽，逐步演變形成現代意義的中央銀行。

300 多年前，貨幣是由商業銀行發行的。商業銀行發行的貨幣是一種信用貨幣，銀行一旦倒閉，則其發行的貨幣就如同廢紙，無法購買任何東西。在 19 世紀的美國，就有 1,600 多家銀行競相發行貨幣，有 3 萬多種貨幣進入市場流通。這些貨幣良莠不齊，很多根本無法兌現，無形中劫掠了平民百姓的財富。混亂的貨幣秩序使人們意識到，需要由一家銀行壟斷貨幣的發行權。於是，許多國家紛紛通過法令，將發行貨幣的特權集中到本國的一家銀行。如 1844 年英國通過的銀行法，結束了英國 279 家銀行都發行貨幣的局面，英格蘭銀行成為唯一的發行銀行。早期的中央銀行由此演變而成。

許多國家成立的中央銀行同時承擔了為政府籌資、代理政府理財的功能，由於政府背景和壟斷貨幣發行的特權，使得其實力和信譽遠遠超過其他商業銀行。因此，當有商業銀行發生資金週轉困難或者瀕臨倒閉時，中央銀行就會拿出資金予以幫助，承擔了「最後貸款人」角色。同時，為防範風險，保障商業銀行穩健經營，中央銀行又掌管了監督其他銀行的職能，並利用各類工具調控國家經濟。現代意義的中央銀行由此演變形成。

（二）中央銀行的建立

中央銀行的形成有兩種途徑，一是由其他銀行機構逐步演變而成，如英格蘭銀行；二是在成立之時就直接定位為中央銀行，如美國聯邦儲備系統。雖然從演變過程難以準確界定商業銀行轉為中央銀行的時間，但中央銀行的成立高潮則集中在下面兩個階段：

第一階段：從 19 世紀到第一次世界大戰時期，中央銀行隨資本主義經濟金融發展出現第一次成立高潮。1848 年法蘭西銀行壟斷了全法國的貨幣發行權，逐步向中央銀行過渡；德國於 1875 年把原來的普魯士銀行改為國家銀行，開始集中和壟斷貨幣發行權；1913 年美

國聯邦儲備系統建立,形成中央銀行制度。

第二階段:第一次世界大戰後,面對世界性的金融危機和嚴重通貨膨脹,1920年在布魯塞爾召開的國際金融會議上,決定凡未建立中央銀行的國家,應盡快設立中央銀行,以共同維持國際貨幣體制和經濟穩定。在國際壓力推動下,各國中央銀行普遍建立,形成又一次成立高潮。自布魯塞爾會議後的十年中,世界各國新成立中央銀行31家,如澳大利亞聯邦銀行、舊中國國民政府的中央銀行等。一批經濟較落後的國家在擺脫了宗主國或殖民者的統治獲得獨立後,也把中央銀行的建立視為鞏固民族獨立和國家主權的標志,紛紛建立本國中央銀行。

二、最具代表性的中央銀行

(一) 英國的中央銀行

英格蘭銀行是英國的中央銀行,是歷史最悠久的中央銀行。

英格蘭銀行成立於1694年7月27日,由倫敦城的1,268位商人合股出資組建。成立初衷主要是可以向政府提供貸款,籌措資金,滿足龐大的戰爭開支需要。

英格蘭銀行最早只是一般性商業銀行,與其他商業銀行一樣,主要辦理發行貨幣、吸收存款、發放貸款業務。由於英格蘭銀行一開始就與政府維繫著一種特殊而密切的關係,提供政府貸款,負責籌集與管理政府國債,並逐漸掌握了絕大多數政府部門的銀行帳戶,因而其實力與聲譽迅速超越其他銀行。1837年,英格蘭銀行不僅安然挺過當年的銀行危機,還拿出大筆資金,幫助有困難的銀行渡過難關,開始充當「最后貸款人」角色。1844年,英國議會通過《銀行特許法》,讓英格蘭銀行在發行貨幣方面享有許多特權,英格蘭銀行逐漸退出一般性商業銀行業務,專注於貨幣發行,並開始承擔英國金融市場穩定和監督其他商業銀行的職能。1928年,英國議會通過《通貨與鈔票法》,使英格蘭銀行壟斷了在英格蘭和威爾士地區的貨幣發行權。1946年,英國議會通過《英格蘭銀行法》,賦予其更為廣泛的權力,使其可以按照法律對商業銀行進行監督和管理(後此項職能移交1997年10月成立的金融服務局),英格蘭銀行終於名正言順地成為英國的中央銀行。

英格蘭銀行的最高權力機構是董事會。英格蘭銀行在1946年被國有化,政府成為銀行的最大股東。現在,銀行的董事們均由政府提名、女王任命。董事會每週、每月舉行例會,討論並制定相關的重大戰略和政策。日常事務主要由執行董事負責。

英格蘭銀行的發展歷程,就是中央銀行發展歷史的真實寫照。

(二) 美國的中央銀行

美國聯邦儲備體系(簡稱美聯儲)是美國的中央銀行。美聯儲與傳統中央銀行不同,具有鮮明的美國式制衡特色。

美聯儲誕生之前,1791年的第一合眾國銀行、1816年的第二合眾國銀行都曾經嘗試過履行中央銀行職能,但由於其不受洲特許銀行的歡迎,加之美國人對中央集權的強烈恐懼,在20年特許期過後,隨即壽終正寢。其後的70多年裡,美國沒有中央銀行,先後爆發過6次全國性銀行危機,迫切需要建立一家中央銀行,充當最後的貸款人,穩定金融市場,恢復公眾信心。20世紀初,美聯儲終於產生。

美聯儲的制衡思想,主要體現在其機構設置、職位安排、成員任期及人事任免等方面。美聯儲包括聯邦儲備委員會、聯邦公開市場委員會和12家地區性的聯邦儲備銀行。聯邦

儲備委員會是美聯儲的最高機構，負責制定貨幣政策，發揮中央銀行的職能。聯邦公開市場委員會具體負責制定貨幣政策中的利率目標。12家聯邦儲備銀行持有美聯儲的資產，銀行的股份掌握在各自會員銀行手中。

美聯儲與傳統的、單一的集權制中央銀行的不同之處，主要體現在它沒有壟斷貨幣發行的權力，而是授權12家聯邦儲備銀行發行美元紙幣。

美聯儲的建立與發展，對美國乃至全球經濟有著重要的影響力。

(三)歐元區的中央銀行

歐洲中央銀行是歐元區的中央銀行，是世界上獨一無二的大型跨國中央銀行。

在歐洲中央銀行成立之前，歐元區的成員國都有各自的中央銀行，發行各自的貨幣，制定各自的貨幣政策。第二次世界大戰後，為防止戰爭悲劇重演，為歐洲再度崛起，歐洲各國走上聯合自強道路。1991年12月，《歐洲聯盟條約》獲得通過，政治家們為「大歐洲」描繪了美好的未來：一個經濟貨幣聯盟，一個統一的大市場，一個要在政治、經濟、軍事和外交上「用一個聲音說話」的巨型實體。條約為未來歐洲貨幣聯盟作了創造性規劃：貨幣聯盟內只有一家中央銀行，一種單一的能與美元、日元相抗衡的歐洲貨幣。

1998年7月1日，歐洲中央銀行在德國法蘭克福正式成立，成為世界上第一個管理超國家貨幣的中央銀行，壟斷著歐元現鈔的發行。2002年1月，歐元紙幣正式在歐元區成員國流通。截至2012年，歐元區已經擁有18個成員國，包括德國、法國、義大利、荷蘭、比利時、盧森堡、愛爾蘭、希臘、西班牙、葡萄牙、奧地利和芬蘭等。

歐洲中央銀行的組織機構包括管理委員會、執行董事會和擴大委員會。管理委員會負責制定貨幣政策，由執行董事會和18個歐元國的中央銀行行長組成。執行董事會只有6名成員，包括行長和副行長在內，負責維持日常工作。擴大委員會則由歐洲中央銀行的正副行長及歐盟所有成員國的中央銀行行長組成，負責保持聯盟內歐元國與非歐元國的接觸。

歐洲中央銀行超然於歐元區成員國之上，堅定不移地奉行「保持價格穩定」的貨幣政策目標。短短幾年，歐元已經成為可以與美元比肩的國際貨幣，歐元國成功抵禦住了各種政治經濟衝擊，實現經濟穩定增長，歐洲中央銀行在歐元區內發揮著巨大影響力。

三、中國的中央銀行

(一)舊中國的中央銀行

舊中國中央銀行的產生和運行具有三大特點：一是數家中央銀行並存，共同執行中央銀行職責；二是任何一家中央銀行都沒有而且也不可能全面執行中央銀行職責；三是中央銀行的主要任務是發行鈔票、支持財政、支持戰爭。

1. 戶部銀行

甲午戰爭以後，清政府為整理幣制，推行紙幣，解決當時財政困難，於1905年在北京成立官商合辦的戶部銀行。清政府授予戶部鑄造貨幣、代理國庫，發行紙幣統一幣值的特權，使戶部銀行具有中央銀行的性質，成為中國最早的中央銀行。1908年，戶部銀行改名為大清銀行。

2. 中國銀行和交通銀行

辛亥革命後，在大清銀行的基礎上，改組成立中國銀行。中國銀行的資本為官商合股，

它除經營一般銀行的存款和放款外,主要代理國庫,經理公債,發行鈔票,鑄造銀幣。由清政府郵傳部於1908年設立的交通銀行,在1913年取得了貨幣發行權,1914年開始代理金庫,兌付公債本息和代收稅款。中國銀行和交通銀行成為當時為北洋政府提供財政支柱的兩個中央銀行。

3. 國民黨政府的中央銀行

1927年蔣介石在南京成立國民政府。為了官僚買辦軍事獨裁政權的需要,1928年頒布了《中央銀行章程》,成立國民黨政府中央銀行。該行額定資本2,000萬元,全部為政府資本。授予該行經理國庫和發行鈔票的特權,並在全國各地設立分支機構,行使中央銀行職責。1935年頒布《中央銀行法》,進一步明確規定中央銀行為國家銀行,享有發行紙幣、鑄幣、代理國庫的特權。1942年又規定取消中國銀行、交通銀行、中國農業銀行的貨幣發行權,由中央銀行集中辦理法幣發行;各銀行上交存款準備金,一律轉存中央銀行;中央銀行集中辦理票據交換和再貼現。

4. 中共蘇維埃共和國國家銀行

1931年中華蘇維埃共和國臨時中央政府在江西瑞金成立,1932年成立中共蘇維埃共和國國家銀行。國家銀行除經營一般銀行業務外,由政府授予發行鈔票的特權,同時代理國庫,代理發行公債及還本付息。從土地革命、抗日戰爭,一直到中華人民共和國誕生前夕,人民政權被分割成彼此不能連接的區域。各根據地建立了相對獨立、分散管理的根據地銀行,並各自發行在本根據地內流通的貨幣。

(二)新中國的中央銀行

中國人民銀行是中華人民共和國的中央銀行。中國人民銀行成立至今,在體制、職能、地位、作用等方面,都發生了巨大而深刻的變革。

1. 初創時期的國家銀行體系(1948—1952年)

1948年12月1日,中國人民銀行在河北省石家莊市宣布成立。以華北銀行為基礎,合併北海銀行、西北農民銀行組建的中國人民銀行,發行的人民幣在華北、華東、西北三區統一流通,所有公私款項收付及一切交易,均以人民幣為本位貨幣。1949年2月,中國人民銀行由石家莊市遷入北平。1949年9月,中國人民政治協商會議通過《中華人民共和國中央人民政府組織法》,把中國人民銀行納入政務院的直屬單位系列,接受財政經濟委員會指導,與財政部保持密切聯繫,賦予其國家銀行職能,承擔發行國家貨幣、經理國家金庫、管理國家金融、穩定金融市場、支持經濟恢復和國家重建的任務。

國民經濟恢復時期,中國人民銀行在中央人民政府領導下,著手建立統一的國家銀行體系。1952年國民經濟恢復時期終結時,一是建立了全國垂直領導的國家銀行組織機構體系;二是建立了獨立統一的貨幣體系,人民幣成為境內流通的本位幣;三是對各類金融機構實行了統一管理;四是充分運用貨幣發行和貨幣政策,實行現金管理,開展「收存款、建金庫、靈活調撥」,運用折實儲蓄和存放款利率等手段調控市場貨幣供求;五是按照「公私兼顧、勞資兩利、城鄉互助、內外交流」政策,配合工商業調整,靈活調度資金,支持國營經濟快速成長,適度增加對私營經濟和個體經濟貸款,便利城鄉物資交流,為人民幣幣值穩定和國民經濟的恢復與發展做出了重大貢獻。

2. 高度集中的國家銀行體制(1953—1978年)

計劃經濟體制時期,中國人民銀行作為國家金融管理和貨幣發行的機構,既是管理金

融的國家機關,又是全面經營銀行業務的國家銀行。自上而下的人民銀行體制,成為國家吸收、動員、集中和分配信貸資金的基本手段。

1953年建立的集中統一的綜合信貸計劃管理體制,實行的「統存統貸」管理辦法,使得中國人民銀行總行統一掌握了全國信貸資金。銀行信貸計劃納入國家經濟計劃,成為國家管理經濟的重要手段,為大規模經濟建設提供全面的金融監督和服務。直到1978年,基本保持著長期資金歸財政、短期資金歸銀行、無償資金歸財政、有償資金歸銀行、定額資金歸財政、超定額資金歸銀行的體制格局。

3. 初具形態的中央銀行體制(1979—1992年)

1979年後,出現了金融機構多元化和金融業務多樣化的局面,包括恢復中國農業銀行,加強對農村經濟的扶植;改革中國銀行體制,使之成為國家指定的外匯專業銀行,同時設立國家外匯管理局;恢復國內保險業務,重建中國人民保險公司;各地相繼組建信託投資公司和城市信用合作社。

1984年1月1日起,國務院決定中國人民銀行成為國務院領導下統一管理全國金融的國家機關。中國人民銀行不再辦理針對個人和企業的金融業務,而是專門負責穩定人民幣幣值和管理金融的機構,專門行使中央銀行職能。人民銀行過去承擔的工商信貸和儲蓄業務由新設的中國工商銀行專業經營,人民銀行分支行的業務實行垂直領導,設立中國人民銀行理事會作為協調決策機構,建立存款準備金制度和中央銀行對專業銀行的貸款制度。中國人民銀行在改進計劃調控手段基礎上,逐步運用利率、存款準備金率、中央銀行貸款等手段,控制信貸和貨幣供給,以求達到「宏觀管住、微觀搞活、穩中求活」的效果,在制止信貸膨脹、經濟過熱、促進經濟結構調整過程中,初步培育了運用貨幣政策調節經濟的能力。

4. 逐步完善的現代中央銀行制度(1993年至今)

1993年,按照國務院《關於金融體制改革的決定》,中國人民銀行進一步強化金融調控、金融監管和金融服務職責,劃轉政策性業務和商業銀行業務。

1995年3月18日,全國人民代表大會通過《中華人民共和國中國人民銀行法》(以下簡稱《中國人民銀行法》),首次以國家立法形式確立了中國人民銀行作為中央銀行的地位,標誌著中央銀行體制走向了法制化、規範化的軌道,是中央銀行制度建設的重要里程碑。1998年,按照中央金融工作會議部署,改革人民銀行管理體制,撤銷省級分行,設立跨省區分行,同時成立人民銀行系統黨委,對黨的關係實行垂直領導,幹部垂直管理。

2003年12月27日,第十屆全國人民代表大會常務委員會審議通過的《中國人民銀行法(修正案)》,將中國人民銀行對銀行、金融資產管理公司、信託投資公司及其他存款類金融機構的監管職能中分離出來,轉交給新成立的中國銀行業監督管理委員會。中國人民銀行成為國務院領導下制定和執行貨幣政策、維護金融穩定、提供金融服務的宏觀調控部門。職能調整後的中國人民銀行,強化了與制定和執行貨幣政策有關的職能,轉換了實施對金融業宏觀調控和防範與化解系統性金融風險的方式,增加了反洗錢和管理信貸徵信業兩項職能。中國人民銀行在宏觀調控中的作用更加重要。

第二節　中央銀行的職責定位

中央銀行的發展過程說明,中央銀行是商業銀行與國家政權相結合的產物。在初創時期,中央銀行主要是為政府解決財政困難和抑制通貨膨脹的權力機構;在現代社會,中央銀行已發展成為代表國家管理金融的特殊銀行。

一、中央銀行的特殊職責

(一)發行的銀行

發行的銀行是指中央銀行壟斷貨幣的發行權。中央銀行獨家控制貨幣發行權,是區別於商業銀行和其他金融機構的顯著特徵。

中央銀行壟斷貨幣發行權,第一,有利於通貨形式的統一,避免貨幣流通混亂,保證經濟金融穩定;第二,有利於根據經濟發展的客觀需要,制定和執行貨幣政策,合理調節市場流通中貨幣的數量,保持幣值穩定。

(二)國家的銀行

國家的銀行是指中央銀行代表國家從事金融活動,為政府提供服務。中央銀行與政府其他部門之間存在一種相互分離、相互制約、相互配合、相互作用的關係,在各自職能範圍內,為國家提供服務。

中央銀行作為國家銀行的基本職責表現為:

(1)經理國庫,替政府辦理國家預算收入的繳納、劃分和留用,辦理預算收支的撥付及其他有關國庫的事務。

(2)為政府融通資金,解決政府財政臨時需要的資金。如:直接向政府提供貸款,直接購買政府公債、向財政透支、協助推銷政府公債。

(3)代替政府處理金融事務。包括為財政辦理國家公債的發行及還本付息;替政府管理黃金和外匯儲備;代替國家對儲備資產加以有效地運用。

(4)代表政府參加各種國際金融組織及活動。

(5)為政府進行經濟金融決策提供必要的資料、數據和方案,充當政府的金融政策顧問。

(三)銀行的銀行

銀行的銀行是指中央銀行作為商業銀行及其他金融機構的最後貸款人,向銀行提供服務。中央銀行通常情況下不直接面對工商企業和個人,只與商業銀行和其他金融機構保持業務往來關係。

其基本職責表現為:

1. 集中保管銀行存款準備金

中央銀行保持全國銀行存款準備金,最初目的是維護商業銀行的清償力。現代中央銀行保持存款準備金,則是調控社會貨幣量,保障商業銀行穩定運行的一個最有力的手段。

2. 全國金融機構資金清算中心

各金融機構在中央銀行存款並開立活期存款帳戶,它們彼此交換票據產生的資金往來

差額,可通過在中央銀行的活期存款帳戶進行清算,以縮短清算時間,減少清算費用,加速資金週轉,同時,有利於中央銀行通過清算系統瞭解各金融機構的資金運行情況。

3. 充當銀行業的最後貸款人

當發生金融危機,或者商業銀行和其他金融機構暫時出現資金週轉困難時,中央銀行向需要用錢的金融機構提供流動資金,以保護銀行免於倒閉。商業銀行一般通過再貼現和再抵押等形式從中央銀行取得貸款。中央銀行作為最後貸款人向商業銀行融通資金,加強了整個信用體系的彈性和清償力。

4. 主持外匯頭寸調劑,謀求外匯收支平衡

中央銀行為商業銀行提供資金的融資便利,替商業銀行辦理外匯買賣業務,借以監督和維持國際收支平衡。

(四)監管的銀行

監管的銀行是指中央銀行對商業銀行和其他金融機構的業務活動進行監督和管理。目的在於促進與保證各類金融機構遵守法律,促進金融機構以及金融服務市場有序競爭、高效運行、安全穩定。

有些國家,中央銀行還承擔著監督管理商業銀行的職能。2003年後,中國人民銀行監督管理銀行業的職能,已移交中國銀行業監督管理委員會承擔。

二、中國人民銀行的主要職責

中國人民銀行為國務院組成部門,是中華人民共和國的中央銀行,是在國務院領導下制定和執行貨幣政策,防範和化解金融風險,維護金融穩定,提供金融服務的宏觀調控部門。中國人民銀行全部資本由國家出資,屬於國家所有。

中國人民銀行的主要職責為:

(1)擬訂金融業改革和發展戰略規劃,承擔綜合研究並協調解決金融運行中的重大問題、促進金融業協調健康發展的責任,參與評估重大金融併購活動對國家金融安全的影響並提出政策建議,促進金融業有序開放。

(2)起草有關法律和行政法規草案,完善有關金融機構運行規則,發布與履行職責有關的命令和規章。

(3)依法制定和執行貨幣政策;制定和實施宏觀信貸指導政策。

(4)完善金融宏觀調控體系,負責防範、化解系統性金融風險,維護國家金融穩定與安全。

(5)負責制定和實施人民幣匯率政策,不斷完善匯率形成機制,維護國際收支平衡,實施外匯管理,負責對國際金融市場的跟蹤監測和風險預警,監測和管理跨境資本流動,持有、管理和經營國家外匯儲備和黃金儲備。

(6)監督管理銀行間同業拆借市場、銀行間債券市場、銀行間票據市場、銀行間外匯市場和黃金市場及上述市場的有關衍生產品交易。

(7)負責會同金融監管部門制定金融控股公司的監管規則和交叉性金融業務的標準、規範,負責金融控股公司和交叉性金融工具的監測。

(8)承擔最後貸款人的責任,負責對因化解金融風險而使用中央銀行資金機構的行為進行檢查監督。

(9)制定和組織實施金融業綜合統計制度,負責數據匯總和宏觀經濟分析與預測,統一編製全國金融統計數據、報表,並按國家有關規定予以公布。

(10)組織制定金融業信息化發展規劃,負責金融標準化的組織管理協調工作,指導金融業信息安全工作。

(11)發行人民幣,管理人民幣流通。

(12)制定全國支付體系發展規劃,統籌協調全國支付體系建設,會同有關部門制定支付結算規則,負責全國支付、清算系統的正常運行。

(13)經理國庫。

(14)承擔全國反洗錢工作的組織協調和監督管理的責任,負責涉嫌洗錢及恐怖活動的資金監測。

(15)管理徵信業,推動建立社會信用體系。

(16)從事與中國人民銀行業務有關的國際金融活動。

(17)按照有關規定從事金融業務活動。

(18)承辦國務院交辦的其他事項。

中國人民銀行的上述職責,表現出三個特點:

一是強化了與制定和執行貨幣政策有關的職能。包括:①大力提高制定和執行貨幣政策的水平,靈活運用利率、匯率等各種貨幣政策工具實施宏觀調控;②加強對貨幣市場規則的研究和制定,對貨幣、外匯、黃金等金融市場的監督與監測,密切關注貨幣市場與房地產、證券、保險等市場之間的關聯渠道、有關政策和風險控制措施,疏通貨幣政策傳導機制。

二是轉換了實施對金融業宏觀調控和防範與化解系統性金融風險的方式。由過去主要通過對金融機構的設立審批、業務審批、高級管理人員任職資格審查和監管指導等直接調控方式,轉變為:①對金融業的整體風險、金融控股公司以及交叉性金融工具的風險進行監測和評估,防範和化解系統性金融風險,維護國家經濟金融安全;②綜合研究制定金融業的有關改革發展規劃和對外開放戰略,按照中國加入 WTO 的承諾,促進銀行、證券、保險三大行業的協調發展與開放,提高中國金融業的國際競爭力,維護國家利益;③加強與外匯管理相配套的政策的研究與制訂工作,防範國際資本流動的衝擊。

三是增加了反洗錢和管理信貸徵信業兩項職能。由人民銀行組織協調全國的反洗錢工作,指導、部署金融業反洗錢工作,承擔反洗錢的資金監測職責,並參與有關國際反洗錢合作。由人民銀行管理信貸徵信業,推動社會信用體系建設。

這些新特點,進一步強化了人民銀行作為中國的中央銀行,在實施金融宏觀調控、保持幣值穩定、促進經濟可持續增長、防範化解系統性金融風險中的重要作用。

三、中國人民銀行的組織形式

中國人民銀行實行行長負責制,並設立貨幣政策委員會。中國人民銀行的總行設在北京,負責履行中央銀行的主要職責;上海總部承擔中國人民銀行的部分職責,並負責上海地區人民銀行的有關業務;中國人民銀行根據履行職責的需要設立分支機構,對分支機構實行統一領導和管理,分支機構根據中國人民銀行的授權,維護本轄區的金融穩定,承辦有關業務。中國人民銀行還在東京、紐約、倫敦、法蘭克福和悉尼等地設有代表處,負責研究國際金融問題,並與世界主要國家中央銀行進行聯繫和協調。

中國人民銀行的組織機構設置情況如圖 13-1 所示：

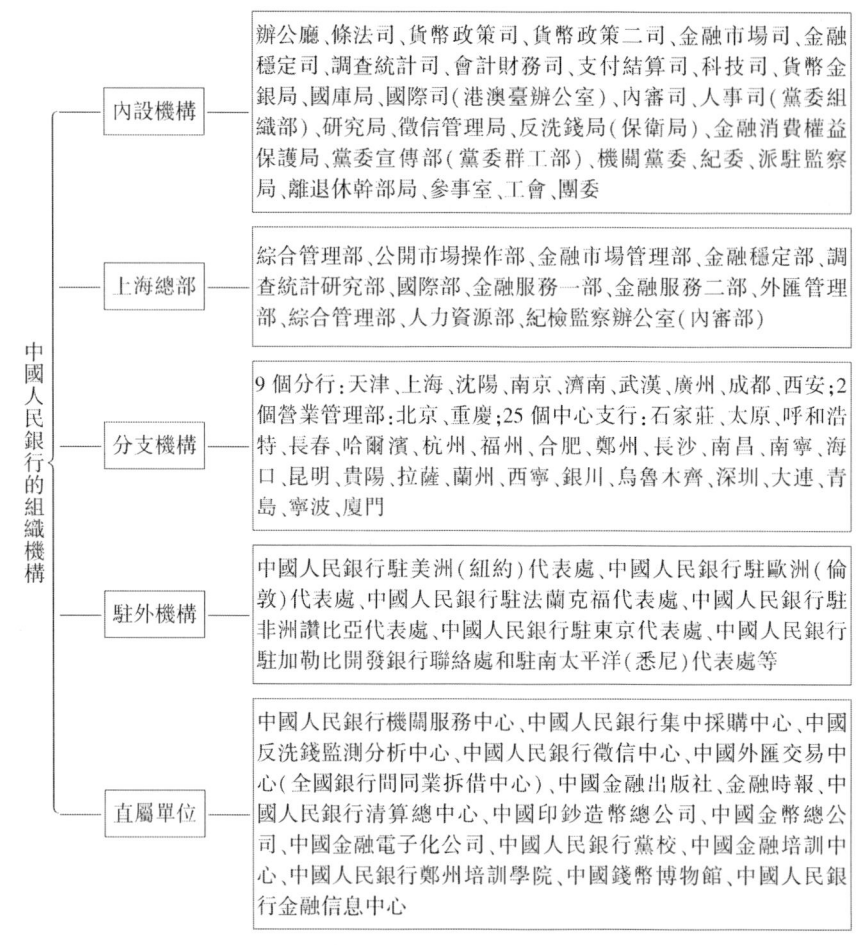

中國人民銀行的組織機構		
	內設機構	辦公廳、條法司、貨幣政策司、貨幣政策二司、金融市場司、金融穩定司、調查統計司、會計財務司、支付結算司、科技司、貨幣金銀局、國庫局、國際司(港澳臺辦公室)、內審司、人事司(黨委組織部)、研究局、徵信管理局、反洗錢局(保衛局)、金融消費權益保護局、黨委宣傳部(黨委群工部)、機關黨委、紀委、派駐監察局、離退休幹部局、參事室、工會、團委
	上海總部	綜合管理部、公開市場操作部、金融市場管理部、金融穩定部、調查統計研究部、國際部、金融服務一部、金融服務二部、外匯管理部、綜合管理部、人力資源部、紀檢監察辦公室(內審部)
	分支機構	9 個分行：天津、上海、瀋陽、南京、濟南、武漢、廣州、成都、西安；2 個營業管理部：北京、重慶；25 個中心支行：石家莊、太原、呼和浩特、長春、哈爾濱、杭州、福州、合肥、鄭州、長沙、南昌、南寧、海口、昆明、貴陽、拉薩、蘭州、西寧、銀川、烏魯木齊、深圳、大連、青島、寧波、廈門
	駐外機構	中國人民銀行駐美洲(紐約)代表處、中國人民銀行駐歐洲(倫敦)代表處、中國人民銀行駐法蘭克福代表處、中國人民銀行駐非洲讚比亞代表處、中國人民銀行駐東京代表處、中國人民銀行駐加勒比開發銀行聯絡處和駐南太平洋(悉尼)代表處等
	直屬單位	中國人民銀行機關服務中心、中國人民銀行集中採購中心、中國反洗錢監測分析中心、中國人民銀行徵信中心、中國外匯交易中心(全國銀行間同業拆借中心)、中國金融出版社、金融時報、中國人民銀行清算總中心、中國印鈔造幣總公司、中國金幣總公司、中國金融電子化公司、中國人民銀行黨校、中國金融培訓中心、中國人民銀行鄭州培訓學院、中國錢幣博物館、中國人民銀行金融信息中心

圖 13-1　中國人民銀行的組織機構設置圖

第三節　中央銀行的貨幣政策職能

　　貨幣政策是指中央銀行為實現特定的經濟目標而採取的一系列調節貨幣供應量的舉措的總稱。包括政策目標、政策工具、政策作用機制、政策仲介目標和政策效果五大要素，其中，最基本最重要的是貨幣政策目標和工具的選擇。

　　貨幣政策的主要任務，一是維持適度的貨幣供給，以防止因貨幣不足或過多出現經濟蕭條和經濟過熱，保持經濟穩定發展；二是為國民經濟穩定協調發展提供一個良好的貨幣金融環境。

一、貨幣政策的目標與工具

(一)貨幣政策的目標

通常,一個國家的宏觀經濟目標包括穩定物價、充分就業、經濟增長、國際收支平衡四個方面。中央銀行正是通過制定和執行貨幣政策,妥善處理經濟發展與穩定通貨的關係,實現國家的宏觀經濟目標。

1. 穩定物價

物價水平基本穩定是社會經濟發展的前提。因為通貨膨脹導致了投資資金分配的社會性低效率,引起社會成員收入和財富的重新分配,帶來一系列不確定性和不安全性因素,從而導致人們對政府,以及一般社會條件的公平性和合理性喪失信心。中央銀行可以實施貨幣政策,有效控制貨幣供給量,使一般物價水平在短期內或在相當長的時期內不發生顯著的、急遽的波動。

2. 充分就業

充分就業是指社會勞動力的充分利用,或者說需要就業者均能找到適當的工作。充分就業並不意味著失業率等於零,而是指失業率維持在一個合理比率或一定限度內。中央銀行通過貨幣政策調控,增加貨幣供給量,刺激總需求增加,促進企業擴大生產,從而創造更多的就業機會。

3. 經濟增長

經濟增長即是國民生產總值或國民收入的增長。影響經濟增長的因素有投資儲蓄增加、社會勞動力增加、資本產出比率提高等等。貨幣政策的主要作用,是為影響經濟增長的資源合理配置創造一個良好的金融環境。

4. 國際收支平衡

國際收支平衡是指在一定時期內(通常為一年),一國居民(包括政府、個人、企業和非營利機構)與外國之間經濟交易的全部貨幣收入和貨幣支出持平、略有順差或逆差。中央銀行通過貨幣政策的實施干預外匯市場,以便限制或平穩貨幣匯價波動,或者增加國際儲備資產持有額。

貨幣政策各項目標之間的關係比較複雜,實際操作過程中,有的目標有時會互相排斥,難以兼顧。①充分就業與經濟增長之間呈正相關關係,即經濟增長,就業增加;經濟下滑,則失業增加。②穩定物價與充分就業之間存在突出矛盾。澳大利亞經濟學家菲利普斯研究了1861—1975年英國的失業率與物價關係,發現失業率與物價上漲率之間存在著一種此消彼長的關係,即在物價上漲率高的時候,失業率則較低;相反物價上漲率低時,失業率較高。③穩定物價與經濟增長之間短期可能發生抵觸。一些學者對許多國家近一百年來經濟增長時期的物價資料的分析發現,凡在經濟正常增長時期,物價水平都呈上升趨勢,經濟增長大多伴隨著物價上漲。④經濟增長與國際收支平衡之間存在矛盾。經濟增長通常會增加對進口商品需求,造成商品進口增長快於出口增長,導致出現貿易逆差。

處理貨幣政策之間衝突的方法有兩個:一是側重於統籌兼顧,力求協調;二是側重於權衡或選擇,視經濟環境的需要而突出重點。目前,大多數國家的中央銀行都把維護幣值穩定作為貨幣政策的主要目標,同時適當兼顧其他目標。因為只有實現了幣值穩定,才可能為實現其他三個目標奠定基礎。德國的中央銀行幾十年來一直致力於防止通貨膨脹,把維

護幣值穩定作為唯一目標，重中之重。而美國的貨幣政策目標則出現過不同時期變換不同重點的情況。

(二)貨幣政策的工具

貨幣政策目標是通過貨幣政策工具的運用來實現的。貨幣政策工具通常劃分為一般性貨幣政策工具、選擇性貨幣政策工具、直接信用管制工具和間接信用管制工具四大類。

1. 一般性貨幣政策工具

一般性貨幣政策工具主要通過對貨幣總量的調節，影響整個宏觀經濟。通常所說的「三大法寶」即屬此類，包括存款準備金政策、再貼現政策和公開市場業務政策。

(1)存款準備金政策。存款準備金是指金融機構為保證客戶提取存款和資金清算需要而準備的資金；存款準備金率是指金融機構按規定向中央銀行繳納的存款準備金占其存款總額的比例。美國是世界上最早以法律形式規定商業銀行向中央銀行繳存存款準備金的國家。存款準備金制度的初始作用是保證存款的支付和清算，之後逐漸演變成為貨幣政策工具，而且是中央銀行最基礎、最重要的調控手段。中央銀行通過調整存款準備金率，影響金融機構的信貸資金供應能力，從而間接調控貨幣供應量。

(2)再貼現政策。貼現是指持票人在票據到期之前，為獲得現款而向銀行貼付一定利息所作的票據轉讓。再貼現是指商業銀行或其他金融機構以貼現所獲得的未到期票據向中央銀行所作的票據轉讓。中央銀行通過制定或調整再貼現利率，干預和影響市場貨幣供求，從而調節市場貨幣供應。

(3)公開市場業務。指中央銀行在公開金融市場上，與指定交易商進行有價證券和外匯交易，借以調節貨幣供應量，實現貨幣政策調控目標。是中央銀行吞吐基礎貨幣，調節市場流動性的主要政策工具。

2. 選擇性貨幣政策工具

在傳統的一般性貨幣政策以外，如果需要對某些特殊領域的信用進行調控，則可以運用到消費者信用控制、不動產信用控制和證券市場信用控制等選擇性貨幣政策工具。

(1)消費者信用控制。指中央銀行對不動產以外的各種耐用消費品的融資予以控制的行為。其主要內容包括：①規定用分期付款購買耐用消費品時第一次付款的最低金額；②規定用消費信貸購買商品的最長期限；③規定可用消費信貸購買消費品種類，對不同消費品規定不同信貸條件等。在消費信用膨脹和通貨膨脹時期，中央銀行通過提高第一次付款最低金額和縮短分期付款的期限，控制消費信用，抑制消費需求和物價上漲。

(2)不動產信用控制。指中央銀行對金融機構房地產放款的限制措施，以抑制房地產投機。如對金融機構的房地產貸款規定最高限額，最長期限及首次付款和分期還款的最低金額等。

(3)證券市場信用控制。是中央銀行對有關證券交易的各種貸款進行限制，目的在於抑制過度投機。如規定一定比例的證券保證金率，並隨時根據證券市場的狀況加以調整。

3. 直接信用控制

直接信用控制是從質和量兩個方面，以行政命令或其他方式，直接對金融機構尤其是商業銀行的信用活動進行控制。主要手段有利率最高限額、信用配額、規定流動性比率和直接干預等。

(1)利率最高限額。它指中央銀行規定商業銀行的定期及儲蓄存款所能支付的最高利

率。目的是為了防止銀行用抬高利率的辦法競相吸收存款,或為謀取高利而進行風險存貸。控制利率最高限額既有利於銀行的安全經營,又可以影響利率結構,還可通過利率結構的調整改變銀行資金來源與投向,從而控制銀行的放款能力。

(2)信用配額。它指中央銀行根據金融市場狀況及客觀經濟需要,分別對各個商業銀行的信用規模加以分配,限制其最高數量。在大多數發展中國家,由於資金供給相對於需求嚴重不足,這種辦法被廣泛採用。

(3)規定流動性比率。流動性比率是指流動資產對存款的比重。一般說來,流動性比率與收益率成反比。為保持中央銀行規定的流動比率,商業銀行必須縮減長期放款,擴大短期放款和增加應付提現的資產。

(4)直接干預。它是指中央銀行直接對商業銀行的信貸業務、放款範圍等加以干預。如對業務經營不當的商業銀行拒絕再貼現或採取高於一般利率的懲罰性利率等。

4. 間接信用管制

間接信用管制是指中央銀行通過道義勸告、窗口指導等辦法,間接影響商業銀行的信用創造。

(1)道義勸告。它即中央銀行利用自己在金融體系中的特殊地位和威望,通過對商業銀行勸告,影響其放款的數量和投向,達到控制和調節信用的目的。中央銀行道義勸告不具有強制性,只是將貨幣政策的意向與金融狀況向商業銀行通報,並提出某種意見,說服它們予以實行。

(2)窗口指導。它即中央銀行根據產業趨勢、物價行情和金融市場動向,規定商業銀行每季度貸款的增減額,並要求其執行。如果商業銀行不按規定增減對產業部門的貸款,中央銀行可削減向該銀行貸款的額度,甚至採取停止提供信用等制裁措施。雖然窗口指導沒有法律約束力,但對商業銀行卻具有很大的影響力。

(三)貨幣政策的傳導

中央銀行無論採取何種貨幣政策工具,都是通過對貨幣供應量的調控,借以實現既定的貨幣政策目標。

貨幣供應量主要包括流通中現金和銀行存款(M0、M1、M2)。貨幣供應量的源頭來自於中央銀行發行的貨幣,即基礎貨幣。中央銀行通過一定渠道,如向商業銀行發放貸款,購入社會公眾或商業銀行持有的國債或外匯,等等,將基礎貨幣注入市場,向社會投放一定數量的現金。但是,由此形成的社會流通的貨幣,遠不止這些現金,而是借助這些現金創造出來的更多的貨幣。

商業銀行創造存款的簡要過程是:中央銀行向社會投放一定數量的現金(如100萬元);商業銀行吸收了居民100萬元現金存款(稱為原始存款),商業銀行根據經驗只需保留10%的現金應付提款(準備金),剩下的90萬元貸給企業;企業又把錢繼續存在銀行(這種由於發放貸款而形成的新的存款,稱為派生存款),銀行又提取10%的準備金,剩餘的81萬元再一次貸放出去……如此循環往復,銀行最終可以發放900萬元貸款以賺取利息。這樣,最初只有居民存入的100萬元,最後變成了居民和企業的總存款1,000萬元,商業銀行的存款大大增加。因此,只要有現金,商業銀行就總是可以進行存款創造。

商業銀行創造存款的過程,就是貨幣供應量的形成過程。我們可以通過下面的流程圖,瞭解貨幣供應與貨幣回籠的簡要過程。(見圖13-2)

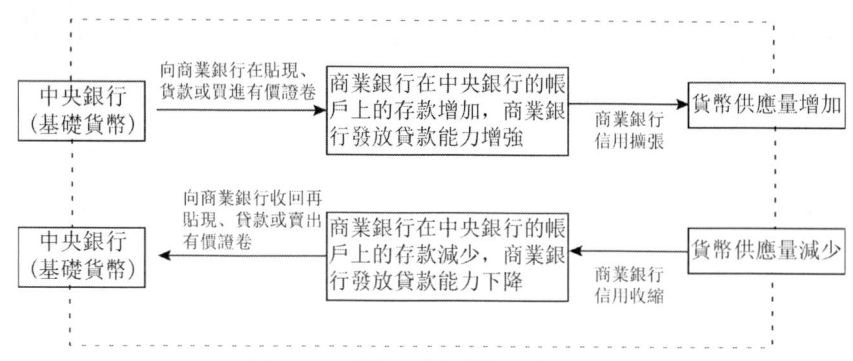

```
                          向商業銀行在貼現、      商業銀行在中央銀行的帳
    ┌──────────┐  貸款或買進有價證卷    戶上的存款增加,商業銀              ┌──────────┐
    │  中央銀行  │ ───────────────→   行發放貸款能力增強    商業銀行    │貨幣供應量增加│
    │(基礎貨幣) │                                          信用擴張    └──────────┘
    └──────────┘

                          向商業銀行收回再       商業銀行在中央銀行的帳
    ┌──────────┐  貼現、貸款或賣出      戶上的存款減少,商業銀              ┌──────────┐
    │  中央銀行  │ ←───────────────   行發放貸款能力下降    商業銀行    │貨幣供應量減少│
    │(基礎貨幣) │    有價證卷                                信用收縮    └──────────┘
    └──────────┘
```

圖 13-2　貨幣供應與貨幣回籠流程圖

中央銀行可以通過向商業銀行買、賣國債等,實現基礎貨幣的投放或回籠,可以通過法令形式規定商業銀行必須向中央銀行繳存存款準備金的比率(即法定存款準備金率),或者商業銀行向中央銀行再額外多交存的存款(即超額存款準備金),調節商業銀行擴張信貸規模的能力,最終實現貨幣供應量的增減變化。

二、貨幣政策的三大法寶

(一)法寶之一:公開市場操作

中央銀行運用公開市場操作調控貨幣供應量,是通過影響商業銀行的準備金來實現的。

公開市場操作是通過中央銀行與指定交易商進行有價證券和外匯交易,實現貨幣政策調控目標。基本方式是:中央銀行若要增加貨幣供應量,便在市場上買進一定數量的有價證券。如果從商業銀行購買國債,則商業銀行手中的資金立即增加;如果從社會公眾手中購買國債,則公眾又會把收到的現金存入商業銀行。當商業銀行的基礎貨幣增加後,經過商業銀行的存款創造機制,貨幣供應量便成倍擴張。反過來,中央銀行若要減少貨幣供應量,便在公開市場上賣出一定數量的有價證券,商業銀行或者社會公眾則要付給中央銀行相應的現金,最終貨幣供應量成倍減少。

公開市場操作最早出現在美國,最初只是美聯儲用來創收的一種工具,而非貨幣政策工具。1913年,美國建立的聯邦儲備體系由於得不到國會的撥款支持,只好通過向會員銀行發放貼現貸款賺取利息。1920—1921年間的經濟衰退,使得貼現貸款數額急遽減少,美聯儲於是開始購買債券賺取利息。久而久之,美聯儲發現,當它從商業銀行買進債券時,商業銀行持有的準備金就增加了,經過存款創造機制作用,存款規模成倍擴張,貨幣供應量則隨之增大。到20世紀20年代末,這一工具已經成為美聯儲的重要法寶。目前,它也是各個中央銀行最常用的調節貨幣供應量的一個簡單而有效的貨幣政策工具。

公開市場操作與其他貨幣政策工具相比,具有以下獨特優點:①它能對貨幣供給量進行微調,而不像存款準備政策那樣,對貨幣供給量及經濟產生振動過大的影響;②根據貨幣政策的需要,中央銀行可以主動出擊,而不像再貼現政策那樣處於被動地位;③中央銀行可以根據金融市場情況的變化,靈活地運用,並進行經常性、連續性地操作,而不像其他兩種政策那樣,易引起公開告示的負效應。因此,公開市場業務被認為是一種最具有效力的法寶。

(二)法寶之二：再貼現政策

中央銀行運用再貼現政策調控貨幣供應量，是通過影響商業銀行的超額準備金及市場利率來實現的。

再貼現是中央銀行對金融機構持有的未到期已貼現商業匯票予以貼現的行為。一般來說，再貼現政策包括兩方面內容：①調整再貼現率，以此影響商業銀行的超額準備金及市場利率，達到影響社會資金供求目的。當中央銀行降低再貼現率時，商業銀行發現從中央銀行再貼現借款更有利可圖，就會更多地申請再貼現。這樣，中央銀行的基礎貨幣投放增加，貨幣供應量自然也會增加。而且，再貼現利率的降低，也會最終帶動其他利率水平的下降，直到刺激投資和增長的作用。反之，則會實現相反的意圖。②規定向中央銀行申請再貼現的票據種類，以此調整商業銀行及全社會的資金投向。前者主要著眼於短期，即中央銀行根據市場的資金供求狀況，隨時調低或調高再貼現率（緊縮銀根時調高再貼現率，放鬆銀根時調低再貼現率），以影響商業銀行借入資金的成本，刺激或抑制資金需求，從而調節貨幣供應量。後者著眼於長期，對要再貼現的票據種類和申請機構加以規定，如區別對待，可起抑制或扶持的作用，改變資金流向結構。

再貼現最初也不是一種貨幣政策工具，而是用於幫助商業銀行週轉資金的。漸漸地，再貼現變成中央銀行的一大法寶。

再貼現政策效果體現在兩個方面：①再貼現率的變動反應了中央銀行的政策意向，有一種告示效應。如提高再貼現率，意味著告訴投資大眾現在市場過熱，政府有緊縮意向；反之，降低再貼現率則意味著有擴張意向；②通過影響商業銀行的資金成本和超額準備金，來影響商業銀行的融資決策。因此，再貼現政策相對於其他政策工具而言，調控的力度比較溫和，不會對經濟行為產生猛烈的衝擊。

再貼現政策存在的主要缺陷是，中央銀行對貨幣供應量的調控沒有足夠的主動權。因為商業銀行是否願意到中央銀行申請再貼現，或再貼現多少，決定於商業銀行的行為。如果商業銀行可通過其他途徑籌措資金而不依賴於再貼現，則中央銀行就不能有效地控制貨幣供應量。

(三)法寶之三：存款準備金政策

中央銀行運用存款準備金政策調控貨幣供應量，是通過影響商業銀行的存款準備金率來實現的。

存款準備金是指金融機構為保證客戶提取存款和資金清算需要而準備的資金，金融機構按規定向中央銀行繳納的存款準備金占其存款總額的比例就是存款準備金率。例如：法定存款準備金率為10%，則商業銀行吸收100萬元存款就應該留足10萬元準備金，只能貸放其餘90萬元。

有了存款準備金，商業銀行創造存款的能力就受到了限制。如果提高法定存款準備金率，商業銀行就必須多向中央銀行繳納準備金，能夠用於發放貸款的資金就減少了，創造派生存款的能力就變弱了，貨幣供應量因而會成倍地減少。反之，則會成倍增加。例如，存款準備金率為10%時，理論上商業銀行可以把100萬元現金放大10倍（10倍＝1÷10%），由此形成的貨幣供應量為1,000萬元；而如果存款準備金率為5%，就可以放大為20倍（20倍＝1÷5%），形成2,000萬元的貨幣供應量；相反，如果提高存款準備金率到20%，則僅能放大5倍（5倍＝1÷20%），此時形成的貨幣供應量被減至500萬元。這一過程說明，法定

存款準備金率的變動,將引起貨幣乘數的變動,造成社會貨幣供給量成倍地增減。世界上美國最早以法律形式規定商業銀行向中央銀行繳存存款準備金。存款準備金制度的初始作用是保證存款的支付和清算,之後逐漸演變成為貨幣政策工具,中央銀行通過調整存款準備金率,影響金融機構的信貸資金供應能力,從而間接調控貨幣供應量。

法定存款準備率通常被認為是貨幣政策的最猛烈的工具之一。其政策效果表現為法定存款準備率通過貨幣乘數影響貨幣供給,故:①即使準備率調整的幅度很小,也會引起貨幣供應量的巨大波動;②即使準備率維持不變,它也很大程度上限制了商業銀行體系創造派生存款能力。當然,存款準備金政策的調整力度,在實際運作中可能會因為商業銀行持有較多的超額準備金而形成一定「緩衝」,即當中央銀行提高法定存款準備金時,該商業銀行可以將一部分超額準備金轉為法定準備金,用不著減少發放貸款的資金規模,這就使得中央銀行的調控效果大打折扣。

存款準備金政策存在的局限性,主要在於準備率調整的效果較為強烈,一般不適宜作為中央銀行日常調控貨幣供給的工具。

三、中國人民銀行的貨幣政策

(一)貨幣政策的目標

《中國人民銀行法》明確規定,中國的「貨幣政策目標是保持貨幣幣值的穩定,並以此促進經濟增長」。

這一法律規定表明,國家要求中國人民銀行的貨幣政策,必須將穩定幣值作為首要目標,通過調節貨幣信用總量,為國民經濟創造良好的貨幣金融環境,以此促進經濟持續、快速、健康地發展。反對通貨膨脹和反對通貨緊縮將始終是中國經濟政策的重要指導思想之一。

中國人民銀行設立了貨幣政策委員會。貨幣政策委員會是中國人民銀行制定貨幣政策的諮詢議事機構。其主要職責,是在綜合分析宏觀經濟形勢的基礎上,依據國家宏觀調控目標,討論貨幣政策的制定和調整、一定時期內的貨幣政策控制目標、貨幣政策工具的運用、有關貨幣政策的重要措施、貨幣政策與其他宏觀經濟政策的協調等涉及貨幣政策的重大事項,並提出建議。

中國人民銀行從2001年第一季度起,按季在中國人民銀行網站上,向社會公布《中國貨幣政策執行報告》,深入分析宏觀經濟金融形勢,闡釋貨幣政策操作,並披露下一步的貨幣政策取向。

(二)貨幣政策的工具

《中國人民銀行法》規定,中國人民銀行可以運用的貨幣政策工具主要包括:①要求銀行業金融機構按照規定的比例交存存款準備金;②確定中央銀行基準利率;③為在中國人民銀行開立帳戶的銀行業金融機構辦理再貼現;④向商業銀行提供貸款;⑤在公開市場上買賣國債、其他政府債券和金融債券及外匯;⑥國務院確定的其他貨幣政策工具。

1. 公開市場操作

中國公開市場操作包括人民幣操作和外匯操作兩部分。外匯公開市場操作1994年3月啓動,人民幣公開市場操作1998年5月26日恢復交易,規模逐步擴大。

中國人民銀行從1998年開始建立公開市場業務一級交易商制度,交易對象是包括商

業銀行、保險公司、證券公司、基金公司等在內的、能夠承擔大額債券交易的數十家金融機構；交易工具包括國債、政策性金融債券等；交易品種主要有證券回購交易、現券交易和發行中央銀行票據。

其中回購交易分為正回購和逆回購兩種，正回購為人民銀行向一級交易商賣出有價證券，並約定在未來特定日期買回有價證券的交易行為，正回購是央行從市場收回流動性的操作，正回購到期則是央行向市場投放流動性的操作；逆回購相反。現券交易分為現券買斷和現券賣斷兩種，前者為央行直接從二級市場買入債券，一次性地投放基礎貨幣；後者為央行直接賣出持有債券，一次性地回籠基礎貨幣。中央銀行票據即人民銀行發行的短期債券，人民銀行通過發行央行票據，可以回籠基礎貨幣，央行票據到期則體現為投放基礎貨幣。

自1998年中國人民銀行取消對商業銀行貸款限額控制，由直接貨幣政策調控轉向間接貨幣政策調控以來，公開市場操作已成為中國人民銀行貨幣政策日常操作的重要工具，對於調控貨幣供應量、調節商業銀行流動性水平、引導貨幣市場利率走勢發揮了積極作用。

2. 存款準備金

中國金融機構向中國人民銀行繳納的存款準備金，有人民幣存款準備金和外匯存款準備金兩種。人民幣存款準備金實行差別存款準備金率制度，即各金融機構適用的存款準備金率需要與其資本充足率、資產質量狀況等指標掛勾。金融機構資本充足率越低、不良貸款比率越高，適用的存款準備金率就越高；反之，金融機構資本充足率越高、不良貸款比率越低，適用的存款準備金率就越低。差別存款準備金率制度可以制約資本充足率不足、且資產質量不高的金融機構的貸款擴張。

自1994年中國建立存款準備金制度以來，存款準備金政策一直是中國人民銀行信貸資金宏觀調控的重要手段之一。中國人民銀行定期根據銀行體系流動性的動態變化，根據銀監會統計的金融機構法人上年季度平均資本充足率和不良貸款比率等指標，對金融機構存款準備金率進行調整，保持貨幣政策的連續性和穩定性，提高貨幣政策的有效性，促進國民經濟持續、協調、健康發展。

3. 中央銀行貸款

中央銀行貸款指中央銀行對金融機構的貸款，簡稱再貸款，是中央銀行調控基礎貨幣的渠道之一。中央銀行貸款以短期為主，可劃分為信用貸款和質押貸款。信用貸款指以商業銀行的信譽而對其發放的再貸款；質押貸款指以商業銀行持有的有價證券作質押而對其發放的再貸款。可作為質押貸款權利憑證的有價證券，主要有國庫券、中國人民銀行融資券、中國人民銀行特種存款憑證、金融債券和銀行承兌匯票等。中國人民銀行通過適時調整再貸款的總量及利率，吞吐基礎貨幣，促進實現貨幣信貸總量調控目標，合理引導資金流向和信貸投向。自1984年人民銀行專門行使中央銀行職能以來，再貸款一直是中國中央銀行的重要貨幣政策工具。近年來，適應金融宏觀調控方式由直接調控轉向間接調控，再貸款所占基礎貨幣的比重逐步下降，結構和投向發生重要變化。新增再貸款主要用於促進信貸結構調整，引導擴大縣域和「三農」信貸投放。

再貼現是金融機構為了取得資金，將未到期的已貼現商業匯票再以貼現方式，向中國人民銀行轉讓票據的行為。再貼現也是一種短期融資方式，期限最長不超過四個月。中國人民銀行根據金融宏觀調控和結構調整的需要，適時制定、發布與調整再貼現總量及利率，

明確再貼現票據選擇，不定期公布再貼現優先支持的行業、企業和產品目錄，調增或調減各授權窗口的再貼現限額，並對其操作效果實行量化考核，達到吞吐基礎貨幣和實施金融宏觀調控的目的，同時發揮調整信貸結構的功能。

中央銀行貸款是中國最有效的調控手段之一，它既可以調節需求，又可以調節供給，可以在不干預金融機構經營活動的前提下，把貨幣政策的意圖傳導給金融機構，促使其按照貨幣政策目標開展經營活動，把宏觀調控與微觀搞活有機結合起來。

4. 利率政策

中國人民銀行根據貨幣政策實施的需要，適時的運用利率工具，對利率水平和利率結構進行調整，進而影響社會資金供求狀況，實現貨幣政策的既定目標。目前，中國人民銀行採用的利率政策工具主要有調整中央銀行基準利率、調整金融機構法定存貸款利率、制定金融機構存貸款利率的浮動範圍、制定相關政策對各類利率結構和檔次進行調整等。基準利率是中央銀行對金融機構的存、貸款利率，包括再貸款利率、再貼現利率、存款準備金利率、超額存款準備金利率。基準利率水平的變動，對整個利率體系中各項利率的變化均具有引導作用，處於利率體系的核心地位，是中央銀行利率政策最主要的部分。

中國人民銀行在確定基準利率水平時，主要考慮四個宏觀經濟因素：①全社會資金供求。利率是資金的價格，它的升降變化調整，可以平衡市場上的資金供求關係。②企業利潤水平。利息支出是企業成本的組成部分，貸款利率水平的高低，需要考慮企業的承受能力和盈利空間。③商業銀行利潤水平。存、貸款利差是商業銀行的主要收益來源，中央銀行的利率高低，會直接影響商業銀行的盈利空間。④物價水平。中央銀行可以通過提高或降低利率，來抑制通貨膨脹，或幫助經濟擺脫困境。

1996年中國利率市場化改革正式啟動並穩步推進。1996—1999年，實現了銀行間市場利率、國債和政策性金融債發行利率的市場化；1998年再貼現利率成為中央銀行一項獨立的貨幣政策工具，服務於貨幣政策需要；1998—2004年，多次擴大金融機構貸款利率浮動區間，擴大商業銀行自主定價權，提高貸款利率市場化程度；1999年嘗試大額長期存款利率市場化；2000年推進境內外幣利率市場化。

近年來，中國人民銀行加強了對利率工具的運用。利率調整逐年頻繁，利率調控方式更為靈活，調控機制日趨完善。隨著利率市場化改革的逐步推進，作為貨幣政策主要手段之一的利率政策將逐步從對利率的直接調控向間接調控轉化。利率作為重要的經濟槓桿，在國家宏觀調控體系中將發揮更加重要的作用。

5. 匯率政策

中國實行以市場供求為基礎、參考一籃子貨幣進行調節、有管理的浮動匯率制度。包括三個方面的內容：①以市場供求為基礎的匯率浮動，發揮匯率的價格信號作用；②根據經常項目主要是貿易平衡狀況動態調節匯率浮動幅度，發揮「有管理」的優勢；③參考一籃子貨幣，即從一籃子貨幣的角度看匯率，不片面地關注人民幣與某個單一貨幣的雙邊匯率。

新中國成立以來，人民幣匯率由國家實行嚴格的管理和控制，匯率體制經歷了單一浮動匯率制、單一固定匯率制、以「一籃子貨幣」計算的單一浮動匯率制、雙重匯率制等時期。1994年，人民幣官方匯率與外匯調劑價格正式並軌，中國開始實行以市場供求為基礎的、單一的、有管理的浮動匯率制。2005年人民幣匯率不再盯住單一美元，而是按照中國對外經濟發展的實際情況，選擇若干種主要貨幣，賦予相應的權重，組成一個貨幣籃子。同時，

根據國內外經濟金融形勢,以市場供求為基礎,參考一籃子貨幣計算人民幣多邊匯率指數的變化,對人民幣匯率進行管理和調節,維護人民幣匯率在合理均衡水平上的基本穩定。

2010年,根據國內外經濟金融形勢和中國國際收支狀況,中國人民銀行決定在2005年匯改基礎上進一步推進人民幣匯率形成機制改革,增強人民幣匯率彈性。其主要內容和特點是,人民幣匯率不進行一次性重估調整,重在堅持以市場供求為基礎,參考一籃子貨幣進行調節。繼續按照已公布的外匯市場匯率浮動區間,對人民幣匯率浮動進行動態管理和調節,保持人民幣匯率在合理、均衡水平上的基本穩定,促進國際收支基本平衡,維護宏觀經濟和金融市場的穩定。

6. 信貸政策

信貸政策是中國人民銀行根據國家宏觀調控和產業政策要求,對金融機構信貸總量和投向實施引導、調控和監督,促使信貸投向不斷優化,實現信貸資金優化配置並促進經濟結構調整的重要手段。信貸政策是宏觀經濟政策的重要組成部分,制定和實施信貸政策是中國人民銀行的重要職責。

1998年以前,中國人民銀行對各金融機構的信貸總量和信貸結構實施貸款規模管理,信貸政策主要通過人民銀行向各金融機構分配貸款規模予以實現。信貸政策的貫徹實施依託於金融監管,帶有明顯的行政干預色彩。

目前的信貸政策大致包含四方面內容:①為控制貨幣信貸總量,採取相應的政策措施影響貨幣乘數和貨幣流動性。比如,規定汽車和住房消費信貸的首付款比例、證券質押貸款比例等。②配合國家產業政策,通過貸款貼息等多種手段,引導信貸資金向國家政策需要鼓勵和扶持的地區及行業流動,以扶持這些地區和行業的經濟發展。③限制性信貸政策。通過窗口指導或引導商業銀行通過調整授信額度、調整信貸風險評級和風險溢價等方式,限制信貸資金向某些產業、行業及地區過度投放,體現扶優限劣原則。④制定信貸法律法規,引導、規範和促進金融創新,防範信貸風險。隨著市場經濟的不斷發展,中國人民銀行的信貸政策正在從過去主要依託行政干預逐步向市場化的調控方式轉變。

(三)貨幣政策的效應

中央銀行如何利用貨幣政策工具,適時、適度地調控經濟,是實踐中面臨的兩大難題,既有成功經驗,也有失敗教訓。

20世紀80年代初,中國實行「價格雙軌制」,計劃內生產的商品由計劃定價,計劃外生產的商品由市場定價。定價方式不同,帶來套利機會,倒買倒賣現象嚴重。1988年,政府提出「價格闖關」,擬一步到位地全面放開物價,實行價格並軌。結果,人們對漲價的預期,導致搶購商品,物價飛漲,最終演變成全國性搶購風潮,引發了嚴重的通貨膨脹。對此,政府被迫擱置價格和工資改革,著力進行「治理整頓」,包括迅速停建緩建固定資產項目,壓縮社會總需求,壓縮財政開支,控制信貸規模,中國人民銀行兩次提高儲蓄利率,開展保值、有獎儲蓄等,回籠基礎貨幣。到1990年,通貨膨脹雖然得到控制,但政策過猛使得市場變得疲軟不振,經濟「硬著陸」。

20世紀90年代初,中國的房地產市場火爆,開發區狂熱,股票瘋漲,期貨熱炒,社會上流通貨幣多,物價也隨之上漲,又一次通貨膨脹到來。這次吸取了經驗教訓,相關貨幣政策總體上發出適度緊縮的信號,一是控制基礎貨幣供應,人民銀行收回對商業銀行的再貸款;二是強化信貸控制,分離商業銀行的政策性、商業性業務,人民銀行強化對固定資產投資貸

款的監控,整頓金融秩序,制止違規拆借資金;三是提高存貸款利率,鼓勵儲蓄。1993—1996年,各項政策逐漸發揮作用,通貨膨脹率成功遏制,經濟增長迴歸合適水平,經濟「軟著落」。

20世紀末,亞洲金融危機爆發,世界經濟走入衰退陰影,中國經濟也深受通貨緊縮困擾。物價持續下降,農產品過剩,國內需求不振,出口受阻,企業下崗人員增加。對此,一方面政府連續出抬穩健的貨幣政策:人民銀行通過再貸款、再貼現和購買外匯,適度增加基礎貨幣;調低存款準備金率,增加商業銀行資金來源;連續調低利率,減輕企業利息負擔;支持個人消費信貸和住房信貸,擴大內需。另一方面,政府也同時出抬積極的財政政策:連續發行巨額長期國債,發行充實商業銀行資本金的特別國債,增加工資和退休金,鼓勵消費,提高出口退稅率,降低關稅稅率,鼓勵投資。到2003年,中國經濟擺脫通貨緊縮陰影,開始新一輪快速增長。2005年,積極財政政策「功成身退」,中國進入穩健的貨幣政策與穩健的財政政策並行時代。

21世紀以來,隨著經濟全球化的發展,貨幣政策和整個國際經濟形勢,以及金融危機的爆發和復甦的過程之間的聯繫越來越緊密。自2008年以來,美國的次貸危機引發國際金融危機,由於中國成功採取了一攬子經濟刺激計劃,中國經濟在全球率先復甦,與此同時的副作用是物價指數上升。為了應對通脹壓力,人民銀行採用穩健的貨幣政策,根據形勢變化適時適度進行預調微調。如靈活開展公開市場操作,下調存款準備金率,適當調整差別準備金,增加支農再貸款,加大對小微企業、「三農」和國家重點在建續建項目的信貸支持,加快利率市場化改革,繼續完善人民幣匯率形成機制,進一步擴大人民幣跨境使用,繼續穩步推進金融企業改革,在創新和規範中加快發展金融市場。中國經濟發展呈現穩中有進的良好態勢。消費需求穩定,固定資產投資較快增長,農業生產形勢良好,工業生產緩中趨穩。物價漲幅總體回落,就業形勢基本穩定,國際收支更趨平衡。

第四節　中央銀行的金融穩定職能

金融穩定是指一個國家的整個金融體系不出現大的波動。由於金融穩定的基礎是幣值穩定,因此,中央銀行承擔著維護金融穩定的重要職責。

中央銀行穩定金融的主要任務,一是建立一套完整的穩定金融的制度體系;二是科學合理地操控各種貨幣政策工具,保障幣值穩定;三是充當商業銀行的「最後貸款人」;四是維持支付清算體系的正常運轉。

一、金融穩定的主要內容

(一)金融穩定的框架

中央銀行建立金融穩定的框架體系,目的在於對金融業實施宏觀調控,防範與化解系統性金融風險。

金融穩定的框架可以用圖13-3簡單說明:

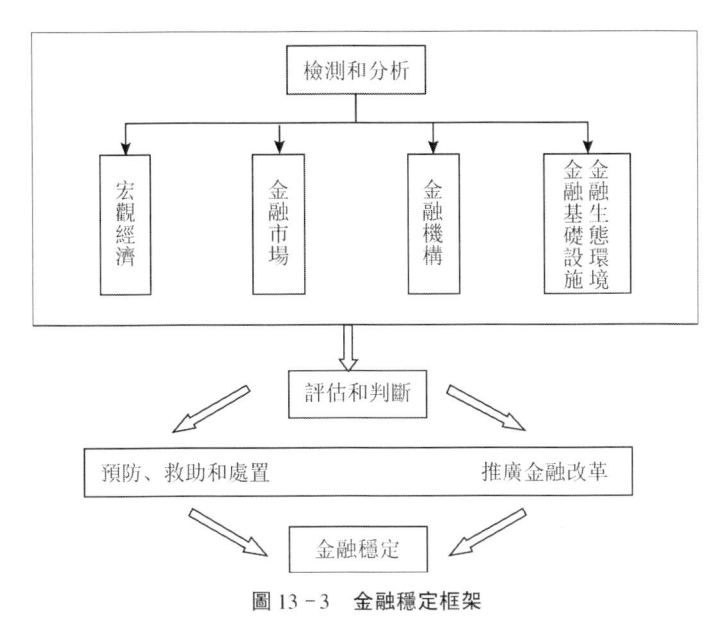

```
                    ┌─────────────┐
                    │  檢測和分析  │
                    └──────┬──────┘
           ┌──────┬────────┼────────┬──────┐
           ▼      ▼        ▼        ▼      ▼
        ┌────┐ ┌────┐  ┌────┐  ┌────┐ ┌────┐
        │宏觀│ │金融│  │金融│  │金融│ │金融│
        │經濟│ │市場│  │機構│  │基礎│ │生態│
        │    │ │    │  │    │  │設施│ │環境│
        └────┘ └────┘  └────┘  └────┘ └────┘
                          │
                    ┌─────▼─────┐
                    │ 評估和判斷 │
                    └─────┬─────┘
            ┌─────────────┴─────────────┐
            ▼                           ▼
     ┌──────────────┐            ┌──────────┐
     │預防、救助和處置│            │推廣金融改革│
     └──────┬───────┘            └─────┬────┘
            └──────────┬───────────────┘
                       ▼
                  ┌─────────┐
                  │ 金融穩定 │
                  └─────────┘
```

圖 13-3　金融穩定框架

中央銀行需要密切註視宏觀經濟、金融市場、金融機構等各方面的發展動向,利用各種統計數據,研究分析現實狀況,識別判斷金融風險,及時發現問題,採取有效的針對性措施,堵住漏洞,消除隱患。

(二)金融穩定的維護

1. 中央銀行維護金融穩定,最重要的是防患於未然

(1)定期認真地檢測和分析與經濟、金融穩定運行相關的各類問題。包括宏觀經濟環境對金融穩定的影響,金融部門的會計和審計制度,銀行業、證券業、保險業的穩健性和脆弱性,支付結算體系的運行和風險管理,金融市場包括貨幣市場、銀行間債券市場、黃金市場、外匯市場、房地產與汽車金融等的穩定狀況,金融系統的流動性安排、安全網的建設,金融機構的公司治理狀況,跨部門、跨市場金融風險的分析與防範,財政政策和社會保障體系與金融穩定的相互作用,等等。

(2)對金融體系的穩健性以及蘊含的風險做出全面、客觀的評估,提出相應政策措施建議,防範和化解系統性金融風險。

2. 中央銀行維護金融穩定,最直接的表現是處理金融危機

金融危機是指一個國家面臨整體金融市場遭受巨大損失的狀況。金融危機具有很強的傳染性。在危機爆發初期,可能僅僅是局部出現問題,如一兩家銀行發生支付困難,幾只股票價格下跌,情況並不嚴重。但一段時間後,局部問題愈演愈烈,迅速擴大成全局性危機。如美國20世紀30年代的股災、1997年的亞洲金融危機和2008年的國際金融危機。

發生危機時,需要中央銀行和其他相關部門共同挽救在困境中掙扎的金融體系,讓社會公眾重新恢復對金融體系的信心。如1987年10月19日,「黑色星期一」,紐約股市遭遇大崩潰。次日,美聯儲聲明,要給經濟金融體系提供流動性支持,承諾向任何處於困境中的金融機構提供貸款幫助。這一言論使得市場恐慌情緒漸漸散去,美國經濟和金融體系最終逃過一劫。2001年9月11日,紐約世界貿易中心被夷為平地,美國股市被迫關閉4天,美

國經濟走向衰退,美國人信心被嚴重打擊。在此危機發生時,美聯儲積極行動起來:9月12日,通過回購協議向市場注入大筆資金,通過再貼現將貨幣直接注入銀行體系;與此同時,勸說商業銀行向出現臨時性流動性問題的借款人發放專項貸款,並聲稱美聯儲將隨時準備提供必要的幫助。9月17日,股市重新開盤前,聯邦公開市場委員會將聯邦基金利率下調0.5個百分點。這些政策立竿見影,金融體系恢復正常運轉,最終沒有出現全國性危機。

3. 中央銀行維護金融穩定,需要有存款保險體系的制度保障

存款保險制度是指銀行向保險公司投保,繳納保費,保險公司為每個儲戶提供一定存款限額的保險。一旦被保險的銀行破產,則由保險公司向該銀行的儲戶提供保險限額以內的損失補償。

20世紀30年代的經濟大蕭條,美國約有9,000家銀行相繼破產,百姓損失近14億美元存款。為挽救公眾對美國銀行體系的信心,美國建立了存款保險制度,1933年建立聯邦存款保險公司,1934年又建立聯邦儲蓄信貸保險公司。現今,美國已有9,900多家銀行、8種存款帳戶、約97%的儲戶接受聯邦存款保險。2004年,俄羅斯一家商業銀行遭遇擠兌並出現支付危機,其他很多銀行也先後爆發擠兌風潮。正當人心惶惶之時,俄羅斯中央銀行立即出抬存款保險制度法案,使得銀行系統內外恐慌情緒立即得到控制,俄羅斯有驚無險地渡過了席捲全國的擠兌危機。由此可見,存款保險制度對於維護銀行體系的穩定,具有不可替代的作用。

二、中國的金融穩定狀況

(一)金融穩定的職責內容

《中國人民銀行法》明確規定,中國人民銀行具有維護金融穩定的重要職責。

中國人民銀行履行金融穩定職責的主要工作內容有:①研究銀行、證券和保險業協調發展問題,會同有關部門綜合研究金融業改革發展規劃;②評估中國金融系統風險,研究實施防範和化解系統性金融風險的政策措施;③協調金融風險處置中財政工具和貨幣工具的選擇;④實施對運用中央銀行最終支付手段機構的檢查,參與有關機構市場退出的清算或重組等工作;⑤負責金融控股公司和交叉性金融工具的監測;⑥承辦涉及運用中央銀行最終支付手段的金融業重組方案的論證和審查工作;⑦管理金融風險處置或金融重組中以中央銀行最終支付手段所置換的資產;等等。

(二)中國金融穩定簡況

2003年7月,中國人民銀行根據國務院的指示精神,牽頭組織國家發改委、財政部、國家統計局、國務院研究室、銀監會、證監會、保監會、國家外匯管理局等單位,成立跨部門小組,對中國進行了首次金融穩定自評估。金融穩定自評估借鑑目前國際上通行的國際貨幣基金組織評估框架,採用金融穩健指標、壓力測試和遵守國際標準與準則情況評估等方法,並結合中國具體國情進行。目的是要對中國金融體系的穩健性以及蘊含的風險做出全面、客觀地評估,提出相應政策措施建議,防範和化解系統性金融風險,維護中國金融穩定和金融安全,為經濟改革與發展創造良好的金融環境。2005年,中國人民銀行首次發布《中國金融穩定報告》,對中國金融體系的穩定狀況進行了全面評估。此後中國人民銀行每年均在其官網上對外發布報告全文。

2009年8月,中國正式啟動由國際貨幣基金組織和世界銀行對中國進行的首次「金融

部門評估規劃」(FSAP)評估。這是中國金融體系首次接受國際組織進行的獨立評估,實際上是從國際視角對中國金融體系和制度框架進行了一次全面的穩健性「體檢」,是中國金融穩定自評估的重要補充。主要評估報告的英文版於 2011 年 11 月和 2012 年 4 月分兩批次在國際貨幣基金組織和世界銀行網站全文公布。評估報告向世界展示了國際貨幣基金組織和世界銀行對中國金融改革、發展和維護金融穩定成就的認可,提高了中國金融體系的透明度,加深了世界對中國金融部門的瞭解,有利於為中國經濟金融發展創造良好的內外部環境,該報告提出的許多建議對中國完善金融體系、促進金融發展具有重要參考價值。中國今後將每五年開展一次 FSAP 更新評估,並在每次 FSAP 評估結束兩年後就建議落實情況接受金融穩定理事會(FSB)的「國家同行評估」。

2012 年 7 月中國人民銀行發布的《中國金融穩定報告(2012)》,對 2011 年中國金融體系的穩定狀況進行了全面評估。報告認為,面對複雜多變的國內外經濟金融形勢,2011 年中國經濟保持平穩較快發展,金融業改革持續深化,整體抗風險能力進一步提升,金融市場運行平穩,政府、企事業單位財務狀況良好,金融基礎設施建設穩步推進,金融體系總體穩健。

第五節 中央銀行的金融服務職能

中央銀行不僅是一個制定和實施貨幣政策、維護金融穩定的國家機關,而且還要為全社會提供金融服務。

一、金融服務的重要意義

(一)金融服務是全社會服務體系的重要組成部分

金融是現代經濟的核心。隨著現代經濟金融的不斷發展,金融服務的作用日趨重要,不僅深刻地影響著經濟、社會的發展,而且直接影響著廣大人民群眾的日常生產生活。例如,商業承兌匯票的推廣使用,將極大緩解企業流動資金短缺問題;現代化支付體系的建設,將極大便利企業和個人的資金支付,如小額支付系統的定期借記業務,可以使老百姓只需一張銀行卡或一個銀行帳戶就繳納各種公用事業費,解決重複開戶等問題;徵信體系的建設,將從根本上改善社會信用狀況,為企業和個人融資創造良好的環境。

(二)金融服務是中央銀行的重要職責

中央銀行的金融服務不僅是直接向社會提供基礎性服務,還要推動和規範全社會金融服務工作的開展。中國人民銀行近年來相繼上線運行的大額即時支付系統、小額批量支付系統、企業和個人信用信息系統、帳戶管理系統、國庫橫向聯網系統等等重要業務系統,為全社會金融服務的開展提供了支撐平臺。通過地方政府、有關部門和各金融機構的信息共享、相互合作與配合、宣傳示範,更多的企業和個人,特別是中小企業和弱勢群體,都能享受現代化金融服務。

(三)金融服務需要不斷深化與創新

經濟、金融業的全球化發展,為中央銀行提高金融服務的質量與效益提出了更高要求。為此,首先需要深化傳統金融服務,包括傳統服務的升級、業務系統的推廣應用、制度流程的再造、人員崗位的整合等。其次需要創新金融服務,充分運用科技力量與成果,引入現代

管理思想和產品設計理念,不斷推出符合市場需求的低成本、高質量的新產品和新業務,注重吸收和採納現代金融服務的相關準則,推進金融服務的標準化和現代化,規範金融服務市場行為,為社會提供更豐富、更便捷、更安全、更高效的金融服務。

(四)金融服務需要全社會的支持與配合

金融服務直接面向政府、企業和普通百姓,涉及千家萬戶。提高社會公眾的金融知識水平,引導企事業單位和個人瞭解金融政策,積極使用金融服務及其創新產品,可以促使金融服務水平的提升進入良性循環。

二、金融服務的主要內容

(一)發行貨幣

各國都賦予了中央銀行獨家貨幣發行的權力。中央銀行首先要負責組織本國貨幣的版面設計、印製防偽技術的使用;其後需要通過一定程序,將印製出來的貨幣投入市場流通;當貨幣經過不斷使用變得殘缺時,中央銀行最終將收回殘幣予以銷毀。

《中國人民銀行法》規定,人民幣是中國的法定貨幣,由中國人民銀行統一印製、發行。中國人民銀行要根據國民經濟發展的需要,確定人民幣的適度發行量,並通過公開市場業務、再貸款等渠道,將人民幣注入生產和流通領域。為保證人民幣的正常流通,中國人民銀行要組織人民幣的印製、發行基金調撥、投放與回籠。同時,還要通過行政、經濟和法制手段,調節流通中人民幣的券別品種,兌換殘損人民幣,管理人民幣出入境以及防偽反假等。

為了加強對人民幣的管理,維護人民幣的信譽,穩定金融秩序,根據《中華人民共和國中國人民銀行法》,2000年制定了《中華人民共和國人民幣管理條例》。

(二)經理國庫

國庫即國家金庫的簡稱,是政府財政資金的聚散地,是辦理財政資金收納、存放和支付的專門機構。國家財政的一切收入應按規定全部繳入國庫,任何機構不得截留、坐支和自行保管,國庫負有督促檢查國庫經收處和徵收機關所收款項全部繳入國庫、保證國庫資金收支及時足額和存放安全的義務。

國庫資金的充實與否,體現著一個國家實力的強弱。世界各國政府大多把國庫業務交由中央銀行辦理,所以,中央銀行又被稱為政府的銀行。

中國法律規定,中國人民銀行經理國庫,具體有辦理國家預算收入的收納、劃分和留解,辦理國家預算支出的撥付,向上級國庫和同級財政機關反應預算收支執行情況,協助財政、稅務機關督促企業和其他有經濟收入的單位及時向國家繳納應繳款項,對於屢催不繳的應依照稅法協助扣收入庫,組織管理和檢查指導下級國庫的工作等基本職責。

國庫機構按照國家財政管理體制設立,原則上一級財政設立一級國庫,分別有總庫、省級分庫、地市級中心支庫、縣級支庫和鄉鎮國庫等五級,共6,000多個。各級國庫認真履行經理國庫職責,夯實國庫會計核算基礎,推進國庫制度建設和國庫信息化建設,發揮國庫監督管理職能,改善國庫統計分析質量,規範國庫現金管理和國債管理工作,加強國庫隊伍建設,提升國庫服務預算執行、服務領導決策、服務宏觀調控、服務地方經濟發展的能力。

(三)支付清算

中央銀行一般都要主持全國金融業的清算事宜,執行清算銀行職能,是一國票據清算和資金匯劃的中心。中央銀行的資金清算業務大致可分三類:集中票據交換、集中清算交

換差額、辦理異地資金轉移。

《中國人民銀行法》規定，中國人民銀行有維護支付、清算系統正常運行的職責。中國人民銀行不斷根據經濟發展新趨勢，明確支付體系發展的方向和重點，加強支付清算系統運行管理實現安全穩定運行，組織開展支付結算執法檢查，打擊票據、銀行卡、網路支付相關違法犯罪行為，開展消費者教育和風險提示，維護消費者權益，並推動非金融支付服務市場規範化發展。

中國人民銀行的現代化支付系統大體架構如圖13-4所示：

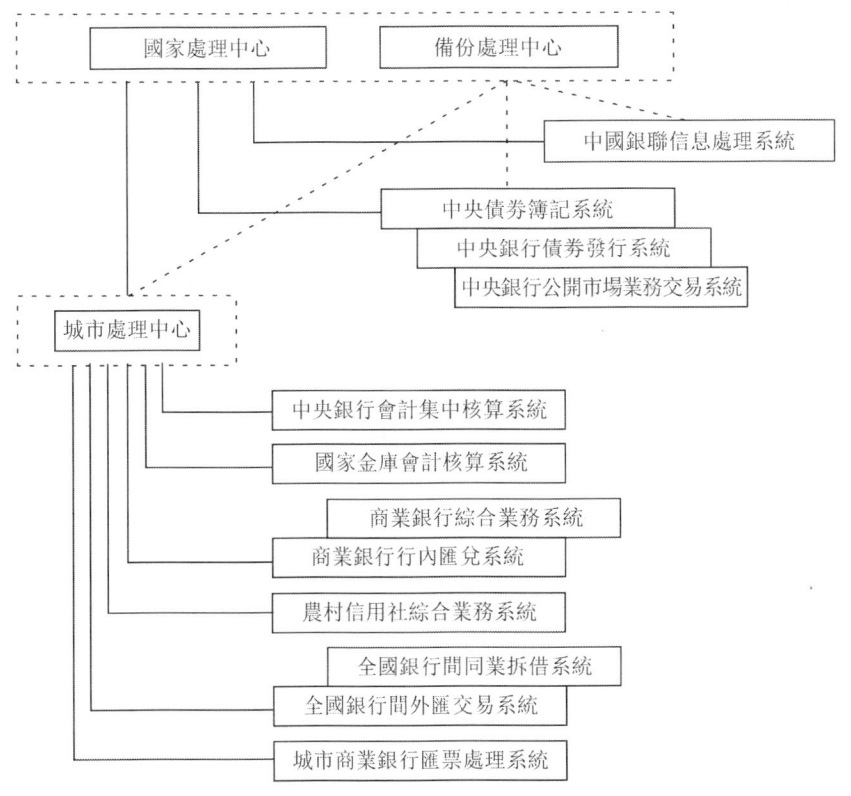

圖13-4 現代化支付系統架構

（四）調查統計

中央銀行制定貨幣政策，要以金融統計數據作為依據。中央銀行通過對成千上萬個微觀主體的經濟活動分門別類地整理、記錄、統計和匯總，通過對這些數據的變化、相互之間關聯性的分析，判斷當前的經濟運行狀況，並對未來較短時期內經濟走勢做出一個相對明確的預期，從而及時發現問題，及時採取針對性措施。

中國已經建立了一套完善的金融統計質量保障機制，中國人民銀行為匯總各類金融機構報送數據，專門建立了通行的統計制度，統一科目，統一數據指標，規範數據源，制定編碼規則。在計算機的幫助下，各類數據被分門別類、井然有序地加工處理，最後統計出可靠的、準確的金融數據。

中國人民銀行還經常性地開展多項統計調查，作為中央銀行判斷經濟形勢，制定金融

宏觀政策的重要依據。這些制度性統計調查項目主要有：①企業景氣調查。對象為5,000戶工業企業，涉及27個行業，包括月度企業財務狀況調查和季度企業問卷調查。②儲戶問卷調查。對象為全國50個大中城市約20,000名儲戶，內容涉及對未來收入和物價的預期，當前及未來的消費、儲蓄及投資意願等。③銀行家問卷調查。對象為全國各類銀行機構負責人，為季度問卷調查。④企業商品價格調查。對象為在國內生產並且在國內銷售的物資商品，反應批發物價水平的月度變動情況。

認識全國金融形勢常用的金融統計數據大致有五類：①各層次貨幣供應量餘額及增減情況；②金融機構存款與貸款餘額及其變化情況；③各種利率水平及變化情況；④國家黃金和外匯儲備情況；⑤企業商品價格指數。目前，從中國人民銀行網站上，對金融形勢的統計數據如表13-1所示：

表13-1

社會融資規模統計類型	社會融資規模統計
貨幣統計概覽	貨幣當局資產負債表
	貨幣供應量
	存款性公司概覽
	其他存款性公司資產負債表
	黃金和外匯儲備報表
	匯率報表
金融機構信貸收支統計	金融機構本外幣信貸收支表
	金融機構本外幣信貸收支表(按部門)*
	金融機構人民幣信貸收支表
	金融機構人民幣信貸收支表(按部門)*
	金融機構外匯信貸收支表
	金融機構外匯信貸收支表(按部門)
	中資全國性大型銀行人民幣信貸收支表
	中資全國性四家大型銀行人民幣信貸收支表
	中資全國性中小型銀行人民幣信貸收支表
金融市場統計	全國股票交易統計表
	交易所政府債券交易月度統計表
	全國銀行間同業拆借市場交易期限分類統計表
	全國銀行間市場債券回購交易期限分類統計表
企業商品價格(CGPI)指數	企業商品價格指數
景氣調查指數	企業家信心指數與企業景氣指數表*
	銀行家信心與銀行業景氣指數表*
	城鎮儲戶收入與物價擴散指數表

(五) 反洗錢

洗錢是指利用某些渠道,將非法所得變成合法收入的代名詞。據估計,全球每年有上萬億美元的黑錢被「洗白」。黑錢往往來自於軍火毒品交易、敲詐勒索、走私、腐敗等非法活動。為逃避相關部門的追查,洗錢者採用各種「障眼法」,或就地開設歌舞廳、夜總會等娛樂場所,或通過眾多商業公司來回運作,或跨越國界全球遊動,將非法所得合法化。這些被「洗白」的資金,反過來進一步助長暴力、販毒、恐怖等違法活動,擾亂破壞正常的經濟金融秩序,甚至引發嚴重的社會問題。

反洗錢是與洗錢相對立的活動。由於洗錢實質上是資金的轉移過程,需要借助金融機構的金融活動才能完成,因此,預防和控制洗錢的重任主要由金融機構承擔。

反洗錢行動主要有核實和記錄客戶的真實身分,保存客戶身分資料和交易記錄,報告大額交易和可疑交易等。通過這些行動,一是可以從源頭上杜絕用匿名、假名進行洗錢,二是可以方便有關部門調查取證,三是可以為反洗錢提供線索。

20世紀90年代初,中國就有了以打擊毒品犯罪為核心的刑事立法;1997年修改《中華人民共和國刑法》時,專門規定了洗錢罪;2003年修改《中國人民銀行法》,又賦予中國人民銀行「指導、部署金融業反洗錢工作,負責反洗錢的資金監測」的職責;2005年中國成為國際反洗錢組織金融行動特別工作組的觀察員;2006年10月《反洗錢法》出抬,隨後中國人民銀行制定了《金融機構反洗錢規定》、《金融機構大額交易和可疑交易報告管理辦法》;2007年人民銀行研究制定了《中國人民銀行反洗錢調查實施細則(試行)》、《金融機構報告涉嫌恐怖融資的可疑交易管理辦法》、《反洗錢現場檢查管理辦法(試行)》和《金融機構客戶身分識別和客戶身分資料及交易記錄保存管理辦法》,維護金融秩序;2011年第十一屆全國人民代表大會常務委員會第二十三次會議通過《全國人大常委會關於加強反恐怖工作有關問題的決定》,國家反對一切形式的恐怖主義,堅決依法取締恐怖活動組織,嚴密防範、嚴厲懲治恐怖活動;2012年為加強對支付機構反洗錢和反恐怖融資工作的監督管理,制定了《支付機構反洗錢和反恐怖融資管理辦法》。

中國的反洗錢刑事立法與國際反洗錢立法的發展基本同步,中國人民銀行在國內反洗錢工作的深化發展、國際反洗錢的合作開展方面,發揮著巨大作用,有效維護了正常的經濟金融秩序。

(六) 徵信管理

有效、可靠的社會信用體系是現代市場經濟的重要基礎制度之一。而信用體系的建設又是一項複雜的社會工程,必須以道德為支撐、產權為基礎、法律為保障,需要處理好企業的商業秘密和個人的隱私權問題。一個完善的國家信用管理體系,應當有一個公共信息和徵信數據開放的社會環境,有良好的全民信用教育和信用意識,有完善的管理信用立法和失信約束懲罰機制,有發達的商業化、社會化信用管理服務仲介機構,以及發達的市場化徵信業。

徵信業務,是指對企業、事業單位等組織的信用信息和個人的信用信息進行採集、整理、保存、加工,並向信息使用者提供的活動。中國人民銀行徵信系統包括企業信用信息基礎數據庫和個人信用信息基礎數據庫。企業信用信息基礎數據庫始於1997年,在2006年7月實現全國聯網查詢。個人信用信息基礎數據庫建設最早始於1999年,2005年8月完成與全國所有商業銀行和部分有條件的農信社的聯網運行,2006年1月,個人信用信息基

礎數據庫正式運行。

央行徵信系統的主要使用者是金融機構,其通過專線與商業銀行等金融機構總部相連,並通過商業銀行的內聯網系統將終端延伸到商業銀行分支機構信貸人員的業務櫃臺。目前,徵信系統的信息來源主要也是商業銀行等金融機構,收錄的信息包括企業和個人的基本信息,在金融機構的借款、擔保等信貸信息,以及企業主要財務指標。

國務院徵信業監督管理部門及其派出機構依照法律、行政法規和國務院的規定,履行對徵信業和金融信用信息基礎數據庫運行機構的監督管理職責。

為了規範徵信活動,保護當事人合法權益,引導、促進徵信業健康發展,推進社會信用體系建設,2013年國務院公布了《徵信業管理條例》。

【復習思考題】
1. 中央銀行是怎樣形成的?
2. 中國中央銀行有哪些基本職責?
3. 試述中國貨幣政策的目標。

第十四章
商業銀行

第一節　商業銀行概述

　　商業銀行是貨幣信用經濟發展的高級形式。它是現代各國金融體系的主體,是以經營存款、放款為主要業務,以利潤為主要目標的銀行,也是唯一能吸收、創造和收縮存款貨幣的金融仲介組織。因這類銀行依靠吸收短期存款作為發放貸款的基本資金來源,這種短期資金來源只適應短期的商業性放款業務,故稱「商業銀行」。按照《中華人民共和國商業銀行法》(2003年)中的定義,「商業銀行是指依照本法和《中華人民共和國公司法》設立的吸收公眾存款、發放貸款、辦理結算等業務的企業法人」。

一、商業銀行的發展

　　隨著商業經濟深入發展,商業銀行的業務經營已遠遠超過傳統範圍。資金來源方面不僅有短期性資金,而且有長期性資金;資金運用方面不僅有短期商業貸款,還有長期投資貸款、證券投資業務等,此外還發展了許多中間業務和服務業務。在這種情況下,「商業銀行」這一稱謂早已名不副實。只是由於習慣原因,人們沿用了這一名稱。但有的國家也不直呼「商業銀行」,如英國的「存款銀行」、日本的「城市銀行」、美國的「國民銀行」,等等。中國目前一些城市性商業銀行也改名為「×××市銀行」而不再稱為「×××市商業銀行」。

　　(一)商業銀行的性質

　　商業銀行的性質可概括為:以追逐利潤為目的,是以經營金融資產和負債為對象,綜合性多功能的金融企業。這一性質具有以下特徵:

　　1. 商業銀行首先是一種企業

　　因為商業銀行是以盈利為目的且具有法人資格的經濟組織。它按公司法中規定的程序設立,具備從事業務經營所需要的自有資本,依法經營、照章納稅、自負盈虧。

　　2. 商業銀行不同於一般的工商企業

　　商業銀行處於分配環節,所經營的是具有一般使用價值的特殊商品,即貨幣和貨幣資本,以及與貨幣運動相關的金融服務。商業銀行的經營活動,是工商企業順利進行生產和經營活動的必要條件。

　　3. 商業銀行不同於專業銀行和其他金融機構

　　現代商業銀行業務具有綜合性和全面性。經營一切金融「零售」業務和「批發」業務,

為顧客提供所有的金融服務，實際上已成為一個無所不包的「金融百貨公司」。凡是銀行有條件辦理的業務，只要有利可圖，它就可以辦理。而專業銀行只集中經營指定範圍內的業務和提供專門性服務；其他金融機構，如儲蓄存款協會、信託投資公司、人壽保險公司等，業務經營範圍相對來說更為狹窄，業務方式更趨單一。

(二) 國內商業銀行的發展

隨著中國經濟金融的發展，中國的銀行業也不斷發展壯大，銀行業務範圍不斷拓展，同時銀行自身的體制改革也不斷深化。突出表現為銀行業股份制改革的興起和商業銀行的重組。早期專業銀行轉換經營機制，實行企業化經營和管理轉化為商業銀行是為了使專業化銀行做到真正的企業化經營，將政策性業務與經營性業務區分開來。銀行商業化改革後，一批股份制銀行也相繼建立起來，其業務範圍擴展到全國。而城市商業銀行的發展壯大也推動了銀行業經營機制上的變化；同時，中國農村廣泛存在的信用合作社和眾多城市信用合作社，其業務範圍不斷拓展，並逐漸發展成商業銀行。如上海農村商業銀行、北京農村商業銀行等。

同時，為解決資金不足，滿足資本充足率要求，一些商業銀行和股份制銀行發行了金融債券，也有的商業銀行和股份制銀行還公開上市發行股票募集資金，如中國工商銀行、中國銀行、中國建設銀行、中國交通銀行等國有股份制銀行公開上市，中國工商銀行上市後其市值一度超過花旗集團成為全球第一大上市銀行。與此同時，隨著銀行業向外資銀行金融機構開放，一些外資銀行參股國內的商業銀行。國際化 (甚至是全球化) 已經成為全球大型銀行的經營特徵。

從國外商業銀行發展來看，銀行業走向混業經營是一個趨勢。20世紀90年代後，美國逐步放鬆對銀行的監管，於1999年通過了《金融服務現化化法》，允許銀行、證券、保險相互跨行業經營，從而放棄分業經營進入混業經營時代。目前中國的商業銀行業務範圍已經涉及各個金融領域，但在政策上還不能混業經營，仍實行「分業經營、分業管理」的專業化模式。

在金融全球化下，中國銀行進一步國際化是中國金融業國際化發展的必由之路。觀察當前國際上商業銀行或金融機構的跨國經營，追隨本國客戶的跨國經營 (包括貿易和投資) 仍然是它們國際化經營的基本導向。相比較而言，中國商業銀行的國際化程度還較低，並制約著其發展。在中國的商業銀行中，中國銀行的國際程度最高，在世界近30個國家和地區擁有分支機構，但也主要集中港澳地區。與中國經濟的國際化程度相比，銀行的國際化程度難以滿足發展的需要，中國對外貿易依存度在70%左右，中國企業對外直接投資增長迅速，而國內銀行所能提供的海外服務遠遠不能適應企業的需要，特別是中國企業在一些發展中國家的直接投資，由於難以獲得當地銀行的信貸支持，從而阻礙它們的業務發展和成長。因此中國大型商業銀行實現國際化經營不僅是中國經濟發展的需要，對於其自身的發展更有著重大的意義，即有利於分散業務風險，穩定收益；又有利於提高管理能力和創新能力，融入國際一流金融機構行列。但必須看到，中國的大型商業銀行與國際著名金融機構相比，在產品創新能力、風險管理能力、決策能力等方面都非常不足。特別是中國仍然實行分業經營、分業監管，金融創新環境不夠理想，在國際化方面仍需要做出很多的努力和改革。

二、商業銀行的職能

商業銀行作為綜合性、多功能的金融企業,有著如下特定職能:

(一)信用仲介職能

所謂信用仲介,是指商業銀行通過吸收存款,把社會上閒置貨幣資本集中起來,再通過貸款把這些貨幣資本貸放給企業。銀行是以資本的貸出者和借入者中間人的身分出現的,所行使的是信用仲介的職能。銀行從吸收資金的成本與發放貸款的利息收入,投資收益的差額中,獲取利差收入,形成銀行利潤。信用仲介是商業銀行最基本、最能反應其經營活動特徵的職能。它可以有效地協調儲蓄與投資的關係,使社會現有資本得到充分利用,並且通過銀行對貨幣資本的再分配還可調節經濟結構,促進宏觀經濟的協調發展。

(二)支付仲介職能

支付仲介是指銀行通過為各個企業開立帳戶,充當企業之間貨幣結算與貨幣收付的中間人。也就是說,銀行通過存款在帳戶上的轉移,代理客戶支付;在存款的基礎上,為客戶兌付現款等,成為工商企業、團體和個人的貨幣保管者,出納者和代付代理人。商業銀行的支付仲介職能的發揮,形成了以銀行為中心,龐大的高效率支付網路,這對於加速資本週轉,節省流通費用非常有益。

(三)信用創造職能

信用創造即是指銀行對信用工具和信用數額的創造。商業銀行一方面創造銀行券和支票等信用流通工具(並不是創造資本),另一方面借助於支票流通和非現金結算制度,最後在整個銀行體系,創造數倍於原始存款的派生存款,使銀行可以超過自身資本和吸收的存款數額來擴大貸款規模。當然,商業銀行不可能無限制地、憑空地創造信用,商業銀行的信用創造功能是在信用仲介和支付仲介的職能基礎之上產生的,它具有極為重要的經濟意義。它形成的彈性信用制度,有利於中央銀行實施宏觀調節的貨幣政策,控制流通中的貨幣量,從而達到貨幣政策目標。

(四)金融服務職能

金融服務是指商業銀行為企事業單位提供諮詢服務、決策支援、代理服務、租賃、信託等業務。隨著市場經濟的發展,工商企業經營環境日益複雜,銀行間業務競爭日益劇烈。商業銀行利用其特殊地位,即聯繫面廣、信息靈、電子計算機廣泛應用等優勢,為企業提供各種服務,同時,也使銀行財源擴大,利潤增加。

三、商業銀行的國際化

商業銀行的國際化是指一國銀行所從事的金融活動超越了國界,由地區性的活動向全球一體化的世界市場演進的過程。其標志是以國際市場作為其業務活動範圍,行銷網路覆蓋全球或世界主要地區,按照國際通行規則進行金融合作與競爭,在國際金融市場上直接或間接參與全球性金融服務。其主要的服務對象是進出口貿易公司及跨國公司,金融產品實現了高度的標準化和市場化,它是國際借貸資本運動的重要現形式和必然結果。

商業銀行國際化的原因可以從各個角度分析並主要體現在三個方面:①古典經濟學說的絕對優勢理論和相對優勢理論是進行銀行國際化經營成因理論分析的基礎。各種不同流派對銀行國際化經營成因分析雖然側重不同,但它們仍然是對絕對優勢理論和相對優勢

理論的發展和延伸。②國際貿易和國際投資是銀行國際化經營的前提。商業銀行的國際化是與國際經濟貿易一體化及區域經濟的一體化發展起來的。一方面，隨著經濟國際化進程的加快，生產國際化和資本國際化進一步提高，國際之間的經濟聯繫日益密切，各國對外依賴程度不斷提高。經濟國際化必然要求金融走向國際化；另一方面，在國際經濟聯繫深化的同時，區域經濟一體化的趨勢也在不斷得到加強，區域間的經濟貿易也要求金融的區域化。③經營效益也是銀行跨國經營出發點和歸宿，追求利潤的最大化是銀行同企業類機構的共同特點，特別是銀行服務的客戶國際化程度的加深也要求為其服務的銀行走向國際化。

　　銀行的國際化包括業務國際化、機構國際化、管理的國際化、監督國際化等。業務的國際化是指為滿足國際貿易支付和融資、國際資本和流動、國際旅遊、國際勞務合作等方面的需要。機構的國際化是指銀行不斷地在海外設立分支機構，使銀行成為以母國銀行為控制源，多層次、多方位的分支銀行經營機構所組成的跨國銀行。管理的國際化是指銀行參與全球銀行業的競爭，必有用國際化的管理手段、管理方法、管理理念來管理國際化的銀行。監管的國際化是指監管當局從監管目標、監管手段、內容等方面按照國際化的要求進行。

第二節　商業銀行的業務

　　商業銀行的業務是商業銀行獲取利潤的源泉。商業銀行業務主要有負債業務、資產業務、結算業務以及中間業務。

表 14－1　　　　　　　　　　商業銀行資產負債表

資產	負債
現金	存款
存放中央銀行款項	同業及金融機構存放款項
存放同業及金融機構款項	同業及金融機構拆入
拆放同業及金融機構款項	向中央銀行借款
其他應收款	應計利息
貸款	其他應付款
應收利息	長期借款
買入返售證券	其他負債
投資	**所有者權益**
固定資產淨值	實收資本
其他資產	公積金
	未分配利潤

一、商業銀行的經營業務

(一)負債業務

商業銀行業務活動的基礎是獲得充裕的資金來源。商業銀行全部資金來源包括自有資金和吸收的外來資金兩部分(見表14-1)。自有資金是指銀行股東為賺取利潤而投入銀行的貨幣和保留在銀行中的利潤,它代表著對銀行的所有權,或者說股東對銀行資產的要求權,它只占銀行營運資金的一小部分。從外面吸收來的資金即為商業銀行負債,它決定著銀行資金來源的規模和構成,是商業銀行開辦資產業務的前提和基礎,是銀行最基本的業務。銀行的負債業務,從經濟上可以劃分為存款和借款兩大類。

1. 存款業務

存款是商業銀行主要的資金來源,也是主要的負債。銀行業務經營的興衰成敗,吸收存款總額的多少是標志之一。世界上大多數國家銀行存款的種類大致可分為活期存款、定期存款、儲蓄存款三種類型。

(1)活期存款。活期存款是指可以由存戶隨時存取或轉讓的存款。這種存款,存戶支用時需使用支票,因而亦稱支票存款。活期存款是商業銀行的重要資金來源,也是商業銀行創造信用的重要條件。因為商業銀行經營活期存款,①可以將活期存款中的穩定餘額長期使用,而不需支付或只支付少量利息;②支票多用於轉帳,單位活期存款全部提現的可能性極小,因而銀行可週轉使用,通過乘數作用,創造派生存款;③有利於拓展與客戶的信用關係,進一步加強合作。正是由於活期存款流動性較強,而且具有較強的派生能力,所以各國中央銀行對商業銀行吸收的活期存款一般都規定較高的存款準備率。但由於活期存款流動性較大,手續繁瑣,風險較大,並需要提供許多相應服務,如存取、提現、轉帳等,所以成本較高。商業銀行一般向客戶收取少量的手續費,不支付或較少支付利息。

商業銀行的活期存款基本上分為兩類:一類是支票活期存款,另一類是近些年出現的新型活期存款。兩類存款都具有交易帳戶的功能,它們的根本區別在於是否記息。支票活期存款不付利息,在20世紀60年代以前,這類存款一直是商業銀行的主要資金來源。由於通貨膨脹等原因,活期存款比重下降,迫使銀行和其他金融機構不得不開闢新的存款業務吸收資金,於是出現了許多新型的活期存款,主要形式有可轉讓支付命令帳戶、電話轉帳制度與自動轉帳制度、超級可轉讓支付命令書帳戶、貨幣市場存款帳戶、協定帳戶,等等。

(2)定期存款。定期存款是指預先約定期限並取得較高利息的存款。定期存款最短的期限為1個月,長的可達5~10年。利率總是高於活期存款,並且期限越長利率越高。由於定期存款具有期限較長,存期穩定,流動性小的特點,成為了商業銀行穩定的資金來源之一,對於商業銀行的長期放款與投資具有重要意義。由於流動性較小,因而定期存款所要求的存款準備率也低於活期存款。

商業銀行的定期存款主要有三種類型:①普通定期存款,這種存款(通常也採用存單形式)不能轉讓,存款到期前也不能支取。②大額可轉讓存單。這是銀行吸收一筆大額的定期存款後向存款人開立的一種正式的收據或證明,註明金額、存款期限和規定利率,到期時,存款人或持票人可憑單向銀行提取本息。存款不能提前支取,但可以流通轉讓。③新型定期存款。包括小儲蓄者存款單、定活兩便存款帳戶、市場利率連動型存款等。

(3)儲蓄存款。儲蓄存款是指個人積蓄貨幣存入銀行以取得利息收入的存款。儲蓄存

款來自個人的貨幣收入,若經營不好會帶來社會問題。西方國家對經營儲蓄存款業務要求比較嚴格,一般只能由商業銀行和儲蓄銀行來經營。

儲蓄存款可分為活期和定期兩種。活期儲蓄,存取無一定期限,憑存折便可提現。存折不能流通轉讓,存戶不能透支款項。定期儲蓄,期限固定,憑存單提取,利率高於活期儲蓄。定期儲蓄存款又可分為零存整取、整存整取、整存零取、存本取息等幾種形式。此外,近年來銀行正在用一種不用存折的新型儲蓄存款——清單儲蓄存款,以吸引更多存戶。

從某種意義上講,商業銀行的存在和發展是建立在吸收存款的基礎上的,商業銀行吸收存款,又會對整個社會擴大再生產提供雄厚的資金基礎,因此,商業銀行存款無論對宏觀經濟結構調節,還是對商業銀行本身利潤水平都具有重要意義。影響商業銀行存款規模的變動因素可以分為宏觀和微觀兩個方面:

從宏觀因素看,包括:①社會經濟發展水平與經濟週期變動。一般來說,處在經濟發達、貨幣信用關係深化的國家或地區的商業銀行,較經濟不發達、信用關係簡單的國家或地區的商業銀行容易擴大存款規模;經濟高漲階段較蕭條階段,商業銀行存款更容易增加。②法律法規。一般說來,一個國家或地區的政府對商業銀行在業務範圍、機構設置、存款利率方面的限制較少,存款就容易增加;反之,限制較多,則不利於存款增加。③中央銀行貨幣政策。中央銀行利用公開市場業務,調整法定存款準備金率以及調整再貼現率這些基本的貨幣政策工具,都會使商業銀行的信用擴張能力發生變化,從而使商業銀行存款量發生相應變化。

從微觀因素看,包括:①利率水平。對單個商業銀行而言,提高存款利率能夠增加商業銀行對存款顧客的吸引力,從而擴大商業銀行存款規模。但從整個商業銀行體系來說,所有商業銀行如果都通過對現有存款種類增加利息的方式來爭奪存款,則會直接提高吸收資金的成本,很可能兩敗俱傷,並殃及銀行業的穩定。②商業銀行服務水平。改善服務質量,增加服務項目,是商業銀行爭取存款的重要手段。例如,在活期存款中,商業銀行為存款者提供轉帳結算、諮詢、代理等服務,以爭取客戶。③商業銀行資產規模與信譽。一般而言,商業銀行的經濟實力和信譽與其規模大小皆成正比關係。商業銀行規模大,抵禦風險的能力就越強,客戶存款因商業銀行破產而遭受損失的可能性就越小,因而信譽度往往較高,這樣,在其他條件相同的情況下,每個客戶都情願將其閒置貨幣存入那些經濟實力雄厚、信譽卓著的商業銀行。④貸款的便利程度。能否在需要的時候及時取得貸款,往往成為存戶選擇商業銀行的一個重要條件。此外,商業銀行與社會各界的業務交往關係和人事關係對商業銀行吸收存款也有直接或間接影響。

2. 借入資金

銀行借款負債亦稱非存款負債,是商業銀行主動地通過金融市場或直接向中央銀行融通的資金。商業銀行的生存有賴於按某種價格借入資金,然後以更高的價格把它們貸放出去。隨著可供投資者選擇的金融產品發展的多樣化,商業銀行單純依靠吸收存款來增加資金來源已受到很大挑戰,必須主動出擊籌集資金。

(1)同業借款。同業借款是指商業銀行之間利用資金融通過程中的時間差、空間差、行際差來調劑資金餘缺的一種短期資金借貸行為。同業拆借主要是臨時性調劑頭寸,用於支持日常性資金週轉。通常隔日償還,至多一週左右,因而亦稱「日拆」。拆借利率較低,融資對象、數額和時間都很靈活。在有些國家,商業銀行同業拆借均通過各商業銀行在中央

銀行的存款帳戶進行,即超額準備金的調劑,有超額準備金的金融機構可以把超額部分拆借給不足的金融機構以取得利息。同業借款一般在電話、傳真或電子交易平臺中交易,其利率往往被作為貨幣市場利率標誌。同業拆借是一種利率與資金供求反應十分敏感的市場。此外,同業間還有抵押借款、轉貼現借款等方式。

(2)向中央銀行借款。向中央銀行借款與再貼現是商業銀行資金的重要來源。中央銀行運用基礎貨幣向商業銀行提供多種方式融通資金,行使最後貸款者的職能。

商業銀行向中央銀行借款有兩條途徑:再貼現和再貸款。再貼現是商業銀行把自己已經貼現但尚未到期的商業票據向中央銀行貼現,從中央銀行那裡貼息取得現款。票據債權相應由商業銀行轉給中央銀行,央行到期收取票據所載款項。在流行商業票據和貼現業務的國家,再貼現是商業銀行向央行借款的主要途徑。再貸款是在商業信用不普及國家,商業銀行向中央銀行借款的主要方式。它分為抵押貸款和信用貸款兩種。信用貸款僅靠商業銀行信用,無須特定的擔保品作抵押;抵押貸款是商業銀行將持有的各種證券和票據作抵押,或將企業交來的貸款抵押品再抵押給中央銀行而取得的貸款。

向中央銀行借款的商業銀行負債要受很大限制,並非商業銀行可以任意擴大或依賴的資金來源,因為中央銀行常常將這種放款作為貨幣信用宏觀調控的重要手段,其數額直接構成具有成倍派生能力的基礎貨幣,其利率受央行調整,略高於同業拆借利率。中央銀行借款只能被用於調劑頭寸、補充儲備不足和資產的應急調整,而不能用於放款和證券投資。

(3)債券回購融資。即商業銀行通過持有的債券以回購形式進行融資,主要有質押式回購融資與買斷式回購融資。前者為商業銀行以自己帳戶中持有的債券作為質押融入資金,質押債券本身不辦理過戶,融入資金的數額及融入的利率水平由融出方與融入方根據市場質押式回購成交利率水平確定,質押式回購最長時間為1年,最短為1天,因此這是一種短期的資金融通行為。而買斷式回購,是指債券持有人(正回購方)將債券賣給購買方(逆回購方)同時,交易雙方約定在未來某一日期,正回購方再以約定價格從逆回購方買回相等數量同種債券的交易行為。也就是說,商業銀行在賣出證券的同時,訂有協議在某一日期按原來議定的價格重新買回這些證券。這實質上相當於商業銀行獲取的一種借款,因而它應作為商業銀行的負債。目前債券質押式回購交易已成為商業銀行最重要的獲取短期資金的途徑之一,並且質押式回購期限以7天和隔夜兩個品種為主,因此這兩個品種的成交利率反應了銀行間短期借入資金的利率水平,而被作為金融市場基準利率之一,甚至一些銀行也以7天回購利率的平均水平來確定其所發行的浮動利率債券的發行參考基準利率。近年來商業銀行通過銀行間債券市場以回購方式融入和融出資金成為銀行流動性管理的重要方式。

(4)境外借款。又稱歐洲美元市場借款。是指向海外國際貨幣市場籌借境外貨幣,其中包括直接向銀行借入和通過某金融機構在當地發行境外貨幣債券。這主要是解決商業銀行的外匯資金需要,一般為一年之內,甚至只有幾天時間的短期負債,也有一部分是以債券或近似債券的存款方式吸收的長期負債,有的期限長達20年。在歐洲美元市場上提供資金的主要是跨國或多國銀行,籌措資金通常不受嚴格檢查和控制,靈活方便,數額較大;但利率較高,而且對幣種的選擇和委託協作機構的選擇都需極其慎重,因為商業銀行要承擔匯率波動的風險。

(5)發行金融債券。金融債券是商業銀行為籌集信貸資金而向投資者發行的一種債權

債務憑證。商業銀行可以發行普通金融債、次級金融債、混合資本債、面向中小企業貸款的金融債，等等，一般多為中長期，期限由 5～20 年不等。債券的發行要經主管部門批准，發行額度有一定的限制，如美國明確規定，銀行發行債券的總額不得超過其全部資本額加上未分配盈餘的一半之和。銀行發行金融債券有較大的優越性：①不會像發行股票那樣影響到銀行的控制權；②由於利息稅前列支，可以通過成本轉嫁出去，發行債券所得資金不用繳納存款準備金，也不用付存款保險費；③由於還債在股東分紅之前，所以可以起到財務槓桿作用，調節股東收益。目前中國的工商銀行、建設銀行、中國銀行等都發行了中長期金融債券。

除存款負債和借款負債之外，商業銀行還有其他負債，包括結算過程中的短期資金占用和應付未付款。一般而言，其他負債所占比重不大，不超過 10%。

(二)資產業務

資產業務是商業銀行對資金運用，它形成了商業銀行的主要收入來源。在商業銀行的資產中，大部分可以帶來收益，但也有一部分資產不能帶來收益，卻又是銀行正常經營必需的，所以，要對銀行資產進行統籌安排，以獲取最大收益。從商業銀行的資產負債表來看，其資產業務主要有現金、貸款、投資和固定資產四大類。

1. 現金資產

現金資產是商業銀行資產中最富流動性的部分，這部分資產數額一般不大，基本上不給銀行帶來直接收入，卻是銀行正常經營所必需的，法律對其持有量有嚴格的規定。

現金資產包括庫存現金、法定準備金、同業存款和托收未達款，等等。

(1)庫存現金。庫存現金是指商業銀行金庫中的現鈔和硬幣。其主要作用是應付客戶提款和銀行本身的日常開支。它的多寡同生產和流通的季節性波動、社會支付制度和結算制度、銀行機構離市中心距離以及銀行業務電子化自動化程度等因素有關。一個經營有方的銀行家，總是想方設法盡量壓縮其銀行的庫存現金量，以減少不必要的風險和費用，增加銀行的收入。

(2)法定準備金。法定存款準備金是指商業銀行將存款的一定比例交存中央銀行。它最初是中央銀行為保護存款人利益和銀行安全而設立的。後來，中央銀行通過規定存款準備金的內容和調整法定準備金比率，來改變商業銀行可運用資金，從而達到調節信用規模的目的。商業銀行必須按規定的比例向央行繳存的法定準備金，繳存的法定準備金有利息收益。

(3)存放同業的存款。它是指銀行存放在代理行或有業務往來關係的其他銀行的存款。這部分資金的占用，為的是維繫同這些銀行之間的業務往來關係，包括貨幣匯兌、兌換、借貸、委託代理等。

(4)托收未達款。即本行通過對方銀行向外地付款單位或個人收取的票據。托收未達款在收妥前是一筆被占用的資金，收妥後成為同業存款，可視同現金。

2. 貸款

貸款是商業銀行最重要的資產業務，是商業銀行利潤的主要來源，也是銀行維持同客戶良好關係的重要因素。貸款的規模和結構，對商業銀行的安全性、流動性、盈利性，對銀行經營成敗具有關鍵性意義。同時，銀行通過各種形式的貸款業務，體現國家的金融政策和產業政策，發揮貨幣的「第一推動力」和「持續推動力」的作用。

（1）貸款種類。商業銀行的貸款可以按不同的標準設置若干種類，以便於客戶選擇，也有利於銀行自身調查統計信貸資金的流向和分佈，作出及時的分析判斷，以保證貸款的安全。概括起來有以下類別：

按貸款的期限可劃分為活期貸款、定期貸款和往來透支三類。活期貸款為事先不規定償還期的貸款，這種貸款隨時可能被銀行要求歸還，不過歸還前一般由銀行預先通知借款人。定期貸款的償還期事先規定，不能中途更改。借款到期前，銀行不得追索；借款到期後，借者就應歸還，或重新要求部分延期或全部延期。往來透支是銀行對於活期存款戶鑒定特別契約，在約定的數量內，允許存款戶超過其存款餘額提取款項，並隨時再用存款形式歸還的一種貸款。按歸還貸款的保障程度或有無抵押品可劃分為信用貸款、保證貸款和抵押貸款三類。

信用貸款是僅憑藉款人的信用，而無抵押品和保證人的貸款。這種貸款風險相對較大，所以，這種貸款總是以資信狀況良好、經營活動穩定的企業為對象。

保證貸款是不用抵押品，但需有其他人作擔保，並開具證書的貸款。實質上也是一種信用貸款。在貸款到期時，如果借款人不能償還貸款本息，則由擔保人承擔償還責任。保證貸款可使銀行債權有借款人和擔保人雙重信用保障，以降低銀行的貸款損失風險。

抵押貸款是借款人憑其抵押品從銀行獲得的放款。發放貸款時，銀行要求借款人將某種物品的所有權在放款期間暫時轉給銀行。當將來放款到期，借款人不能償還款項時，銀行有權將擔保物品在市場上出售，由此將放款資金收回。擔保品必須是價格變動極小，有廣大市場可隨時變賣，易於保管而不致變質，無須專門知識即可予以鑒定的物品，主要有商品、有價證券、不動產、存單以及機器設備、廠房等。抵押貸款依據抵押物的不同可分為：票據抵押放款、商品抵押放款、不動產抵押放款和證券抵押放款等，其中以商品抵押放款為最多。

按貸款的用途可劃分為資本貸款、商業貸款和消費貸款三類。

資本貸款是以生產為目的的貸款；商業貸款是對商品交易中臨時性資金需求的貸款，一般為短期貸款；消費貸款是對消費者個人用於購買耐用消費品或支付其他費用的貸款。

（2）貸款價格。貸款是商業銀行的主要盈利來源。貸款利潤的高低與貸款價格成正比例關係，在貸款數量一定的情況下，貸款價格越高，貸款利潤就越多；相反，價格定得低，賺取的利潤就少。因此，銀行有一種提高貸款價格的內在驅動力。銀行對貸款的供給隨貸款價格的提高而增加，但客戶對貸款的需求卻又隨著貸款價格的上升而減少，在一定條件下貸款價格就是這兩種趨勢共同作用的結果。

貸款價格的內容包括：貸款利率、承諾費、手續費以及其他費用。其中，利率的確定十分重要，銀行貸款利率水平在很大程度上取決於一些不能控制的力量，如資金供求、銀行間競爭狀況、中央銀行政策及有關法令等，但銀行在這些力量的決定範圍內仍有一定活動空間。商業銀行在確定貸款利率時，一般應考慮以下因素：

中央銀行再貼現率。中央銀行的貼現窗口是商業銀行融通資金的一個渠道。再貼現率的高低直接影響到商業銀行的貸款成本。

貸款期限。一般來說，期限越長，風險越大，銀行要求的利率也越高。

存貸利差。商業銀行以追求利潤為最終目標，存貸利差在抵償各種費用之後必須有一定的盈餘。

貸款利率風險。商業銀行應對金融市場利率的變化做出較為準確的預測,跟蹤基準利率的變化趨勢,以避免可能遭受的損失。如貸款利率通常與債券利率成反方向運動。在許多市場經濟國家,通常以國債二級市場上短期國債到期收益率為基準利率。

管理貸款的成本。銀行對一筆貸款從審查、發放到償還這一過程中,要耗費人力、物力和財力,目的是使貸款能安全收回。如貸款利率定得較低,存貸利差彌補不了貸款管理成本,銀行則將發生虧損。

此外,銀行與借款人是否具有密切關係,也在某種程度上會影響利率高低。比如如果借款人銀行的基本客戶,在貸款利率上可能會享受一定優惠。

承諾費是銀行對於貸款未動用部分向借款人收取的費用。手續費包括貸款發起費、抵押資產服務費、貸款服務費、貸款回收費,等等。

3. 投資

投資是商業銀行購買有價證券(包括債券和股票)的經營活動。它是商業銀行的一項重要的資產業務和收入的主要來源之一。目前中國商業銀行持有的債券資產總規模占全部債券資產規模總量的 60%～70%,部分商業銀行內部持有的債券總量占銀行總資產的 20%～30%,有的商業銀行持有量占總資產的比重更高。而債券資產的收益有的占銀行總收益的 40%～50%。投資業務對商業銀行資產負債結構、流動性管理、中間業務收入等產生了重要影響。

商業銀行證券投資的對象主要包括國債、公司債和股票三類。在大多數國家,為保證存款人資金安全,避免金融危機,各國都有這樣的規定:禁止國民銀行投資於股票;投資證券必須是以公債、借據或公司信用債形式表示的具有市場效力的契約憑證。如美國在 1933 年的《銀行法》、《格拉斯—斯特格爾法》中明確規定:禁止商業銀行包銷股票和債券,但卻准許商業銀行包銷和買賣聯邦政府債券、州和地方政府的一般債務證券。中國 2003 年新修訂的《中華人民共和國商業銀行法》規定:商業銀行可以發行金融債券;代理發行、代理兌付、承銷政府債券;買賣政府債券、金融債券。而在實際業務中,商業銀行是中國銀行間債券市場最大的債券持有主體,其債券持有的規模占全部債券存量的 60%～70%,但尚不能投資於股票。

商業銀行證券投資的主要對象是信用可靠、風險較小、流動性較強的政府及其所屬機構的證券,包括政府債券、中央銀行發行的債券、政府機構債券、地方政府債券和公司債券等。國債投資是商業銀行過去、現在和將來的理想而重要的投資選擇。商業銀行投資國債業務的主要原因有如下幾方面原因:

(1)滿足銀行「三性」原則。國債等高信用等級的債券可以很好地滿足銀行資產運用的安全性、流動性、收益性管理的三原則。從安全性看,在各種債券中,國債的風險最小,且發行量最大,品種眾多,銀行可根據需要選擇不同的品種,分散風險。國債在成為金融機構避險工具的同時,還衍生出避險的不同品種,如國債期貨、期權、回購等。在發達國家,國債交易主要是在債券場外市場進行的,有統一的託管結算系統和有效的監控措施及發達的交易網路,價格變動平穩,因而國債高度流通且交易十分安全,能夠滿足銀行的流動性需要。

從流動性看,國債有「準貨幣」之稱,被列入廣義的貨幣供給統計口徑。就流動性和風險性而言,現金應當是銀行最理想的資產,但現金具有不生息或低息的弱盈利性,收益為零並有可能為負值。在許多國家,由於國債市場規模的擴大和交投的活躍,國債已成為銀行

除現金儲備(一級儲備)之外最重要的二級儲備,有的國家甚至將一年以內的國庫券作為一級儲備持有以盡可能滿足商業銀行對資產流動性的要求。因為當商業銀行第一儲備資產(現金等)不足時,隨時可以通過質押式回購或買斷式從回購市場融取資金資金,以應付客戶臨時性提存或滿足客戶臨時性貸款的需要。從回購市場看,回購融資具有獨特的便利性,融資的範圍廣,潛在的資金供給者多,資金需求較容易滿足,回購的期限靈活,從1～365天均可以任意選擇,而在回購質押期間債券的利息歸債券持有人,而且國債回購業務的風險權重為0。商業銀行可以用國債來代替以往的流動性,為未來非預期的支付做好準備,相應地減少現金持有量和需求量。這就意味著,商業銀行資產負債管理本身就要求其持有國債二級儲備資產。從收益來看,持有國債既可以獲得利息收益,也可獲得價差損益。儘管從國債的票面利率而言,國債投資的利息收益並不高,但如果國債免稅的化,則考慮到免稅後的利息收益,以及國債回購質押融資再購買債券資產的套利收益,國債的收益水平並不低。銀行可根據流動性情況及未來資金利率變化情況在放出貸款與投資國債之間選擇。商業銀行的多餘資金,短線部分可進入國債回購市場,長線部分可進入國債現貨市場。當國債現貨的收益率與回購利率之間存在較大差價時,還可進行國債現貨、回購的套利操作。例如,先投入資金購買國債,然後用所購國債在回購市場融得資金,只要回購利率低於國債的收益率,那麼這樣的套利就可以實現。以這樣的循環過程來最大限度地(往往是自有資金的幾倍以上,享受國債現貨收益率與回購利息率之間的差價,最大限度地掌握國債市場的盈利機會。

綜合上述三方面,可以看出,在充分掌握風險的前提下,可以將現券買賣、債券回購、同業拆借、同業轉存、銀行承兌匯票貼現與轉貼等綜合運作,互動各貨幣子市場,科學量化內部流動性預測管理,平滑未來各時間段的資金餘缺情,避免資金低成本閒置。國債的低風險性決定了銀行投資的安全性;國債的收益性決定了銀行投資的收益性;國債的變現性決定了銀行的流動性。由於國債具有銀行所要求的「三性」原則,在今天國債已成為商業銀行僅次於現金的最重要的資產。

(2)調劑頭寸和資產結構。商業銀行在業務營運過程中,經常會遇到頭寸不足或頭寸盈餘的情況。對頭寸盈餘銀行而言,傳統業務上只能在銀行同業拆借市場以信用方式拆出或作為超額儲備。而頭寸不足的銀行也只能在銀行同業市場上進行信用拆借或向央行申請再貸款。持有國債以後,國債回購為銀行之間資金拆借提供了更加安全靈活的途徑,同時又較好地解決了商業銀行之間資金運用存在的時間差、空間差、價格差的問題,並且可得到相當可觀的回購收益。因為回購協議比其他負債更容易確定期限,且回購以國債作擔保,無須繳存存款準備金,減少了借款成本。另外,購買國債資產,其風險權重為0,可以改變銀行資產結構,提高資本充足率。

(3)適應央行公開市場業務需要。中央銀行調節貨幣政策工具中最重要的公開市場業務,現今已被世界各國中央銀行普遍採用。商業銀行為了與中央銀行進行資金融通,也必須持有大量國債。進入20世紀90年代以來,世界發達國家紛紛調低或取消法定準備金比率,而更多採用公開市場業務。中國目前也將公開市場業務作為中央銀行調控基礎貨幣的最重要的政策工具。

由於商業銀行是中央銀行操作貨幣政策的對象,這就意味著要配合中央銀行公開市場業務操作,商業銀行必須持有一定比例的國債、中央銀行發行的債券等無信用風險的儲備

資產。只有當商業銀行持有這些優質的債券資產時,中央銀行與商業銀行才可通過回購協議來進行大宗資金融出融入交易,從而十分有效地臨時調節商業銀行儲備資產,影響商業銀行的貸款和投資,達到穩定貨幣政策目標。從世界各國的情況來看,銀行都是國債的主要持有人。商業銀行在國債二級市場上所占份額,美國一般是 8%～10%,日本為 25% 左右,德國為 40% 左右。很多發達國家的商業銀行經常持有不低於總資產 25% 的流動資產,其中約有一半是國債。

此外,隨著中國商業銀行業務的拓展及現代商業銀行體制的建立,商業銀行自己發行金融債券,以滿足自身資金需要,也將成為未來商業銀行債務融資的方式。

(三) 中間業務

中間業務又稱為表外業務,是指商業銀行在資產業務和負債業務的基礎上,利用自身的信息、技術、資金和信譽等優勢,以中間人和代理人的身分替客戶辦理收付、諮詢與代理、擔保與租賃及其他委託事項,提供各類金融服務並收取一定費用的經營活動。中間業務中銀行扮演的只是仲介或代理的角色,中間業務通常實行有償服務。

根據中國人民銀行《商業銀行中間業務暫行規定》(2002 年)第三條,中間業務是指不構成商業銀行表內資產、表內負債,形成銀行非利息收入的業務。中間業務以其成本低、風險小、收益高的特點,成為現代商業銀行的一大業務支柱。中間業務與資產業務、負債業務一起被稱為現代商業銀行業務的三大支柱,中間業務發展對商業銀行現代化和金融現代化極為重要。國外銀行中間業務的發展已有 160 年的歷史,中間業務收入占比逐年提高。在現代商業銀行業務中,中間業務收入占其總收入的比重平均達到 50% 左右,一些大銀行如美國花旗銀行竟高達 70% 以上。

中間業務的分類有不同的方式,有按收入來源分類,也有按中間業務的功能與性質劃分,還有按中間業務的風險劃分。中國人民銀行在《關於落實〈商業銀行中間業務暫行規定〉有關問題的通知》(2002)中,將國內商業銀行中間業務按功能和性質分為九類:①支付結算類中間業務;②銀行卡業務;③代理類中間業務;④擔保類中間業務;⑤承諾類中間業務;⑥交易類中間業務;⑦基金託管業務;⑧諮詢顧問類業務;⑨其他類中間業務。以下,介紹幾種主要的中間業務。

1. 結算業務

結算是指對經濟單位之間因商品交易、勞務、資金調撥以及其他款項往來產生的貨幣收付關係、債權債務進行清償的行為。結算分為現金結算和轉帳結算兩種,其中,轉帳結算已成為現代銀行貨幣結算業務的主要形式。

商業銀行結算業務的主要內容包括匯兌業務、信用證業務、托收結算、電子資金劃撥系統等。

2. 代理業務

代理業務包括代收、代理融通和代客買賣等業務。代收業務是銀行根據各種憑證以客戶名義代替客戶收款的業務。這些憑證包括票據、有價證券和商品憑證等。代理融通業務是銀行代客戶收取應收款項的同時,向其提供資金融通的一種業務方式。代客買賣是銀行接受委託,代替客戶買賣有價證券、貴金屬和外匯的業務,代客買賣有價證券主要是指代理發行或購進股票、債券等,或代國家發行公債。

3. 信託業務

信託是指財產的所有者,為了自己或第三者達到一定的目的或利益,通過簽訂合同,將

其指定的財產委託信託機構全權代為管理營運或處理。國際上辦理信託業務的機構有信託公司、信託銀行和商業銀行設立的信託部。信託業務屬於一種金融業務,它與銀行信貸、保險一起,構成現代金融業的三大支柱。信託業務是一種具有信用委託性質的經濟行為,帶有一定的經濟目的,其主要內容包括信託存款、信託貸款、信託投資、單位資金信託、公益金信託、勞保基金信託、財產信託(動產信託、不動產信託)、個人特約信託、遺囑信託等等。《中華人民共和國商業銀行法》(2003年)第四十三條規定:商業銀行在中華人民共和國境內不得從事信託投資和證券經營業務,不得向非自用不動產投資或者向非銀行金融機構和企業投資,但國家另有規定的除外。

4. 租賃業務

租賃是指出租人按照協議將某項財產交付給承租人臨時佔有或使用,並在租賃期內向承租人收取租金的一種商業行為。租賃是商業銀行的派生業務之一,是現代工商業和銀行日益發展而產生的一種新型信貸業務。租賃業務的特徵是租賃物件的所有權和使用權分離。現代租賃業務按其性質可分為融資性租賃、經營性租賃和服務性租賃三種。

5. 其他新興業務

(1) 現金管理。現金管理是銀行協助企業科學合理地管理現金餘額,做到既不積壓資金,又能保證資金靈活週轉的一種服務業務。包括流動餘額的保持、應收應付款的控制、多餘現金的投資等內容。

(2) 諮詢服務。銀行信息諮詢服務是銀行利用自身優勢,為企業提供豐富實用的經濟信息。包括評審類信息諮詢、代理仲介類信息諮詢和綜合類信息諮詢等。

(3) 表外業務。表外業務是指那些不會引起資產負債表內業務發生變化,卻可為商業銀行帶來業務收入或減少風險的業務活動。包括擔保業務、互換業務、金融期貨、期權及其他業務。

二、商業銀行的資產證券化業務

商業銀行資產證券化是伴隨發達國家商業銀行業務不斷創新、逐步完善而出現的一種金融創新產品。在發達國家證券市場中,債券融資的規模要大於股票融資;而在債券融資中,資產證券化債券融資規模已超過公司債券的發行規模。資產證券化通過資產的真實出售並在資本市場發行投資憑證,實現貨幣市場同資本市場的溝通,是解決商業銀行流動性問題的重要途徑。資產證券化還能夠給商業銀行帶來多方面的收益,如分散和轉移風險、擴大收入來源、提高資本充足率和資產安全性、降低融資成本並維護客戶關係,並能優化商業銀行的風險和收益組合。

商業銀行資產證券化的種類多種多樣,作為中國商業銀行穩步推進資產證券化,包括如下內容:①不良資產的證券化。中國華融資產管理公司項目和工商銀行寧波項目的初步成功充分表明了不良資產證券化的可行性。②積極探索中長期信貸資產的證券化。從近幾年看,中國的新增信貸資產中,有40%左右是中長期貸款,中國銀行體系長期承擔了本應由資本市場承擔的功能。中長期信貸資產證券化可以使銀行在資本市場發揮其應用作用。③住房抵押貸款證券化。目前個人住房貸款仍是中國商業銀行貸款質量最好的一部分。④汽車貸款和信用卡應收款的證券化。

第三節　商業銀行的經營管理

在市場經濟條件下,商業銀行作為經營貨幣信用業務的特殊企業,和所有其他企業一樣,以求得最大限度的利潤為經營總目標。為實現這一目標,商業銀行必須將其自身的行為納入符合市場運作規律的合法軌道,加強資產負債管理和風險管理。

一、商業銀行經營管理原則

安全性、流動性、盈利性是商業銀行經營管理必須嚴格遵循的三大原則,商業銀行要實現最大利潤,在經營管理上必須有效協調三大原則的關係。

(一)三大原則的內容

1. 安全性原則

安全性是指銀行避免或減輕承受風險,保證資金安全的能力,即保證資產免遭損失的能力。

安全性是商業銀行經營活動中的首要原則。其主要原因是:①銀行自有資本少,經受不起太大的損失;②銀行經營對象變化複雜,風險大,尤其需要強調安全性;③銀行涉及面廣,更應注重自身安全。

在經濟金融環境不斷變化的情況下,任何形式的風險集中都有可能使一個營運正常的商業銀行步入困境,所以,只有正確識別風險,才有望把風險損失盡可能地減少到最小。商業銀行的風險通常有四個來源:①銀行經營特點和資金構成的本身風險;②銀行營利性資產的規模和期限結構中包含的風險;③客戶的信用狀況不佳或惡化構成的風險;④經濟情況的不確定因素構成的銀行經營風險。

2. 流動性原則

流動性又稱變現性,是指資產變為現金並保持其購買力的能力,或者說以現金資產來保證必要支付的能力。銀行要保持流動性,主要原因在於:①資金必須滿足存款人提款的需要;②為了保持銀行長期生存能力,銀行家必須隨時準備滿足顧客合法的貸款需要。

銀行要保持流動性,就需要銀行有相應的資金來源以實現資金收付的動態平衡。一般而言,銀行的流動性能力來自兩方面:①負債的流動性,即銀行本身能按較低的成本隨時去獲得所需資金;②資產的流動性,即銀行資產在不發生損失的情況下,能迅速變現的能力。只要負債經營的成本低於貸款和投資的收益,甚至只要低於流動性資產的收益,則可以用負債流動性來變換資產流動性,因為它能給銀行帶來實際利益。

3. 盈利性原則

盈利性是指銀行獲得利潤的能力。盈利性越高,銀行獲得利潤的能力越強,反之,則越弱。

銀行利潤主要來自三部分:①銀行存款和貸款的利息差;②銀行為客戶提供仲介服務的收入;③銀行投資於有價證券的收益。

商業銀行作為一個經營單位,追求最大限度的盈利是其經營的內在動力和源泉。銀行提高盈利水平的意義:①可使銀行股東獲得較高收益。股東收益增加,又能提高股票價格,

擴大股票銷路,增加銀行資本。②可提高銀行信譽,加強銀行實力,使銀行對客戶有較大吸引力。③可增強銀行承擔經營風險能力,避免因資本大量損失而帶來銀行破產倒閉的危險。因此,沒有任何一個銀行家不重視銀行盈利。

(二) 三大原則的協調

商業銀行經營管理的三大原則之間存在相互矛盾,相互統一的複雜關係,在具體實施過程中,必須謀求「三性」盡可能地合理搭配協調。

1. 安全性與流動性的關係

一般而言,安全性與流動性呈正相關關係,即流動性越強的資產其安全性越好,反之,則越差。但在某些情況下也可能出現安全性雖然很強,但流動性並不一定很高的現象。如政府長期債券不存在違約風險,但有時銀行被迫提前出售變現,可能會承擔一定的價格損失。

2. 盈利性與安全性、流動性的關係

從長期看,盈利性能夠促進安全性與流動性目標的實現,三者之間存在某種正相關關係。但就短期而言,盈利性與安全性和流動性之間則存在負相關關係,即資產安全性越高,流動性越強,可能收益越小;資產安全性越低,流動性越差,但可能收益卻越大。如現金資產以及易於轉換成現金的準備金資產(如國庫券和短期貸款)的流動性較高,但這類資產有的無收益,有的只有很低的或不多的收益;長期證券(如股票和長期公司債等)這類資產期限長,收益高,但變現能力較差。

由於銀行的資產大部分靠負債來維持,因此在「三性」中,更應著重於安全性和流動性,並在保持資產的安全與流動的基礎上,最大限度地謀求盈利,以實現銀行經營管理的總目標。

二、商業銀行的資產負債業務管理

商業銀行的資產負債管理產生於20世紀70年代末80年代初。這一理論總結了資產管理與負債管理的優缺點。認為要形成商業銀行安全性、流動性和盈利性的均衡,只有根據經濟、金融情況的變化,通過資產結構與負債結構的共同調整,才能實現銀行經營管理目標的要求。

(一) 資產負債管理的基本原理

資產負債管理原理是指從總體上管理銀行資產和負債時,應當注意或遵循的一些常有普遍意義的原則或關係。

1. 資產與負債對稱原理

這個原理認為,商業銀行的資產和負債是不可分離的一個整體,銀行資金分配應根據資金來源的流轉速度來決定。即是說,銀行資產規模與負債規模、資產結構與負債結構、資產與負債的償還期限要相互對稱與統一平衡,雙方保持一定的對應關係。這種聯繫具體表現在四個方面:

(1) 從資金來源的角度來看,表現為負債;從資金運用角度分析,則表現為資產;

(2) 從兩者關係看,資產與負債是相互制約和促進的。負債是資產的基礎,而貸款也能進一步創造存款,因而資產業務又擴大了負債業務,資產創造了負債;

(3) 從銀行經營決策角度看,在保證銀行盈利的前提下,對存款支付的利息水平取決於

銀行資產實現的收益水平大小,負債的支出並不能憑空確定;

(4)從資產期限上分析,銀行的資產安排如果要選擇長期的貸款或投資,則要求盡可能吸收長期的定期存款。即資產期限結構要受負債期限結構的制約。

2. 目標替代原理

這一原理認為,商業銀行的經營目標表現為流動性、安全性和盈利性三個方面,三者之和即為銀行經營的最終效用或總效用,銀行可以在經營中根據主客觀環境的變化來平衡三者的關係,使總效用不變。即流動性和安全性的降低,可通過盈利性提高來補償,反過來,盈利性減少也可由流動性或安全性的提高來補償,從而不致降低銀行總效用。

3. 分散化原理

這一原理認為,銀行資產應分別投放在不同的資產上,資產的種類和對象要盡可能分散。這樣,當某種資產因一定風險遭受損失時,其他資產不會受到影響,銀行不會因此受到較大損失。在銀行負債上也應實行分散化。因為銀行負債的流動性需求大小主要取決於三個變量,即每一種存款的流動性需求,每種存款在總負債中的比例,以及各存款之間的相關性。通過存款業務的多樣化、綜合化,可使各種存款之間的相關係數減小,甚至成為負相關關係,從而減少負債的波動幅度,促使流動性需求下降。

(二)資產負債管理的主要方法

資產負債管理的戰略方法,隨著商業銀行管理理論的不斷完善與深化而不斷創新變化。主要方法有:利差管理法、資產負債差額管理法、資產負債期限管理法、金融交易法,等等。

1. 利差管理法

資產負債管理的目標是在利率變動週期中保持穩定的高盈利。實現高盈利的一個最主要的方法是利差管理法。利差管理法主要是從理論上分析銀行的利差及影響利差的因素,從而為銀行實施資產負債管理、降低風險、提高收益創造條件。

銀行的利差又稱淨利息收入,是銀行利息收入與利息支出的差額。用公式表示:絕對利差(元) = 利息收入 - 利息支出

相對利差 (%) = 絕對利差 ÷ 盈利資產平均餘額

絕對利差能幫助銀行估價淨利息收入能否抵銷其他開支,估計銀行的盈利狀況。相對利差(利差率)可用於銀行估計利差的變化及發展趨勢,以及進行銀行間經營的比較。

利差增大是利潤增加的基礎。銀行利差大小要受諸如市場利率水平的變化,經濟增長速度快慢、銀行資產負債狀況某因素的影響,如果具體因素發生變化,銀行總的風險——收益狀況也會發生變化。

2. 差額管理法

資產負債差額管理法是指銀行管理者根據預測利率的變化,積極調整資產負債結構,擴大或縮小利率敏感性差額,從而保證銀行收益的穩定或增長。這是商業銀行資產負債管理中運用最廣泛的管理利率風險的方法之一。

銀行要控制利率風險,必須控制利率敏感型資產和利率敏感型負債(即一年內到期或重定利率資產和負債),確定利率敏感型資產和負債的差額。如果差額越大,說明利率風險越大,銀行潛在的盈利或損失的可能性越大,相反,差額越小,利率風險越小,盈利也越穩定。如果是正差額,表示資產的利率變動要快於負債,在利率上升的情況下,銀行盈利會增

多,在利率下降的情況下,銀行盈利會減少。

三、商業銀行風險管理

銀行風險是指商業銀行在從事各種信貸經營活動中,受各種不確定因素的影響遭受各種損失的可能性。商業銀行本身就是一種具有內在風險性的特殊企業;它所經營的是商品經濟中使用最頻繁、地位最特殊的商品——貨幣;它在資金營運上最顯著的特點是負債經營,從世界範圍看,銀行自有資本占其資產總額的比重超過10%的都為數極少;它最具特色的功能是創造貨幣,它所創造的信用貨幣越多,流動性風險越高;它在社會經濟活動中具有特殊地位,它是風險的聚集地。

商業銀行的風險管理,就是指商業銀行為減少經營管理活動中可能遭受的風險所做的一切努力。現代商業銀行正是在正確管理各種風險的過程中實現其利潤最大化的目標的。

(一)負債業務的風險管理

商業銀行負債業務中數量最大、內容最複雜的是存款業務,因而其風險主要產生於存款業務。在存款業務經營管理中,一般會面臨流動性風險、利率風險、匯率風險等。

1. 流動性風險

流動性風險是指銀行在遇到存款擠提時,不能迅速從市場上獲得流動性資金而使銀行的信譽受到損失的可能性。流動性風險產生的一個基本原因,就是銀行無法準確地判斷存款人什麼時候提取多少存款。這就要求銀行的資產要保持足夠的流動性。為此,存款的來源、結構要多樣化、多元化;對資產、負債的期限要進行合理搭配;適當延長銀行負債的期限;加強流動性缺口管理。

2. 利率風險

利率風險是指由於市場利率變化使銀行負債成本增加,資產收益減少而造成損失的可能性。利率風險的產生,主要是由於資產和負債的利率期限結構不均衡、通貨膨脹、中央銀行貨幣政策變動,以及市場利率自由化等原因造成的。商業銀行要防範利率風險,一是加強利率敏感性缺口管理,二是進行利率互換交易。

3. 匯率風險

匯率風險是指在存款業務經營過程中,其負債因匯率變化而蒙受損失的可能性。商業銀行存款業務匯率風險的大小取決於幣種結構,資產負債項目幣種搭配等因素。防範存款匯率風險的辦法主要是對銀行的外匯頭寸進行套期保值。

4. 操作風險

從廣義上而言,市場風險和信用風險以外的所有風險均可視為操作風險。狹義觀點認為,只有與金融機構中營運部門相關的風險者是操作風險。這類風險表現為各種形式的錯誤、中斷或停滯,可能導致財務損失或給公司帶來其他方面的損害。英國銀行家協會將操作風險定義為「由於內部程序、人員、系統的不完善或失誤,或外部事件造成直接或間接損失的風險」。對於銀行而言,操作風險與市場風險和信用風險同樣重要。

(二)資產業務的風險管理

在商業銀行的資產結構中,貸款和證券投資占據十分重要的地位,商業銀行資產業務的風險主要產生於貸款業務與證券投資業務之中。

1. 貸款業務的風險管理

貸款業務風險是指不能按期償還本息的可能性。它主要來自借款者的信用和銀行自

身經營問題以及資金市場的波動,即包括信用風險、經營風險和市場風險。

(1)信用風險。這是來自借款人的風險,即貸款對象由於自然的、社會的、經濟的風險遭受經濟損失或者有意騙取銀行資金進行投機或用於其他不正當的經濟目的,不能如期足額償還借款本息的風險。

(2)經營風險。是指銀行自身經營管理方面的風險。它可能是由於貸款規模失控、結構失調、投向失誤而形成呆帳、死帳,難以收回貸放現金,也可能是由於信貸人員素質不高、能力較差,甚至以貸謀私而造成的風險。

(3)市場風險。是指由於市場變動給銀行帶來損失的可能性。產生的原因一是利率的自由化,使市場利率變化加劇,從而增加銀行貸款業務遭受損失的可能性;二是信譽較高的企業靠發行債券、股票、直接進入資金市場融資。

降低貸款風險應從兩個方面入手:①盡量降低每筆貸款的風險,以求全部貸款風險的降低;②減少大額貸款,增加小額貸款,以及擴大貸款行業面和品種面,以分散風險。具體而言,在貸款發放前,應對客戶進行系統的資信分析;貸款發放時應採取風險控制措施,如貸款抵押和貸款擔保;貸款發放後要加強對貸款的管理,檢查貸款使用情況,幫助企業改善經營管理;此外,還應分散貸款風險,實行貸款風險度管理。《中華人民共和國商業銀行法》(2003 年)第三十九條對商業銀行貸款的資產負債比例管理作出如下規定:資本充足率不得低於 8%;貸款餘額與存款餘額的比例不得超過 75%;流動性資產餘額與流動性負債餘額的比例不得低於 25%;對同一借款人的貸款餘額與商業銀行資本餘額的比例不得超過 10%;國務院銀行業監督管理機構對資產負債比例管理的其他規定。

2. 證券投資業務的風險管理

由於證券市場要受到各種因素的制約和影響,證券投資成為一項複雜的、具有很大風險的活動。證券投資面臨的風險主要包括信用風險、購買力風險、利率風險、流動性風險等。

(1)信用風險。證券投資的信用風險,是指由於證券發行人到期不能還本付息而使投資人遭受損失的可能性。這種風險主要受證券發行人的經營能力、資本大小、事業的前途和事業的穩定性等因素影響。

(2)購買力風險。購買力風險指由於通貨膨脹因素,投資人的獲利能力因貨幣貶值、購買力下降而受到影響,甚至根本無法獲利。證券到期日越長,遭受購買力風險的可能性越大。

(3)利率風險。利率風險指市場利率變化給證券持有人帶來損失的可能性。證券價格一般由證券收益和市場利率兩個因素決定。如果證券收益一定,則證券價格與市場利率呈反方向運動。即市場利率上升,證券價格則下跌;市場利率下降,則證券價格上漲。證券價格的波動,使證券持有人在流通市場出售證券時可能遭受損失。

(4)流動性風險。流動性風險指證券因為缺乏變現能力所致的收益率的潛在變動的風險。有些證券由於數量少,未予評級等原因,在到期之前不易轉手,證券持有人必須大幅度降價才可能將證券脫手,從而遭受損失。

商業銀行為了確保在高風險的證券投資中把風險降到最低限度,必須進行宏觀經濟形勢分析、行業、企業分析,證券市場動態分析,同時在投資時進行投資組合,或借鑑證券評級機構提供的資料進行投資選擇。

中國商業銀行法從保障商業銀行穩健運行及維護現階段金融秩序的需要出發,規定商業銀行不得在境內從事股票業務。

(三) 商業銀行內部風險控制制度

內部控制是商業銀行為實現經營目標,通過制定和實施一系列制度、程序和方法,對風險進行事前防範、事中控制是、事後監督和糾正的動態過程和機制 。從組織框架上應設立履行風險管理的專門部門,負責具體制定並實施識別、計量、監測和控制的制度、程序和方法,並開發建立涵蓋各項業務、全行範圍的風險管理系統,開發和運用風險量化評估的方法和模型,對信用風險、市場風險、流動性風險、操作風險等各類風險進行持續的監控。對於銀行的資金業務的內部風險控制,其組織結構應當體現權限等級和職責分離的原則,做到前臺交易與後臺結算分離、自營業務與代客業務分離、業務操作與風險監控分離,建立崗位之間的監督制約機制。建立資金交易中臺和後臺部門對前臺交易的反應和監督機制 。

第四節　商業銀行的監督管理

一、新《巴塞爾協議》與銀行資本風險管理

1988 年 7 月,西方 12 國中央銀行在瑞士巴塞爾達成了《關於統一國際銀行資本測量和資本標準的報告》,簡稱《巴塞爾協議》。它是自 20 世紀 80 年代以來引起世界各國金融界高度關注的劃時代文件,它對各國銀行業的監管和發展具有深遠意義,也是對傳統的資產負債的突破。《巴塞爾協議》的內容由四個部分構成:即資本的組成,各類資產風險加權的計算標準、標準化比率目標及過渡期的實施安排。其實質是要對國際性銀行實行資本風險管理,通過資本充足的標準比率目標來監管和衡量各國商業銀行。報告要求到 1992 年年底,國際性銀行的資本充足率必須達到 8%,其中核心資本充足率必須達到 4% 的標準比率目標。《巴塞爾協議》的宗旨,一方面在於保證銀行有充足的資本抵消因為債務違約而造成的信貸損失,提高銀行經營的安全系數和投資者對銀行的信心;另一方面在於制定統一的標準,以消除在國際金融市場上各國銀行之間的不平等競爭,促使國際性銀行更穩健地發展。作為國際協議,它規定的原則和標準適用於所有從事國際性銀行業務的商業銀行,對於達不到規定標準的銀行將受到苛刻的金融監管和限制。

1999 年,巴塞爾銀行監管委員會決定對 1988 年的銀行資本協議進行徹底修改,並於 2006 年開始實施。根據新協議要求,資本充足要求與風險管理緊密相連,新協議作為一個完整的銀行業資本充率監管框架,由三大支柱組成:最低資本充足率要求;監管當局對資本充足率的檢查;銀行業必須滿足的資本充足率要求。這三點也通常被稱為最低資本要求、監督檢查、市場紀律,這就是互補的三大支柱。

二、新《巴塞爾協議》對商業銀行風險管理的影響

新《巴塞爾協議》在信用風險評估方面有其系統優勢:①在理論研究方面引進了當今金融理論的前沿理論,如期權定價模型等。②多學科綜合知識水平不斷提高,如 VAR 值的分析與應用。③內部管理相當嚴格。整個協議可以說是圍繞著「風險」、「違約概率」、「風

險權重」、「模型」等要素展開，因此對定量分析要求極為嚴格。④前臺數據處理與後臺數據處理緊密結合，並引進了事後檢測的制度。對於中國的商業銀行而言，新《巴塞爾協議》在多個方面提出了挑戰，在風險管理方面主要是對風險管理的制度和體系提出了挑戰。該協議不僅是風險管理模型的變革，而且也是風險管理流程的重組。其全面實施需要對銀行風險管理的政策、流程、組織結構、內部授權等制度環境進行大幅度變革。特別是風險管理架構重組的問題難度更大。而實施新《巴塞爾協議》基礎性工作的最大障礙是數據，如信貸內部風險評級方法要求，需要有一定年限的違約歷史數據及檢驗才能確立內部風險模型。

對現有監管體制的挑戰。商業銀行資本充足率管理沒有吸收激勵相容的金融監管的理念。所謂激勵相容的金融監督，即是不能僅從監管的目標出發來約束金融機構的行業，而應參照金融機構的經營目標，將機構內部的管理與市場約束納入監管範圍，從而可能成為抑制金融機構創新的重要因素。

對銀行業全面風險管理的挑戰。該協議特別強調了操作風險的管理與控制。而中國的商業銀行目前在操作風險的管理上還屬於空白。在利率風險管理、信用風險、市場風險管理方面缺乏風險管理的經驗，正面臨著越來越大的壓力。

對銀行信息透明度帶來的挑戰。該協議提出了全面信息披露的理念，認為不僅要披露風險和資本充足率狀況的信息，而且要披露風險評估和管理過程、資本結構及風險和資本匹配狀況的信息；不僅要披露定性的信息，而且要披露定量的信息；不僅要披露核心的信息，而且要披露附加的信息。儘管目前操作風險在信息上如何披露沒有詳細說明，但一家銀行應始終向公眾披露的信息包括：為每種業務類型配置的監管資本；計量資本配置的具體方法；管理和控制操作風險過程中的詳細信息。

2004 年，中國銀監會出抬了一系列旨在加強商業銀行內部風險管理的規章制度。特別是 2004 年 12 月發布的《商業銀行內部控制指引》詳細規定了銀行風險控制的具體要求。要達到這一要求，中國的銀行業還需要做很多的工作。

【復習思考題】
1. 如何理解商業銀行的性質和職能？
2. 商業銀行負債業務的的內容是什麼？
3. 商業銀行經營管理應遵循哪些基本原則？

第十五章
政策性銀行

第一節　政策性銀行概述

一、政策性銀行的含義和特徵

(一)政策性銀行的含義

政策性銀行一般是指由政府設立、參股或保證,以貫徹國家產業政策、區域發展政策等為目標,而不以盈利為目的的金融機構。

從發達國家政策性銀行(或金融體系)的實踐來看,其基本發展模式有三種:

1. 美國模式

由政府發起建立一些政策性金融機構,這些金融機構基於市場化運作機制,並依靠專門法律來確定機構的業務經營。在美國,早期基本上由政府來保障政策性金融機構的盈虧,到20世紀中後期,政策性金融機構普遍實行了私有化改革,在組織結構上趨同於商業性金融機構,只是保留了政府信用和政府的政策目標。

2. 日本模式

由政府發起設立、並長期保存政府控制的政策性金融機構。作為長期金融資源的主要提供者,政策性金融體系曾對日本經濟發展起到了重要作用。但由於過度管制和經濟金融危機衝擊,該體系在20世紀末出現了嚴重問題。

3. 德國模式

是介於美國模式和日本模式的一種中間模式,即在政府目標與商業運行之間達到最大限度平衡,具有代表性的是德國復興開發銀行。

中國金融體制改革的一項重要內容就是在1994年建立了三大政策性銀行,實行政策性業務與商業性業務相分離,這曾經是中國金融體系改革中的重大制度突破。

(二)政策性銀行的特徵

在市場經濟國家中,政策性銀行既不同於「政府的銀行」——中央銀行,又不同於一般的私人或民間所有的商業性金融機構,它呈現出以下幾個明顯的特徵:

1. 由政府創立、參股或保證

政策性銀行多由政府直接出資創立,如美國的進出口銀行、韓國開發銀行均由政府出資創立;也有政府參與部分資本,聯合商業銀行和其他金融機構共同設立,如法國的對外貿

易銀行。總之,這種金融機構均由政府作為後盾,與政府有密切的特殊聯繫。

2. 不以盈利為目標

政策性銀行的經營活動,不以盈利為目標,而是貫徹政府的經濟社會政策或意圖。之所以如此,是因為政策性金融業務與逐利的經營性業務是相矛盾的,也就是說,政策性業務是非盈利或低盈利的。如一國的落後地區的開發,是對該國經濟平衡發展、社會安定與進步有很大意義的,然而,若以盈利為導向,則資金不僅不會流向落後地區,而且還會出現資金向經濟發達地區流失的現象。在這種情況下,只有政府創設的政策性銀行,因其不追求盈利的大小,而是服從宏觀經濟和社會發展目標的要求,才能向落後地區輸送資金,由此而產生的虧損,由政府補貼,或擔保其債務。但這並不意味著政策性銀行忽視經營活動的收益和必然發生虧損。

3. 具有特定的業務領域和對象

政策性銀行的業務領域主要是農業、進出口貿易、經濟開發、住房業等部門或方面。它們或者是對國民經濟發展具有較大的現實意義需要特殊的措施予以鼓勵,如進出口部門;或者是國民經濟的薄弱環節,沒有特殊的支持與保護,將會停滯不前甚至萎縮,如農業部門等;或是對社會穩定、經濟均衡協調有重要作用,特別需要政府特殊政策,重點扶持,如落後地區的開發等。但上述部門又不易得到商業銀行的資金融通,因此,需要政府設立專門的信貸機構——政策性銀行予以特殊的資金支持。政策性銀行一般是專業性或開發性的,其業務活動立足於補充一般商業性金融機構的不足,因而,業務領域相對狹小。

4. 特殊的融資原則

政策性銀行是為特殊目的而建立的金融機構,這必然反應在其融資原則的特殊性之中:①融資條件或資格。一般而言,融資對象必須是從其他金融機構不易得到所需的融通資金的條件下,才有從政策性銀行獲得融資的資格。②主要或全部提供長期資金,利率明顯低於商業性金融機構的同期同類貸款利率,有的甚至低於籌資成本,但要求按期償還本息,如因償還困難出現虧損,由政府予以補貼。③對其他金融機構所從事的符合政策目標的貸款活動給予償付保證、利息補貼或再融資,以此予以支持、鼓勵、吸引和推動更多的金融機構從事政策性融資活動,如日本開發銀行等。

5. 有獨立的法律依據

政策性銀行不受普通銀行法的制約,而是以單獨的法律條例規定政策性銀行的宗旨、經營目標、業務領域和業務方式等。如《日本國進出口銀行法》即為日本進出口銀行恪守的法律依據。但應當明確,政策性銀行在法律地位上是作為與一般金融機構同樣平等的地位參加金融活動,並無國家權力代表的身分,更無操縱干預一般金融機構的權力。

二、政策性銀行的職能

各國政府普遍設立政策性銀行的目的,在於政策性銀行所具有的重要職能。與商業銀行相比,政策性銀行的職能既有與之相似的,也有商業銀行所不具備的職能。通常將其與商業銀行相類似的職能,稱為一般職能,將商業銀行不具備的職能,稱為特殊職能。前者使政策性銀行具備了金融機構的特徵,後者使其體現出緊密配合經濟社會政策意圖的性質。

(一)政策性銀行的一般職能

政策性銀行的一般職能是指政策性金融機構所具有的與普通商業銀行相同的職能,即

信用仲介職能。信用仲介是金融機構最基本的職能。政策性銀行通過其負債業務，吸收資金，再通過資金運用，把資金投放所需部門。它與商業銀行一樣作為貨幣資金的貸出者和借入者的仲介人來實現資金從貸出者到借入者的融通。但政策性銀行的不同之處在於：①它不接受活期存款、不辦理匯兌、結算和現金收付等商業銀行的業務。理由在於，如果它接受活期存款，再設活期存款帳戶，必然產生「貸轉存」並融入商業銀行體系，參與存款創造，派生存款貨幣，這是不符合政策性銀行的職能和任務的。因此，政策性銀行與商業銀行在仲介職能上的最大差別就是不參與信用創造，不供給貨幣，不派生存款。②政策性銀行貸款的資金來源是中央銀行和商業銀行體系已經創造出來的貨幣，是由政府提供或在政府保證下從金融市場籌集而來的，不能由自己創造。政策性銀行貸放出去的款項一般都專款專用，受託代辦政策性銀行信貸業務的商業銀行不可「一女二嫁」，將尚未支用的政策性放款資金轉貸他人。因此，政策性銀行的貸款資金運用也不增加貨幣供給。實際上，各國政策性銀行往往被稱為「特殊銀行」，一般不在中央銀行貨幣政策和金融管理制約之列。這一方面表明政策性銀行本身就受政府直接控制，另一方面也表明了它不具備信用創造職能、風險較小，不必由中央銀行施加直接的管制。

(二) 政策性銀行的特殊職能

政策性銀行特有的政策性職能可以概括為倡導性、補充性、選擇性和專業服務性職能。

1. 倡導性職能

倡導性職能指政策性銀行以直接的資金投資或間接地吸引民間或私人金融機構從事符合政府政策意圖的放款，以發揮其首倡、引導功能。因為政策性銀行一旦決定對某些產業提供資金，則反應了經濟發展長遠目標，表明了政府對這些產業部門的扶持意向，從而增強了民間金融機構的投資信心，降低了這些產業部門的投資風險。

2. 選擇性職能

選擇性職能是指政策性銀行對融資領域或部門是有選擇的，但這並非由政府任意決定，歸根究柢是市場機制選擇的結果。政策性銀行的主要活動領域，如農業、落後地區開發、進出口、中小企業等正是商業性金融機構不予或不願意選擇的領域，其融資活動對這些領域的發展，尤其對於經濟結構調整發揮著明顯的積極作用，體現出其政策性融資的特有性質。由於政策性銀行的選擇是建立在商業性金融機構選擇的基礎上，因此，隨著時間的推移，政策性銀行的活動領域也在不斷地變化和調整，這也是選擇的必然結果。

3. 補充性職能

補充性職能是指政策性銀行的金融活動補充完善商業性金融機構為主體的金融體系的職能。這表現在對技術、市場風險較高的領域進行倡導性投資；對投資回收期過長、收益低的項目進行融資補充；對於成長性的產業提供優惠利率放款予以扶植等。此外還表現在間接融資活動或提供擔保來引導商業性金融機構的資金流向，並針對商業性金融機構主要以提供短期資金融通而產生長期資金融通不足這一情況，政策性銀行以提供中長期資金為主，有的甚至是超長期貸款。由此可見，政策性銀行不是替代而是補充商業性金融機構，進而完善金融體系的整體功能，增強其在經濟發展中的作用。

4. 專業服務性職能

專業服務性職能是指政策性銀行一般具有專業性，在該領域累積了豐富的經驗和專業技能，聚集了一批精通業務的人才，可為企業提供各方面的金融和非金融服務。同時由於

在其中某一領域長期從事活動，因此常常成為政府某一方面事務的助手·顧問。它參與政府有關規劃的制定，甚至代表政府組織實施。這種特殊的社會服務職能是商業性金融機構所不及的。

三、中國建立政策性銀行的必要性

20世紀90年代中期，隨著中國社會主義市場經濟體制的建立，以及金融體制改革的推進，建立政策性銀行有其必要性。

(一)市場經濟本身存在某些缺陷

中國經濟體制的改革目標就是要建立社會主義市場經濟。從本質上說，市場經濟就是以市場為主導配置資源的經濟機制。許多國家經濟發展的經驗和中國改革開放以來的實踐充分證明，市場是配置資源的有效方式。市場配置資源是通過市場機制來發揮作用的，即通過供求關係變化、價格信號和市場競爭，以「看不見的手」促使資源從效率低的地方、部門和企業流向效率高的地方、部門和企業，使稀缺的資源得到高效利用，進而推動生產力的發展。

然而，市場機制在某些方面存在缺陷：①市場機制的局限性。市場機制不能為社會提供所必需的公共項目，如國防、社會保障與公共福利；②市場機制的選擇性。在市場經濟下，廠商不願意經營風險大、投資多、回收期長，但又對經濟社會發展有意義的產業和項目，如基礎設施等；③市場機制的功利性。市場機制在調節經濟時具有一定的短期性、盲目性，如市場選擇偏愛短期獲利項目和那些實力雄厚的廠商，而有些對經濟社會協調和穩定發展有重要價值的長遠項目以及某些勢單力薄的廠商則常常被無情地摒棄，形成兩極分化。

只有彌補和糾正這些缺陷，才能達到資源在更高層次上的合理配置。因此，只能借助於外在力量，即要求政府參與經濟活動，干預經濟運行，運用「看得見的手」對經濟進行宏觀調節與管理。這種干預若要起到良好作用，必須注重兩個方面：一是干預的力度。在市場體系較為健全、完善與發達，市場機制作用範圍廣泛和良性運行的情況下，政府干預力度相對較小；否則，則相對大些。二是干預的方式、方法。一般情況下，應以充分運用經濟、法律手段為主，行政手段為輔，只要在特殊情況下才能突出行政手段。但是，政府干預在糾正和彌補市場機制的偏差和不足的同時，應把對市場機制的干擾和影響降到最小，而建立政策性銀行則正是能充分體現上述特點的方法和手段，為各國所普遍採用。

在中國建立社會主義市場經濟體制的過程中，由於市場機制尚不完善，市場的導向和選擇不盡合理有效，同時中國經濟社會發展過程中，還存在農業發展相對落後、地區發展不平衡、產業結構不合理等依靠市場機制不能解決的問題。因此，政府在經濟社會發展中應發揮更為重要的作用。具體而言，中國政府承擔了制定經濟社會發展規劃和實施經濟社會可持續發展戰略，頒布產業政策與地區發展政策，維持宏觀經濟正常運行，促進經濟社會穩定、健康、協調發展的重任。政策性銀行則可成為中國政府可以運用的配合貫徹執行上述任務的強有力的重要機構。因而，建立中國的政策性銀行體系，正是適應社會主義市場經濟新體制，全面、正確地發揮市場經濟的優點，克服其缺陷的必要措施。

(二)專業銀行向商業銀行轉化的需要

長期以來，尤其是在計劃經濟時期，中國的專業銀行由於體制上政企不分，不是獨立的經濟組織，不具有經營自主權，難以充分發揮商業銀行的作用。其中一個很重要的原因，就

是在計劃經濟時期中國的專業銀行擔負著大量的政策性貸款。如果基於現實需要的考慮,要求國家專業銀行承擔政策性貸款,不要過分考慮利潤指標,並無可非議。但是,若同時又要求它建立起自我約束、自擔風險、自負盈虧、自我發展的經營機制,又要承擔政策性貸款,這就給專業銀行出了一道解不開的難題。而對專業銀行來說,如果仍像計劃經濟時期那樣計劃怎麼要求就怎麼做,即使賠錢也要干,專業銀行顯然無法自主經營、自我發展。

隨著中國社會主義市場經濟體制的建立,必然要求金融體系適應社會主義市場經濟的需要,以市場經濟原則重新構築和發展中國的銀行體制和金融體系。可見,把政策性業務從專業銀行當中分離出來,由專門的政策性銀行來辦理,這是專業銀行發展為真正的商業銀行的前提條件。

(三)建立健全金融宏觀調控體系的需要

針對新舊體制轉換過程中存在的金融宏觀調控較弱的情況和建立現代金融體系的要求,需要加強以中央銀行為核心的宏觀金融調控體系,以促進金融體系的健全與穩定。改革開放以來,中國金融體系已發生了深刻變化,中央銀行對金融實施宏觀調控的構架已基本形成,調控手段也日趨成熟。在中國,商業銀行是金融體系的主體,是中央銀行貨幣政策的傳導者。但如果仍像過去那樣讓專業銀行身兼兩任,既要承擔政策性業務,又要搞經營性業務,就會妨礙中央銀行宏觀調控政策的傳遞。因為專業銀行集政策性業務與經營性業務於一身,且資金進入專業銀行混用,至少經過一次週轉以後,中央銀行就很難控制其投向。

改革專業銀行體制,分離專業銀行政策性業務和經營性業務,另組政策性銀行專門承擔政策性業務,把專業銀行改組為真正的商業銀行,有利於金融宏觀調控體系的健全與完善,有利於金融與經濟的發展。

(四)中國銀行業走向國際化的需要

在中國對外開放的過程中,銀行業也在逐步走向國際化,開放程度將大大提高。面對嚴峻的銀行業競爭局面,中國銀行業應從內部入手,迅速提高自身競爭力,才能做到自主經營、自負盈虧、自求平衡、自擔風險、自我約束和自我發展,才能提高其在國際銀行業中的地位和資信度,以適應國際金融市場的激烈競爭。因此,有必要進一步徹底改革中國的銀行體制,繼續實施將政策性業務從專業銀行業務中分離出來,將專業銀行改造成真正的金融企業和名副其實的商業銀行。對於政策性業務,則參照各國普遍做法和經驗,由政府組建的政策性銀行承擔,貫徹並配合實施政府經濟社會政策。

第二節 政策性銀行的資金來源與經營業務

一、政策性銀行的資金來源

(一)政策性銀行資金來源的內在規定性

由於政策性銀行是在市場經濟條件下為直接貫徹國家產業政策,促進國民經濟結構調整,優化社會資金配置而建立的。政策性銀行不同的性質、職能和任務,決定了政策性銀行資金來源有著與商業銀行不同的內在規定性。這種內在規定性決定著政策性銀行資金來

源的特性和方式。

政策性銀行資金來源必須是低費用,且應是量大集中、相對穩定、可用期限長,這是政策性銀行的性質所決定的。因為政策性銀行的資金運用主要是為了彌補市場機制對社會資金配置及實現國家總體經濟發展戰略意圖的不足或缺陷,其資金投向是商業銀行不願投入的低效益甚至無效益部門和領域。因而政策性銀行資金運用扣除正常的勞務費用外,能取得的收入十分有限,有的甚至虧本。同時,政策性銀行資金運用還存在著資金運用期限一般都較長,規模也較大的特性。因此,可以說,政策性銀行資金運用的特點決定了其資金來源的特性。

(二)政策性銀行資金來源的方式

政策性銀行資金來源的方式總括起來,有以下幾種:政府供給資金、向社會保障體系及儲蓄系統取得資金、向金融市場取得資金以及對外借款。

1. 政府供給資金

世界各國的政策性金融機構一般都是由政府創設和倡導,甚至直接經營,因此,政府供給資金是政策性金融機構的啟動資金和重要的業務資金來源。

政府供給資金,不僅是因為政策性銀行是屬於政府的金融機構,還因為政府資金一般來源於無償的賦稅及政府資產收益,無成本或只有很低的成本,且量大集中,最適宜政策性銀行完成經濟社會政策和調控目標的資金運用,尤其是一些根本就沒有直接收益而只有社會和環境效益的資金投入。

政府供給資金分為政府無償撥付和有償借入兩種形式。一般而言,政策性銀行的資本金或最初創設資本金,都是由政府全額撥付的。此外,政府對政策性銀行的資金供給,還包括一些專項資金劃撥和對政策性銀行政策性經營虧損的補貼或貼息。

政府供給資金包括直接來自財政預算、財政設立的各專項資金及政府設立的特別基金等。政府對政策性銀行供給資金量的多少,既取決於一國所處的經濟發展階段,經濟、金融環境制度,更直接取決於一國政府對經濟金融的干預程度及金融市場的發達程度。

中國是一個發展中國家,正處在經濟起飛階段,經濟社會可持續發展的任務繁重,需要巨額的資金投入。從體制上說,中國市場機制還不健全,金融市場還不太發達,還需要政府在經濟社會發展、宏觀調控等諸多領域發揮作用。因此,在中國不僅應建立政策性金融機構,而且還應有更多的政府資金供應。

中國財政已著手試行復式預算,中國政策性銀行資金來源中的政府供給資金,也應來源於財政的經常性預算和建設性預算兩方面。具體而言,政策性銀行的有關營運費用和旨在改善經濟社會事業與提高人民生活質量,只形成社會物質累積,而不產生回流的投入,應列入經常性預算。在建設性預算中建立基本建設基金或增設其他特別基金,作為向政策性銀行無息貸款的來源,週轉使用。

2. 社會保障體系及郵政儲蓄系統借款

政策性銀行向社會保障體系及郵政儲蓄系統借款,包括向社會保險系統、養老基金和退休基金、醫療基金、就業基金、住房公積金及郵政儲蓄系統借款等。

社會保險系統、養老基金或退休基金、醫療基金、就業基金、住房公積金等,在本身正常運用的情況下,總有一定的餘額沉澱,隨著時間的推移,沉澱額還會越來越大。由於這些基金大都是在政府倡導和推進下,甚至帶有政府或立法強制下建立並運行的,有的還帶有政

府性質的資金,因而這部分資金本身帶有一定的政策色彩,它們的沉澱額可以也應該作為政策性銀行的資金來源。

郵政儲蓄在不少國家,尤其在日本是被廣泛開展的。雖然郵政儲蓄絕大部分是居民存款,但與銀行直接吸收居民存款不同:①郵政儲蓄是利用已有的遍布全國的郵政網點開展吸儲的,郵政儲蓄吸收的存款,除支付存款利息外,幾乎沒有網點和費用,因而整個營運費很低。郵政是國家支持並扶植的基礎產業,利用國家支持並扶植的部門吸收的郵政儲蓄存款,可作政策性資金來源。②郵政部門原則上不是資金運用部門,本身不能發放貸款,因而郵政儲蓄長期穩定的餘額,在收取吸儲利息和核定的費用的情況下,交由政策性金融機構使用,作為政策性銀行資金來源之一。

社會保障體系及郵政儲蓄系統借款,除上述特點外,它們還有共同之處,就是量大集中,適宜於作為政策性資金運用,且資金來源成本及費用較低。

在中國政策性銀行資金來源中,社會保障體系及郵政儲蓄借款,無疑也應占相當部分。

3. 向金融市場和國外籌資

政策性銀行向金融市場籌資和對外借款,包括向國內外間接融資和直接融資兩個方面。具體形式有:向國內金融市場發行債券,向中央銀行、商業銀行等金融機構借款;向國外金融市場發行債券,向國外金融機構、外國政府及國際金融機構借款等。

發行債券可以採取定向籌集和社會公眾公開募集兩種,定向募集對象主要是商業銀行及其他金融機構。中央銀行在穩定通貨和保障商業性金融機構運行安全的前提下,可以向政策性金融機構融資,尤其可作為農業部門政策性銀行重要的資金來源。

向金融市場籌措資金,受市場機制決定,一般都要按市場價格,才能融入資金,其籌資費用也將與商業銀行及其金融機構從金融市場籌資所需費用大致相當。所不同的是政策性銀行向金融市場籌措資金,一般都取得了政府擔保,信譽相對較高,在發行上較其他機構有著明顯的優勢。但其籌資成本比起向社會保障體系及郵政儲蓄系統借款要高得多,且比較複雜,與政府供給資金更是無法相比。

向國外金融市場發行債券或向國外金融機構或銀團借款,一般也需要支付與國外資金市場價格大致相當的費用。向國際金融機構借款及向外國政府借款,雖可以獲得一些優惠,但往往還附帶其他一些交換條件。並且,無論是向國外金融市場籌資,還是向國際金融機構及國外政府籌資,都會受一國外匯收支及償債率等條件制約,甚至還有准入等其他問題。政策性銀行向金融市場籌資和對外借款,各國根據自己的具體情況決定其所占比重。中國是發展中國家,經濟不很發達,向金融市場和對外借款及發債規模和數量還受到一定限制。因此,中國的政策性銀行資金來源不得不把政府供給資金和社會保障體系及郵政儲蓄借款,作為首要來源,在平衡不足後,再向金融市場及國外籌資。(見表 15-1)

表 15-1　　　　　　　中國政策性銀行資金來源與資金運用的情況

政策性銀行	資金來源	資金運用
國家開發銀行	主要靠財政撥款及發行政策性金融債券(其發行量占所有政策性債券的90%以上)	制約經濟發展的「瓶頸」項目(約90%的貸款);直接增強綜合國力的支柱產業的重大項目;高新技術在經濟領域應用的重大項目、跨地區的重大政策性項目

表 15－1(續)

政策性銀行	資金來源	資金運用
(國家開發銀行股份有限公司)	註冊資本 3,000 億元。財政部和中央匯金投資有限責任公司分別出資 1,539.08 億元和 1,460.92 億元;發行政策性金融債券	主要支持「兩基一支」(即國家基礎設施、基礎產業、支柱產業等重點領域建設)項目投資,為國民經濟中長期發展戰略服務
中國進出口銀行	以發行政策性金融債券為主,同時在國際融資市場籌措資金	為機電產品和成套設備等資本性貨物出口提供出口信貸;辦理與機電產品出口有關的各種貸款以及出口信息保險和擔保業務
中國農業發展銀行	以中國人民銀行的再貸款為主,同時發行少量的政策性金融債券	辦理糧食、棉花、油料等主要農副產品的國家專項儲備和收購貸款;辦理扶貧貸款和農業綜合開發貸款以及小型農、林、牧、水基本建設和技術改造貸款

二、政策性銀行的經營業務

政策性銀行最主要的業務活動,就是對其集中的資金進行運用。它當然還承擔如擔保等其他一些業務。但政策性銀行的性質、職能與任務,更多的就是通過政策性銀行的資金運用表現出來的。

(一)政策性銀行資金運用的原則

由於政策性銀行資金運用存在一定特殊的領域和範圍,如鼓勵和擴大進出口、對基礎產業及設施投融資、扶持農林牧漁業發展以及支持落後地區經濟開發等,因此,政策性銀行資金運用必須遵循一定的原則。

1. 彌補性原則

政策性銀行資金運用彌補性原則具體含義和要求是,政策性銀行資金運用是針對市場機制對社會資源配置不足的彌補。市場機制對投融資的調節是第一位的,彌補是第二位的。市場選擇是首要的決定因素,凡是市場可以選擇並有足夠的資金投入,就不需要政策性銀行涉足,更不能以政策性銀行資金運用來取代。政策性銀行資金投向就是對市場選擇的「拾遺補缺」。因此,彌補性原則是市場分工及選擇的結果。

2. 調控性原則

市場經濟是一個不斷發展的過程,市場機制對社會資源配置的不足和缺陷,還表現在市場經濟不健全、不完善的條件下,市場信號往往不準確,或不明顯,企業和商業性金融機構受市場信號的調節,進行資金投入及融資,就會使社會資源配置出現不合理或偏差,這就需要政府來進行調控。除制定相應的調控政策外,利用政策性銀行通過投融資活動來實現調控,也是非常重要的方面。同時,在不同經濟背景及條件情況下,為實現經濟趕超和騰飛,需要制訂或遵循不同的發展戰略。雖然這種戰略是一個漫長的過程,但通過政府的作用,尤其是通過政策性銀行投融資活動,實行一定的傾斜和扶助,就可能在較短時期內實現。但調控的原則和要求,同樣不是取代或包攬市場機制對企業及商業性金融機構投融資活動的選擇,而是在於加強這種選擇。

3. 專業性原則

由於政策性銀行資金運用領域只能是市場選擇及分工的結果,政策性銀行資金運用的

方向就不可能是綜合性,甚至是全方位的,而只能是專門性的。市場機制作用不到的領域,或作用微弱,就需要政策性的資金去投入,因而就需要設立相應的政策性金融機構來具體實施。這些領域往往明顯表現為特殊的部門和地區,如進出口、基礎產業和設施等。專業性原則一方面有利於高效正確地貫徹和實施某一部門或地區的發展政策;另一方面,由於政策性銀行是政府金融機構,專業性原則有利於對其核算和管理。

(二)政策性銀行的經營業務

政策性銀行有不同於商業銀行的業務經營方針,在經營業務方式上也稍有不同。

1. 政策性銀行的經營方針

作為政府金融機構,政策性銀行所要獲取的主要是社會效益和國民經濟整體效益,不追求自身的利潤。為達到此目的,對於社會效益和國民經濟宏觀效益高,但由於某些原因而企業財務效益不高、付息能力低或還款時間長的項目與行業,政策性銀行應當給予貸款支持,並給予利率優惠。政策性銀行通過這些措施,可以增加對基礎產業、農業和進出口的資金投入和扶植,能更快地提高綜合國力,促進社會穩定和經濟可持續發展。因此,作為政府金融機構,政策性銀行的經營方針應當是「讓小利取大利」。此處,小利指的是政策性銀行自身的效益,大利則是指國家的全局利益和長遠利益。讓小利取大利,這是政策性銀行的總體經營方針。進一步細分,還可將政策性銀行經營方針按照執行政策的力度,具體分為以下三類:①財政補貼經營型;②無利保本經營型;③微利經營型。這三種類型的共同特點是向貸款支持的對象讓利,目的在於促進為經濟發展,取得宏觀經濟效益。但三種經營方針又有差別,適用於不同的政策性業務領域。

(1)採取財政補貼經營方針的政策性銀行需要經辦更多社會效益的放款業務,以社會效益回報國家財政提供的補貼。

(2)採取無利保本經營方針的政策性銀行和採取保本微利經營方針的政策性銀行雖然都不要財政補貼,而且又都不追求盈利,但也不可忽視其間的差異。微利不同於無利,無利保本的政策性明顯強於保本微利的政策性。由此還會產生兩類政策性銀行在內部財力管理、資金進出利差和費率的確定原則及審定程序等方面一系列的差別。

2. 政策性銀行的經營業務方式

政策性銀行的業務活動大致有投資、貸款以及擔保等幾類。

(1)投資。投資是政策性銀行業務活動的基本方式之一。為了推進和實現經濟社會發展目標及其發展戰略,尤其是為實現經濟的趕超和跨越式發展,就必然要實行傾斜式的、有重點的甚至是超前性的投資政策。投資方式占政策性金融機構資金比重的大小根據各國具體情況不同而有差異。

政策性銀行採取投資活動方式又可分為股權投資和證券投資兩種。股權投資是對為貫徹政府經濟社會發展戰略意圖而有必要進行控制的行業或企業進行直接投資,並擁有企業相應的股權,對企業大政方針及發展起不同程度的操控作用。證券投資是政策性銀行對符合政府產業和地區政策的企業所發行的中長期債券進行認購。政策性銀行認購公司債券,只在於增加或實現所需創立和所需扶持公司的資金投放,而不對其進行控制。在公司發展成熟時,政策性銀行也可將債券變賣,收回投資。

政策性銀行投資活動方式依據出資額的多少,又可分為獨資或合資參股等形式。一般來說,能夠吸引社會資本投入的,就不採取獨資形式。政策性銀行出資比例的大小,表示政府對該行業或項目的支持程度。同時,可以通過出資比例,調節需要政策支持行業和項目的資金投入量。

中國政策性銀行的資金使用方式,除進出口外,可以較其他國家更多地採取投資方式,以便在目前階段更直接更有效地實現社會資源的合理配置。當然,政策性銀行的投資業務還要配合商業銀行的規範化來進行。

(2)貸款。貸款是政策性銀行資金使用的主要形式。政策性銀行之所以更多地採取貸款方式,是因為貸款較投資方式有其獨特的優點:一是具有較大的靈活性和便利性,可以在申報的符合政策意圖的項目中,再按政策要求擇優選貸,不涉及或少涉及具體的投資過程及項目建成後的操作和管理;二是貸款是有償的,無論是貼息、無息或低息貸款,都是以償還本金為基本前提條件,能使政策性資金的效益得到保證,能促使貸款企業更好地使用貸款。

政策性銀行的貸款根據政策性銀行從事的專業領域不同,分為出口信貸、進口信貸、產業開發貸款、高新技術貸款和農業貸款等,並歸屬於不同的政策性銀行的貸款種類。

政策性銀行貸款,根據其運用的過程不同,可分為直接貸款和間接貸款兩種方式。直接貸款是政策性銀行直接向貸放對象貸款。直接貸款一般為從事產業和地區振興的開發銀行使用較多,因為產業和地區開發較多地表現為一個個項目,對貸款項目逐一選擇,更適合直接貸款形式。間接貸款就是政策性銀行一般不直接對政策性貸款對象發放貸款,而是將資金「批發」給其他的金融機構,由其他金融機構根據確立的貸款用途和對象發放貸款。這種貸款避免了政策性銀行再一個一個地選擇貸款對象,實際上也是政策性銀行為鼓勵其他金融機構從事政策性業務活動而對其有條件的融資。

政策性銀行貸款,按在項目中所占比重多少,又可分為獨貸和聯合貸款或協議貸款。一般情況下,能聯合其他金融機構共同貸款的,就不採取獨貸的形式。

政策性銀行貸款一般都是中長期的,屬於投資性貸款,這是由政策性銀行基本的性質和職能所決定的。政策性貸款一般又都是優惠貸款,這是由政策性銀行的基本任務和經營方針所決定的。優惠貸款分為無息、低息貸款。政策性銀行發放優惠貸款的利息損失或必需的經營支出,由財政貼息或補給。

(3)擔保。擔保是金融機構提供給客戶的一種信用保證業務。政策性銀行不僅較其他金融機構更重視其擔保業務,而且較其他金融機構更有其獨特的優勢。因而,擔保更是政策性金融機構重要的業務活動之一。

政策性銀行為其所支持的領域的融通資金提供信用保證,能為這些領域提供更好的融資便利條件。由於政策性金融機構都是屬於政府的或是政府支持的,因而幾乎不存在信譽問題,它的一切債務及活動都是由政府保證的,政策性銀行這種地位和實力,更適於從事擔保業務,而且更容易被融資者所接受,效率也更高。

政策性銀行擔保業務,按所擔保的事項,可分為以下幾種形式:

①籌資擔保。這是應所支持的領域籌資人的要求,向貸款人或出資人出具的書面保證,保證借款人在無力償還貸款本息或所發行的公司債券時,無條件履行付款責任。

②投標擔保。主要是在對外工程投標或招商投標中,為招標人提供的為防止投標人在中標後不簽合同或提出其他變更要求的保證。

③預付款擔保。主要是在進出口貿易和對外承包工程中,為國外進口商或項目業主提供的在得到部分定金或預付款後按要求履約的保證。

④租賃擔保。主要是在對外租賃中,應所支持領域承租人的要求,為出租人開出的保證承租人按規定支付租金的書面文件。

⑤加工裝配進口擔保。這是在進口來料加工再出口中,為外方提供的為防止進口加工

方不能按要求履約的保證。

⑥付款擔保。這主要是應進口方要求,為外國出口方提供的在出口方按規定交運有關貨物和技術資料後,保證進口方按規定履行部分或全部付款義務。

⑦承包工程擔保。這是對外工程承包中,應承包人的要求,為國外項目業主提供的承包人按質按量按期履行合同規定的保證。

⑧延期付款擔保。這是在進出口貿易中,採用分期付款方式的情況下,為外商提供的進口方按合同規定履約的保證。

其他的擔保種類還有透支擔保和補償貿易擔保等。

政策性銀行提供的擔保,按幣種又可分為外幣和本幣擔保,按境內外又可分為對外和對內擔保等。

上述講了政策性銀行的業務種類,政策性銀行一般不直接具體經辦其業務,而是將業務委託給商業性的金融機構代辦,可以分為專項委託和一般委託兩種形式。專項委託是有著明確的具體業務對象、用途、金額、期限、利率,以及其他要求和約定。一般委託則是不具體的指定對象,但規定明確的用途和政策範圍以及金額、期限、利率等。委託代辦業務的最終風險和損失,由政策性銀行來承擔。

第三節　中國的政策性銀行

中國已組建了三大政策性銀行,即國家開發銀行(現為國家開發銀行股份有限公司)、中國進出口銀行和中國農業發展銀行。三大政策性銀行的組建,標誌著中國金融體制改革重要內容的政策性銀行的營運框架已基本形成。

一、國家開發銀行

(一)國家開發銀行的成立目的與主要任務

國家開發銀行是經國務院批准設立的政策性金融機構,於1994年3月17日成立,直屬國務院領導。國家開發銀行成立的目的是為了更有效地集中資金保證國家重點建設投資、增強國家對固定資產投資的宏觀調控能力,進一步深化投融資體制改革。根據國務院決定,國家開發銀行對由其安排投資的國家重點建設項目,在資金總量和資金結構配置上負有宏觀調控職責。

國家開發銀行的主要任務是:建立長期穩定的資金來源,籌集和引導社會資金用於國家重點建設,投資項目不留資金缺口,從資金金來源上對固定資產投資總量及結構進行控制和調節,按照社會主義市場經濟的原則,逐步建立投資約束和風險責任機制,提高經濟效益,促進國民經濟持續、快速、健康發展。

國家開發銀行成立以來,貫徹國家宏觀經濟政策,籌集和引導社會資金,緩解經濟社會發展的瓶頸制約,有力地支持國家基礎設施、基礎產業、支柱產業和高新技術等領域的發展和國家重點項目建設;向城鎮化、中小企業、「三農」、教育、醫療衛生和環境保護等經濟社會發展瓶頸領域提供資金支持,促進科學發展和和諧社會的建設;配合國家「走出去」戰略,積極拓展國際合作業務。

(二)國家開發銀行的改革與發展

作為中國金融體制改革的產物,國家開發銀行成立以來,已成為中國金融體系中不可

或缺的重要組成部分,並在進行不斷的改革與新的發展。1998年以來,國家開發銀行主動推行市場化改革,以市場化方式辦政策性銀行,探索了一條支持發展、防範風險的開發性金融發展路子,增強了支持經濟發展的能力,提升了自身的核心競爭力。在此過程中,國家開發銀行也實現了從傳統意義上的政策性銀行向開發性金融機構的轉變,標志著中國金融制度的重要創新。

為適應經濟社會發展需要,根據國家開發銀行的具體情況,國務院決定實施國家開發銀行的改革。中央匯金公司和國家開發銀行於2007年12月31日在北京簽署協議,向國家開發銀行註資200億美元。2008年2月,國務院批准了國家開發銀行改革實施總體方案。根據國務院的決定,經中國銀監會批准,國家開發銀行股份有限公司2008年12月16日在北京成立,這標志著國家開發銀行改革發展進入了新階段,中國政策性銀行改革取得重大進展。新成立的國家開發銀行股份有限公司繼承原國家開發銀行全部資產、負債、業務、機構網點和員工,註冊資本3,000億元。財政部和中央匯金投資有限責任公司分別出資1,539.08億元和1,460.92億元,分別持國家開發銀行股份有限公司51.3%和48.7%的股權。

與以前相比,改革後的國家開發銀行股份有限公司主要有「四個變化、四個不變」:

四個變化包括:①經營管理和運作商業化。由政策性銀行轉型為商業銀行。②股權結構多元化。由國有獨資變為股份有限公司,由國家承擔無限責任轉變為股東承擔有限責任。③治理結構現代化。不斷完善股東大會、董事會、監事會和高級管理層「三會一層」構架,探索富有中國特色的現代金融企業治理結構模式。④服務功能多樣化。在商業銀行服務功能的基礎上,國家開發銀行新增了投資銀行和股權投資這兩項與中長期業務配套的、特有的服務功能,即由國家開發銀行股份公司獨資或控股分別設立股權投資和投資銀行兩個子公司,兩個子公司承接原由國家開發銀行辦理的部分業務和相應的存量資產,並根據有關規定,開展新的投資業務和投資銀行業務。從而使國家開發銀行的金融產品將更豐富,為客戶(包括政府類)服務的能力會更強。

四個不變包括:①國有性質不變。國家開發銀行改制後仍然是國家的銀行,由財政部和匯金公司代表國家出資並控股。②基本職能不變。國家開發銀行仍然通過開展中長期信貸與投資等金融業務,為國民經濟中長期發展戰略服務。③市場定位不變。國家開發銀行仍繼續主要從事「兩基一支」(即國家基礎設施、基礎產業、支柱產業等重點領域建設)等中長期投融資業務,發債融資仍是該行改革後的主要資金來源,是與中長期貸款相匹配的融資方式。國家開發銀行轉型為商業銀行後,將繼續完善以債券融資為主,並積極拓展多元化資金來源的籌資機制,在相當長時間內仍是以中長期債券融資為主的債券銀行和批發銀行。④合作方式不變。國家開發銀行仍以開發性金融原理為指導,堅持以市場化方式開展「銀政合作」和「銀企合作」,運用開發性方法拓展業務。

國家開發銀行的改革是中國金融體制改革新的實踐探索,也是新形勢下中國金融體制改革的重要內容。國家開發銀行以改革為契機,在正確認識和處理好開發性與政策性的關係、保本微利和市場業績的關係的基礎上,建立可持續發展的經營機制和激勵約束機制,進一步增強創新能力和競爭力,更好地發揮中長期投融資優勢,提升金融對經濟發展的支持作用;進一步完善了業務功能,拓寬服務領域;進一步增強資本實力、抗風險能力和服務國家經濟社會發展的能力。作為中國政策性銀行改革的第一家,國家開發銀行的改革還將為推進其他政策性銀行改革累積寶貴經驗。

二、中國進出口銀行

(一)中國進出口銀行的成立目的與主要任務

中國進出口銀行是適應建立社會主義市場經濟體制,深化金融體制改革,促進對外貿易的持續、快速、健康發展的要求而成立的。

中國進出口銀行的業務範圍主要包括:為機電產品和成套設備等資本性貨物進出口提供進出口信貸(賣方信貸、買方信貸);辦理與機電產品出口信貸有關的外國政府貸款、混合貸款、出口信貸的轉貸,以及中國政府對外國政府貸款、混合貸款轉貸;辦理國際銀行間的貸款,組織或參加國際、國內銀團貸款;提供出口信用保險、出口信貸擔保、進出口保險業務的服務;在境內發行金融債券和境外發行有價證券;經營經批准的外匯業務,參加國際進出口銀行組織及政策性金融保險組織;為進出口業務進行諮詢和項目審查,為對外經濟技術合作和貿易提供服務,辦理經國家批准和委託的其他業務。

中國進出口銀行的成立,有利於擴大和支持進出口,尤其是本國產品出口,特別是機電產品和大型成套設備的出口及大型工程項目的投資,有利於增加本國外匯收入,提高支付能力,實現對外均衡等目的。

(二)中國進出口銀行的改革與發展

按照目前中國政策性銀行的改革思路,進出口銀行要完善內部管理,適應金融體制改革的要求。進出口銀行的改革方向要根據國家經濟發展的需要和中國金融體制改革的全局而定。

就進出口銀行而言,目前的改革重點在於其已經明確了要進行戰略轉型,即從傳統的官方出口信用機構轉向業務全面、治理良好的國際經濟合作銀行。所謂國際經濟合作銀行,即從支持出口到支持進口,支持企業走出去進行國際投資,實現與國際經濟的全面對接。實際上,經過十多年的發展,中國進出口銀行已經形成了出口信貸、進口信貸、對外優惠貸款、優惠出口買方信貸、對外擔保、國際結算等多層次的業務體系,資產規模處於國際同類機構前列。

從發展的視角來看,進出口銀行還有許多可以拓展的新業務空間:①對「走出去」戰略提供金融支持和服務。在經濟全球化的趨勢下,中國企業「走出去」的發展戰略已經成為不可逆轉的大趨勢。為滿足經濟發展和企業「走出去」參與國際合作與競爭的需要,為中國的企業和國家整體發展戰略提供支持和服務勢在必行。在轉型時期,進出口銀行不僅繼續開展全方位的出口信貸業務,而且將重點支持包括能源、資源、高新技術、關鍵設備和技術領域的進口信貸業務。②以政策性金融貸款支持農業經濟發展和農民增收,要積極開展農產品出口賣方信貸業務,為中國社會主義新農村建設做出應有的貢獻。③推進特別融資帳戶業務,積極配合國家中長期科技發展綱要的實施,在政策允許範圍內,對高新技術企業發展所需的核心技術和關鍵設備的進出口,提供融資支持。④要大力開展中間業務和貿易融資業務,幫助中國企業規避、化解匯率風險。

三、中國農業發展銀行

(一)中國農業發展銀行的成立目的與主要任務

中國農業發展銀行成立的目的是為了完善中國農村金融服務體系,更好地貫徹落實國家產業政策和區域發展政策,促進農業和農村經濟的健康發展。

中國農業發展銀行的主要業務範圍有:辦理由國務院確定、中國人民銀行安排資金並

由財政予以貼息的糧食、棉花、油料、豬肉、食糖等主要農村產業的國家專項儲備貸款；辦理糧、棉、油、肉等農副產品的收購貸款及糧油調銷、批發貸款；辦理承擔國家糧、油等產品政策性加工任務企業的貸款和棉麻系統棉花初加工的貸款；辦理國務院確定的扶貧貼息貸款、老少邊窮地區發展經濟貸款、貧困縣縣辦工業貸款；辦理國家確定的小型農、林、牧、水利基本建設和技術改造貸款；辦理中央和省級政府支農資金的代理撥付，為各級政府設立的糧食風險基金開立專戶並代理撥付；發行金融債券；辦理開戶企事業單位的存款和結算；境外籌資等。

中國農業發展銀行的成立，有利於中國糧、棉、油等主要農副產品的生產和國家的專項儲備；有利於農田基本建設，增強農業發展的後勁；有利於財政支農資金的合理有效使用；有利於老少邊窮地區和貧困縣的經濟發展；將對中國農業和農村經濟的健康發展產生積極而深遠的意義。

(二)中國農業發展銀行的改革與發展

近年來，為加大支持「三農」的力度，國家對農村金融體制改革作了一個總體安排。其中最重要的是發揮農行和農發行在農村金融中的骨幹和支柱作用。按照目前中國政策性銀行的改革思路，中國農業開發銀行要完善內部管理，適應金融體制改革的要求。農業發展銀行的發展方向仍然定位於政策性銀行。

就農業發展銀行而言，其內部改革實際上從2004年就已開始。按照國務院精神要求，深化內部改革，加強管理，對政策性業務和商業性業務進行了分類管理、分別核算。目前，農發行的改革總體上仍要按照這一思路進行。此外，圍繞中國社會主義新農村建設這一時代主題，農發行的改革還應拓展思路，不斷加強金融支農力度，充分發揮其在農村金融領域中的生力軍作用：①在政策性銀行的改革過程中，在做好糧棉油收購資金供應和管理的同時，進一步擴大我行貸款支持的範圍和領域，以充分發揮全方位的支農作用；②適度增加貸款投放，成為引導社會資金回流「三農」的主導力量，為培育農村金融市場，支持農業發展做出貢獻；③配合前兩項的推進，進一步擴大政策性金融債券發行規模，以國家信用為依託，積極穩妥地募集業務發展所需資金。

【復習思考題】
1. 政策性銀行的特徵是什麼?
2. 試述政策性銀行的特殊職能。
3. 政策性銀行的業務經營方式有哪些?
4. 中國政策性銀行改革與發展的思路是什麼?

第十六章
中國的非現金結算

第一節 非現金結算概述

一、非現金結算的產生與發展

結算業務是商業銀行的一項傳統中間業務,是指銀行對客戶因商品交易、勞務供應、資金調度等經濟往來所引起的貨幣收付關係進行清算。結算包括現金結算和非現金結算。非現金結算也稱為轉帳結算或支付結算,是指銀行把款項從付款人帳戶上劃轉到收款人帳戶上而完成的一種貨幣給付行為。中國的《票據法》和《支付結算辦法》中規定:支付結算是指單位、個人在社會經濟活動中使用票據、信用卡和匯兌、托收承付、委託收款等結算方式進行貨幣給付及其資金清算的行為。

這種行為的產生可以追溯到早期的貨幣兌換業:當兩個商人(客戶)都托同一家錢莊保管貨幣時,他們之間由交易引起的債權債務就可以通過交換和傳遞該錢莊開出的貨幣存放收據來結清,而無須直接支付金銀。非現金結算就這樣產生了。隨著商品經濟的發展,商品交換的規模和範圍不斷擴大,大宗的遠距離交易越來越頻繁,人們自然要求有更加迅速,更加安全,更加方便的方式來幫助交易雙方完成貨幣收付,結清債權債務,各種非現金結算方式便應運而生並不斷發展。同時,隨著銀行信用的發展,為了保證貸款有充分而穩定的資金來源,銀行必然要大量吸收存款。對此,它們通過廣設分支機構,幫助存款客戶辦理各種轉帳結算來吸引客戶,尤其是那些經常從事大宗商品買賣的大客戶。這樣,非現金結算業務便逐步發展成了銀行吸收資金的一項重要手段。可見,非現金結算是商品經濟和銀行信用發展的必然結果。

二、非現金結算的實質

非現金結算作為結算方式與現金結算有著明顯的區別:

(一)非現金結算是在銀行內部進行的貨幣收付

進行非現金結算的客戶,在完成自己的貨幣收付時,一般都不直接向對方付現金或收現金,而是通過一個與收付雙方都有關係的銀行來做仲介,由銀行來幫助其完成收與付的行為。因此,非現金結算的客戶都必須在銀行開有存款帳戶,由銀行內部通過轉帳,即轉移調整收付相關各方存款帳戶的餘額來完成有關的貨幣收付關係,結清收付雙方的債權債務。

（二）非現金結算以信用為基礎

非現金結算有關的貨幣收付一般都是同引起這種收付的交易行為相分離的。付方通常不立刻直接支付現金，這就需要有證明付方付款能力或收方債權的信用憑證，這些憑證一般稱為票據，使用最多的票據是付方銀行開出的銀行匯票、銀行本票、信用卡等，以及付方以銀行存款為基礎開出的支票，當然也有由收付雙方自行開出的商業匯票。在一定時期內，人們可以彼此用票據轉讓的方式來付款，最後通過銀行結清，完成貨幣的收付。

由此可見，非現金結算的實質是在銀行信用仲介基礎上，以銀行的轉帳收付代替現金收付，以信用票據流通代替現金流通。按照中國銀行結算辦法的規定，除了規定的可以使用現金結算的以外，所有企業、事業單位和機關、團體、部隊等相互之間發生的商品交易、勞務供應、資金調撥、信用往來等等均應按照銀行結算辦法的規定，通過銀行實行轉帳結算。

三、非現金結算的作用

非現金結算在促進商品經濟和銀行信用發展中的作用歸納起來有：

（一）有利於擴大商品流通，加速資金週轉

非現金結算的最大優點就是人們在完成大宗或遠距離商品交易的貨幣收付時，不用攜帶現金，而只需通過遍布各地的銀行機構轉帳即可。尤其是隨著操作技術的現代化、電子化，結算速度越來越快，相距萬里的大宗交易也能在很短的時間內做成，並迅速完成貨幣收付。這就必然會推動商品流通擴大規模，加速資金週轉。並且由於通過銀行轉帳結算，不論款項大小、時間長短，都有據可查，一旦發生意外情況也便於追索，從而保證結算資金的安全。

（二）有利於節約流通費用，調節貨幣流通

非現金結算通過銀行廣設的分支機構和各銀行之間的聯繫，往往利用一紙票據或結算憑證就可以結清數額巨大的債權債務，實現貨幣收付，而根本無需動用現金。這必然極大地減少流通中對現金的需要量。現金流通量的減少不僅節約了大量用於印製、清點、運送和保管現金所耗費的純粹流通費用，而且也為國家有計劃地組織和調節貨幣流通量，以防止和抑制通貨膨脹創造了條件。

（三）有利於提高結算雙方的經營管理水平，完善商品經濟秩序

由於非現金結算是以信用為基礎的，參與結算關係的雙方以及作為仲介的銀行都需要充分瞭解有關各方的經營狀況、財務狀況以及守信程度。這無疑對參與結算各方的內部經營管理和對外守信履約提出了更高的要求。隨著非現金結算的廣泛運用和不斷完善，就必然有利於提高參與結算各方的經營管理水平，有利於建立健全財務制度與交易法規，完善市場經濟秩序。同時，實行銀行結算，各單位的款項收支，大部分都通過銀行辦理結算，銀行通過集中辦理轉帳結算，便能全面地瞭解各單位的經濟活動，從而監督各單位認真執行財經紀律，防止非法活動的發生，促進各單位更好地遵守財經法紀；監督各單位認真履行合同，遵守信用，從而減少由於對方單位不守信用而帶來的損失。

（四）有利於提高銀行的管理與服務水平，增加信貸資金來源

非現金結算是以交易雙方在銀行開戶為前提的，對銀行而言，辦理非現金結算的客戶越多，資金的來源也就越多。所以，在銀行業存在競爭的情況下，銀行就必然努力提高管理與服務水平，完善結算方式和結算手段，來吸引客戶，聚集閒散資金，擴大銀行信貸資金來

源。而銀行經營服務水平的提高，又會進一步促進商品生產與流通的發展。

第二節　非現金結算的原則

為了適應改革開放以來中國市場經濟發展的新形勢，建立良好的結算秩序，形成科學的非現金結算的方式，中國於1996年12月1日開始實行新的中國人民銀行《支付結算辦法》，其中第十六條規定了單位、個人和銀行辦理支付結算必須遵守下列原則：

一、恪守信用，履約付款

恪守信用，履約付款原則是指參加非現金結算的交易雙方，必須以經濟合同為基礎，誠實守信，按合同的約定及時發貨付款，尤其是付款方在沒有理由的情況下，不得任意拖欠貨款。

這一原則的必要性，是由非現金結算以信用為基礎這一性質所決定的。非現金結算的雙方在交易中無論是採用先付款後發貨，還是先發貨後付款的方式，都存在一方必須守信的要求，否則就會出現發貨方發出商品收不到貨款，或是付款方支付了貨幣而收不到商品的情況，造成彼此拖欠。被拖欠的一方又會因為資金週轉困難，有意對其他交易單位進行新的拖欠。這樣你欠我，我欠他，形成企業間環環相扣，解也解不開的三角債。其結果非但不能通過非現金結算加速資金週轉，促進商品流通，反而會使正常的結算秩序遭到破壞，阻礙商品生產和流通的進行。因此正確執行這一結算原則，是順利清償結算雙方債權債務的前提和關鍵，對結算的相關各方都應有重要的約束作用。當然這種約束還必須有對違約行為進行懲處的法律法規作保障。

二、誰的錢進誰的帳，由誰支配

誰的錢進誰的帳，由誰支配的原則是指銀行作為非現金結算的仲介，在結算中必須尊重付方的意願，維護收方的利益。在付方付款後，應及時足額地將款項轉入付方指定的收方帳戶，並依法為客戶的存款保密，維護其對存款的所有權和自由支配權。除國家法律規定和國務院授權中國人民銀行總行監督的項目以外，其他任何部門和地方委託監督的事項，銀行一律不予受理。

這一原則的必須性是由市場經濟中商品交易者獨立的經濟地位所決定的。在市場經濟中，凡是具有合法法人和自然人地位的企業、單位和個人，在社會經濟活動中都是具有獨立行為能力的經濟主體，他們獨立的經濟利益是受到國家法律保障的，一旦他們成為銀行的客戶，其存款資金的所有權與自主權就當然應該受到銀行的保護。否則，客戶就會因沒有安全感而放棄通過銀行去進行結算，其結果反而會造成更大的漏洞和混亂，破壞商品生產和交易的順利進行，同時也會影響銀行本身的經濟利益。因此，在結算中，堅持誰的錢進誰的帳，由誰支配的原則，是銀行結算工作的一般常識。

三、銀行不予墊款

銀行不予墊款的原則是指在結算過程中，銀行的職責僅限於將結算款項從付方帳戶轉

到收方帳戶完成雙方的貨幣收付,結清雙方的債權債務而不承擔墊付任何款項的責任。收付雙方都不得占用銀行的資金,結算各方委託銀行代付的款項不能超過自己的存款餘額,委託銀行代收的款項,未收妥前也不得提前支用。

這一原則的必要性在於:首先,在市場經濟條件下,辦理結算的銀行也是獨立的經濟實體,有獨立的經濟利益,其資金的運用都是以按時歸還和收取利息為前提的。因此在結算過程中,如果對任何結算客戶都隨意墊付資金的話,必然會增加銀行資金運用的風險,造成銀行的損失。其次,在中國銀行業的管理中,銀行的貸款規模是要受信貸計劃限制的,如果每筆結算都隨意占用銀行資金,勢必造成銀行在原貸款計劃以外墊付資金,其結果必然增大貨幣流通量,造成商品供應的緊張。因此,在結算中為了維護銀行的利益,保持正常的貨幣流通,銀行必須堅持不予墊款的原則。結算各方如因結算造成資金週轉困難,應提前通過正常手續向銀行申請貸款。對於那些屢次或有意向銀行開空頭支票的結算客戶,銀行可根據情況,給予必要的制裁。

以上三條非現金結算的原則,分別表明了結算各方應擁有的權利和責任,是結算工作中必須嚴格遵守的基本原則,只有這樣才能在保證結算各方正當權益的情況下,順利開展非現金結算工作。

第三節　非現金結算的方式

結算方式是指結算過程中,貨幣資金收付的程序和方法,即辦理結算的組織形式。根據中國人民銀行有關支付結算辦法規定,現行的銀行結算方式包括:銀行匯票、商業匯票、銀行本票、支票、匯兌、委託收款、異地托收承付結算、信用卡結算、信用證結算等。

一、銀行匯票結算

銀行匯票是由銀行簽發給匯款人持往異地辦理轉帳結算或支取現金的票據。用銀行匯票進行交易中的貨幣收付稱為銀行匯票結算方式。

其結算程序為:①客戶到銀行交存款項委託匯款;②銀行簽發銀行匯票;③客戶持票異地交易付款;④送交匯票委託收款;⑤辦理轉帳或付現金。

銀行匯票適用範圍廣。各單位和個人到異地進行交易活動、支付活動都可以使用銀行匯票去進行結算。

銀行匯票使用靈活。持票人可以直接用票據去付帳,也可以通過銀行分次辦理支付,必要時還可以向其他地區轉匯。

銀行匯票使用安全。票隨人走,人到票到。付款及時,完成交易即可支付,匯款人如填明「現金」字樣,還可兌取現金。銀行匯票一律「記名」,金額起點為 500 元,有效期為一個月。

二、商業匯票結算

商業匯票是由收款人或付款人(或承兌申請人)簽發,並經承兌人承兌,於到期日向收款人或背書人支付款項的票據。商業匯票按承兌人的不同分為兩種:由交易付款人承兌的

稱為「商業承兌匯票」;由付款人開戶銀行承兌稱為「銀行承兌匯票」。用商業匯票進行交易中的貨幣收付稱為商業匯票結算。

商業匯票結算適用於在銀行開立帳戶的法人之間根據購銷合同進行的延期付款交易。異地和同城均可使用。

商業匯票經承兌後,便成為收款方的債權憑證,承兌人即成為付款人,負有到期無條件支付票款的責任,具有較強的信用保障。

商業匯票可以背書轉讓,成為商品交易的流通手段,也可以在未到期前到銀行要求貼現。

實付貼現額＝匯票的票面金額－貼現利息。

貼現利息＝匯票的票面金額×貼現期×貼現率

使用商業匯票應注意:在銀行開立存款帳戶的法人以及其他組織之間,必須具有真實的交易關係或債權債務關係,才能使用商業匯票。商業匯票的付款期限,最長不得超過6個月。

商業匯票(銀行承兌匯票和商業承兌匯票)的持有人辦理貼現須符合下述規定:

(1)《票據法》第十條規定:票據的簽發、取得和轉讓,應當遵循誠實信用的原則,具有真實的交易關係和債權債務關係。

(2)國務院的《票據管理實施辦法》第十條規定:向銀行申請辦理票據貼現的商業匯票持票人必須具備下列條件:①在銀行開立存款帳戶;②與出票人、前手之間具有真實的交易關係和債權債務關係。

(3)中國人民銀行頒布的《支付結算辦法》第九十二條規定:商業匯票的持票人向銀行辦理貼現必須具備下列條件:①在銀行開立存款帳戶的企業法人以及其他組織;②與出票人或者直接前手之間具有真實的商品交易關係;③提供與其直接前手之間的增值稅發票(或普通發票)和商品發送單據複印。

三、銀行本票結算

銀行本票是申請人將款項交存銀行,由銀行簽發給其憑以辦理轉帳結算或支取現金的票據。分為定額和不定額兩種:定額銀行本票由中國人民銀行發行,各商業銀行代辦簽發和兌付,面額為1,000元、5,000元、10,000元和50,000元。不定額銀行本票由商業銀行簽發兌付,金額根據申請人交存數用壓數機壓制。銀行本票具有「憑票印付人民幣」的特點,相當於一種大面額的鈔票,因此要求商業銀行應將簽發銀行本票所收取的款項及時按規定劃轉人民銀行。

銀行本票適用於單位、個人在同城進行交易的結算。填明「現金」字樣的本票可以支取現金。銀行本票一律記名並允許背書轉讓。銀行本票付款期限最長不得超過2個月,可以背書轉讓。銀行本票喪失,可以憑人民法院出具的其享有票據權利的證明,向出票銀行請求付款或退款。

四、支票結算

支票是出票人簽發的委託辦理存款業務的銀行在見票時無條件支付確定的金額給收款人或者持票人的票據。

支票分為轉帳支票和現金支票兩種。現金支票只能用於支取現金，轉帳支票只能用於轉帳。單位和個人在同一票據交換區域的各種款項結算，均可以使用支票。簽發現金支票必須符合國家現金管理的規定。禁止簽發空頭支票，不得簽發與其預留銀行簽章不符的支票，使用支付密碼的，不得簽發支付密碼錯誤的支票，否則銀行予以退票，讓單位統一作廢。支票的付款期限為 10 天。一般不允許背書轉讓。

支票結算是一種傳統的應用廣泛的結算方式，使用靈活方便，但受銀行監督差，容易出現開空頭支票，以及支票丟失等問題，因此要求一切使用支票的單位必須按規定嚴格管理。

五、匯兌結算

匯兌也是一種傳統的結算方式，是指付款單位和個人委託銀行將款項匯給外地收款人的一種結算方式。異地間的商品交易、勞務供應資金調撥、清理舊欠、臨時採購、差旅費用等都可採用匯兌結算的方式，具有劃撥款項簡單、靈活的特點。

匯兌可分為信匯、電匯兩種。信匯是由匯出銀行用郵寄信函的方式通知匯入銀行，電匯則是由匯出銀行運用各種電傳手段通知匯入銀行。

匯入銀行兌付匯款時也有四種方式：①直接將匯款劃到收款人帳戶上。②通知收款人來銀行領取。③匯款留銀行等待收款人自行來取。④為採購資金的匯款開立臨時採購帳戶，採購發生時辦理轉帳或支付。

目前，中國的一些商業銀行利用銀行計算機網路，開通了覆蓋全國的電子匯兌系統，以實現異地資金劃撥本行內即時到帳，跨行資金 24 小時內到位，節假日不處理跨行業務。

六、委託收款結算

委託收款是收款人委託銀行向付款人收取款項的結算方式。同城、異地均可辦理委託收款。單位或個人憑已承兌商業匯票、債務、存單等付款人債務證明辦理款項的結算，均可以使用委託收款結算方式。

委託收款結算要求收款人填製委託收款憑證，連同收款依據單證一併提交銀行。銀行接受且將其寄給付款單位的開戶銀行轉交付款單位，通知其在 3 日內付款。付款人 3 日內不向銀行提出異議，銀行視同同意付款，在第 4 日上午主動將款項從付方帳戶劃轉到收款人委託銀行。付款方拒付要出具理由書，由銀行將拒付理由書及原委託收款憑證一併退還收款人，銀行不負責審查拒付理由。

七、異地托收承付結算

托收承付是指根據購銷合同由收款人發貨後委託銀行向異地付款人收取款項，由付款單位向銀行承認付款的結算方式

這是一種根據合同先發貨後付款的結算方式，一般適用於異地之間有固定交易往來的單位之間的結算。使用托收承付結算方式的收款單位和付款單位，必須是國有企業，供銷合作社以及經營管理較好、並經開戶銀行審查同意的城鄉集體所有制工業企業。辦理托收承付的款項，必須是商品交易，以及因商品交易而產生的勞務供應的款項。代銷、零售、賒銷商品的款項不得辦理托收承付結算。托收承付結算的金額起點為 10,000 元，新華書店系統每筆金額起點為 1,000 元。

收款單位按照簽訂的購貨合同發貨後，委託銀行辦理托收，付款單位應在承付期內審查核對，安排資金。承付貨款分為驗單付款和驗貨付款兩種，驗單付款承付期為3天，驗貨付款承付期為10天，付款單位在承付期滿日銀行營業終了時，如無足夠資金支付，其不足部分按逾期付款處理，並處以逾期付款賠償金。付款單位經過驗單或驗貨，發現收款單位托收款項計算錯誤或所收貨物的品種、質量、規格、數量等與合同規定不符等情況，可以在承付期內提出全部或部分拒付，並填寫「拒付理由書」送交開戶銀行，開戶行認為符合拒付條件的，即轉給收款方開戶銀行再通知收款單位進行處理。

在有相關法律法規的保障下，這種結算方式有助於促進按經濟合同交易，建立良好的商品交易秩序。

八、銀行卡(信用卡)結算

銀行卡是商業銀行向個人和單位發行的，憑其向特約單位購物、消費和銀行存取現金，具有消費信用的特制載體卡片。銀行卡按使用對象分為單位卡和個人卡，按信譽等級分為白金卡、金卡和普通卡。單位卡帳戶的資金一律從其基本存款帳戶轉帳存入，不得交存現金，不得將銷貨收入的款項存入其帳戶。單位卡不得用於10萬元以上的商品交易、勞務供應款項的結算。隨著計算機網路的發展與普及，銀行的結算日趨無紙化和電子化，銀行卡就是結算無紙化、電子化的產物。由於電子結算方式的快捷、方便和安全，因此使銀行可以通過銀行卡將大量個人支付也納入非現金結算的範圍以內。

銀行卡按是否具有透支功能，銀行卡可分為信用卡和借記卡。

信用卡是具有消費信貸功能的銀行卡。按是否向商業銀行交存備用金，信用卡又可分為貸記卡和準貸記卡兩種。貸記卡由發卡銀行給予持卡人一定的信用額度，允許持卡人在信用額度內「先消費，後付款」。而準貸記卡則要求持卡人在開戶存款後，當帳戶餘額不足支付時，才可在發卡銀行規定的信用額度內透支。

借記卡是一種「先存款、後消費」無透支功能的銀行卡。借記卡按功能細分，又包括轉帳卡(含儲蓄)、專用卡和儲值卡。轉帳卡是即時扣帳的借記卡，具有存取現金、消費轉帳結算的功能。專用卡是用於除百貨、餐飲、飯店、娛樂行業以外的特定區域和專門用途的借記卡，如工商銀行的牡丹專用卡。儲值卡是發卡銀行根據持卡人要求將資金轉至卡內儲存，交易時直接從卡內扣款的預付錢包式借記卡。

銀行卡的主要功能有：①存取款功能。持卡人憑銀行卡可在本地或異地的銀行受理網點、自動櫃員機通存通兌現金。②轉帳結算功能。銀行卡的持卡人在指定的商場、飯店及其他特約戶購物消費後，無須以現金貨幣支付款項，而是使用銀行卡進行轉帳結算。③消費信貸功能。銀行卡(信用卡)持卡人在購物消費過程中，所要支付的貨款和服務費用超過卡內存款餘額時，在規定的限額內，發卡銀行允許持卡人有透支行為。

銀行卡結算由於將個人的零星消費支付都納入了非現金結算領域，因此它的廣泛使用可以進一步減少流通中對現金貨幣的需要量，也可以減少個人外出旅行攜帶大量現金的風險。目前很多行政事業單位也利用公務卡對用於因公出差的各種消費性支出進行支付。

九、信用證結算

信用證結算方式是國際結算的一種主要方式。信用證是進口方銀行向出口方開立的

以出口方按規定提供單據和匯票為前提的支付一定金額的書面承諾,是一種有條件的付款憑證。經中國人民銀行批准經營結算業務的商業銀行總行以及經商業銀行總行批准開辦信用證結算業務的分支機構,也可以辦理國內企業之間商品交易的信用證結算業務。

採用信用證結算方式的,收款單位收到購貨方銀行開出的信用證後,即備貨裝運,簽發有關發票帳單,連同運輸單據和信用證,送交銀行,銀行根據退還的信用證等有關憑證編製收款憑證;付款單位在接到開證行的通知時,根據付款的有關單據編製付款憑證。

採用信用證結算方式,對買方來說,在申請開證時不用交付全部開證金額,只需交付一定比例的保證金或擔保品,或提供資信良好的保證人作擔保,也可以憑開證行授予的授信額度開證,以避免流動資金被大量占用。對賣方來說,只要收到資信較好銀行開立的有效信用證後,就會向其往來銀行申請利率較低的打包放款或其他裝運前貸款。為此,各商業銀行就會加強對客戶的資信管理,讓不同信譽的企業在此平臺上的運作成本有所區別,給信譽好的企業帶來更多收益,讓信譽不好的企業付出更高成本。這樣也會促使社會成員不斷提高自身信用等級,並為建設誠信社會打下良好基礎。

十、網上支付

由於電子商務的廣泛開展,中國個人網上支付方式也發展迅速。網上支付是電子支付的一種形式,它是通過第三方提供的與銀行之間的支付接口進行的即時支付方式。

(一)網上支付的特徵

(1)網上支付是採用先進的技術通過數字流轉來完成信息傳輸的,其各種支付方式都採用數字化的方式進行款項支付。

(2)網上支付的工作環境是基於一個開放的系統平臺(即因特網);而傳統支付則是在較為封閉的系統中運作的。

(3)網上支付使用的是最先進的通信手段,如因特網、Extranet。網路支付對軟、硬件設施的要求很高,一般要求有聯網的微機、相關的軟件及其他一些配套設施。

(4)網上支付具有方便、快捷、高效、經濟的優勢。用戶只要擁有一臺上網的 PC 機,便可足不出戶,在很短的時間內完成整個支付過程。支付費用僅相當於傳統支付的幾十分之一,甚至幾百分之一。網路支付完全突破了時間和空間的限制,可滿足每週 7 天、每天 24 小時的工作模式,效率非常高。

(5)網路支付需要一定的技術支持。由於網路支付工具和支付過程具有無形化、電子化的特點,因此對網路支付工具的安全管理不能依靠普通的防偽技術,而是通過用戶密碼、軟硬件加密和解密系統以及防火牆等網路安全設備的安全保護功能的實現。

(二)網上支付的方式

(1)網銀支付:直接通過登錄網上銀行進行支付的方式。要求:開通網上銀行之後才能進行網銀支付,可實現銀聯在線支付、信用卡網上支付,等等,這種支付方式是直接從銀行卡支付的。

(2)第三方支付。第三方支付本身集成了多種支付方式,流程如下:①將網銀中的錢充值到第三方;②在用戶支付的時候通過第三方存款進行支付;③支付手續費進行提現。第三方的支付手段是多樣的,包括移動支付和固定電話支付。最常用的第三方支付是支付寶、財付通、貝寶、易寶支付、快錢、網銀在線。

網上購物逐漸成為人們的主流購物方式,但在享受方便的網購時,保證網上支付安全顯得更加重要。

　　非現金結算是商業銀行的主要中間業務之一,其結算方式不是一成不變的,它會隨著商品經濟的發展和人們對交易付款方式要求的變化而不斷變化和完善,它也是商業銀行通過不斷創新以提高競爭能力的重要領域。

【復習思考題】
1. 非現金結算的實質和作用是什麼?
2. 非現金結算的原則有何重要性?
3. 中國現行的非現金結算方式有哪些?

第十七章
國際金融

第一節　外匯與外匯匯率

一、國際金融的特點和範圍

國際金融是指世界各國之間在開放的宏觀經濟條件下從事經濟活動中的金融關係，主要包括國際間貨幣的兌換、結算、借貸、投資和儲蓄保值等活動。從貨幣角度，國際金融與國內金融都是經濟生活中的貨幣信用關係。但由於國際金融所涉及的貨幣運動超越了國界，存在於複雜的國際社會之中，從而使國際金融又具有不同於國內金融的幾個顯著特點：①國際金融活動的實現建立在採用國際支付手段的基礎上；②國際金融活動受各國法律及相關國際協議慣例的制約；③國際金融活動的風險較大。因此，一個國家要推行自己的對外政策，增強本國的國際競爭能力，必須高度重視國際金融活動的特點，注意研究和掌握國際社會經濟、金融形勢的變化，為本國的對外經濟服務。

二、外匯的概念

從狹義上說，外匯是指以外國貨幣表示的，用於國際債權債務清算的支付手段，其內容主要包括：①外國貨幣，一般指國際社會廣泛接受的某一國的貨幣，如美元、英鎊、日元等在國際金融市場上可以自由兌換的貨幣。②外幣有價證券，如外國政府公債、國庫券、公司債券、股票、息票。③外幣支付憑證，包括銀行存款憑證、銀行匯票、商業匯票、銀行支付委託書。④其他外匯資金。上述內容是各國可能將其作為國際支付手段的外匯範疇，但是它們都必須具備兩個特點：一是必須是以外國貨幣表示的資產，即各國在清償他國的債務時，通常情況下只能用國際社會通用的某些外國貨幣或以外國貨幣表示的國際支付手段。二是可以自由兌換。一般而言，只有那些為各國普遍接受，並又能在外匯市場上自由買賣的外幣以及外幣支付手段的貨幣才能成為外匯。因此，衡量一個國家的貨幣是否可作為國際支付手段的外匯，必須同時具備上述兩個特點。

三、匯率

(一) 匯率的含義

國家之間因經濟貿易或其他原因實現貨幣的收支，必然涉及不同國家貨幣的相互兌

換。這種兌換,從理論上講,應以各國貨幣本身所能代表的價值作為基礎,並確定兌換的比率,因此,匯率或稱匯價,即兩種貨幣兌換的比率,是以一種貨幣表示的另一種貨幣的價格。只有確定了不同貨幣之間的匯率,才能最終實現各國在國際經濟關係中的貨幣收支結算。

(二)匯率的標價方法

在國際社會中,可以確定外國貨幣為標準單位,也可以確定本國貨幣為標準單位來確定匯率,這樣即產生兩種不同的標價方法。

1. 直接標價法

直接標價法是以一定單位(1、100、10,000等)的外國貨幣作為標準,用一定數額的本國貨幣來表示外國貨幣的價格。在此標價法下,外國貨幣數額固定不變,本國貨幣數額隨各方面條件的影響而變化。在直接標價法下,如果一定單位的外幣兌換的本國貨幣數量增加,則外匯匯率上漲,一般反應出外國貨幣幣值上升或本國貨幣幣值下降。如果一定單位的外幣兌換的本國貨幣數量減少,則外匯匯率下跌,一般反應出外國貨幣幣值下跌,本國貨幣幣值上升。目前國際上大多數國家都採用直接標價法,中國的外匯牌價也採用直接標價法來公布。

2. 間接標價法

間接標價法是以一定單位的本國貨幣為標準,用一定數額的外國貨幣來表示本國貨幣的價格。在這種標價法下,本國貨幣數額固定不變,外國貨幣隨各種條件變化的影響而變化,如果一定單位的本幣兌換的外幣數量增加,則說明外幣幣值下降,本幣幣值上升,本國貨幣匯率上漲,外國貨幣匯率下跌。如果一定單位的本幣兌換的外幣數量減少,則外幣幣值上升,本幣幣值下降,本國貨幣匯率下跌,外國貨幣匯率上漲。目前國際上只有少數國家(如英國)採用間接標價法。

上述兩種標價法中,衡量外匯匯率的漲跌情況正好相反,在直接標價法下,外匯匯率的漲跌與本幣數額的增減呈正相關,即本幣數額增加外匯匯率上漲,反之則反是。而在間接標價法下,外匯匯率的漲跌與外幣數額的增減呈負相關,即外幣數額減少,外匯匯率上漲;外幣數額增加,外匯匯率下跌。所以,要明確外匯匯率的變化,首先要明確採用何種標價方法。

在國際社會中,匯率的標價方法傳統上主要分為上述兩種,但由於戰後美國的迅速發展和美元地位的上升,因此,從20世紀50年代起,世界主要外匯市場開始採用美元標價法,即在外匯市場上的各大銀行外匯掛牌只標明美元對其他主要貨幣的匯價,其他各主要貨幣之間的匯價則需要通過各自和美元的匯價才能套算出來。

四、匯率制度分類

國際匯率制度分為固定匯率制度與浮動匯率制度。

固定匯率制度是兩國貨幣的匯率基本固定的制度。在這一制度下,匯率的波動限制在一定幅度之內。這種匯率制度在發展過程中有兩種表現形式:

一是在典型金本位制度下的固定匯率制度。這時匯率決定的基礎是兩國鑄幣的含金量,在這種典型的固定匯率制度下,匯率波動的幅度受黃金輸送點的嚴格限制。

二是在畸形的金本位制度下的固定匯率制度。這是在第二次世界大戰之後到1973年間國際貨幣基金組織成員國所實行的固定匯率制度,這實際上也是以美元為中心的固定匯

率制度。在這種匯率制度下,各國貨幣匯率根據其紙幣法定含金量之比,即黃金平價來確定。它產生於1944年7月1日的布雷頓森林協議。其基本內容是美元與黃金直接掛勾,其他國家貨幣與美元掛勾。當時,各國政府必須承認35美元等於一盎司黃金官價。1美元的含金量為0.888,671克,各國貨幣對美元的匯率,則按各國紙幣的含金量與美元含金量的比率來確定,各國貨幣對美元的匯率只能在黃金平價上下各1%的限度內波動。1971年12月2日調整為黃金平價上下2.25%。超過這一限度,各國中央銀行有義務在外匯市場上進行干預,以保持匯率的穩定。

三是浮動匯率制度,即各國貨幣之間的匯率不予以固定,匯率波動也不受限制,而隨外匯市場上的供求變化而自由波動。浮動匯率制度逐步為各國普遍接受與美元的逐漸貶值直接相關。在浮動匯率制下,匯率上下波動成為正常現象,這種浮動又可分為自由浮動和管理浮動。自由浮動即匯率的高低完全由市場中外匯的供求狀況決定,政府不進行任何直接或間接的干預。但事實上,各國政府為了本國利益,都會對匯率進行干預,這就是管理浮動,即各國政府對匯率的波動採取各種干預措施,以使匯率浮動符合本國的經濟利益。

五、國際金融實踐中基本的匯率概念

(一)按制定匯率的方法分為基本匯率和套算匯率

基本匯率是指一國貨幣對某一關鍵貨幣的比率。關鍵貨幣是在本國國際收支中使用最多、在本國外匯儲備中所占比重最大、可以自由兌換的國際上普遍接受的貨幣,在國際社會中,許多國家都把美元作為關鍵貨幣並據以計算基本匯率。

套算匯率是指兩種貨幣通過各自對第三種貨幣(一般為美元)的匯率而計算出來的匯率,通常是一國制定了基本匯率後,對其他國家貨幣的匯率,按基本匯率套算出來。如2013年3月15日1美元=7.75港元,1英鎊=1.57美元,則1英鎊=7.75×1.57=12.17港元。

(二)按國家對外匯管理的寬嚴程度分為官方匯率與市場匯率

官方匯率是指一國外匯管理當局公布的匯率,一切外匯交易都必須以此匯率為準。在外匯管制嚴格和禁止外匯自由買賣的國家一般實行官方匯率,而沒有市場匯率,一切外匯收入都必須按官方匯率賣給國家銀行,一切外匯支出都必須得到批准,按官方匯率從國家銀行買入。

市場匯率是由外匯市場上的供求關係狀況決定的匯率。不實行外匯管制或管制較鬆的國家,允許外匯自由買賣,匯率隨供求變化自由浮動,但各國金融當局對此也有干預,其目的是使市場匯率不至於危害本國經濟。

(三)中間價

中間價是外匯買入價與賣出價的算術平均數,即中間價 = $\dfrac{買入價 + 賣出價}{2}$。

六、人民幣匯率的確定

人民幣是中國的本位幣,也是國內唯一合法的流通貨幣。新中國成立後,政府並未規定過人民幣的含金量,因此人民幣與任何外國貨幣也未建立固定的比價,也不是完全隨市場供求變化而任其自由浮動,但在實際經濟生活中,由於對外經濟貿易關係的開展,客觀上需要人民幣與外國貨幣的兌換,需要建立人民幣匯率,這樣,中國人民幣匯率的確定主要是

通過國內外物價對比,並考慮中國國際收支狀況來制定的。與此同時,在國際匯率制度實行固定匯率制時期,中國人民幣匯率也採取了堅持穩定的方針,在原匯率的基礎上,參照各國政府在這一時期中公布的比率來制定人民幣匯率,只有在外幣匯率變動時,人民幣匯率才做相應的調整。而在國際匯率制度轉化為浮動匯率制後,各國貨幣匯率按供求關係自由浮動,這使中國政府也難以再參照各國政府公布的法定匯率來制定人民幣匯率。這時人民幣匯率制定的原則,則參照國際金融市場上匯率的變化情況,選用若干種具有代表性的、與中國對外貿易有關的自由兌換貨幣,依據這些貨幣匯率的變化情況,作相應的調整,即採用「一籃子貨幣」的定值方法。因此,長期以來,中國人民幣的匯率制度實行的是有管理的浮動匯率制度。

改革開放前,中國實行的是盯住由十幾種主要貨幣構成的貨幣籃子的有管理的浮動匯率制度。1994年之後,中國一度實行單一地有管理的浮動匯率制度,即單一地盯住美元的匯率制度,這是中國政府應對1997年東南亞金融危機的臨時性措施,目的在於防止國際投機資本對中國經濟的干擾。2005年7月21日起,中國開始實行以市場供求為基礎、參考「一籃子貨幣」進行調節、有管理的浮動匯率制度。這種以市場供求為基礎、參考一籃子貨幣進行調節、有管理的浮動匯率制度能抑制投機、減少匯率的過度波動。中國人民銀行指出:「參考一籃子表明外幣之間的匯率變化會影響人民幣匯率,但參考一籃子不等於盯住一籃子貨幣,它還需要將市場供求關係作為另一重要依據,據此形成有管理的浮動匯率。」這說明在人民幣匯率制度條件下,中央銀行仍有必要在匯率形成過程中根據市場情況對人民幣匯率發揮其應有的作用,以保持人民幣匯率在基本穩定的前提下增加匯率的靈活性。

中國人民幣匯率由國務院授權國家外匯管理局統一制訂、調整和公布,由中國銀行對外掛牌。人民幣匯率採用直接標價法,以1、100、10,000個外幣單位為標準,折算為一定數量的人民幣;人民幣匯率實行銀行買賣價兩個檔,買價是指銀行用人民幣買入外匯的價格,賣價是指銀行賣出外匯時所收取的人民幣價格,之間的差額為5‰,作為銀行的費用收入;外匯價通常為銀行通過電傳、電報買賣外匯的價格,即電匯價,而外鈔價是銀行買賣外匯現鈔的價格。現鈔買入價比電匯的買入價低,現鈔賣出價則與電匯賣出價相同。

第二節　外匯管理

一、外匯管理的含義

外匯管理(也稱外匯管制)是指一個國家為維護國際收支平衡,保障本國經濟的發展,根據本國需要,對其國境內和管轄範圍內的外匯的收支、買賣、借貸、轉移,以及國際結算、外匯匯率和外匯市場等實行的控制管理政策或措施。由於當今國際交往日益頻繁和擴大,各國對外經貿關係通常都會發生大量的外匯收支,實行外匯管理可以維護國家的外匯權益,改善本國國際收支,所以各國都不同程度地實行外匯管理制度。現代一些國家雖然名義上取消了外匯管制,但實際上對居民的非貿易收支和非居民的資本與金融帳戶收支也時常實行間接的限制。事實上,當代世界各國都無一例外地實行外匯管制,其差別只是管制程度的不同。

二、外匯管理的目標

(1)通過外匯管理能改善一國國際收支,維持本國貨幣匯率的穩定。國際收支順差或逆差都是國際收支不平衡的表現,如一國的國際收支長期存在逆差,則意味著本國的外匯儲備大量流失或外匯儲備短缺,這將使一國的國際支付能力下降,進而會導致本幣匯率不斷下跌,本國貨幣的幣信降低。而外匯的流失或短缺,還會導致國內投資嚴重不足,影響國內經濟發展與出口,使一國外匯收入下降,並加劇國際收支的逆差。如一國國際收支長期處於順差,通常可引起本國貨幣的逐步升值,這可能導致大量的國際資本流入,使本國外匯占款增加,迫使中央銀行投放更多的本幣,進而誘發或加劇一國的通貨膨脹。因此,通過外匯管理,採取必要措施控制一國的國際收支差額,可以改善該國的國際收支狀況,也能維護本國貨幣匯率的穩定,為一國經濟的正常發展服務。

(2)通過外匯管理穩定一國物價。匯率波動將影響進出口貿易的成本和利潤,進而影響一國市場的物價水平。本幣的升值會造成外匯過度流入,本國貨幣流量增加,使國內物價水平上升,使一國的對外貿易面臨更高的風險。通過加強外匯管理,可將本國貨幣匯率維持在一個比較穩定的水平上,從而使本國物價水平不致發生大的波動,並減少進出口貿易的經濟風險。此外,實行外匯管理能使一國在一定時期內的資本流入和流出保持相對穩定,減輕外匯流動對本國經濟的影響,防止國際市場波動對本國經濟的衝擊,以保證國內經濟物價的相對穩定。

(3)通過外匯管理保護民族產業的發展,促進一國產業結構的合理化。政府可以通過必要的外匯管理措施,為本國需要扶持的產業部門提供條件。如為一國的企業提供外匯支持,將有利於企業引進某些必需的原料和國外先進技術與設備,可以促進本國某些工業部門實現較快的發展,提高企業的國際競爭能力,有利於完善一國的產業結構。

此外,一國實行外匯管理,通過壟斷外匯業務的買賣和對外匯交易的管制,經營許可證的審批以及配合關稅政策的合理運用,還有利於國家的財政收入增加,有利於發展本國經濟。

三、中國的外匯管理

(一)中國的外匯管理機構

中國外匯管理的主管機構,是中國人民銀行領導下的國家外匯管理局,其基本職能是:管理國家外匯、制定外匯管理法令、編製一切貿易和非貿易外匯收支計劃、檢查監督計劃的執行情況,並做好外匯收支平衡工作。

(二)中國的外匯經營主體

隨著中國金融體制的改革,中國在具體的外匯經營管理政策方面有了較大的變動,主要是改變了過去單純由中國銀行獨家經營外匯業務的做法。目前,經國家批准,除中國銀行外,交通銀行、中國工商銀行、中國建設銀行、中國農業銀行、中國國際信託投資公司,以及經批准的其他國內外商業銀行與金融機構都可經營外匯業務。

(三)中國外匯管理的主要內容

中國外匯管理隨著國家政治經濟形勢的變化不斷進行調整,目前,外匯管理涉及的主要內容如下:

1. 貿易項目外匯管理

貿易外匯管理是國家授權外匯管理部門,根據國家有關政策、法律規定,對貿易外匯實行管制性的措施,其目的是保證中國的出口創匯能安全、及時、全部收回。貿易外匯管理以真實性審核為基礎,以實施均衡管理為目標指向,最終實現貿易項目差額的可持續性和適度性。從管理內容看,包括出口少收匯(逃匯、截留外匯)、進口多付匯(套匯、騙匯)、出口多收匯(投機資金流入)和進口少付匯(投機資金流出)四個方面。貿易外匯占中國外匯收入的80%以上,在中國的外匯管理中佔有極為重要的地位。

2. 非貿易項目外匯管理

非貿易外匯管理是指中國的外匯管理機關對不屬於商品進出口範圍的經常性外匯收支實行的限制性措施。從管理內容看,涉及對僑匯、旅遊外匯、勞務外匯、運輸、銀行、保險、稅務及個人的外匯,外國駐華機構、駐外機構的經營費等方面。管理好非貿易外匯收支、努力增收節支,對平衡中國的國際收支,增加外匯儲備,提高中國的外債承受能力都有重要意義。由於沒有所謂的物流信息可供核對,非貿易外匯管理通過在法規中明確銀行審核外匯收支所涉及的單證,通過與稅務、商務等上遊主管部門合作進行真實性審核。

3. 資本項目外匯管理

資本項目外匯管理是對資本與金融項目交易活動的管理。資本項目管理的主要目的是促進資本流進流出的均衡,穩步推進人民幣資本項目的可兌換,維護國家經濟安全。在資本項目可兌換進程中,中國實行審慎、穩妥、可控的原則。目前,中國資本項目管理包括中外資企業資本項目管理和個人資本項目管理。外資企業外匯管理包括外匯企業在華直接投資外匯管理、信貸管理和貿易信貸外匯管理、境外投資和境外放款外匯管理、合格境外機構投資者(QFII)管理等。中資企業外匯管理包括境外投資外匯管理、境外放款管理、境外融資外匯管理、信貸和貿易信貸外匯管理、合格境內投資者(QDII)外匯管理。個人資本項目外匯管理包括境內個人資本項目外匯管理和境外個人資本項目外匯管理。前者如境內個人可以通過 QDII 對外金融投資、個人合法財產向境外轉移等。後者如境外個人在中國設立外商投資企業通過 QFII 投資中國境內的資本市場等。

(四)中國外匯管理體制的改革

改革開放以前,由於中國外匯資源短缺,按高度集中的計劃經濟體制的要求,一直實行較嚴格的外匯管制。改革開放後,隨著經濟體制的改革,中國的外匯管理體制也經歷了一個不斷改革的過程。其主要的改革包括幾個內容:

1. 實行外匯留成制度

從 1979 年開始,為調動創匯單位的積極性,擴大外匯收入,中國開始改革統收統支的外匯分配制度,實行外匯留成辦法,即在保證國家對外匯的集中管理、統一平衡的同時,實行貿易和非貿易外匯留成,適當留給創匯的地方和企業一定比例的外匯,以解決其發展生產、擴大業務所需要的物資進口。外匯留成的對象和比例由國家規定。留成外匯的使用須符合國家規定,隨留成外匯的範圍和比例逐步擴大,指令性計劃分配的外匯則逐步減少。

2. 建立和發展外匯調劑市場

外匯留成制辦法的實施,調動了企業單位的創匯積極性,但也產生了一些創匯單位保有留成外匯資金閒置,一些單位急需外匯而缺乏外匯的問題,為解決這一矛盾,中國從 1980 年 10 月起,建立了「外匯調劑市場」,即由中國銀行開辦外匯調劑和額度借貸業務,允許留

成單位將閒置的外匯按國家規定的價格賣給或借給需要外匯的單位,實現餘缺調劑。此後,外匯調劑的參與者與業務範圍逐步擴大,到1991年左右,外商投資企業以及個人均可進入調劑市場買賣外匯,與此同時,國家還規定了從調劑市場購匯的用匯範圍。外匯調劑市場的建立,在當時起到了彌補官方外匯市場存在的不足,協調創匯企業和用匯企業的經濟利益,打擊外匯黑市交易的作用,也為實現有管理的浮動匯率制累積了經驗。

3. 建立以市場供求為基礎的、有管理的浮動匯率制度和統一規範的外匯市場

1994年,隨著改革開放的深入進行,為了克服舊的外匯管理體制的弊端,在黨的十四屆三中全會《決定》中明確要求,要改革外匯管理體制,建立以市場供求為基礎的、有管理的浮動匯率制度和統一規範的外匯市場,逐步使人民幣成為可兌換貨幣。以此為依據,中國在外匯管理上作了一些主要的改革:一是實現匯率並軌,建立單一的、以市場供求關係為基礎的、有管理的浮動匯率制度。從1994年1月1日起,中國人民幣官方匯率和市場調劑價格並軌,實行單一匯率。並軌後,人民幣匯率主要由外匯市場的供求關係決定,貨幣當局可根據外匯市場情況在必要時進行宏觀調控,以維護外匯市場的相對穩定。二是實行外匯收支結售匯制,取消外匯上繳和留成,取消用匯的指令性計劃和審批,並從1994年1月1日起,允許人民幣在經常帳戶下有條件可兌換。三是建立統一的、規範化的、有效率的外匯市場。1994年中資企業退出外匯調劑中心,外匯指定銀行成為外匯交易的主體。同年4月,銀行間外匯市場——中國外匯交易中心在上海成立,並連通全國所有分中心,4月4日起中國外匯交易中心系統成立營運,採用會員制、實行撮合成交集中清算制度,中國人民銀行根據宏觀經濟政策目標,對外匯市場進行必要的干預,以調節市場供求,保持人民幣匯率的穩定。四是強化外匯指定銀行的依法經營和服務功能,加強國際收支的宏觀管理。為使外匯指定銀行更好地履行其職責,國家對外匯指定銀行的結算週轉外匯實行比例管理,即各銀行持有超過其高限比例的結算週轉外匯,必須出售給其他外匯指定銀行或人民銀行;反之,如其結算週轉外匯降到低限比例以下,則應從其他外匯指定銀行或人民銀行購進彌補。五是重申禁止外國貨幣在中國境內的計價、結算和流通。1994年1月1日,中國重申取消境內外幣計價結算,禁止外幣境內流通和私自買賣外匯,停止發行外匯兌換券。對於市場流通的外匯兌換券,允許繼續使用到1994年12月31日,並於1995年6月30日前到中國銀行兌換美元或結匯成人民幣。此外,在這次改革中,國家對資本與金融帳戶的外匯收支繼續實行計劃管理和審批制度,並建立了國際收支統計申報制度,以加強對外匯收支和國際收支狀況與變化趨勢的分析和預測。通過這次改革,市場機制在中國外匯管理方面的作用得到增強,實現了人民幣經常帳戶下有條件可兌換,也為實現人民幣可自由兌換打下了基礎,並因此帶動了金融體制、外貿體制及其他領域的改革,這對促進中國經濟全面融入國際社會,對中國社會主義市場經濟體系的建立和發展,規範中國在外匯管理方面的法律制度,提升國家的宏觀調控能力均產生了十分重要的作用。

4. 推進人民幣經常帳戶可兌換的改革

為適應市場經濟制度發展的需要,以中國國際貿易的發展與國際收支的改善為基礎,中國加快了人民幣與外幣的兌換制度改革。從1996年7月1日起,外商投資企業外匯買賣納入銀行結售匯體系,並將外商投資企業的外匯帳戶區分為用於經常帳戶的外匯結算帳戶和用於資本與金融帳戶的外匯專用帳戶。外匯局核定外匯結算帳戶的最高金額,外商投資企業在核定的限額內可保留經常項下的外匯收入,外商投資企業經常帳戶下的對外支

付，憑規定的有效憑證可直接到外匯指定銀行辦理，同時，繼續保留外匯調劑中心為外商投資企業的外匯買賣服務(1998年12月1日，外匯調劑中心關閉以後，外商投資企業外匯買賣全部在銀行結售匯體系進行。)。與此同時，國家提高了居民用匯標準，提高居民因私兌換外匯的標準，擴大了供匯範圍，取消了出入境展覽、招商等非貿易非經營性用匯的限制，並允許駐華機構及來華人員在境內購買的自用物品、設備、用具等出售後所得人民幣款項可兌換外匯匯出。因此，自1996年12月1日起，中國宣布接受《國際貨幣基金組織協定》第八條第二款、第三款、第四款的義務，實現人民幣經常帳戶下的可兌換，不再限制經常性國際交易支付和轉移，不再實行歧視性貨幣安排和多重貨幣制度，並於1997年1月修改了《中華人民共和國外匯管理條例》，消除了經常帳戶下存在的匯兌限制問題，人民幣完全實現了經常帳戶下的可自由兌換，邁出了中國實現人民幣全面的可自由兌換的重要一步。

5. 推進人民幣資本項目可兌換的改革

在中國於1996年12月實現經常項目可兌換之後，資本項目便成為日常外匯管理的核心，推進人民幣資本項目可兌換的改革就提上了日程。資本項目可兌換就是允許居民和非居民持有跨境資產及從事跨境資產交易。資本項目可兌換是一個逐漸放鬆資本管制的過程。但資本項目的可兌換並不是完全放任跨境資本的自由流動與兌換，而是一種有管理的資本流動與兌換。近年來，中國資本項目可兌換的步伐已經明顯加快。資本項目的外匯管理已逐步減少了行政管制，逐步取消了內外資間、國有與民營企業間、機構與個人間的差別待遇。按照《IMF匯兌安排與匯兌限制2011》的資本項目所包含的40個項目中，中國已有22個項目實現部分可兌換，14個項目實現基本可兌換，只有4個項目還不可兌換。部分可兌換主要集中在債務市場交易、股票市場交易、房地產市場交易和個人資本交易四大類。基本可兌換主要集中在信貸工具交易、直接投資、直接投資清算等方面。不可兌換主要是非居民參與國內貨幣市場、基金信託市場和衍生金融工具交易等方面。

6. 推進人民幣國際化的改革

隨著中國成為世界第二大經濟體，國內外對人民幣成為與美元、歐元一樣的國際貨幣的關注與日俱增，中國採取了若干措施積極推進人民幣的國際化。人民幣國際化的路徑可以概括為：人民幣周邊化，即人民幣在中國周邊國家和地區流通並在周邊國家與地區作為貿易結算工具。目前人民幣的周邊化已經基本實現。接下來是人民幣的區域化，即人民幣在東亞地區成為貿易和投資貨幣。最後是人民幣成為各國的儲備貨幣。到那時，人民幣執行著國際支付手段、交易媒介、流通手段和儲備貨幣的職能，人民幣也就實現了國際化。為了推進人民幣國際化，中國與周邊國家和地區簽署了用人民幣結算的雙邊協議、允許國際金融機構發行人民幣債券、允許境內企業用人民幣對外投資，與一些國家貨幣當局簽署了雙邊貨幣互換協議、發展人民幣離岸交易中心、人民幣與日元直接交換等。

第三節　國際收支

一、國際收支的概念

按照國際貨幣基金組織編寫的《國際收支手冊》(第5版)的定義，所謂「國際收支是一

種統計報表,它系統地記載了在特定時期內一經濟體與世界其他地方的各項經濟交易」。為了集中反應一國國際收支情況,各國都編製國際收支平衡表。

二、國際收支的主要內容

目前世界各國的國際收支通常由三大項目組成:

(一)經常帳戶

經常帳戶是指本國與外國之間經常發生的,並在整個國際收支總額中占主要地位和最大比重的項目。一般由貿易收支、服務收支和經常轉移收支三項構成。

(1)貿易收支,也稱有形貿易收支,它表明一國進出口商品引起的外匯收支。這是經常項目中最重要的項目。商品出口形成貿易外匯收入,商品進口形成貿易外匯支出。貿易外匯收入大於支出,稱為貿易外匯順差;貿易外匯支出大於收入,稱為貿易外匯逆差。

(2)服務收支,也稱無形貿易收支,主要包括運輸、保險、通信、旅遊等各種服務引起的收入和支出,以及由於資本輸出輸入,信貸和投資引起的利息、股息和利潤的收入和支出。

(3)經常轉移收支,是指單方面進行的、不要求等價交換或償還的價值轉移,所以又稱為單方面轉移。一般由私人轉移收支和政府轉移收支構成。私人轉移是指私人(僑民)以單方面匯款、財產繼承款、養老金、宗教和教育捐款、各種獎金和獎學金等的轉移收支。政府轉移一般是指政府間的經濟或軍事援助、戰爭賠款、贈與、沒收走私商品、稅款等。

(二)資本和金融帳戶

它由資本帳戶和金融帳戶構成。

1. 資本帳戶

資本帳戶的主要組成部分是資本轉移和非生產、非金融資產的收買/放棄。

資本轉移涉及固定資產所有權的轉移,同固定資產買進聯繫在一起或以其為條件的資金轉移,以及債權人不索取任何回報而取消的債務。

非生產、非金融資產的收買/放棄包括各種無形資產,如註冊的單位名稱、租賃合同或其他可轉讓的合同和商譽。

2. 金融帳戶

按投資類型或功能劃分,金融帳戶包括3個部分。

一是直接投資。它反應的是一經濟體的居民單位(直接投資者)對另一經濟體的居民單位的永久利益。直接投資又包括股本投資,其他資產投資和利潤收益再投資。

二是證券投資。證券投資包括股票和債券的交易。債券交易又細分為長期債券、中間債券、貨幣市場工具和派生金融工具交易。

三是其他投資。它包括長短期的貿易信貸、貸款、貨幣和存款,以及應收/應付帳款。

3. 儲備資產

儲備資產包括一經濟體的貨幣當局可用來滿足國際收支和在某些情況下滿足其他目的的資產的交易。它包括貨幣化黃金、特別提款權、在基金組織的儲備頭寸、外匯資產(貨幣、存款和有價證券)以及其他債權。

4. 淨誤差與遺漏

這是一個人為的平衡項目。由於統計數據來源不一、數據不全或有錯誤等原因,國際收支平衡的借貸方不能平衡。為了使整個國際收支平衡表的淨差額為零,於是設立了這一

項目來人為地使國際收支平衡表平衡。

三、國際收支失衡的調節

(一)國際收支失衡的類型及原因

一般而言,國際收支失衡的類型及原因可從幾方面來理解:

1. 週期性失衡

週期性失衡是指一國經濟週期性波動引起的國際收支失衡。一個國家一旦經濟危機到來,國內生產和社會需求都會下降,出口貿易停滯,進口需求不旺,引起國際收支逆差的失衡。而繁榮時期到來,進出口或國際間的資本都會更加活躍,引起國際收支順差的失衡。

2. 收入性失衡

收入性失衡是由一國國民收入的變化引起的國際收支失衡。如果一國國民收入增多,其商品勞務的輸入及捐贈、旅遊等非貿易支出可能增加,從而造成國際收支逆差的失衡。如果國民收入下降,由於國內需求減少,可能還會出現國際收支順差的失衡。

3. 貨幣性失衡

貨幣性失衡是指一國貨幣增長速度引起國內實際購買力的變動及商品成本、物價水平的變動而引起的國際收支失衡。如一國貨幣增長過快,使本國商品成本和物價水平相對高於其他國家,必然使本國商品輸出受到阻礙,而使輸入商品更為有利,最後導致本國國際收支逆差。反之,緊縮通貨,使商品成本和物價水平相對低於其他國家,則有利於出口,限制進口,使本國國際收支得到改善。

4. 結構性失衡

結構性失衡,一般由國內生產結構的變動不能適應世界市場的變化而引起的國際收支不平衡。如國際上科學技術的發展和採用,使新的產品不斷改變世界市場的需求結構,而本國的生產結構未能適應這種變化,則可能使本國出口商品受影響,進而引起國際收支不平衡。

此外,國際間各國競爭力的強弱和國家債務的狀況都可能影響一國的國際收支,造成國際收支失衡問題的產生。

(二)國際收支失衡的調節方法

1. 建立外匯平準基金

外匯平準基金是由中央銀行撥一定數量的外匯建立的基金。當國際收支出現不平衡時,由中央銀行直接介入外匯市場,通過直接買賣外匯,影響外匯匯率來促進出口和改善國際收支。如果本幣對外匯率上漲,就拋售本幣,購入外幣,促使外匯匯率上升;如本幣對外匯率下跌,則拋售外幣,購入本幣,促使外匯匯率下跌。這種辦法一般只能對付短期性的國際收支不平衡,而不能解決長期性的國際收支逆差。過分使用,會嚴重影響本國的國際儲備,擴大國際收支不平衡。

2. 實行貼現政策

當一國國際收支不平衡時,政府通過中央銀行提高或降低再貼現率,促使市場利息率也提高或降低,從而影響長期資本和短期資本流向,起到暫時平衡國際收支的目的。如在逆差出現時,中央銀行提高再貼現率,從而使市場利率提高,吸引短期資本流入國內,這就有利於國際收支平衡。

3. 實行調整匯率政策

當一國國際收支不平衡出現時,通過調整匯率有助於調節國際收支失衡。即在國際收支出現逆差時,採取本國貨幣貶值,以增加出口,從而改善經常性收支狀況來改善整個國際收支,但這種方式可能引起國內通貨膨脹,不能長期使用。反之,如果順差過多,可以實行貨幣升值,以減少出口,進而改善國際收支。

4. 實行直接管制政策

這是一國政府直接干預外匯自由買賣和對外貿易的自由輸出輸入。又可分為財政、金融、貿易管制三種形式。財政管制包括關稅和實行出口信貸、出口補貼等「獎出限入」政策。金融管制則是從外匯方面限制國際經濟交易,如實行外匯管制來限制輸入,促進輸出。貿易管制是對進出口實行直接限制,如實行進口許可證與進口配額等保護貿易措施。直接管制對平衡國際收支效果迅速,也不必牽動整個經濟的變化,但會影響與之有經濟聯繫的國家,可能激起這些國家的反對和採取報復性措施,因此使用時也應慎重。

第四節 利用外資

一、利用外資的主要形式

按中國利用外資的主要形式的不同特徵,可分為兩大類:

(一)吸收國外直接投資

吸收國外直接投資是指中國通過一定的政策引導,吸引國外資本持有者以現金、實物、無形資產等方式向中國進行的以控制境內企業經營管理權為核心的投資。一般有以下方式:

(1)合資經營。這是外國公司、企業、其他經濟組織和個人,以中國法律為依據,與中國公司或其他經濟組織以入股形式共同投資、共同經營、共享盈利、共擔風險而舉辦的股份公司或合營公司。這種方式,可以利用中國的現有條件如土地、廠房、輔助設施等,以少量的資金投入,引進國外的資金,先進設備技術和人才,較快地提高中國在某些生產領域的生產力水平,因此,合資經營是中國吸收國外直接投資的主要形式。

(2)合作經營。這種合作方式不以各方投入的資本數額作為分配依據,而是通過協議具體規定雙方的權利和義務,按不同情況採取產品分成、收入或利潤分成辦法,是一種按平等互利原則舉辦的契約式企業。

(3)獨資經營。外國投資者依據中國法律在中國獨立投資舉辦的企業,其特點是外國投資者控制企業的全部經營權、自主經營、自負盈虧。

(4)合作開發。一般由外國投資者提供資金、設備、技術、並承擔全部風險,與中國合作勘探、開採中國的石油、煤炭或其他自然資源。這種方式有利於克服中國在開發資源方面的資金和技術上的困難,也沒有多大風險,但必須以開發出的資源或收益為代價。

(5)補償貿易。這是一種外國投資者在進口方一般不支付現匯的條件下,向進口方提供技術、設備和原材料等,進口方待工程建成投產後,以生產的產品分期償還最初投資的本息的投資方式。以這種方式利用外資比較靈活,既可以在缺乏資金的條件下發展生產,又

可以發揮進口方在資源和勞動力方面的優勢,對因地制宜地促進進口國的生產發展有積極作用,許多發展中國家都較樂於採用。

(6)來料加工或來料裝配。一般是進口方接受外商提供的資金、技術、設備、零配件和原輔材料,按外商提出的要求加工裝配成產品後交付外商並收取加工費,進口方以加工費分期償付外商提供的設備等價款。這種方式在中國沿海地區已成為十分普遍的利用外資的形式。

(7)國際租賃信貸。這是把貿易和借貸結合起來的一種業務活動,客觀上也起著利用外資的作用。一般做法是:國外的一些租賃公司買進機器設備,出租給承租人,承租人只需按期交付一定租金就可以獲得使用權進行生產經營活動。租賃期滿,承租人可有幾種選擇:①將租用的設備退回租賃公司;②續租但租金適當減少;③作價購買;④重訂租約。

(二)吸收國外間接投資

吸收國外間接投資一般是通過國際間的借貸資本,由一個國家向另一國家進行貸款的國際經濟行為,主要方式如下:

1. 外國政府貸款

外國政府貸款指一國政府從官方預算撥款中以優惠貸款方式向另一國政府提供的資金。這種貸款的特點是利率低(2%~3%),期限長,最長可達50年,因此國際社會中視其為帶有經濟援助性質的貸款。但這種貸款數量有限,並有相關的附帶條件,如指定用款項目、規定款項中採購貸款國貨物的比例等。

2. 國際金融機構貸款

國際金融機構貸款通常包括:

(1)國際貨幣基金組織貸款,其貸款對象限於會員國政府,貸款用途以解決會員國國際收支、儲備頭寸或貨幣儲備變化的資金需要,貸款額度按會員國向基金組織繳納的基金份額多少而定。貸款時以本國貨幣申請換購外匯,還款時以外匯買回本國貨幣,這即是一般講的普通提款權。

(2)世界銀行集團貸款,是指世界銀行及其兩個附屬機構(國際金融公司和國際開發協會)的貸款。這些貸款一般用於協助和支持發展中國家經濟的開發和發展。在具體分工上,世界銀行主要是向其成員國中的發展中國家提供中、長期貸款,利率通常低於世界金融市場利率,這種貸款只提供給會員國政府或由政府擔保的機構,貸款用途限於交通、能源、農業、農村建設、城市建設、環境保護、教育、人口控制等基礎設施項目。貸款期限較長,5~30年不等。國際開發協會的貸款,則是為支援人均國民生產總值在371美元以下的國家,及部分中等收入即人均國民生產總值在680美元以下的國家的經濟發展需要,貸款對象是符合上述條件的會員國政府及其下屬機構。貸款用途限於農業、電力、交通運輸、供水排水等基礎設施。這類貸款具有長期無息的特點,時間最長可達50年,免收利息,每年只對已提用的貸款資金收取0.75%的手續費,對未提用部分收取0.5%的承擔費。國際金融公司則是對會員國的私人企業提供長期普通貸款和直接投資,一般不需要企業所在國政府擔保,貸款期為7~15年,必要時可延期,貸款利率視貸款風險的大小和預期收益的高低而定,一般略高於世界銀行的貸款利率。國際金融公司還可以股東身分對會員國私人企業進行投資,或以聯合投資方式,組織發達國家的商業銀行參與。

3. 國際銀行貸款

國際銀行貸款是指一國銀行為支持本國經濟建設需要,向在國際金融市場上的外國銀行商借的貸款。這種貸款不限定用途,期限長短較靈活,利率隨行就市確定,一般較高。具體操作中有三種方式:①短期貸款,指一年期以下的銀行同業資金拆放,全憑同業信用商借。②雙方貸款,在簽訂貸款協議的基礎上實現的一家銀行向另一家銀行提供的貸款,期限3～5年。③銀團貸款,這是國際金融市場上的較長期的大額貸款。為減少貸款銀行風險,由一家銀行牽頭,多家銀行參加組成的國際性銀團來實現的貸款發放。這類貸款利率多以倫敦銀行間同業拆放利率為基準施行浮動,期限越長,利率越高。

4. 發行國際債券

發行國際債券是各國政府、大企業、銀行等金融機構及國際金融組織等在國際債券市場上籌措長期資金的一種方式。這種方式具有資金來源廣、市場容量大、期限較長(10年左右)、可靈活選擇幣種、債券流動性強(可在債券市場上買賣)等特點,但發行手續比較嚴格和繁雜。一國一經獲得批准在國際債券市場上發行債券,即可為本國的國際融資提供可靠的保證,從而是當代國際社會中較好的融資方式。

5. 出口信貸

出口信貸是出口國政府為支持和擴大本國出口,對本國出口給以利息補貼和提供擔保的方法,鼓勵本國商業銀行向出口商或外國進口商(包括進口商銀行)提供的貸款。這種貸款要指定用途,只能用於購買出口商品,貸款利率低於市場利率,兩者利差由出口國政府補貼,期限一般5～8年。在具體實施中,分為兩種形式:①賣方信貸。這是出口商開戶銀行提供給出口商(賣方)的信貸。通常情況下,買賣雙方簽訂合同後,進口商只付出合同金額一定比例的定金,其餘款項待出口商全部交貨後的若干年內分期償還,在此期間因進口方的延期付款而占用的資金,由出口商的開戶銀行提供,出口商隨貨款的收回而償還。②買方信貸。這是出口方銀行直接向進口商(買方)或進口方銀行提供的貸款。如貸給進口商(買方)的貸款,一般由進口方銀行擔保,貸款直接提供給進口商,由進口商與出口商直接以現匯方式結清雙方的買賣關係。然後買方企業按貸款協議規定,分期向出口方銀行還本付息。如果是貸給進口方銀行的貸款,則由進口商的銀行轉貸給進口商使用,進口商再利用這筆貸款向出口商支付現匯,買方銀行按貸款協議分期向賣方銀行歸還本金,買方企業與買方銀行之間的債務則按雙方商定的辦法在國內直接結算清償。

二、利用外資的政策選擇

(一)根據本國情況確定合理的利用外資規模

利用外資不論是直接吸引國外投資還是間接吸引國外資本都受本國經濟發展水平的制約。因此,利用外資一方面要考慮本國的國際儲備和國際收支狀況。一般而言,一國的國際儲備與其外債總額的比率應是一個大於1的正數。另一方面,利用外資要考慮本國國內的配套能力,包括相當比例的國內資金配套,如興建相關工程、水電、交通及原材料生產等方面的資金投入,缺乏國內資金配套,引進外資則難以形成生產能力。同時,利用外資還要考慮本國的償還能力,在這方面國際社會重點是要衡量一國的償債率,即當年還本付息總額占當年商品勞務出口的收匯額的比例,如果這一比例在20%～25%以下,屬具有償債能力。如高於這種比例,一國的償債能力就會被削弱。

(二)爭取優惠有利的利用外資條件

利用外資無論從期限、利率或各種限制條件而言,都會給一個國家帶來不同的影響和負擔,爭取優惠的條件則成為每一個國家必須考慮的問題。①注意選擇利用外資的幣種,首先要選用能自由兌換的貨幣,這便於貸款的調撥使用,也有助於轉移貨幣匯率風險。其次應盡可能避免或減少利用外資期間外幣匯率上浮的風險。原則上借款爭取使用軟貨幣,避免使用硬貨幣。因為國際貨幣市場上貨幣匯率浮動不定,一年中硬貨幣上浮 10%~20%,軟貨幣下浮 10%~20% 都很常見,這又可能使債務國的償還外債負擔發生變化。同時,選擇貨幣也要考慮利率,一般軟貨幣利率偏高,買賣報價較高,硬貨幣利率較低,買賣報價較低,如果二者差價大於預期的貨幣貶值幅度,也可選擇硬貨幣成交。②選擇利用外資的方式,這要根據具體情況來處理,如國際銀行貸款利率高,可達 15% 以上,六年左右債務又翻番,就不宜長期借貸。政府信貸、國際金融機構信貸利率低,優惠多,是各國爭取利用的對象。出口信貸在符合中國產業政策需要條件下也可積極採用。合資經營和補償貿易有利於提高中國技術水平和生產能力,相對負擔較輕,是中國利用外資的重要途徑。③考慮利用外資的期限。一般講應爭取有寬限期的借款,因為寬限期愈長,實際使用資金的期限愈長。

(三)注意利用外資的經濟效益

利用外資能否按期償還同時又給借入國帶來實際的利益,關鍵在於外資的利用是否有經濟效益,這個問題在引進外資時就必須注意,引進項目要研究項目的可行性,考慮本國的配套能力和消化吸收能力,特別要注意引進中國企業技術改造所必須而又難以製造的關鍵性設備,避免重複、盲目引進,服從國家產業政策的需要,這樣才能使引進有利於中國經濟的發展,使利用外資給中國帶來長遠、整體的經濟效益。

第五節　國際結算

一、國際結算的概念和內容

(一)國際結算的概念

國際結算是指國與國之間因商品買賣、服務或其他政治、經濟文化交往所引起的貨幣收支與債務清償活動。最早的國際結算主要通過運送貴金屬的辦法來結清國際間的債權債務關係。隨著國際貿易和國際金融業的發展,非現金結算逐步取代了現金結算,成為國際結算的主要形式,使國際結算發展到一個新的階段。國際結算借助各國銀行遍布全球的分支機構和業務聯繫來進行。從結算手段和技術來看,也從依靠航空郵遞和電報電傳來進行有關結算憑證和信息的傳輸方式,發展到利用現代電子技術進行國際結算,這不僅極大地提高了國際結算的效率,也使國際結算在國際經濟中的作用得到了極大的加強。

(二)國際結算的內容

國際結算包括貿易結算和非貿易結算兩方面。貿易結算是指一國對外進出口貿易所發生的國際貨幣收支和國際債權債務的結算。貿易結算是國際結算的主要內容。非貿易結算是指貿易結算以外的其他國際結算業務。非貿易結算從數額上講一般小於貿易結算,

但結算內容涉及面十分廣泛,主要包括勞務輸入、旅遊費用、公私事務旅行、僑民匯款、郵電、保險、民航、領事館、代表團、國際饋贈等方面,因而基本反應出一國對外關係的各方面,如果國家政策得當,可以取得較大順差,有利於平衡和調節國際收支,也有利於發展和促進對外經濟關係。

二、國際結算的主要工具

當前國際結算的最主要形式是非現金結算,這種結算是借助於國際社會廣泛使用的信用工具——票據來實現的,通過票據這種信用工具,即可結算各國之間的債權債務。

票據是由出票人簽發的、具有一定格式,並無條件約定自己或要求他人支付一定金額,還可經交付背書轉讓的書面支付憑證。

在國際結算中廣泛使用的票據,一般有匯票、本票、支票。

(1)匯票。匯票是由出票人簽發的、要求付款人即期或於指定到期日,向收款人或持票人支付一定金額的無條件書面支付命令。

匯票是國際結算中最重要最常用的一種信用工具。為保障其有效的使用和廣泛流通,許多國家都通過《票據法》對匯票及其他信用工具的各方面內容進行了明確的規定。

匯票是一種流通證券,可以轉讓,其條件是持票人在匯票背面簽名認可,稱為「背書」,並可在流通中多次「背書」轉讓。

在國際結算中,匯票按出票人的區別,可分為銀行匯票和商業匯票。

(2)本票。它是由出票人簽發,保證即期或於指定到期日對收款人或持票人支付一定金額的無條件的書面承諾。

本票的出票人是絕對的主債務責任人,一旦拒付,持票人可立即要求法院裁定,法院只需審核本票內容是否合法就可裁定並命令出票人付款,但為保護出票人不致受到偽造本票的損害,一些國家要求持票人出具擔保才由出票人付款。

本票可分為一般本票和銀行本票。一般本票出票人是企業或個人,可開成即期,也可開成遠期。銀行本票的出票人是銀行,一般均為即期本票。

(3)支票。它是銀行存款戶簽發的,要求銀行見票時立即從其帳戶中無條件地支付一定金額給指定收款人或持票人的書面支付命令。

支票的出票人簽發支票後,即負有票據上和法律上的責任,即支票背書後轉讓他人而銀行拒付,收款人對出票人有追索權。若支票已過期,出票人對收款人有償付責任。如出票人未經銀行同意開出空頭支票,必須承擔法律責任。

支票按其不同特徵,可分為記名支票、不記名支票、劃線支票、保付支票和旅行支票。

三、國際結算方式

國際結算方式是指以一定的形式和條件,實現不同國家的個人或企業團體間的債權債務清償時所採用的方法。其基本方式包括匯款、托收和信用證三種。匯款和托收建立在一般商業信用的基礎上,信用證則建立在銀行信用的基礎上,所以,信用證是國際貿易中應用最普遍的結算方式。

(一)匯款結算方式

匯款結算是指匯款人通過本國當地銀行(匯出行),將款項匯至收款人所在國當地的

銀行(匯入行)再解付給收款人的一種結算方式。國際結算中的匯款方式通常有三種：

(1)電匯。它是匯出行應匯款人的申請,拍發編加密碼的電報或電傳送達匯款委託書的匯款方式。電匯具有資金調撥速度快的特點,可以使收款人在較短時間內收到匯款,且可靠性強,但費用較高,但對國際貿易中資金收付金額較大的,選用這種方式仍較合算。

(2)信匯。它是指匯出行應匯款人的申請,將信匯委託書寄給匯入行,授權解付一定金額給收款人的一種匯款方式。這種匯款方式資金調撥速度慢,但費用低,資金調撥時間大致與郵寄普通郵件時間相同。

(3)票匯。它是指匯出行應匯款人的申請,代匯款人開立的其分行或代理行為解付行的銀行即期匯票,支付一定金額給收款人的一種匯款方式。

票匯的匯票可經背書後轉讓,而電匯、信匯單據均不能轉讓。

(二)託收結算方式

託收結算是出口商在發運貨物後開立匯票,委託出口地銀行通過其海外聯行或代理行向國外進口商收取貸款的結算方式。託收通過銀行辦理,但託收行和代收行對所託收的匯票是否收到款項,不負任何責任,對各種單據是否齊全也不過問,因為託收結算能否實現,實質是建立在交易雙方的商業信用的基礎上。

國際結算中的託收分光票託收和跟單託收兩種。

光票託收是指僅憑匯票而不附有任何貨運單據的託收。

跟單託收是指委託人簽發匯票連同貨運單據和其他相關單據交委託銀行,委託銀行代為收款的結算方式。一般而言,貨運單據代表貨物所有權,所以跟單託收減輕了出口商所承擔的風險。因此,國際貿易中較多採用跟單託收方式。

(三)信用證結算方式

信用證是銀行應進口商的請求,對出口商開出的保證在一定金額和一定期限內憑規定的單據承諾付款的憑證。信用證的主要特點:①信用證是銀行的擔保文件,開證行開出信用證後就要負第一性的付款責任,即使將來進口商拒絕付款,開證行也不能以此為理由向出口方追回已付款項;②信用證是銀行有條件和有限的付款保證文件,銀行只能憑規定的單據並在信用證中承諾的最高金額範圍給以付款承諾;③信用證是憑單付款,不能以貨物為準。銀行只憑準確的單據付款,對出口方是否發出商品和發出商品是否符合合同要求銀行概不負責。因此,進出口交易採用信用證方式,企業必須做到「單證」相符和「單單」相符,才能保證準確付款或安全收匯。

由於信用證是建立在銀行信用的基礎上,這使在廣泛複雜的國際貿易中的買賣雙方都有了利益保障的安全感,對出口商而言可獲得收取貸款的保證,對進口商而言可獲得付款後取得規定貨物的單據,並據以保證進口貨物的種類、數量和質量。所以,信用證方式對解決國際貿易中買賣雙方的信用和防止減少貿易風險及資金週轉等問題,比其他結算方式更為優越,成為各國普遍採用的一種結算支付方式。

【復習思考題】
1. 什麼是外匯? 外匯的主要內容有哪些?
2. 簡述國際收支的主要內容。
3. 怎樣才能合理有效地利用外資?

第十八章
保　險

第一節　保險概述

一、保險的概念

保險是投保人根據合同的約定,向保險人支付保險費,保險人將集中起來的保險費建立保險基金,保險人按合同約定將保險基金用於補償投保人因自然災害和意外事故造成的人身或財產等經濟損失承擔給付保險金的經濟行為。

參加保險的一方為保險人,另一方為投保人,雙方通過簽訂保險合同,由投保人按合同規定向保險人繳納保險費,保險人則按合同規定,在投保人或被保險人的財產、生命、健康、工作能力因自然災害或意外事故遭到損失時,對其支付保險金,進行經濟上的補償,從而為被保險人克服風險損失,保證生產經營活動及生活的正常進行創造條件。保險金支付的實現建立在投保人交納保險費的基礎上。一般而言,投保人只需交納很少的保險費,就可以得到一旦事故發生時與遭受損失相當的補償,或按預先投保的金額得到補償。這實際上是以社會大眾的力量來解決遭受損失的個別方面的困難,因而保險又是一種社會性的互助共濟制度。

二、保險的要素

保險要素,指構成保險關係從事保險活動所應具備的因素,是認識保險關係的基礎。

(一)保險的主體

保險的主體是指同保險契約發生直接關係的當事人和同保險契約發生間接關係的關係人。

1. 與保險契約發生關係的當事人

保險人(承保人)是指經營保險業務,與投保人簽訂保險契約,收取保險費,在保險事故發生時負責對損害賠償或對人身傷亡給付保險金的有關方面。在中國保險人主要是保險公司。為了保證保險經營的正常合法化,國家對保險人的業務經營範圍、管理和監督機構的設置、資本金及保險金、相應的權利、義務進行立法規定。

投保人(要保人)是指對保險標的具有保險利益而向保險人申請訂立保險合同,並負有繳付保險費義務的人。一般講簽訂保險契約的投保人,即是被保險人,但也可以是法律

許可的其他人,如企業可以為自己的財產訂立保險合同,這時企業既是投保人也是被保險人,如果企業為自己的職工訂立財產或人身保險合同,則企業是投保人,而職工是被保險人。

2. 與保險契約發生間接關係的關係人

被保險人(保戶)是指受保險契約保障的人。被保險人可以是自然人也可以是法人。

受益人是保險金的受領人。受益人可以是投保人、被保險人或保險公司指定的其他人。

保險代理人是保險人的代表。保險經紀人是代為保險人介紹業務的仲介人。

保險公證人是為保險當事人辦理保險中的有關問題給予證明的人。

保險代理人、經紀人或公證人均是按自身業務活動收受一定佣金而不是保險合同中具有保險權利義務的當事人。但他們也是保險合同的簽訂和實現所必須涉及的關係人。

(二)保險的客體

保險的客體是指保險關係中,雙方當事人的權利和義務所指的對象,一般稱為保險標的。

保險標的指保險契約的雙方當事人要求或提供保險保障的標的物或對象,如財產保險的標的為財產本身或與財產有關的利益和責任。人身保險的標的為人的身體、生命。保險標的,是確定保險關係和保險責任的依據。

(三)保險的內容

保險的內容是指保險的主體之間由法律認定,並保證其實現的權利和義務,主要包括保險契約中明確規定的保險責任、保險期限、保險金額和保險費等方面。

三、保險的特徵

保險的特徵反應保險這種特殊的社會經濟現象或制度的自身的規定性。認識其特徵,既能使之區別於其他社會經濟範疇,也為保險職能作用的發揮提供依據。

(一)法律性

保險是保險當事人,即保險人和投保人雙方約定的法律行為,一旦保險契約成立,雙方均必須按合同規定的條款履行其權利義務,並受法律約束,任何一方有違約行為,另一方都可申請法律保護。

(二)有償性

保險行為的實現可以使投保人遭受的損失得到補償,但這種補償並非社會的無償救濟,而是在投保人事先交納保險費後,一旦發生事故投保人在遭受損失時才有權獲得賠償,因而保險是建立在有償基礎上的經濟活動。

(三)時間性

保險的時間性,一方面表現在保險必須發生在被保險人發生保險事故時,才能按預先簽訂的保險合同的規定對事故造成的損失進行補償。另一方面,表現在保險人只對被保險人投保期間發生的事故損失提供保險,如果被保險人的投保期已過而未能繼續交納保險費,相應的保險行為即中止,因此,明確保險的時間性,才能準確判斷保險行為的時效。

(四)損益性

保險是保險人向被保險人提供的一種經濟保障,被保險人只需交納少數的保險費,但

一旦發生保險事故都可以獲得遠遠大於保險費的經濟補償。在此情況下,被保險人得到的賠償相對其交納的保險費而言是得到超額的收益,但被保險人如果在其投保期內並未出現事故,也不能收回其支付的保險費,或者說,這是被保險人在此情況下必須承擔的「損失」。應當說,正是由於保險的這種損益性特徵,才使被保險的各方有了「安全感」,也才可能實現保險這種社會的互助共濟活動。

第二節　保險的職能與作用

一、保險的職能

保險是人們為抵禦或降低各種難以預測,但又可能發生的事故造成的損失而產生發展起來的一種社會活動。從本質上講,保險的存在永遠與事故和災害相關。隨著社會經濟生活的複雜化和社會各方面為保障自己的生產或生活在各種意外產生時也能正常進行,社會各界對保險所能提供的保障和安全感的需求也將與日俱增,社會保險基金總體上會增長,並成為社會資金再分配的一個重要方面。同時,由於危險產生的不確定性,危險可能發生也可能不發生,加上隨著社會的進步,社會各方面防災抗損能力的增強,也可能使社會保險基金在一定時期中暫時累積起來,並對社會經濟生活其他方面產生影響,這就使保險活動必然要體現出保險的基本職能及超越保險行為本身的派生職能。

(一)保險的基本職能

保險的基本職能是保險本身固有的功能,它隨保險活動的產生和發展而存在,是保險得以不斷鞏固和完善的內在根源。不論社會經濟形態怎樣變化,保險的基本職能都表現為分散危險和組織經濟補償。

1. 分散危險

分散危險是指通過保險,可以把個別的經濟單位或個人可能遭受的巨大災害事故造成的損失,分攤到社會眾多的投保人身上。保險人或專門的保險機構通過向投保人收取保費的形式,組建為保險基金,成為由保險人承擔被保險人可能發生損失的物質基礎,這樣,通過保險人的仲介作用,達到保險的「一人有難眾人相助」的特殊功能。實現保險的分散危險功能,建立在社會眾人的保險費用的交納上,這種費用交納的多少,主要取決於災害事故在一定時期的發生率。在社會經濟生活中,災害事故準確的發生率通常是在事後才可能得出,事前任何人也難以準確預測,這就要求保險人根據一般正常情況下事故災害發生的歷史資料,運用大數法則,進行科學的計算,求得災害損失可能的發生率,進而設計出較合理的保險費率,以達到合理分散危險、分攤損失的目的。

2. 組織經濟補償

組織經濟補償是指通過保險達到分散危險的最終體現,保險人把投保人繳付的保險費集中起來,對遭受危險損失的被保險人進行經濟補償。這是保險的最基本目的。因而組織經濟補償是保險人對分散危險的承諾和實現,也是保險能得以存在的基本前提。如果沒有保險人作為一個重要的保險信用仲介來具體負責組織保險費的集中,並負責對遭受損失的被保險人提供經濟補償,社會就喪失了一種有效的、確定的、有保障的分散危險的手段。因

此,保險的基本職能必須是分散危險和組織經濟補償的總和,二者相輔相成,缺一不可。

在中國社會主義條件下,確定保險的基本職能無論從經濟或實踐角度看都十分重要。從理論上講,確定了保險的基本職能,才能保證保險基金的獨立與完整,使之與財政資金、銀行信貸資金區別開來,使保險與社會保障區別開來,這樣在實踐上也才能真正保證保險這種經濟活動的廣泛推行,促進保險事業的發展,使保險真正成為社會防範和抵禦危險的重要手段。

(二)保險的派生職能

保險的派生職能是在保險的基本職能運用過程中產生的。保險的派生職能的產生,擴展了保險對社會經濟生活的影響,提高了保險在社會中的地位作用。在中國社會主義制度下,保險的派生職能主要是實現金融性融資。

中國的保險業是非銀行金融機構。它通過收取保險費,形成保險基金。這些基金除用以補償被保險人因災害事故造成的損失外,還有相當部分處於暫時閒置狀態,這些閒置基金的存在,客觀上為保險公司的融資提供了可能。其方式主要有兩種:一種是將保險基金存入銀行,通過銀行以信貸方式實現資金融通,另一種是保險公司自身運用保險基金進行直接投資或放款,如目前國家規定保險基金的閒置部分可用於購買國債或按一定比例投資資本市場,這都有利於保險基金的保值和增值,也使保險基金可通過金融性投資支援國家建設。同時,保險的融資職能的實現,還擴大了保險公司的業務範圍,增強了保險公司的彌補負債和抵禦虧損的能力。保險基金的增值,也為降低保險費標準,進一步擴大保險業務,服務社會提供了更為有利的條件。

二、保險的作用

保險職能的實現和業務的廣泛開展,使其在國民經濟中發揮著日益重要的作用,主要表現如下:

(一)分散危險,保障社會再生產的正常運行

社會生產活動中,由於災害事故發生的可能性,隨時都可能造成社會再生產的運轉中斷或重大經濟損失的產生,使遭受損失的方面陷入困境,破壞企業的資金循環,生產也可能因此縮小甚至中斷,而引起社會經濟運行的混亂。保險的產生和發展首先是以分散危險,克服災害事故對再生產的打擊為目的的。保險業務的開展,即是通過對風險發生比例的確定,確定出合理科學的收費標準,廣泛集中社會經濟組織及個人的保險費,將可能出現的危險分攤到社會投保的各個方面,這就使社會再生產過程中遭受災害事故造成損失的有關方面,可以通過保險這種信用仲介獲得保險賠款,彌補其損失,使生產盡快得以恢復。

(二)為人民生活安定提供重要的保障

社會經濟生活中,保險活動實際上是通過有償服務,為人民生活的正常進行提供有效的保障。家庭或個人因難以預料的災害事故造成自身財產損失或人身傷亡,會對家庭或個人造成重大打擊,或者因此造成經濟上的嚴重困難,或者造成因傷殘引起將來生存的困難。每個家庭或個人的後顧之憂也是社會隱患的表現形式之一。通過保險業務家庭和人身安全方面的保險險種的開設,則可以通過保險人賠償或給付保險金,使被保險人在遭受財產損失或人身傷亡時得到經濟上的補償。因而保險在為人民生活安定提供保障方面的作用是顯而易見的。

(三)為社會主義經濟建設累積資金

保險的融資功能可以使保險基金的閒置部分通過各種渠道進入再生產過程。因此在一定條件下,保險基金的籌集運用也起著累積建設資金的作用。但必須明確的是,保險基金是保險信用實現的物質基礎,要在閒置中實現對再生產的投入,必須以安全、增值為前提。保險基金對社會再生產的投入,一般應是那些風險相對較小,有長期投資價值和穩定收益的項目。如果投資風險太大,則可能增大保險業的風險,甚至不能保證保險人對被保險人的補償的實現,這將從根本上削弱或動搖保險業的存在。

(四)參與防災防損,減少災害損失

保險的主要責任是負責災後的經濟補償,而不是防災防損,但由於保險業為了自身的生存和發展,要促使投保人盡可能減少事故災害的發生,這樣既能減少保險業的損失賠償,也能為降低保費提供條件,同時也對社會有利,因此保險公司自身經營活動中關於風險防範方面的管理,必然成為整個社會的防災防損、減少災害損失系統中的重要組成部分。

(五)促進對外貿易發展,增強國家的國際收支平衡能力

國際貿易中,保險已成為國際慣例。進出口商品都必須辦理保險。保險費是國際貿易商品價格的重要組成部分,保險單是進行國際結算的必備文件。中國對外貿易的發展,也必須充分利用保險,通過辦理涉外的保險和再保險,既可以為資本貨物在國際社會的流通提供保障,吸引外資和促進進出口貿易,又可以通過辦理涉外保險,促進無形貿易的發展,這些都可能增加中國的外匯收入,並增強國家的國際收支平衡能力。

第三節 保險的種類

一、保險的分類

隨著保險業的發展,現代保險的業務範圍和保險的險種已十分廣泛和複雜,因而對保險業務進行科學的分類也就成為掌握保險知識的客觀要求。其主要分類如下:

(一)按保險實施的方式分類,保險可分為自願保險和法定保險

1. 自願保險

自願保險也稱任意保險。它是保險人與投保人在自願原則的基礎上,通過簽訂保險合同而實現的保險關係。由於社會對保險的需求十分複雜,為適應各種不同需求,保險一般採用自願保險。保險人可以根據情況決定是否承保,以什麼條件承保。投保人可以自行決定是否投保,向誰投保,自由選擇保障範圍、程度和期限。

2. 法定保險

法定保險也稱為強制保險,是保險人與投保人以國家或政府的有關法令為依據而建立的保險關係。法定保險具有全面性和統一性的特點,即凡在法令範圍內的保險對象(自然人和法人)都必須依法參加保險。

實施法定保險一般是為滿足國家的某些政策和有關公共安全方面的需要,如中國的旅客意外傷害強制保險,國有企業財產保險都屬此類。在中國,辦理法定保險業務由中國人民保險公司專營並對保險雙方都有強制性。

(二)按保險標的分類,可分為財產保險和人身保險

1. 財產保險

財產保險是以財產及其有關利益為保險標的的一種保險,是為補償財產因自然災害或意外事故所造成的經濟損失而開設的。財產保險可進一步細分為財產損失保險、責任保險和信用保證保險。

(1)財產損失保險是對物質財產損失(如火災、貨物運輸損失、運輸工具、工程等)為標的的保險。

(2)責任保險。責任保險是以被保險人的民事損害賠償責任為保險標的的保險。按法規或合同規定,被保險人應對他人的經濟損害負賠償責任的,可由保險人負責賠償。如產品責任保險、職業責任保險、雇主責任保險等。開辦責任保險,對保障受害者的利益,維護正常的社會秩序,保證經濟活動的正常進行有重要的意義。

(3)信用保證保險。信用保證保險是由保險人作為保證人為被保證人向權利人提供擔保的一種保險。

2. 人身保險

人身保險是以人的壽命和身體為保險標的的一種保險。根據保障範圍的不同,人身保險又分為人壽保險、意外傷害保險和健康保險。

(1)人壽保險是以被保險人的生命為保險標的,以生存和死亡為給付保險金條件的人身保險。

(2)意外傷害保險是被保險人因意外傷害使身體殘廢或死亡時,保險人依據合同給付保險金的人身保險。

(3)健康保險是以人的身體因疾病、意外事故引起的醫療費用支出或收入損失為保險標的的人身保險。

財產保險、責任保險、信用保證保險、人身保險這四種保險,前三種屬損害賠償保險,保險人只賠付被保險人遭到意外事故所造成的實際損失,但保險人有向造成損失的第三者行使由被保險人轉移的追償權,並擁有索回的財產。而人身保險中,保險人只能按事先約定的條件給付保險金,而無權向第三者責任方索取利益。

(三)按分散危險的層次和組成,保險可劃分為原保險、再保險和共同保險

1. 原保險

原保險是保險人對被保險人因保險事故所致的損害,承擔直接的原始賠償責任的保險,通常稱為「第一次保險」。

2. 再保險

再保險是把原始的保險責任的一部分或全部分給其他保險人承擔,這是原保險人分散或轉嫁危險的常用方式,這也稱為「第二次保險」或稱「分保」。

3. 共同保險

共同保險一般指兩個或兩個以上的保險人共同承保一筆保險業務,一旦保險標的遭到損失,發生賠償時,各保險人要按各自承擔的責任比例分攤經濟賠償。共同保險是對於危險程度過大,有遭遇巨額損失的可能,則由多個保險人直接承保,共同承擔責任,是對承保的危險進行的一次性分攤,或是對危險的橫向分攤,並且保險人同被保險人直接發生關係,因此共同保險與再保險雖然都是以分攤危險為目的,但是各有其特點,不能混淆。

很顯然,再保險和共同保險的存在和發展可以更廣泛地分散或轉嫁危險可能造成的損失,這在現代國際社會中已被廣泛採用。

(四)按責任所在分類,可劃分為社會保險和個體保險

1. 社會保險

社會保險是指國家通過法令強制實行,由國家、企事業單位和勞動者個人出資,對暫時(生育、疾病、傷害等)或永久(殘廢、老年、死亡等)喪失勞動能力或遇到其他生活困難的公民或勞動者給予物質保障的一種保險組織形式。在這種保險中,獲得經濟保障的對象只限於家庭經濟。

2. 個體保險

個體保險是各自經營的法人和自然人為了履行保障經濟生活的職能而採用的保險,其保障對象包括家庭經濟和企業經濟,經營的責任者是個人和法人。

二、中國舉辦的主要險種

新中國成立以來,中國保險事業的業務範圍不斷擴大,特別是改革開放以來,以適應社會經濟發展的需要,保險公司舉辦的險種也日益增多,為社會各界對保險的廣泛需求提供了有利的條件,也為社會分散危險、防災抗損發揮著重要作用。

(一)國內保險種類

1. 國內財產保險

國內財產保險主要包括普通財產保險、國內運輸貨物保險、國內船舶保險、機動車輛保險。

(1)普通財產保險。普通財產保險是指以存放在固定地點,基本處於靜止狀態的財產為保險標的一種財產保險。普通財產保險主要包括企業財產保險和家庭財產保險。企業財產保險是企業為保證自身生產經營的穩定性和連續性,對企業財產進行投保,保險人則承擔企業財產在因意外事故和自然災害遭受損失時予以賠償的責任。家庭財產保險指保險人承保城鄉居民的財產因意外災害事故而遭受損失時予以賠償以安定人民生活而開設的險種。保險期限一年,可附加盜竊保險。在家庭財產保險基礎上,中國還可為家庭財產提供兩全保險,其特點是用被保險人所交保險儲金的利息作為保險費的來源,保險金額固定,如每份1,000元或2,000元,投保幾份,由投保人決定。在保險期內發生損失,保險人按合同規定賠償,若保險期滿,保險人將被保險人所交的保險儲金全部退還被保險人,因此,這種保險有保險和儲蓄雙重性質。保險期限3~5年,可附加盜竊保險。

(2)國內運輸貨物保險。國內運輸貨物保險是保險人承保貨物在國內運輸過程中,因自然災害和意外事故造成的損失。無論何種運輸工具,採用何種運輸方式,只要裝運的是合法物資,都可作為國內運輸貨物的保險對象。

(3)國內船舶保險。國內船舶保險是保險人承保中國沿海江河、湖泊運輸並具備適航能力和適航條件的船舶,在因自然災害和意外事故造成損失時予以賠償。凡對船舶具有使用權和租用權的人都可作為投保人。

(4)機動車輛保險。機動車輛保險是以具備檢驗合格的證書和車輛牌照的汽車、拖拉機、摩托車和各種特種車輛為保險標的的一種保險。凡機動車輛的所有人或對機動車輛有保險利益的人,都可成為被保險人。

2. 農業保險,主要包括農作物保險、經濟林保險、養殖業保險等。

(1)農作物保險。農作物保險是指保險人承保農作物在生長過程中,遭受因人力無法控制的自然災害造成的損失,也稱為種植物生長期收穫損失保險。保險標的為各種糧食作物和經濟作物,保險金額以不超過在無災害損失的情況下可能收穫的作物產量的價值為最高保險金額,以某種作物的生產期為保險期限。

(2)經濟林保險。經濟林保險是以持有林權證書,由國有、集體、專業戶個人所有的天然林和人工林為保險對象,保險人承保災害事故或責任範圍內的火災造成的損失。

(3)養殖業保險。養殖業保險是以國有和集體農牧場專業戶個人飼養的農役用畜、乳用畜、肉用畜等大牲畜和家禽家畜為保險標的的保險。

3. 人身保險

人身保險主要包括人壽保險、意外傷害保險、醫療保險三種。

(1)人壽保險。目前開辦的人壽保險包括:①簡易人身保險,也稱兩全保險。這種險種投保手續簡單,條款內容簡化,只要年滿 16～65 歲身體健康的公民,都可投保,保險期限分 5 年、10 年、15 年、20 年、50 年五個檔次。當被保險人在保險期限內因傷殘、死亡或生存到保險期滿,保險人給付保險金。②團體人身保險,是以機關團體企業事業單位為投保人,該單位身體健康能正常工作或勞動的在職人員均可為被保險人,當被保險人在保險期限內死亡或傷殘,保險人給付保險金。③養老金保險,是指以被保險人生存為條件的一種終身年金保險,在其達到規定年齡時,保險人按月給付養老金。

(2)意外傷害保險。意外傷害保險是指被保險人遭受意外傷害事故造成死亡和永久喪失勞動能力時,由保險人給付保險金額的全部或一部分的一種保險。中國目前開辦的人身意外傷害保險主要有團體人身意外傷害保險和旅客意外傷害保險。同時,各地方還開辦了其他人身意外傷害保險。

(3)醫療保險。醫療保險又稱醫療費用保險。中國開辦的醫療保險要求投保人每月按規定交納約定的醫療保險費,如果被保險人因疾病或傷害就醫診治或住院治療時,保險人按合同規定支付相應的醫療費用。但就診的醫院必須是保險人指定或同意的醫院。

(二)涉外保險種類

涉外保險也稱國外保險,是指以國際貿易中所涉及財產、責任或人的身體和生命為保險標的保險。中國人民保險公司新中國成立以來一直開辦涉外保險業務,隨著中國對外貿易和國際經濟往來的增加,對國際保險市場上已有的險種,只要客戶提出都會考慮開辦。目前已開辦的主要涉外險種有:

1. 進出口貨物運輸保險

這類保險包括海洋運輸貨物保險、陸上運輸貨物保險、航空運輸貨物保險。在這幾種保險中,保險人分別承保海上運輸貨物、火車、汽車運輸貨物和航空運輸貨物因自然災害和意外事故遭受的損失。

2. 涉外財產保險

這類保險是指保險人承保在國內的外國企業、中外合資企業、中外合作企業及國內單位用外匯引進的各種設備、原材料、物料、廠房以及私人財產等因自然災害和意外事故造成的損失。

3. 工程保險

工程保險包括建築工程和安裝工程保險,包括建築工程和安裝工程一切險和第三者責

任保險。建築工程一切險承保建築工程中的建築物及其材料遭受自然災害和意外事故所造成的損失。建築工程第三者責任險承保保險期內因發生意外事故而造成在工地及鄰近地區的第三者的人身傷亡或財產損失而由被保險人承擔的賠償責任。安裝工程保險內容與建築工程保險內容基本相同。

4. 雇主責任保險

雇主責任保險是指保險人承擔被保險人所雇傭的員工在保險期內從事與被保險人業務有關的工作時,因意外或患與業務有關的職業性疾病而傷殘或死亡時,被保險人應負的賠償責任。中國開辦這一保險的特點在它以雇傭合同為基礎,雇員的工資是收取保費和給付賠償的重要依據。

5. 人身意外傷害保險

人身意外傷害保險是指保險人承擔被保險人在保險期內,因意外而傷殘或身亡的賠付責任,其賠付金額按傷殘程度在保險金額內給付,可附加醫藥費保險。

6. 公眾責任保險

公共責任保險是指保險人承保企業、團體等單位在從事各種業務、經營活動中,因意外事故造成他人的人身傷亡或財產損失而引起的經濟賠償責任,其賠償限額由保險雙方協商制定。

7. 投資保險

投資保險也稱「政治風險保險」,是信用保證保險的一種。保險人承保外國投資人在中國投資因戰爭或類似戰爭行為、政府當局的徵用或沒收以及政府有關部門的匯兌限制而受到的損失。投資保險一般與工程保險或財產保險一起投保。

8. 國際再保險

中國開辦的國際再保險主要是將以上保險業務和其他涉外保險業務進行分出分保,同時也接受國外保險公司的分入分保業務。

在中國開辦的涉外保險中,除上述各項險種之外,還開辦郵電保險、機器損壞保險、來料加工綜合保險、營業中斷保險、船舶建造險、出口勞務保險、產品責任保險、海上石油開發保險、履約保證保險、雇員忠誠保險、保賠保險等險種。

第四節　保險合同

一、保險合同的概念

保險合同是經濟合同的一種類型,是保險雙方當事人(投保人和保險人)為實現保險保障的目的,明確權利與義務的協議。具體講,保險合同是當事一方(投保人)交付約定的保險費,以換取另一方當事人(保險人)在約定的事故發生時按照協議理賠或給付保險金的有法律效力的文件。

二、保險關係的建立、變更和終止(消滅)

保險關係的建立是指保險合同經保險雙方當事人就保險合同條款達成的協議。保

合同一經簽訂,保險雙方當事人之間即形成具有法律效力的權利和義務關係,保險合同成為約束保險雙方當事人的法律依據。

保險關係的變更是指保險合同在其有效期內,如果保險合同所載明的條件、情況或主觀意願發生了變化,影響了保險效力,需要變更有關保險事項(修改或補充)時,應由要求變更的一方向對方提出書面申請,並經對方同意,則可修改變更原有保險合同內容。保險合同的變更主要是保險合同主體或內容的變更。

保險關係的終止是指保險主體之間(當事人之間)所確定的權利義務關係不復存在了,這種終止可由幾種情況引起:

(1)自然終止,即保險合同期滿而終止,這是保險合同終止的最普遍最基本的原因。

(2)協議註銷,即合同按訂約雙方事先訂明註銷的條件,可以由一方或雙方隨時提出註銷。如中國的人身意外險條款規定,保險合同當事人「雙方都可以提出中途退保」。

(3)因義務已履行而終止,即按合同規定,保險人已履行賠償或給付全部保險金額的義務後,合同即告終止。

(4)違約失效,是指保險人可以因被保險人的違反合同的基本條件而終止合同,但被保險人的違約如發生在保險期內而往往與保險人的賠償責任有關,保險人雖有權拒絕賠償,但保險合同仍然有效而不能終止。如財產保險中,被保險人如在保險期內發生保險事故,但未能即時告之保險人,保險人可以拒賠,但合同仍然有效,如發生第二次事故,被保險人按合同規定時間通知了保險人,保險人則應對第二次事故進行賠償。

(5)合同自始失效,保險合同必然是當事人雙方意見一致的表示結果,如果當事人一方是在受到另一方詐欺的情況下訂立的合同,則蒙受欺騙的一方可以撤銷合同或主張合同自始無效,對其已履行合同的部分,可以向對方追還。

三、保險合同的法律特徵

保險合同是經濟合同一種類型,在這一點上,保險合同具有一般合同的特徵,即合同的簽訂成立則形成對簽約雙方的約束,形成合同雙方的相互權利、義務,並受法律的保護,因此明確保險合同的法律特徵,對參加保險的各方當事人簽訂有效的保險合同,以保證自身的經濟利益,有十分重要的意義。

(1)保險合同是當事人雙方的法律行為。保險合同的簽訂至少有兩方面的當事人,只有雙方當事人就某一保險事宜的意思表示一致,達成協議,合同才能成立,因而保險合同體現了對當事人雙方的法律保護,使保險合同成為當事人雙方實現一定經濟目的的法律手段。

(2)保險合同中的雙方當事人,在合同確立的法律關係中處於平等的地位。保險合同的簽訂,建立在保險當事人雙方可以自由表示自己意志的基礎上,雙方在法律關係上是平等的,如果在合同簽訂時存在一方對他方的限制或強迫命令,這種合同都將是無效合同。

(3)保險合同必須是合法的法律行為。簽訂保險合同雙方要想實現自己的經濟目的,使各方的權利得到確認,必須首先保證是為達到合法經濟目的而簽訂保險合同,否則合同不能產生法律效力。

(4)保險合同雙方當事人都必須具有行為能力。簽訂保險合同的主體,不僅要具有權利能力,同時還必須具有行為能力,不具備行為能力的主體,不能簽訂有效的保險合同,即

使合同已經簽訂,也因主體行為能力不具備而無法律效力。

四、保險合同的主要內容

簽訂保險合同是達到保障當事人雙方權益,實現各方經濟利益和目的的法律依據,這客觀上要求保險合同具備較為規範的條款和內容,實現合同的標準化管理以利於簽約各方對合同的瞭解和監督,也便於合同的有效執行。

(一) 保險合同的條款

保險合同的條款是保險合同雙方當事人依法約定各自的權利義務的條款。它對雙方當事人都具有法律約束力。保險條款一般分為以下幾種。

(1) 基本條款。在標準化的保險合同單證上都印有的標準條款,這些條款證明了保險人與被保險人的基本權利和義務及依據法律要求必須規定的各種事項。

(2) 法定條款。即法律規定必須訂立的條款,法定條款包含在基本條款之內,每一險種都有特定的法律條款。

(3) 選擇條款,是保險合同中,根據被保險人的需要,保險條款中除列基本條款外,供投保人按照自己的意願決定取捨的條款。

(4) 附加條款,是保險合同中,按被保險人的要求,在基本條款的基礎上再附加的條款。如家庭財產保險中在基本條款外加保盜竊險,這即是附加條款。

(5) 保證條款,指被保險人為享受保險合同權利而承諾應盡義務的決定,投保人對承諾的保證條款,不得無故違反,如船舶保險中,投保人的船舶必須在保險單上列明的航行區域內行駛,即為保證條款。

(6) 行業條款,是由保險人與行業公會商定的條款,適用於專門的行業。

保險合同一般講應按上述條款要求來簽訂,但在上述條款中又包括必須訂明的主要內容,才可能形成能充分表達保險關係雙方意志的保險合同。

(二) 保險合同條款的主要內容

1. 保險人的名稱和住所

在中國,保險人的名稱就是保險公司,住所就是保險公司的營業場所。

2. 投保人、被保險人、受益人的名稱和住所

投保人是保險合同一方當事人,被保險人是保險合同的關係人,受益人是享受保險金的人。這些都應有名稱和住所。

3. 保險標的及其金額

保險標的即保險合同中載明的特定的投保對象(財產及其有關利益或人的壽命、身體)。這是確定保險關係和保險責任的依據。保險標的的金額即是保險金額(保額),是指當事人約定的在保險事故發生後,由保險人負責賠款或給付保險金的最高限額。投保人可以按最高限額足額投保,也可在此限額內部分投保。在財產保險中可以按保險標的的價值來決定投保的金額,但在人身保險中,保險的標的是人,難以用金錢來衡量其價值,因而只能按被保險人的實際需要和交付保險費的能力來確定保險金額,以此作為保險人給付保險金的最高限額。由於保險標的的不同性質,在保險合同中,還必須對保險標的的有關事項進行詳細填列,方能保證不同險種在實現保險時的特殊要求和目的。

4. 保險費

保險費是投保人為請求保險人對保險標的及利益承擔保險風險而支付的、與保險責任

大小相適應的費用。這個數額通常是按保險機構根據每一險種的損失機率計算出的保險費率乘以保險金額而求得。交付保險費是投保人(或被投保人)為獲得保險保障而必須履行的義務,也是保險合同生效的重要條件。

5. 保險責任

保險責任是指保險合同中保險人所承擔的風險項目,也叫保險合同的責任條款。這些條款要明確載明當保險事故發生時,根據保險標的的損害程度或人壽險達到的保險條件,保險人應負的經濟賠償或給付保險金的責任。

6. 保險期限

保險期限是指保險合同從成立到終止的時間。為確保保險合同的效力和有利於合同的履行,簽訂保險合同的雙方必須對保險期限達成協議,這是由保險合同所承擔的危險的不確定性來決定的,如果沒有明確的期限,則很難確定承保方的責任,也難以確定保險費的多少,保險人與被保險人的權利和義務的履行也就缺乏時間的界定,因此,保險期限是保險合同條款的主要內容之一。

7. 違約責任

保險合同是最具誠信的合同。違約責任是指保險合同雙方當事人因其過錯,不能履行或不能完全履行保險合同規定的義務時,違約者應承擔違約責任。在保險合同中,違約責任都有明確的規定。只有明確規定保險合同中的違約責任,也才能真正實現保險合同對保險合同雙方權利的保障。所以違約條款在保險合同中是至關重要的內容。

第五節 保險業務的經營

一、保險經營的原則

保險經營是一種風險經營,是保險人在可保險的範圍內向投保人提供的保險信用。保險業務的開展關係到投保人投保目的的實現,也關係到保險業自身的發展,因此保險企業的經營不僅應遵循一般行業的經營原則,還應根據自己經營的特殊性而有自身的經營原則。

(一)擴大承保面原則

保險是利用他人的資金進行經營的,是建立在投保人提供保險費基礎上的經營,具有「取之於面,用之於點」的經營特點,如果不能盡可能地擴大承保面,必然會制約保險經營的經濟補償作用。擴大承保面,則有利於分散風險,增加保險基金,提高保險經營效益,同時也可以相對降低保險費率,有利於保險經營的穩定和發展。

(二)標的選擇原則

這一原則包含兩層意思。一是保險人對承保的標的應有所選擇,以確保發生意外損失後能及時給予經濟補償,並有助於減少社會財富的損失。二是應堅持同質風險標的原則。這要求對保險標的進行分類分檔,按照不同風險的損失概率訂出不同的保險費率,這樣才能保證對不同保險標的在收費和補償方面的合理性。

(三)責任控制原則

這是指保險人應把風險責任控制在能夠自負的限度內,才能保持保險業務經營的穩

定。要實現責任控制,一方面應盡可能擴大同一風險標的的承保面,把經濟責任盡可能均衡地表現為同等的風險單位。另一方面可採取分保辦法,將保險人直接承擔的風險,全部或一部分轉移給其他保險人(再保險人),以避免風險集中可能產生的不利後果。

(四)合理負擔原則

由於保險標的不同,保險人產生的風險損失大小也就有區別。這就要求保險人根據這些區別和相關因素,合理地確定保險費的負擔標準。這樣做有助於企業間的公平競爭,也有利於促使被保險人重視消除不安定因素,提高保險的社會經濟效益。

二、保險的理賠

(一)保險理賠的概念

保險理賠是「理算賠款」的簡稱,指保險人在保險標的發生事故後對被保險人所提出的索賠要求進行處理的過程。

保險理賠是實現保險信用的最終體現,是保險人應履行的保險義務,但理賠的實現並不是簡單滿足被保險人的索賠要求,而必須以一定的原則為依據。

(二)理賠的原則

1. 重合同守信用原則

如被保險人的保險標的發生了保險合同中規定的事故,保險人則應嚴格按合同條款規定受理賠案,確定損失,予以賠償。

2. 堅持實事求是原則

在保險合同條款中對賠償責任儘管有原則規定,但由於實際發生賠案的情況十分複雜,這就要求保險人按照合同條款精神,結合具體案情確定責任歸屬,在是否實現賠償既要符合保險合同條款的規定,又要根據實事求是的精神,合情合理地加以處理,這樣才能真正體現保險的社會功能。

3. 正確及時地賠款原則

被保險人的保險標的發生事故損失後,必將給被保險人的生產經營或生活造成一定程度的困難,因此,保險人對被保險人申請的索賠案件,應正確及時地加以核定,賠款的給付要迅速,為被保險人恢復生產,穩定生活提供有效的保障。

(三)理賠的程序

保險理賠是一個建立在保險合同基礎上的保險雙方當事人如何履行其權利和義務的過程,為保證這一過程的正常實現,理賠必須遵循以下基本程序:

1. 損失通知

損失通知是要求被保險人或受益人在其保險標的發生事故後,應立即通知承保的保險人,並提出索賠請求,以便於保險人對保險事故的調查核實,提出處理方案,這有利於採取相應措施避免損失擴大。

2. 損失檢驗

損失檢驗是指保險人在接到損失通知後,應立即派員對受損壞情況進行檢驗,為保險人判斷是否屬於保險責任,是否給予賠償提供依據。

3. 審核各項單證

審核各項單證包括審查保險單和其他有關單證是否有效,損失是否發生於保險單規定

的有效期限之中,這是繼續處理賠案的關鍵。

4. 核實損失原因

核實損失原因即在損失檢驗和審核各項單證的基礎上,對審核中發現的問題,要核實損害原因,這也是理賠的根據。

5. 核定損失程度和金額

這是保險人在確定保險標的損失原因,並肯定屬於保險責任範圍內的基礎上,進一步核定損失程度和計算應賠金額。

6. 損餘處理

損失發生後往往有損餘物資存在,損餘數額的合理確定,關係到賠款額度的大小,也關係到殘餘物資的有效利用。因此,對殘餘物資的估價和處理也是理賠過程中的一項重要工作。

7. 給付賠款

經保險人的理算提出的賠償為被保險人同意之後,保險人應立即履行賠償給付的責任。被保險人也即可辦理給款手續,並同時簽具賠款收據。

【復習思考題】

1. 怎樣理解保險的職能?
2. 保險合同應包括哪些主要內容?
3. 保險經營應遵循的原則是什麼?

第十九章
金融市場

第一節 金融市場的構成要素與功能

一、金融市場的概念與構成要素

(一)金融市場的概念

資金的融通必須借助於各種金融工具才能進行,而金融工具本身需要具有流通和變現能力,這就產生了金融工具自由轉讓和買賣的需要。金融工具就成為一種特殊的商品,即「金融商品」。因此,金融市場,按最粗略的說法,就是買賣金融商品,從事資金融通活動的場所。

金融市場有廣義和狹義兩種概念。廣義的金融市場,一般是指包括所有的資金供需交易在內的市場,即不論哪種資金的供求,也不論資金的期限長短和融資方式,凡涉及金融性交易的均屬廣義金融市場的範疇。狹義的金融市場,一般是專指有價證券市場,即股票與債券的發行和流通市場。

(二)金融市場的構成要素

金融市場一般有四個構成要素:即金融市場的參與人、金融市場的交易對象、金融市場工具和金融市場組織方式。

1. 金融市場參與人

金融市場參與人是指在金融市場上進行金融交易的主體,包括居民個人、公司企業、金融機構、政府及其所屬機構和中央銀行。在金融市場開放的條件下,還包括境外投資者,如在中國目前實施的合格境外機構投資者(Qualified foreign institutional investor,簡稱 QFII)制度。這些參與人分別以投資人和籌資人的身分進入金融市場。其中,金融機構參與金融市場活動又有其特殊性,既作為仲介機構為金融交易雙方提供仲介服務,又在現行法規的框架內進行投、融資活動。而中央銀行則是以雙重身分出現在金融市場,既是金融市場的監管機構,又是普通的參與人。在進行金融交易時,中央銀行與其他參與人處於同等地位,但中央銀行參與金融活動的目的只是為了執行國家的貨幣政策,調控貨幣供應量,從而實施對宏觀經濟運行的調控。

2. 金融市場交易對象

金融市場交易對象是指金融市場參與人進行交易的標的物,是市場客體。金融市場的

作用在於融通資金,因此,金融市場交易的對象就是金融商品。參與人在金融市場上分別以資金供求方身分進行金融商品交易,相互融通、相互調劑,以滿足各自的盈利、週轉、生產等需要。

3. 金融市場工具

金融市場工具是以貨幣計值的信用工具。在資金融通交易中,資金供求雙方形成了一種契約關係。一方面,作為信用工具,金融工具代表貨幣資金進行交易,使資金融通更為方便;另一方面,作為合法憑證,金融工具使買賣雙方的權益和義務有了法律保障,促使資金融通能順利進行。金融工具形式多樣,包括股票、債券、基金、權證、商業票據、可轉讓定期存單以及期貨合約、期權合約等等,以適應不同金融市場的交易需要。金融市場參與人運用這些工具進行籌資、投資等活動。當然,這也不排除金融工具交易存在一定程度的套利與投機的機會。

4. 金融市場組織方式

金融市場組織方式是指把參與人與代表貨幣資金的金融工具聯繫起來組成買方和賣方來進行交易的方式,一般包括交易所方式、場外交易方式和仲介方式。

(1) 交易所方式

交易所方式是指在特定的交易所內進行交易,由買賣雙方按照交易所的交易規則,通過公開競價的方式確定交易價格而成交的方式。在這種方式下,交易集中於交易所內,由代理人按照「價格優先」、「時間優先」、「客戶優先」的原則進行成交。

(2) 場外交易方式

在交易所以外進行的交易稱為場外交易方式,一般來講,場外交易方式主要是通過分散於各商業銀行、證券公司等的櫃臺進行,因此場外交易方式又稱為櫃臺交易或店頭交易。在中國,場外交易方式除櫃臺交易方式外,還包括屬場外交易方式範疇的銀行間債券市場,它主要是金融機構相互之間參與的、主要進行國債現貨交易的市場,也可稱為同業場外交易方式。在場外交易方式下,交易價格不是以拍賣方式確定,而是由買賣雙方協議而定。

(3) 仲介方式

仲介方式是指金融交易通過仲介人(經紀人或經紀機構)進行。仲介人只是促成買賣雙方成交,從中賺取佣金,其本身不是交易雙方中的一方。仲介方式可以在交易所內採用,如客戶委託證券公司買賣證券,也可以在櫃臺上採用,如商業銀行通過經紀人拆借資金或買賣國債。

二、金融市場的分類

由於金融交易的對象、方式、條件、地點、期限等不同,對金融市場可以從不同角度進行多種分類。

(一) 按融資期限劃分,可分為貨幣市場和資本市場

1. 貨幣市場

貨幣市場也稱為短期資金市場,一般是指期限在一年以內的短期資金交易市場。由於這種交易的償還期短,流動性強,風險小,與貨幣的流動性相差不大,有的金融工具如商業票據,被當作貨幣的代用品,故稱為貨幣市場。

2. 資本市場

資本市場也稱長期資金市場。一般是指融資期限在一年以上的金融市場。

(二)按交易的對象劃分,可分為資金市場、外匯市場和黃金市場
1. 資金市場
　　資金市場,一般是指借貸資金的市場。如借貸期限是短期,一般就是指貨幣市場。如借貸期限是中期或長期,一般就是指資本市場。
2. 外匯市場
　　外匯市場,是指買賣外匯的市場。
3. 黃金市場
　　黃金市場,是指進行黃金交易的市場。
(三)按金融交易的性質來劃分,可分為發行市場和流通市場
1. 發行市場
　　發行市場,是指從事新證券或票據等金融工具最初發行的市場。
2. 流通市場
　　流通市場,是指從事已上市證券或票據等金融工具買賣轉讓的市場。
(四)按金融交易的時間來劃分,可分為現貨市場和期貨市場
1. 現貨市場
　　現貨市場,是指金融交易成交後,於當天或三天內進行交割的市場。所謂交割,即一方交付款項,另一方交付證券。
2. 期貨市場
　　期貨市場,是指金融交易成交後,實際的交割放在雙方約定的一個時間(如 1 個月、2 個月、3 個月或 6 個月)後進行交割的市場。
(五)按地域範圍劃分,可分為國內金融市場和國際金融市場
1. 國內金融市場
　　國內金融市場,是指融資交易活動的範圍以一國為限,不涉及其他國家,也就是說,只限於本國居民、公司企業、金融機構、政府及其所屬機構等參與交易的金融市場。國內金融市場又可分為地方性金融市場和全國性金融市場兩類。地方性金融市場融資規模不大,影響力較小,是局限於一個國家某一城市或地區的小型金融市場。全國性金融市場是設立在一個國家的金融中心,融資規模大並涉及全國各主要城市,在全國範圍內起重要作用的金融市場。
2. 國際金融市場
　　國際金融市場,是指融資交易活動並不限於一個國家和地區,而是涉及很多國家和地區,也就是說,其他國家和地區的居民、公司企業、金融機構等也能參與交易的金融市場。國際金融市場又有傳統的和新型的金融市場之分。傳統的國際金融市場是指歷史悠久,在國內金融市場的基礎上發展而成的國際金融市場。它既是國際金融市場,又是本國的國內金融市場,其交易活動需受本國金融當局監管,如紐約、倫敦、蘇黎世等金融市場。新型的國際金融市場是指 20 世紀 50 年代以來形成的,專門從事境外融資活動的貨幣市場,也稱境外貨幣市場。在這個市場進行交易活動有很大的自由,不受所在國金融當局監管。它主要在歐洲各國,也分佈在亞洲、中東、拉丁美洲等地區。
　　綜合金融交易的對象、期限和方式等分類,金融市場的主要結構可用圖 19-1 表示。

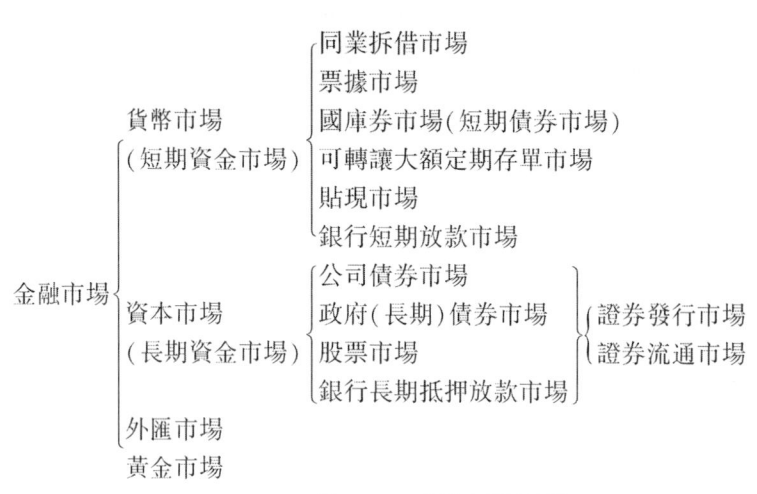

```
                    ┌同業拆借市場
                    │票據市場
            貨幣市場  │國庫券市場(短期債券市場)
           (短期資金市場)│可轉讓大額定期存單市場
                    │貼現市場
                    └銀行短期放款市場
    金融市場                ┌公司債券市場      ┐
            資本市場  │政府(長期)債券市場 ├證券發行市場
           (長期資金市場)│股票市場         ┘證券流通市場
                    └銀行長期抵押放款市場
            外匯市場
            黃金市場
```

圖 19-1　金融市場的結構

三、金融市場的功能

金融市場的功能是指金融市場本身所特有的機能,主要包括:

(一)資金融通功能

金融市場的資金融通功能主要是通過短期資金市場而起作用的。在短期資金市場上、資金供給者通過在金融機構的存款或購買短期票據而運用自身閒置的貨幣資金。資金需求者為了解決季節性或臨時性資金需要,向金融機構取得借款或通過發行短期票據以籌措資金,從而實現貨幣資金餘缺的調劑。金融市場的融通資金功能,還表現為金融機構間的相互融通,主要通過交換票據或銀行同業拆借,來調劑金融機構的頭寸。

(二)資金累積功能

金融市場的資金累積功能是通過長期資金市場而起作用的,通過企業發行股票和債券,促使儲蓄轉化為投資,從而實現資金的累積。在長期資金市場上,需要資金的企業利用發行股票和債券籌措資金,而證券投資人通過購買股票和債券,把自己的一部分資金提供給股票或債券發行者,以用於投資,這樣,以有價證券作為金融工具,實現儲蓄轉化為投資的過程。

(三)優化配置資源的功能

資源的有效配置,是發展經濟的一個至關重要的問題,它關係到整個國民經濟的發展前景。金融市場表現為一種較高層次的資金運動,它通過金融資產價格機制和利率機制來調節資金的流量、流向和流速,使資金在各個部門重新組合,優化配置。如當國民經濟某個部門具有較好的經濟效益時,因其有較高的收益率,通過價格機制和市場信號,就會引導社會資金就向流向該部門,加速該部門的發展,從而使社會資金得到優化配置的高效利用。

(四)分散和轉移風險的功能

由於金融市場上有各種各樣的金融工具可供選擇,投資人較易採用各種證券組合的方式分散風險,從而提高投資的安全性和盈利性。同時,金融市場為長期資金提供了流動性,為投資人和籌資人進行對沖交易、期貨交易、套期保值交易提供了便利,使他們得以轉移和防避風險。此外,金融市場作為一種有組織的市場,有完善的法規和制度,交易行為是規範

的和有秩序的,在一定程度上防止了作弊和詐欺行為,從而增強了交易的安全性。

(五)信號系統功能

金融市場歷來被認為是國民經濟的「晴雨表」,是人們公認的國民經濟信號系統。這主要表現在以下幾個方面:

1. 為投資人提供投資決策的參考

由於證券買賣很大部分都集中在證券交易所進行,人們可以及時從中瞭解到各種證券的行情和投資機會,並通過上市證券的企業公布的財務報表,瞭解到企業的經營狀況、業績和效益。某一企業的經營業績及社會公眾對某產業前景的判斷,可以很快從證券價格的漲跌中反應出來,因此成為投資人投資決策的重要參考依據。

2. 直接和間接地反應一國貨幣供應量的變動

貨幣供應量的多少是通過金融市場的交易反應出來的,當中央銀行運用貨幣政策進行調控時,金融市場立即會有反應,表現出銀根緊縮或放鬆。

3. 向全社會傳遞公開信息

由於金融交易的需要,金融市場有大量專門人員長期從事商情研究和分析,並且他們每日與各類工商業直接接觸,能瞭解企業發展的動向與產業發展趨勢,並及時向全社會提供相關信息。

4. 顯示世界金融市場動向

金融市場擁有廣泛而及時收集和傳播信息的現代化通信網路,信息傳遞四通八達,迅速及時。實際上,在經濟全球化趨勢和經濟金融化趨勢下,整個世界金融市場已連為一體。金融市場信號系統功能對金融市場參與人的影響日益凸顯。

第二節　貨幣市場

一、貨幣市場的特點及作用

(一)貨幣市場的特點

一般而言,貨幣市場具有以下幾個特點:

1. 交易期限短

在貨幣市場上的融資工具主要有商業票據、政府短期債券、可轉讓大額存單等,這些工具短則一天,長則一年,一般不超過一年。其交易目的主要是為了解決短期資金週轉的需要。

2. 融資工具安全性高

這些工具為短期融通資金所用,反應了工商業、政府短期週轉資金的需要,在短期內歸還。由於發行主體一般信譽較高,因此,這類工具風險較小。如短期國庫券,幾乎沒有風險。

3. 融資工具流動性強

由於上述兩個特點,決定了這些工具有很好的交易場所和交易性能,轉手很容易,流動性很強。特別是國庫券,在西方,個人和機構進行短期投資時都偏好國庫券。

(二)貨幣市場的作用

貨幣市場具有如下三個作用：

1. 融通短期資金，促進資金流動

貨幣市場的存在使得工商企業、商業銀行、各類機構投資人、政府和居民可以從該市場借取其所短缺的短期資金，也可將它們暫時多餘的、閒置的資金投放在該市場作短期投資，生息獲利，從而促進資金合理流動，解決短期性資金融通問題。

2. 協調社會資金，聯結金融活動

貨幣市場參與人的資金，通過貨幣市場從分散到集中，再從集中到分散。例如，商業銀行通過存貸款業務既可以匯集、又可以分散資金。通過貨幣市場的相互調劑，從而使整個金融活動有機地聯結起來。

3. 顯示資金形勢，便於中央銀行調節貨幣供應量

貨幣市場在一定時期的資金供求及其流動情況，是反應該時期金融市場銀根鬆緊的指示器。貨幣市場的融資活動，對貨幣供應量的增減變化具有決定性影響。商業銀行短期存貸款、票據貼現與再貼現、國庫券的發行與轉讓，其直接結果便是增加或減少了流通中貨幣量。中央銀行適時根據貨幣市場的情況，控制貨幣市場的融資活動，對於調節貨幣供應量具有重要意義。

二、貨幣市場的構成

貨幣市場一般由短期拆借市場、票據市場、國庫券市場、可轉讓大額定期存單市場和貼現市場等構成。

(一)同業拆借市場

同業拆借市場是指在銀行及金融機構同業之間進行的短期的、臨時性拆借資金的市場。這種市場一般沒有固定交易場所，主要通過電話洽談方式成交，參加者都是金融機構。在發達的金融市場上，銀行同業拆借相當頻繁，且每筆拆放的數額往往很大，主要用於彌補臨時的頭寸不足。

拆借，也叫拆款，是一種以天計算的極短期的借款。拆款通常1～2天為限，一般不超過24小時，即今天結業時拆進，明天開業時歸還，放款人也可隨時通知借款人歸還。拆款按日計息，稱為「拆息」。拆息率每天不同，甚至一日幾變，由拆借雙方議定。拆息率的高低，靈敏地反應了市場資金的供求狀況。就中國目前的實際情況來看，同業拆借市場的利率已經成為市場利率的標杆之一。

一般說來，同業拆借是短期的借貸行為，但隨著拆借業務的廣泛進行，影響拆款及時歸還的突發事件不斷增加，所以，目前的拆款除有1日、2日的外，還有1周、2周、1個月，甚至更長時間的。

同業拆借的主要交易有兩種：一是頭寸拆借。「頭寸」一詞原是舊中國金融業的習慣用語，是指資金或款額的意思。頭寸拆借是指金融同業之間為了軋平頭寸，補足存款準備金或減少超額準備金進行的短期資金融通活動。一般為日拆，今拆明還，拆借一天。二是同業借貸。金融同業間除了為軋平頭寸，調整存款準備金而進行短期資金融通外，還因為臨時性或季節性的資金餘缺而相互融通調劑，以利業務經營，這就產生了同業借貸。同業借貸因借貸金額較大，屬於金融機構間的批發業務。

由於銀行同業間拆借具有靈活、及時的特點，不僅可以及時解決資金不足的困難，而且還可以使各商業銀行不必經常保留大量超額準備金，從而提高了資金的使用效益。更為重要的是，銀行同業間拆借為社會資金的合理配置提供了有利條件。當外部資金注入銀行體系後，通過銀行同業拆借市場的運行，這些資金能夠得到比較平衡的地區分配和時間分佈，然後進入經濟社會的各個部門和單位。

(二) 票據市場

票據市場主要包括銀行承兌匯票市場和商業票據市場。

1. 銀行承兌匯票市場

銀行承兌匯票市場是指銀行承兌匯票的轉讓市場，即匯票貼現、轉貼現、再貼現的買賣市場。銀行承兌匯票是指在匯票到期前，由銀行按照票據記明事項，對匯票的金額，在票面上作出表示承認付款的文字記載及簽章的一種手續。銀行對匯票履行了承兌，增加了匯票的信譽，有利於其在貨幣市場上買賣。所謂貼現是指票據持有人以未到期票據向銀行換取現金，並貼付利息的一種票據轉讓行為。在銀行承兌匯票市場上將承兌匯票貼現的方式各異，國外的做法是持票人可以在任何銀行、包括在承兌銀行貼現。所謂轉貼現是指銀行將已貼現的票據，向同業再行轉賣的票據轉讓行為。也就是說，銀行將其貼進的、尚未到期的票據轉向其他銀行貼現。再貼現又稱重貼現，是指銀行將其已貼現的未到期匯票，再轉讓給中央銀行的票據轉讓行為。

由於銀行承兌匯票具有「雙保險」的優點，即承兌銀行承諾到期支付，倘若承兌銀行到期拒付，還可向出票人追索，同時，又可將匯票貼現、轉貼現和再貼現。所以，是一種安全性、流動性、收益性俱佳的短期投資工具，各銀行十分願意以貼現方式買這種匯票，賺取貼息。在西方發達國家，銀行承兌匯票市場很活躍。中國的銀行承兌匯票市場還處於發展過程中。

2. 商業票據市場

商業票據最初是由於商品交易而產生的，也是商業信用的一種工具，形式多以出票人為付款人的本票，是由出票人承諾在一定時間、地點，支付一定金額給收款人的票據，是出票人的債務憑證、它屬於短期、無擔保的票據。後來，商業票據不限於在商業信用中使用，逐漸演變成為金融市場上籌措資金的一種工具，即金融機構和非金融機構通過發行商業票據而籌集資金。這時，商業票據與商業交易分離了。由於不是商品買賣雙方的關係，也就不再列明收款人，出票人就是付款人。於是演變為單名票據，金額也從原來因商品交易需要而出現的零整不一的金額轉變成整數金額。

參加商業票據市場的有發行人、投資者和證券交易商。商業票據通常是以票據性質和銷售方法為依據劃分種類。按照票據性質，商業票據可以劃分為金融公司票據和非金融公司票據。按照銷售方法，商業票據可以劃分為經銷商票據和直接銷售票據。直接銷售票據在商業票據的總銷售額中占相當的比重，這種票據直接銷售業務通常由較大的金融企業經營。商業票據的主要購買者有大商業銀行、非金融公司、保險公司、投資公司等。個人很少持有商業票據，因為許多國家對商業票據的最小交易面值做了規定。

商業票據市場基本上是一種初級市場。商業票據一般只經歷發行、購買和償還的過程。由於商業票據的償還期都很短，一般不再進行二次流通，因而也就沒有確定的二級市

場存在。

(三)國庫券市場

國庫券市場是交易國庫券的國債場外交易市場。國庫券市場包括如下兩個層次：

1. 非同業場外市場

非同業場外市場這個層次是金融機構與社會公眾投資人之間參與的市場,故稱非同業場外市場。其特點與功能：一是以櫃臺交易為平臺,以國債交易商和經紀商作為仲介進行交易活動；二是交易方式靈活方便,投資人隨時可通過交易商或經紀商成交,不受固定時間、地點的限制；三是交易成本低,交易是不需要付代理佣金和手續費,交易商或經紀商只是靠買賣國庫券賺取差價。

2. 同業場外市場

同業場外市場這個層次是金融機構相互之間參與的市場,故稱同業場外市場。這個市場一般是一級自營商(或一級交易商)之間的市場。其特點和功能：一是以一級自營商為主體；二是政府國庫券發行的主渠道,一級自營商直接參加政府國庫券的招標發行、認購或代理認購發行大部分或絕大部分份額；三是國庫券場外交易市場的核心內容,帶有「批發」市場的性質,交易量極大。因而市場交易狀況對整個國債具有重要的影響,其價格水平反應市場的基本走向；四是央行進行公開市場業務操作的主要市場。相對而言,公開市場業務是央行獨立實施貨幣政策,相機抉擇地調控貨幣供應量的最靈活政策工具,央行既可以通過同業場外市場觀測貨幣市場的態勢,也可以通過該市場與一級交易商進行公開市場業務實際操作。

(四)可轉讓大額定期存單市場

可轉讓大額定期存單簡稱存單,是西方國家在 20 世紀 60 年代初推出的一種面額大、不記名、可轉讓的定期存款憑證。從歷史背景來看,在 20 世紀 50 年代以後,美國貨幣市場利率提高,而銀行的活期存款沒有利息,定期存款的利率也遠低於貨幣市場利率,導致許多公司將自己的資金投入國庫券或其他貨幣市場工具,商業銀行的存款下降。針對資金來源的減少,美國花旗銀行在 1960 年 8 月首先推出存單這一新工具。可轉讓大額定期存單的發行是 20 世紀 60 年代以來金融創新的重要標志。從此以後,存單就日益成為貨幣市場主要交易工具之一,由銀行和允許吸收存款的金融機構發行。

存單是定期的,短則 14 天,長則 1 年。存單面額大,收益較高,具有較強的流動性。大銀行發行存單的購買者大多為個人、合夥人或非金融性公司。存單市場已成為大銀行進行流動性調整和籌集額外資金來源以滿足貸款需求的手段。

在償還期大體相同的情況下,大額存單的利率比國庫券的利率略高些。因為存單的風險相對大些,再轉手不如短期國庫券容易,且納稅面較大。

(五)貼現市場

貼現市場是指金融工具的貼現和再貼現所構成的市場。其主要交易工具為商業匯票、國庫券、短期政府債券等。最典型的貼現市場是英國的倫敦貼現市場。

貼現是銀行的傳統業務之一,在國外還有專門辦理貼現業務的貼現公司。貼現業務主要有貼現與再貼現兩種。前者指工商企業為了取得現金,以未到期票據向銀行融通資金；後者指商業銀行以貼現收下的票據,向中央銀行再行貼現,以籌借資金。在貼現時,銀行要按規定利率(貼現率)從票據金額中扣除自貼現起至到期日止的利息。

貼現利息＝票據金額×貼現率×貼現日至到期日時間

貼現金額＝票據金額－貼現利息

具體計算時，貼現率的計算與貼現日至到期日時間的計算口徑要一致；時間按年計算，貼現率要用年利率；時間按月計算，貼現率要用月利率；時間按日計算，貼現率則要用日利率。

票據貼現從形式上看，是銀行買進未到期的票據，但實際上已產生債權的轉移，可視為商業銀行的一種放款業務。西方國家貼現業務量占短期放款的比重很大，在貨幣市場上貼現市場居於主導地位。中國自1985年4月起開始在全國開辦商業票據承兌、貼現業務，1986年起又正式開辦人民銀行對專業銀行的貼現票據再貼現業務，但由於中國商業信用票據化進程較慢，貼現業務在短期資金中所占的比重還較小。

第三節　資本市場

一、資本市場的特點及作用

(一) 資本市場的特點

在資本市場上融通資金的工具主要是種類繁多的債券和股票，它們與貨幣市場相比有著不同特點：

1. 融資工具期限長

在資本市場上使用的金融工具，如股票。一般說來是長期的、永久的、不歸還的，中長期債券則從一年以上到幾十年期限不等。

2. 投資風險較大

由於股票、中長期債券融資期限較長，在此期間可能要遇到系統風險(如利率風險、通貨膨脹風險、匯率風險等)和非系統風險(如信用風險、流動性風險、財務風險等)。企業在生產經營中一旦失敗則可能導致股票如同一張廢紙，債券本息得不到償還的嚴重局面。即使是信用評級最高的主權級的中央政府中長期債券，由於其本質上是一種利率產品，也會在一定程度上受到利率週期的影響，尤其是在利率的上升週期，因市場的預期收益率提高，中央政府中長期債券現貨的價格也會下降，給投資人帶來潛在的風險。

3. 融資工具的流動性取決於多種因素與流通市場的發育程度

由於資本市場上融資工具眾多，類型各異，既有不可上市的融資工具，又有可上市的融資工具，因此，各種融資工具的流動性取決於多種因素與流通市場的發育程度。一般來講，不可上市的融資工具的流動性相對較差。原因在於這類融資者選擇不可上市的融資工具與融通資金的性質和特徵有關，融資者在資本市場融通中長期資金主要用以是添置設備、擴建廠房，增強資本實力，墊付在這些領域的資金在再生產過程中週轉時間長、速度慢，一般要到期才能償還本金。在流通市場的發育程度較完善的市場，可上市融資工具的流動性相對較強。

4. 融資工具在收益、風險、流動性及納稅方面具有很大差異

資本市場的融資工具是由信用級別極不相同的經濟主體發出的。由於時間長短不一，

發行條件有別，使用目的不同等因素，因此，這些融資工具不像貨幣市場工具那樣在收益、風險、流動性方面較為一致，而是在不同規格類型的工具之間有很大差異。

(二)資本市場的作用

如果說貨幣市場對於短期資金融通，促進再生產正常循環和週轉起了積極作用的話，那麼資本市場則主要在向公司和政府提供長期債務和股權融資，促進資本的形成，優化資源配置，促進產業結構的調整、升級和科技創新，增強長期投資的流動性，促進社會擴大再生產方面起了積極作用。

資本市場方便了公司和政府部門籌集長期資金，促進社會閒置資金的集中和向生產資金轉化。通過資本市場競爭，使資金流向、結構、資金要素配置和使用效益更加優化。同時，對於融資者來說，可以通過資本市場獲得較大數量的資金來擴大再生產；對於投資者來說，可以通過資本市場在多種投資項目中選擇，以達到安全性、收益性、流動性的最佳組合。

二、資本市場的構成

資本市場主要由長期債券市場、股票市場及銀行長期信貸市場所形成。其中，就長期證券市場而言，又可分為發行市場和流通市場。我們這裡論及的資本市場，主要是指股票市場和長期債券市場。

(一)證券發行市場

證券的發行市場，也稱「初級市場」或者「一級市場」，是指證券發行人將新發行的有價證券出售給投資人的市場。證券發行市場主要由發行人和投資人組成，此外，還有一些仲介人，如承銷商、一級自營商、包銷人、再包銷人和信託人，他們專門經營新證券的發行與分銷業務。發行市場上發行的有價證券有政府債券、公司債券、股票等。發行市場是一種無形市場，一般沒有固定的場所。

1. 股票的發行

發行股票有兩種情況：一種是公司新成立第一次發行股票；另一種是老公司為擴大經營規模而發行新股。不管在何種情況下的發行，股份公司作為股票的發行企業，都是原始股票的供應者。世界各國對股票的發行都有專門的法律規定，必須依法申請或登記，經有關機關審查批准或核准後，方能發行。

股票發行方式按購買對象劃分，可分為私募發行和公募發行。私募發行是指面向少數的特定投資人發售股票。該發行方式可使籌資人避開向社會公眾公布企業財務經營狀況和所屬行業的地位及競爭力等信息的手續，降低發行成本，簡化銷售過程，迅速集資。公募發行是指面向市場上大量的非特定投資人發售股票。通常要求發行人向社會公眾公布財務經營狀況，在所屬行業的地位及競爭力等信息資料，當然，這些股票比較容易上市轉讓。

股票的發行方式按有無仲介人介入可分為直接發行和間接發行。直接發行，是由企業自行發行，只需要有投資銀行和金融機構給予適當的協助，發行的責任與風險由企業自己來承擔。這種方式發行費用較省，但籌資時間較長，一般適用於經營規模小，發行數額不大的企業。

間接發行，是通過證券承銷商來完成股票的發行與銷售任務。證券承銷商是股票發行市場上的批發商，是將股票分銷給投資人的仲介人。在西方國家，各種投資銀行是最主要的證券承銷商，它們受企業的委託承購包銷發行的股票，並從中賺取買賣差價或手續費。

採用這種方式,發行企業的風險較小,並且可以在較短時間內籌集到所需的資金。

用承銷方式發行股票,具體又有包銷和代銷兩種方式。包銷是承銷商(在多數情況下,是由多家投資銀行組成一個承銷集團)全部承擔股票的銷售任務,若銷不出去或銷不完的部分則由承銷商自己買下來。代銷僅是承銷商代發行企業推銷,推銷多少賺多少手續費,沒有自購的義務。對承銷商來說,包銷的風險比代銷要大。

由上可見,投資銀行在股票發行上扮演了重要的角色。在國外,大公司、大企業為籌措長期資金而發行股票(或長期債券)時,一般都通過投資銀行這個有效的仲介機構來完成發行和銷售任務。中國主要是由證券公司及信託投資公司作為承銷商來承擔股票的發行。

2. 債券的發行

債券的發行人有中央政府、地方政府、金融機構、企業等,債券的發行主體不同,其發行債券的目的也不相同。

債券的發行條件是債券發行能否成功的關鍵。債券發行條件既關係到發行人的籌資成本和發行目標的實現,也是投資人作出投資決策的主要依據。發行條件包括下面幾個內容:①發行額。發行額是發行一次債券籌集資金的總額。②債券期限。這主要取決於發行人對資金需求的性質。③票面利率。債券的票面利率又稱名義利率,是年利息和票面金額的比率。票面利率的高低,包括利率水平、計息方法和付息方式三個方面的內容,直接影響到發行人的籌資成本。④發行價格。這是指新發行的債券從發行人手中到投資人手中的初始價格,包括平價發行、溢價發行和折價發行三種。⑤償還方式。包括期滿一次償還、分期償還、抽簽分佈償還和以新替舊償還等方式。

債券的發行方式也可按發行對象分為私募發行和公募發行。私募發行方式是指發行人不公開發行債券,而只是向與發行主體有特定關係的少數投資人發行債券的方式。其優點在於,無須通過仲介人,發行手續簡便,發行成本較低,籌資迅速。公募發行方式一般是在金融市場上通過公開招標、投標的競標方式來確定發行條件而發行債券的方式。其優點在於,體現了債券發行的公開、公平和公正的市場原則;通過眾多投標人的競標,能夠形成較為合理的收益率水平,從而引導社會資金合理流動和優化配置。其具體操作是發行主體直接向投資者發標,投資者對其進行投標(一般是以價格或利率進行投標),發行主體按一定的順序(從高價到低價或從低利率到高利率)對投標人的投標進行排列和選擇,直至達到發行額為止,投標人中標後所認購的債券,既可以向社會公眾銷售,也可以自己持有。

債券的發行方式按有無仲介人介入可分為直接發行和間接發行。公司既可以直接由自己發行債券,也可以採取由投資銀行或金融公司包銷的間接方式發行。一般情況下,以投資銀行或金融公司包銷的方式為多。

債券的發行常要由權威信用評級機構對發行人所發行的債券評出信用等級。一般來說,債券信用級別越高,信用風險越低;反之,亦然。通過債券信用級別,可以在一定程度上預先揭示債券的風險程度,以保護投資者利益。

(二)證券流通市場

證券流通市場,又稱為「次級市場」或者「二級市場」,是買賣舊證券的市場。證券交易活動,雖不增加社會投資總額,也不增加新的金融資產,但可以實現證券流動性和變現能力的要求。證券交易市場一般分為交易所市場和場外交易市場兩種。

1. 證券交易所

證券交易所又稱場內交易市場,是指經過政府有關部門批准的、在一定時間、按一定規

則買賣公債、公司債券和股票等上市有價證券,並形成證券行市的固定場所。它是規範化的和高度組織化證券交易市場,也是最重要的、最集中的證券交易市場。證券交易所的主要特徵:①公開進行證券交易的場所。使交易能迅速合理地成交,使投資人能自由公開地進行上市有價證券的買賣。②交易採取代理制。在交易所內從事上市有價證券業務者必須是經過註冊或許可的證券商,且具有證券交易所會員資格,其他公眾投資人進行上市有價證券交易必須委託經紀商進行。③買賣採取競價方式。採取競價買賣即「拍賣」方式決定成交價格。四是交易所有特定的交易制度和規則。如開市、休市、閉市時間,交易時間等。證券交易所本身並不參與證券交易,既不買賣證券,也不決定價格,只是為買賣雙方提供一個公開進行交易的場所。

證券交易所的組織形式一般有兩種:一種是以股份公司形成設立的證券交易所,它屬於盈利性企業;另一種是以會員協會形成設立的證券交易所,它不以盈利為目的,也不是企業。公司制的證券交易所,其股東多為交易所成員,它們利用交易所的場地和設施,在主管機構的監督下,為各種證券交易提供服務和各種便利,同時收取發行企業的證券上市費和證券成交的「經手費」。會員制的交易所,通常由各證券商自願組成,參加者即為會員。這種交易所不以盈利為目的,交易所發生的費用由會員共同負擔。進入交易所參加證券買賣的,只限於有會員身分的證券商。

證券交易所的交易方式,有以下四種:

(1)現貨交易。現貨交易以現金或支票買賣證券,要求買賣雙方在成交後立即進行交割,即買者付出現金,賣者交出證券。一般在當天或隔天交割。

(2)期貨交易。期貨交易是指在證券成交後的一定時期(比如3個月)內才進行交割結算。但結算時,不是按照交割時的行市,而是按照買賣契約成立時的行市進行結算。由於契約成立時與交割時證券行市的不一致,這就可能會給購買者或出售者帶來利益。期貨交易的主要目的在於套期保值,在此過程中,也可能會出現投機活動。

(3)信用交易。信用交易又稱「墊頭交易」或「差額交易」,即投資人在購買一定數額證券時,只支付部分價款(即保證金,也叫墊頭),其餘部分由交易所經紀人墊付,經紀人則向投資人索取墊付款項利息的一種交易。經紀人為籌措墊付款項的來源,以這些證券為抵押,向銀行借款。用信用交易方式,造成有價證券的人為需求,活躍了證券市場,但同時也為「買空」、「賣空」的投機者提供了有利條件。

(4)期權交易。期權交易是一種在一定時期內有關證券買賣權的交易。這種交易的標的物不是證券本身,而是對證券進行買賣的權利。期權交易的內容大致是:購買期權的人與交易所經紀人簽訂一個期權買賣協議,規定協議的買方在未來一定時期內,有權按規定內價格購進或賣出一定數量的證券。購買期權者可以行使這一權利,也可以放棄這一權利。

證券交易所對證券的交易有不可低估的作用,但並不是所有的證券都可上市交易,只有質量較高的證券並通過交易所的核准,才能在交易所上市。

2. 場外交易市場

在交易所市場以外進行的交易稱為場外交易,由此形成的市場就是場外交易市場。一般來講,場外交易市場又稱為店頭市場或櫃臺市場,其交易對象一般是不上市的證券。它是由證券公司等證券交易機構在櫃臺上進行證券買賣業務,是各個證券商和投資人之間面

對面進行的分散交易。買賣證券的種類、數量、價格及交付條件等都由當事人雙方協商議定。在店頭市場交易的股票，主要是尚未達到交易所上市條件，不能進入交易所掛牌的股票。店頭市場交易的股票，其層次雖然低於上市股票，但為保證投資者的利益，也必須符合一定的條件，進行必要的管理。各國對店頭市場交易的股票，一般都實行登記制度，店頭市場的股票交易方式，雖也分為證券商自營買賣和接受客戶委託買賣兩種，但實際上，大部分是前者。

在中國，場外交易市場還包括銀行間債券市場，主要是金融機構相互之間參與的、主要進行國債現貨交易的市場，也可稱為同業場外交易市場。

(三)股票價格指標

瀏覽各種媒體的證券價格行情表，就大致可以瞭解各種股票價格的漲跌變化，但就整個證券市場而言，有些股價上漲，有些下跌，表明了其間複雜的股價變化趨勢並非那麼容易。為了判斷股的漲跌幅度及趨勢，那就需借助股價指標。通常的股票指標有股價平均和股價指數兩種。

1. 股價平均

股價平均可分為簡單算術平均、修正股價平均和加權股價平均三類。

簡單算術平均法是將採樣股票每日收盤價加以算術平均即得，它表示股價的平均水準。可用下述公式表示：

股票價格平均數 = 每種股票的單價相加之和/所取股票的種類數

由於各種股票因發行量不同而在股市中所占比重差異很大，因此要正確反應整個股市變動，應根據各公司的股票發行數量進行加權平均，可彌補簡單算術平均的缺陷。可用下述公式表示：

加權股價平均數 = $\sum$ 每種股票價格 × 交易量(股)/$\sum$ 每種股票的交易量(股)

上述股價平均又常會遇到股份公司增資擴股的現象，因此，又有修正股價平均的指標出現。

2. 股票價格指數

股票價格指數即股價指數，指的是金融服務機構編製的，通過對股市上一些有代表性的公司發行的股票價格進行平均計算和動態對比後得出的數值。它是對股市動態的綜合反應，並表示眾多股票價格的一般波動趨勢。股價指數的計算單位是點，點是衡量股票價格起落的尺度。值得指出的是，這裡的點的含義與通常的百分點的含義是完全不同的。

世界各國主要的證券交易所都根據具體情況，採用不同的方法編製各自的股價指數，下面分別介紹幾種最主要的股價指數：

(1)道·瓊斯股價平均指數。由美國道·瓊斯公司編製並在該公司出版的《華爾街日報》上發布的股票價格指數，它是世界上歷史最悠久、最具影響力的股價指數。道·瓊斯股價平均指數是以在紐約證券交易所掛牌上市的一部分具有代表性的大公司的股票作為編製對象，抽取了包括30種工業、20個運輸業和15個公用事業樣本數為基礎，採用簡單算術平均法及除數修正法編製而成，基期選定日期為1928年10月1日，指數基期為100。長期以來，道·瓊斯股價平均指數被看成是一種權威性的股價指數，被認為是反應美國政治經濟和社會行情的最敏感的股價指數，被用來作為觀察分析西方市場動態，進行投資、投機的重要參考依據。目前，該指數通過電子計算機連續採樣，每分鐘計算一次，每小時發布一

次,計算迅速,發布及時,所選用65種樣本股票都是在各自行業中具有舉足輕重地位的公司。

(2)標準普爾股票價格指數。由美國標準普爾公司編製,是美國另一種重要的股價指數。該指數採用加權平均法計算,按隨機原則抽選樣本,所確定的500種樣本股票占紐約證券交易所內上市的全部普通股票的90%。由於它是按發行量加權計算,既考慮了不同股票的數量對股價的影響,又無須對折股股票進行調整,而且樣本覆蓋面廣、代表性強,因此長期以來被認為是能較全面地反應股市動態的指數,比其他股價指數更全面地反應股票價格的變動。

(3)《金融時報》股票價格指數。倫敦《金融時報》股票價格指數是英國經濟界最著名的時報《金融時報》編製並發布,用以反應英國倫敦證券交易所股價行情的一種價格指數。該指數包括三種,其中,最重要的工業股票指數以1935年7月1日為基期,抽取英國30家在股市中比重較大的代表性公司股票為樣本,採用加權法編製而成,以100為基期指數值進行計算。隨著產業結構的變化和上市公司實力的升降,30種樣本股票的成分股也在不斷調整。《金融時報》股價指數既是英國最具權威性的股價指數,在全世界也頗有影響,其原因在於:①倫敦是國際金融市場中心之一;②《金融時報》發行量很大,訂戶遍布120多個國家和地區。

(4)日經—道平均股價指數。「日本經濟新聞社道・瓊斯股票平均價格指數」的簡稱。該指數也就是日本東京證券交易所225種股票的平均價格指數。1950年東京證券交易所模仿計算道・瓊斯平均價格指數的方法,以1949年5月16日為基期日,以225家公司的股票市場價總額加權平均計算求出價格平均數176.21日元為基數,由日本經濟新聞社計算公布。1975年5月,日本經濟新聞社向道・瓊斯公司購進商標,並將其編製的股票價格指數定名為「日經—道平均股票價格指數」。它是目前日本最有影響和代表性的股價指數,通過它可以瞭解日本的股市行情變化和經濟景氣變動狀。

(5)香港恒生指數。由香港恒生銀行根據各行業具有代表性的33種股票價格,以1964年7月31日為基期,以100為基期數值,按加權平均法計算。恒生指數的成分股的選定是動態的,自創設以來,該指數已對樣本成分股進行過10次調整。目前使用的33種樣本股票的構成為:工商業14種、地產業9種、公共事業6種、金融業4種。通過這33種股票價格的綜合變動,即可把握整個香港股市的行情動態與發展趨勢。恒生指數是香港股票市場上最具代表性的一種股價指數,是投資衡量香港股市變化的尺度。

(6)上證指數。上證指數是上海證券交易所編製的股價指數,以1990年3月19日為基期,以當日平均股價為基數,最初是以在上海證券交易所最早上市的全部9種股票計算。該指數主要參考道・瓊斯平均股價指數的方法編製,以簡單平均法計算平均股價。目前,上證指數分為上證綜合指數和上證分類指數等,兩者都以上市股票的發行量為權數。上證綜合指數的樣本股是全部上市股票,從總體上反應了上海證券交易所上市股票價格的變動情況,自1991年7月15日起正式發布。分類指數又分為:工業、商業、地產、公用事業、綜合等類。

此外,還有上證成分指數(簡稱上證180指數)。該指數是上海證券交易所對原上證30指數進行了調整並更名而成的,其樣本股是在所有A股股票中抽取最具市場代表性的180種樣本股票,自2002年7月1日起正式發布。作為上證指數系列核心的上證180指數

的編製方案,目的在於建立一個反應上海證券市場的概貌和運行狀況,具有可操作性和投資性、能夠作為投資評價尺度及金融衍生產品基礎的基準指數。

(7)深證指數。深證股價指數由深圳證券交易所編製和公布的股票價指數。它以1991年4月3日為基期,以在深圳證券交易所上市交易的全部股票為對象,按加權平均法計算,用每日各種股票的收盤價分別乘以其發行量後求和得到的市價總值,除以基期市價總值後乘以100求得。深證指數又分為綜合指數和成分股價指數(簡稱深證成指)。深證指數以總股本為權數,深證成指是按一定標準(流通股市值較大、交投活躍、有行業代表性的股票)選出40家有代表性的上市公司作為成分股,用成分股的可流通數作為權數,採用綜合法進行編製而成的股價指標。從1995年5月1日起開始計算,基數為1,000點。成分指數又分為:工業、商業、地產、公用、綜合等六類。

第四節　外匯和黃金市場

一、外匯市場

(一)外匯市場的概念

外匯市場是指經營外匯業務的金融機構所組成的在國際間從事外匯買賣的交易場所或交易網路。外匯市場是適應國際清償和國際貨幣支付的需要而產生,又隨著世界經濟的迅猛發展和各國外匯管制的放鬆而發展起來的。

外匯市場有有形市場和無形市場之分。有形市場,即外匯交易所,它一般設在證券交易所的建築物內或交易大廳的一角,在規定的時間內,各國銀行的代表集合此地從事外匯交易。無形市場,則沒有具體的地點,買賣雙方通過電話、電傳、電報或其他通信手段來進行交易。大多數西方國家都通過無形市場進行外匯交易。

外匯市場的參與者有:經營外匯業務的指定銀行、外匯經紀人、進出商、外匯投機者和其他外匯供求者。此外,各個國家的中央銀行也經常參與市場活動和採取干預措施,以保持本國貨幣對外匯率的穩定。

(二)外匯市場業務

外匯市場的業務主要有以下幾種:

1. 即期外匯交易

即期外匯交易也稱現匯交易,是指外匯銀行與客戶或銀行同業之間按照當天的即期匯率做成的外匯買賣交易。它一般在交易當日或兩日內進行交割,它可以在銀行櫃臺上通過電話、電報、電傳方式進行。即期外匯交易在外匯市場交易中占主要地位。

2. 遠期外匯交易

遠期外匯交易又稱「期匯交易」,是指買賣雙方先訂立買賣合同,規定外匯買賣的數量、期限、匯率等,到約定日期才按合同規定的匯率進行交割的外匯業務。預約的交割期限按月計算,一般為1～6個月,最長可以到1年或1年以上,但以3個月的居多。遠期外匯交易是進出口商防止外匯匯率變動風險的一種措施,也是外匯銀行平衡其外匯頭寸的重要方式。

3. 掉期外匯交易

掉期外匯交易是指一種貨幣在被買入(賣出)的同時即被賣出(買入),所買入(賣出)和賣出(買入)的貨幣金額相等但期限不同,一為即期,一為遠期,或兩個不同期限的遠期。交易的結果是交易者所持有的貨幣期限發生變化,這就是「掉期」的含義所在。

4. 套匯交易

套匯交易是指同時在不同的外匯市場上,利用某兩種貨幣或多種貨幣的匯率差異,採用賤買貴賣的原則,套取利潤的外匯交易。它又可分為地點套匯、時間套匯和利息套匯幾種。

地點套匯。可分為直接套匯和間接套匯兩種。直接套匯是最簡單的一種套匯,也稱雙邊套匯,是指利用同一種貨幣在兩個不同地點的外匯市場上的匯率有高低差價,同時在這兩個外匯市場上一面買進一面賣出這種貨幣,以賺取匯率差價。間接套匯是指利用三個不同地點和外匯市場上的貨幣匯率差異,貫徹賤買貴賣原則,同時在這三個外匯市場買進賣出外匯,進行套匯獲利。

時間套匯。是指在同一外匯市場上利用外匯交割期的不同,套取貨幣匯率的遠期升水或貼水以獲利的外匯交易。其操作與掉期交易基本相同。

利息套匯。也稱套利,是指利用兩個國家或地區金融市場短期投資利率的差異,將資金從利率較低的金融市場轉移到利率較高的金融市場進行短期投資,以賺取利差的外匯交易。利息套匯有不抵補的套利和抵補套利兩種。

5. 期權交易

在外匯市場上進行的期權交易是指貨幣期權。貨幣期權是外匯市場的一項新興交易,是在20世紀70年代初才興起的。所謂貨幣期權交易實際上是一種貨幣合約交易,是指買方有權在期權合約期內或到期日按商定的匯率買進或賣出商定數額的外匯,但也可以不執行合約。貨幣期權有看漲期權和看跌期權兩種形式。

二、黃金市場

(一)黃金市場的概念

黃金市場是構成金融市場的一個重要組成部分,是集中進行黃金交易的場所,是專門經營黃金買賣的市場。

目前世界上大約有40多個國際黃金市場,其中最著名的有倫敦、蘇黎世、紐約、芝加哥、香港、法蘭克福、巴黎、新加坡和曼谷。

世界黃金市場的參加者有黃金的供應者、需求者和經紀人。供應者包括:一是黃金生產者;二是各國政府、國際貨幣基金組織、私人拋售的黃金;三是某些國家出售的貨幣。

黃金的需求者包括:一是各國中央銀行用來作為官方的儲備資產;二是工業上運用黃金作為原料;三是私人為了保值或投機的目的而購買。這些黃金的供應者和需求者的匯合就形成了黃金市場。

(二)黃金市場的業務

黃金市場的交易有現貨交易和期貨交易兩種。

1. 現貨交易

現貨交易是指進行黃金現貨買賣。黃金的買賣價格以議價方式得出。買賣成交時,賣

方可按定出的黃金價格獲得全部收入。而買方則須額外付出佣金,在倫敦黃金市場上,定價時,黃金的重量單位是金衡盎司,以 10 條交割地點是在倫敦的各大金行的金庫。成交後在兩天內進行交割。

2. 期貨交易

期貨交易一般由交易雙方先簽訂買賣黃金期貨的合同並交付保證金,然後在約定的時間以後再進行實際交割。黃金期貨與商品期貨一樣,一般不需真正交貨,絕大多數合約在到期前已經對沖掉了。期貨交易的價格一般是以現貨價格為基礎,再加上按期貨時間長短確定的利息。黃金期貨交易要收取多種費用,如手續費、倉儲費、帳戶手續費和保險費等。黃金期貨市場上的套利者,可分為兩類:一類黃金期貨價格看漲者,是做「多頭」期貨的買方,另一類是對未來金價看跌者,則是做「空頭」期貨的賣方。

【復習思考題】
1. 金融市場的功能主要表現在哪些方面?
2. 試述貨幣市場的特點。
3. 試述資本市場的特點。
4. 證券交易的主要交易方式有哪些?

第二十章
財政金融宏觀調控

第一節　市場經濟與宏觀調控

一、什麼是宏觀調控

宏觀調控是指國家從社會整體利益出發,為了實現宏觀經濟總量的基本平衡和經濟結構的優化,引導國民經濟持續、穩定、協調發展,運用經濟、法律和行政手段對國民經濟總體活動所進行的總體調節和控制。宏觀調控的主體是國家,對象是國民經濟的總體活動,並通過對市場的調控來實現。

二、宏觀經濟調控的起源和發展

宏觀經濟調控是 20 世紀 30 年代後發展起來的。19 世紀末 20 世紀初,隨著自由資本主義向壟斷資本主義的過渡,特別是在 1929—1933 年資本主義世界經濟大危機爆發之後,傳統的經濟學及其所信奉的「供給自動創造需求」的「薩伊定律」以及國家不干預經濟的主張以徹底破產而告終結,資產階級經濟學家才日益重視對宏觀經濟理論的研究,即考察國民經濟作為一個整體的功能,研究國民收入、就業、消費與投資、物價和工資水平這樣一些總量問題。其中特別是英國經濟學家凱恩斯所創建的宏觀經濟理論體系,被西方經濟學界稱為「凱恩斯革命」。凱恩斯認為,市場並不能自動實現充分就業均衡,政府應對經濟實施干預政策,以填平總供求缺口。這種政策主張很快受到資本主義國家當局的重視和採納。

第二次世界大戰後,一些主要資本主義國家普遍加強了對經濟活動的干預,並在這一歷史進程中形成了不同派別的國家對經濟運行進行宏觀調控的理論。儘管這些年來凱恩斯主義受到其他經濟學派的有力挑戰,但其「國家干預經濟」理論卻始終顯示出了它的生命力。20 世紀 80 年代末 90 年代初,正當計劃經濟國家實行面向市場的經濟轉軌之際,市場經濟發達國家,如美國、日本以及歐洲各國卻進入了經濟週期性和結構性的衰退時期。20 世紀 80 年代通行的新自由主義經濟政策在 90 年代初失靈,這些國家開始出現了由政府加強對經濟實行宏觀調控的傾向。這一傾向表明,完全依靠市場調節這一只「看不見的手」,不能適應已經高度現代化的市場經濟體制,也不能在強手如林的世界市場的激烈競爭中成為贏家。理論與實踐一再證明,「看不見的手」應與「看得見的手」攜起手來,才能保證經濟的持續、穩定發展。

中國從社會主義制度建立開始,政府就擔負起管理全社會經濟的任務,因此,中國並不存在國家要不要對經濟運行進行宏觀調控的問題,而是採取什麼方式才能更有效地實施宏觀調控。1979年經濟體制改革以前,中國經濟理論文庫中或政府各種文獻中,關於宏觀經濟分析是使用綜合平衡或物資供求平衡的概念。自實行改革開放政策以來,借鑑西方經濟學的宏觀經濟分析方法,開始把「社會總需求」與「社會總供給」這一對概念運用到宏觀經濟分析中,而且在1993年國家立法機關就將「國家實行社會主義市場經濟」和「國家加強經濟立法,完善宏觀調控」寫進了中國的《憲法》,也就是從那時起,中國才有了真正意義上的宏觀調控。

三、宏觀調控政策體系

國家對經濟運行進行宏觀調控的過程,也就是運用適當的調控機制與調控手段,把微觀經濟活動納入宏觀經濟發展的目標,使社會經濟進入理想運行狀態的過程。這一過程的實施要借助於完善的宏觀調控政策體系來實現,主要包括:

(一)產業政策

在宏觀調控政策體系中,產業政策是國民經濟發展的總政策,是一切經濟政策的前提,它規定著國家生產力發展的總量和結構、存量和增量、組織和佈局、技術和工藝等一切方面,是制定國民經濟和社會發展計劃的基礎。產業政策的具體內容包括產品品種發展政策、技術工藝進步政策、企業組織結構政策、資源區域佈局政策、能源交通規劃方案和行業部門改造規劃等。

(二)投資政策

投資政策是產業政策的具體化實施政策。產業政策從總體上規劃生產力發展的方向,投資政策則從增量投入的角度將產業結構和總量的發展優化。

(三)消費政策

消費政策是國家指導、協調和保護消費者行為方向,調節消費的水平、規模和結構模式的政策。

(四)對外經濟關係政策

對外經濟關係政策是國家對外經濟關係部門制定並組織實施的有關國際經濟關係的政策,是產業政策、投資政策和消費政策的國際化延伸。

(五)就業政策

就業政策是國家旨在改善勞動市場結構,減少失業的政策。它主要通過人力資本投資,完善勞動市場以及協助勞動者在地區、行業和部門之間的流動等手段達到國家宏觀調控的目的。

(六)財政政策

財政政策是國家控制和調節社會總產品、國民收入初次分配和再分配活動的主導政策。它直接作用於分配領域,間接制約和引導消費領域,是產業政策、投資政策、消費政策和對外經濟政策的實施方式和操作化形式。

(七)貨幣政策

貨幣政策是國家控制社會產品的總流通量,並參與社會產品和國民收入再分配活動的重要政策。它主要通過掌握全國各種結算方式制約流通領域,監測國民經濟運行總體情

況。同時，它是包括財政分配、價格分配、信用分配和工資分配等一切分配活動的綜合反應和實現方式。

(八)收入政策

收入政策是國家勞動管理部門制定並實施的有關勞動就業和工資分配方面的政策，是政府控制一切工資性收入，調節累積和消費的比例關係、社會消費基金和個人消費基金比例關係的重要手段。

(九)價格政策

價格政策是由國家價格主管部門制定並組織實施的價格管理方針政策、原則、體制和手段，是國家制約和控制流通領域中國民收入再分配活動的重要政策。

四、國家實行宏觀調控的必要性

(一)彌補市場失靈需要實行宏觀調控

在市場經濟條件下，市場對資源配置起著基礎性作用，但市場不是萬能的。由於市場存在失靈的現象，決定了不可能把一切資源配置問題完全交給市場去處理，在提供公共產品、糾正外部性和克服壟斷現象等方面需要政府實施宏觀調控，以彌補市場缺陷。

(二)熨平經濟週期波動需要實行宏觀調控

市場經濟運行中具有週期特徵。只有當社會生產在總量和結構上滿足了社會需求時，經濟過程才能正常進行下去，否則就會出現經濟失衡和波動，造成經濟資源的浪費或資源配置的低效率。市場調節雖然能自發地起作用並實現社會供給與社會需求在總量和結構上的平衡。但是，單純依靠市場調節來恢復平衡，需要經過較長時間的波動並伴有社會勞動的巨大浪費。這就要求政府最大限度地運用各種手段熨平週期性波動，以穩定經濟。

(三)平衡經濟總量需要實行宏觀調控

市場機制只能在微觀層面調節供需關係以緩解供需之間的非均衡程度，因為單個市場總會或多或少地存在非均衡現象，一旦這些分散的非均衡現象集合起來就會使國民經濟總量呈現不平衡狀態，最終產生通貨膨脹、通貨緊縮、失業、有效需求不足以及貿易赤字等問題。因此，政府需要實行宏觀調控平衡經濟總量，解決這些宏觀層次上的失衡現象。

(四)實現公平分配需要實行宏觀調控

在市場經濟條件下，市場分配以效率為原則，市場經濟通過等價交換意義上的機會均等體現市場的公平性。這種公平有利於促進市場經濟的效率，但同時也會帶來社會的兩極分化、貧富懸殊。因為不同經濟主體的收入初次分配是由他們所擁有的生產要素對生產貢獻的大小來決定的，而每個所擁有的資本、天賦、才能和技能等等是不均等的，以此為分配依據的分配結果必然是不平等的。如任其發展，勢必造成社會分配的嚴重不公，帶來嚴重的社會後果。因此要求政府對市場調節的結果進行再一次高層次的調節，以實現收入分配的相對公平。

第二節 財政政策與貨幣政策協調配合的理論基礎

一、財政政策

財政政策是國家為了實現一定時期的政治經濟任務而制定的處理財政分配關係方面的基本準則和行為規範。

財政政策是國家經濟政策的組成部分,並形成自己的體系。中國古代歷史上,雖提出過「量入為出」、「輕徭薄賦」、「藏富於民」等頗有見地的財政政策思想,但目標單一,手段簡單。比較完備的現代財政政策,是在商品經濟廣泛發展的基礎上逐步形成的。

(一)財政政策的類型

財政政策具有豐富的內容,涉及範圍很廣,可以從不同角度進行分類。按調節領域劃分,可以分為宏觀財政政策(總量財政政策)和微觀財政政策(個量財政政策);按政策的目標時效劃分,可以分為短期財政政策和長期財政政策;按政策與經濟運行的關係劃分,可以分為均衡財政政策和非均衡財政政策;按政策作用的形式劃分,可以分為自動調節型財政政策和相機抉擇型財政政策;按政策涉及的分配內容劃分,可以分為稅收政策、投資政策、信用政策和補貼政策等等。但在宏觀調控中使用最廣的是根據財政政策在調節國民經濟總量方面的不同功能,將其分為擴張性財政政策、緊縮性財政政策和中性財政政策三種類型。

1. 擴張性財政政策

擴張性財政政策也就是鬆的或膨脹性財政政策,是指通過財政分配活動來增加和刺激社會的總需求,最典型的方式就是通過財政赤字來擴大政府支出的規模。當經濟生活中存在需求不足時,擴張性財政政策的運用可以使總需求與總供給的差額縮小以達到平衡;如果總需求與總供給原來是平衡的,擴張性財政政策就會使總需求超過總供給;如果總需求已經大於總供給,擴張性財政政策將使二者的差距進一步擴大。實行擴張性財政政策的主要措施是:

(1)減稅。一般說,減稅增加了企業和個人的可支配收入,相應減少了國家的財政收入。在財政支出規模不變的情況下,相應擴大了社會的總需求。但減稅的種類和方式不同,所引起的擴張效應也就不同。如對流轉稅的減免在增加需求的同時也會刺激供給的增加,或者可以說,這種減稅的擴張效應主要在供給方面。而對所得稅的減免可以增加消費,減稅的擴張效應主要表現在需求方面。

(2)擴大預算支出的規模。由於政府支出直接構成社會總需求的一部分,可以把政府支出擴大的數量(或赤字的數量)視為社會總需求相應增加的數量。而在收入增加與支出擴大不對稱的情況下,財政赤字就是不可避免的。從這個意義上可以說,擴張性財政政策,也就是赤字財政政策。

2. 緊縮性財政政策

緊縮性財政政策也稱為緊的財政政策,是指通過財政分配活動來減少或抑制社會的總需求。在經濟生活中已經出現總需求膨脹的情況下,實行緊縮性財政政策有助於消除需求

膨脹,至少可以使供需差額縮小;如果原來總需求與總供給是平衡的,緊縮性財政政策則會造成需求不足;如果原來總需求就小於總供給,這一政策就會使供需差額進一步擴大。緊縮性政策的典型形式是通過財政盈餘來壓縮政府支出的規模。因為財政收入本身是代表一部分社會購買力的,而財政盈餘則意味著把相應數量的社會購買力凍結起來,因此可以把財政盈餘的數量視為社會總需求相應減少的數量。實行緊縮性財政政策的主要措施是:

(1)增稅。通過增加稅收來增加財政收入。

(2)壓縮支出。如果收入增加的同時支出也隨之擴大,就不可能有財政盈餘,增加收入所能起到的壓縮社會總需求的效應就會被增加支出而產生的擴張社會總需求的效應所抵消。

3. 中性財政政策

中性財政政策又叫做平衡的財政政策。一般地說,中性政策可以理解為保持財政收支平衡的政策,使財政分配活動對社會總需求的影響保持中性,既不產生擴張性,也不產生緊縮性的後果。按照這一政策,財政支出只能根據收入的多少來安排,既不允許有大量結餘存在,也不允許有較大赤字發生。在西方國家,所謂中性政策是針對市場而言的,即不干擾市場調節作用的政策。

從上面的分析可以看出,不論是擴張性、緊縮性還是中性的財政政策,都與社會總需求與總供給的平衡狀況相聯繫。應該根據社會總需求與總供給的不同狀態來選擇財政政策。當總需求明顯不足,經濟資源未能充分利用,潛在的生產能力沒有發揮時,一般應實行擴張性的財政政策。儘管採取減稅或擴大支出的措施會產生財政赤字,但卻可以擴大總需求,使之與總供給趨於平衡;當總需求明顯超過總供給,並已發生通貨膨脹的情況下,則應實行緊縮性財政政策,把過旺的需求壓下來,雖然採取增稅和縮減支出的措施可能產生財政盈餘,但這是必要的;而當總需求與總供給大體平衡時,財政政策則應保持中性。由於經濟經常處於一種非均衡運行狀況,因此使用中性的財政政策是較少的,而更多是交替地運用擴張性財政政策或緊縮性財政政策。

(二)財政政策的構成要素

財政政策包括政策的目標、政策的主體和政策工具三大要素。

1. 財政政策的目標

財政政策目標是國家通過一定政策的實施所要達到的期望值,它構成政策的核心內容,使政策具有確定的方向和指導作用。財政政策目標是與國家的總的經濟政策目標相適應的,但由於財政政策是通過國家參與社會產品的分配和再分配活動來作用於經濟和社會發展的,因而顯示出其自身的特殊性,並與一般的經濟政策相區別。

財政政策目標的選擇,在不同國家有不同的選擇,在同一國家的不同歷史時期也有不同的選擇。從資本主義國家情況來看,自從20世紀30年代大危機以來,財政政策目標由單元向多元變化。起初,英、美等資本主義國家把謀求充分就業作為財政政策的目標,但對這種目標的追求,卻造成了20世紀70年代資本主義經濟「滯脹」的局面,於是,資本主義國家被迫改弦更張,以多目標代替單目標。例如,1978年,美國國會通過「充分就業和平衡增長法」,將充分就業、物價穩定、經濟增長、國際收支平衡作為財政政策的四大目標,並被其他資本主義國家所效仿。改革開放後,經濟理論界開始研究財政政策理論,財政政策的目標作為財政政策的重要因素被提到十分重要的地位。目前一般認為中國財政政策的目標

是經濟增長、物價穩定、公平分配和社會生活質量逐步提高四大目標。

(1)經濟增長目標。經濟增長目標是指財政政策的實施要使經濟持續、穩定的發展。一國的經濟如果要從比較落後或落後狀態向比較現代化或現代化進軍，促使整個社會精神文明和物質文明的提高，必須首先追求經濟發展。特別是在中國這樣一個發展中國家，經濟發展水平相當落後，沒有一定程度的經濟增長，落後面貌就很難改變。因此，要滿足人民日益增長的物質和文化生活的需要，必須有一定程度的經濟增長。當然，我們所要求的經濟增長不是脫離客觀實際的、過快的經濟增長，而是協調、均衡的增長。

經濟增長要用一定的指標來衡量。世界各國一般使用國內生產總值、國民生產總值或國民收入增長率以及工農業總產值和社會總產值增長率等指標反應經濟增長情況，並以此作為調整財政政策的依據。

(2)物價穩定目標。物價穩定目標是世界各國財政政策追求的重要目標。物價穩定，並非凍結物價，而是把物價總水平的波動約束在經濟穩定發展和人民可接受的幅度範圍內。可接受的幅度究竟是多少，受到政治、經濟、社會、倫理、歷史等多種因素的影響。從國際慣例來看，一般用物價指數來衡量。

(3)公平分配目標。公平分配目標是指通過財政參與國民收入和財富分配的調整，使國民收入和財富分配達到社會認可的「公平」和「正義」的分配狀態。

在市場經濟條件下，社會收入分配呈現出多元化的格局，分配形式多樣化。在多樣化、多元化的分配中，必然會產生收入分配上的差距，甚至會出現過分懸殊的局面。為達到社會主義的共同富裕的目標，實現社會公平，促進公平和效率的統一，就要通過財政政策對收入水平進行適當調節，以限制收入差距過分拉大，保證人們的收入水平在效率的基礎上相對公平。衡量收入分配是否合理的方法，主要是洛倫茲曲線和基尼系數。

(4)社會生活質量不斷提高的目標。經濟發展的最終目標是滿足全體成員的需要。需要的滿足程度不僅取決於個人消費的實現，還取決於社會消費的實現，這種社會消費的滿足，綜合表現為社會生活質量的提高。而要提高社會生活質量，就要靠財政提供資金。中國社會主義生產的目的要求財政政策把社會生活質量的提高作為其重要目標。反應社會生活質量是否提高的標志包括公共安全、環境質量、基礎科學研究、普及教育等等水平的提高。

2. 財政政策的主體

財政政策主體是指財政政策的制定者和執行者。政策主體的行為是否規範，對於政策功能的發揮和政策效應的大小都具有影響作用。

改革開放前，中國實行統收統支體制，這種體制使中央政府處於政策制定者地位，而地方政府則處於政策執行者的地位。改革開放後，情況發生了很大變化，地方政府已具有較大的自主權，它不僅是政策的制定者，也是政策的執行者，具有雙重地位。在這種情況下，政策主體的多樣化產生了以下問題：一是地方政府的政策抵觸行為，出現了「上有政策，下有對策」。二是政策攀比行為，競相攀比優惠政策，導致優惠政策的全面擴大化。在市場經濟條件下，對政策主體的研究顯得非常重要。

3. 財政政策工具

財政政策工具是財政政策主體所選擇的用以達到政策目標的各種財政分配手段。中國的財政政策工具主要有以下五種：

(1)政府預算。政府預算是財政政策的主要手段。作為年度財政收支計劃的政府預算的編製、審定的過程，就是財政參與宏觀經濟決策、貫徹社會經濟發展目標的過程，也是制定財政政策目標和選擇相應的政策手段及其實施措施的過程。因而政府預算一經法定程序批准，預算的收支目標和數字就反應著政府的施政方針和社會經濟政策，制約著政府的活動範圍和方向。①通過預算收支規模調節社會總供給與總需求的平衡關係。②通過預算支出結構的變動來調節國民經濟結構。③通過預算工具本身的設計與編製方式影響財政政策效應，進而影響國民經濟活動。

(2)稅收。稅收作為財政政策中一個體系完整、工具多樣、操作複雜的主要政策手段，在國民經濟和社會生活諸方面起著極為重要的調節作用。這種調節作用主要表現在：通過稅收槓桿的靈活使用，如提高或降低流轉稅、所得稅，就可以對社會供給和需求進行有效調節，使之大體平衡；通過稅種的選擇、稅目的確定、稅率的高低以及稅收的加徵和減免，矯正產業結構，在一定程度上左右國民經濟結構的變化；通過稅收調節收入分配，使收入分配公平合理。

(3)財政投資。財政安排的預算內投資，是政府集中運用社會資源對國民經濟和社會發展進行直接的資金投入，對國民經濟發展產生著重大的影響。在中國歷史上，預算內投資是國民經濟中基本建設投資和工業企業流動資金的主要來源。經濟體制改革以來，社會總投資中財政投資的比重趨於下降，並形成了多元投資主體。但財政作為一個投資主體，對協調社會經濟的發展仍起著關鍵的作用。因為通過財政投資建設的項目，都是關係經濟發展全局的重點建設項目，這些項目的建成並發揮效益，直接關係到中國經濟的發展。

4. 財政補貼

財政補貼是財政配合價格政策、工資政策等調節生產與消費，穩定經濟與社會生活的一個重要政策手段。其調節作用可由生產補貼和消費補貼分別體現。

5. 政府信用

政府信用的有效運用可以在彌補財政赤字、調節國民收入分配的使用方向以及調節貨幣流通等方面影響和調節經濟活動。

應當指出，不同財政政策手段作用的對象和作用的力度是有差別的。單一運用某種調節手段雖然也可以達到一定的局部的目標，但難以實現總的調控目標，而且力度往往不夠。如果諸種政策手段配套運用，就會產生一種合力，可以增加財政政策的整體調控功能。同時，隨著社會主義市場經濟的發展和宏觀調控機制的轉換，財政政策手段也將日益多樣化。深入研究各種財政政策手段之間及其與其他經濟政策手段之間的配套性，對於實現財政政策目標，提高財政政策效應有著非常重要的意義。

(三)財政政策的優勢與局限

1. 財政政策的優勢

(1)財政政策具有普遍調節性。財政政策的主體是國家，客體是社會再生產過程或稱為國民經濟整體，是從國家調控宏觀經濟的意圖和整體要求出發，體現政府職能的各個方面，通過財政分配中發生的各種經濟行為來發揮配置資源、分配收入和穩定經濟的作用，對國民經濟發展的重大比例關係、國民收入分配格局、社會總供給與總需求的平衡等都有重要影響，因而其調節範圍不僅僅限於經濟領域，也涉及社會生活的其他領域。例如國家通過有關稅收和支出的政策可以明顯地影響總支出和總需求，從而提高或降低收入和產出

量,使經濟恢復均衡狀態。即在私人部門支出不足,有減低國民所得水準之虞時,政府增大公共支出,維持需求總額不變,避免經濟活動之萎縮;反之,如果私人部門支出過多,有產生通貨膨脹的危險時,政府盡量減少公共支出,延緩公共投資,以縮小需求總額,同時加重課稅,以吸收社會的剩餘購買力。同時,國家通過按支付能力原則的稅收和按受益能力原則的轉移支付,能夠在分配領域實施調節。與貨幣政策受金融系統功能邊界的制約,其調節範圍基本上限與經濟領域相比,財政政策具有普遍調節性。

(2)財政政策具有較強的結構性特徵。雖然財政政策與貨幣政策都對總量與結構發生調節作用,但財政政策重在經濟結構的調整,是政府干預經濟,彌補市場不足的重要手段。相對於貨幣政策而言,財政政策帶有更為強烈的結構特徵。社會總供給與總需求之間的平衡,實際表現為社會商品勞務供給與有支付能力的需求之間的對應關係,在社會總供給一定時,供求平衡就取決於總需求或貨幣流量的控制。雖然財政收支是影響貨幣流通的重要因素,但最終能夠控制貨幣量進而控制社會總需求的是中央銀行,而不是財政部門。財政政策調控的側重點主要在於結構方面,表現在通過財政投資規模和結構貫徹國家的產業政策,調整產業結構,並通過本身投資的規模和結構、財政補貼、稅收優惠等手段調節全社會投資的規模和結構,從而達到調節經濟結構的效果。財政直接參與社會總產品的分配和再分配,通過稅種稅率的調節及財政補貼手段的運用,可以調節投資的流動方向,通過發行國債和改變財政投資結構,可以改變投資需求和消費需求以及各自內部的比例關係,實現國家宏觀調控的結構目標。換言之,國家通過稅收和財政支出對某些部門的支持或限制,可以使這些部門得到發展或抑制,能夠對資源配置優化和經濟結構的調整發揮良好作用。這是因為,作為結構型宏觀調控政策,財政政策調控中側重於對資金的再分配,著重對社會再生產中擴大再生產的部分,通過對經濟總量部分的調節來實現總供給與總需求的平衡。財政收入的稅收性和支出的分配性決定了財政政策具有明顯的行政性調控特色,資金的運動體現從經濟部門到政府部門的收入再分配,再由政府部門流回經濟部門的支出再分配縱向流動過程。這種資金運動的行政性和分配性反應了財政行政管理調控更適合於在調控經濟結構方面發揮作用。財政可以通過自己的收支活動,改變貨幣的流向,把社會上一部分貨幣流向引導到新興產業和瓶頸產業上去,從而達到優化經濟的供求結構,優化產業的技術結構的目的。

財政政策在結構調整上發揮作用主要有兩方面的途徑:

一方面,直接投資。其重點應該是基礎設施的建設,如大型水電、道路、橋樑、機場、碼頭、農田水利和城市基礎設施等主要靠財政投資。因為基礎設施往往建設週期長、投資大、見效慢,有的甚至沒有多大直接經濟效益,所以一般投資主體不願也無力進行投資,但這一產業卻是國民經濟的「瓶頸」產業,有著顯著的社會效益,通過財政的投入,能建成一個良好的經濟增長的外部環境。

另一方面,政策支持。由於財政收入的有限性,政府財政不可能也沒有必要包攬所有投資項目,如高新技術產業、房地產業、教育產業以及其他一系列經濟結構急待調整的產業等,通過財政出政策(包括稅收、價格、工商管理等方面的政策),可以引導金融部門和民間的資金流向。

改革開放以來,中國財政在結構調控中主要通過以下三種形式進行:①財政資金直接投入重點發展的產業部門,部分或全部負擔某些項目的投資,這種方式也包括對某些投資

項目投產後的減免稅優惠。②財政資金金融化即通過政府銀行以貸款的形式投入重點產業部門,這種方式比撥款投資形式會產生更好的資金效果。③財政資金對某些需要優先照顧的項目予以貼息補助,這也是一種有效調整產業結構的手段,它的長處是可以用少量的財政資金調動起更多的社會資金,流向國家重點發展的產業部門。總之,財政政策的適當運用通過使經濟結構不斷優化、技術結構更加先進,從而推動經濟增長。

(3)財政政策具有強制性。財政政策是由政府通過直接控制和調節來實現的,它主要是通過諸如預算的制定和調整,財政支出規模、方向和結構的安排,稅種、稅率的確定,以及公債、轉移支付等財政手段的有效運用達到影響經濟、實現間接宏觀調控的目的,而這些手段一般都是通過立法形式制定和頒布實施的,具有法律效力,因而財政政策具有強制性。

(4)財政政策具有速效性。速效性是指財政政策從公布到付諸實施所引起的私人市場反應的時間較短。財政政策實施後,無論是調整和變動稅收或預算支出,都會直接影響到經濟單位的購買力,從而直接影響到消費需求和投資需求,因而其政策效應時滯較短,一經貫徹執行,很快即可見效。

2. 財政政策的局限性

(1)財政政策決策時滯較長。任何公共決策都不可避免存在時滯,政府做出政策決策總比私人部門做出決策慢得多。就財政政策而言,其主要手段是稅收與預算支出,要變動稅收(如稅種、稅目、稅率等)或預算支出(包括支出總規模與各項支出的比例等),要經歷方案的提出、討論、批准這一整套審批過程,這一過程往往需要相當長時間。如在中國,需要由財政部提出,國務院審批,人大常委會通過方可執行。這就導致在某些時候,當針對某一問題的政策真正起作用的時候,情況已發生了變化,而解決新問題的對策又要經過上述時滯。財政政策決策的時滯影響了財政政策的效力,使財政政策往往不能起到很好的作用,甚至由於政策決策時滯的影響,可能使政府政策的效應在不恰當的時候發揮出來,從而使經濟波動更加嚴重。如圖20-1所示。

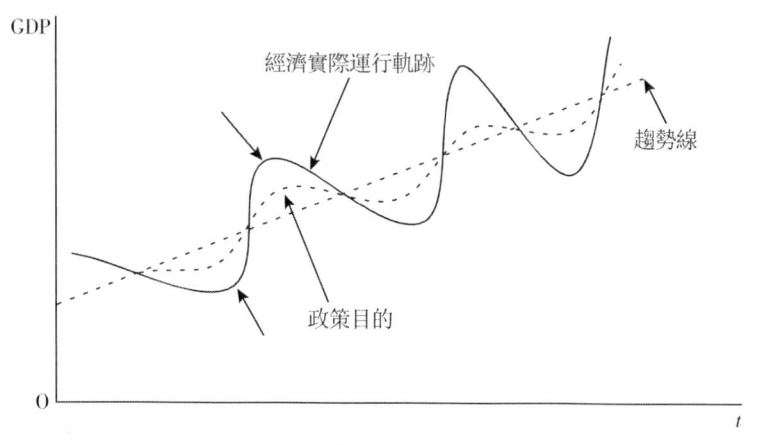

圖20-1

(2)財政政策效果難以確定。這主要表現在以下兩個方面:①財政政策乘數引起財政政策效果難以確定。財政政策中某些工具的運用,具有乘數作用。財政乘數是指財政收支變化對國民收入的影響倍數。財政乘數包括投資乘數和預算乘數。投資乘數是指政府投

資的變動給國民收入總量變動所帶來的影響。預算乘數又包括政府支出乘數、賦稅乘數和平衡預算乘數。政府支出乘數是指政府的支出能使國民收入增長的倍數。賦稅乘數是指政府增加或減少稅收所引起的國民收入變動的乘數。由於賦稅乘數的作用機制表現為增加稅收,國民收入會減少,而減少稅收,國民收入會增加,因此賦稅乘數是負值。平衡預算乘數是指政府在增加稅收的同時,等量增加購買性支出,引起國民收入變化的倍數。總體上講,各種財政乘數都是難以確定的。如投資乘數與邊際消費傾向有直接的關係,邊際消費傾向越高,政府投資引起的連鎖反應越大,從而引起國民收入的成倍增長。再以賦稅乘數為例,政府減稅1元從而使人們可支配收入增加1元時,人們是否一定按邊際消費傾向增加消費就難以確定。當人們認為減稅是暫時的而不是持久的話,則減稅可能並不會增加消費,這時稅收乘數就可能不起作用。再者,如減稅1元時人們可能將此增加的1元可支配收入不用來增加消費而用來增加儲蓄,則國民收入也無法按稅收乘數增加。因此,由於財政政策乘數的作用,其政策效果難以確定。②由於政府財政政策的意圖可能同居民和廠商的經濟目標不一致,導致政府財政政策目標不一定能完全實現。在蕭條時期,政府試圖以增加對居民的轉移支付,或減稅甚至是免稅來刺激需求,然而居民們不一定把增加的個人收入用於消費支出,企業也不一定將由此增加的利潤再進行投資,因為蕭條時期企業產品銷路處於困境,再增加投資就意味著冒險。在通貨膨脹時期,政府試圖增稅,減少對商品和勞務的購買,可能會遭到居民和企業主的強烈反對,從而降低政府政策的效能。

(3)財政政策對社會供求總量的調節較為乏力。財政政策對社會供求總量的影響較之貨幣政策更為遜色。由於稅負及支出規模的調整涉及面大,政策性強,直接關係到國家財政關係的處理,並受實現國家職能所需財力數量的限制,這就決定財政政策對需求總量調節的局限性。同時,財政政策不僅是一個單純的經濟問題,而且同政治問題有直接聯繫。財政政策調控以政府為主體,政策變動受政府政治決策和社會政治環境的影響大,因而財政政策的制定受到種種政治因素的影響。如有的國家在大選之前,政府為爭取選民的支持,不管經濟形勢如何,都會採取各種有利於競選連任的經濟措施。在國際形勢緊張時期,無論經濟形勢如何,政府也不會減少國防開支等。

(4)財政政策可能產生擠出效應。擠出效應是指政府增加某些項目的支出,會相應減少社會公眾的有關支出,使公眾的實際收入增加。擠出效應使財政政策的作用相互抵消,從而影響到財政政策作用的發揮。在有比例所得稅的情況下,政府支出乘數 $KG = 1/[1-b(1-t)]$,稅收乘數 $KT = b/[1-b(1-t)]$,平衡預算乘數 $KB = (1-b)/[1-b(1-t)]$。因此,如果要用變動政府支出(指政府購買)或稅收來消滅潛在國民生產總值和實際國民生產總值之間的差距即 GDP 缺口,只要將 GDP 缺口額除以各種乘數即可。然而,上述運用財政政策調節總需求和國民收入時,並未考慮貨幣市場供求的因素。事實上,當政府支出增加時,或稅收減少時,貨幣需求會增加,在貨幣供給既定情況下,利率會上升,私人部門(廠商)的投資會受到抑制,產生政府支出擠出私人投資的現象,即「擠出效應」。例如,在蕭條時期,政府為刺激總需求而多舉辦公共工程,增加政府購買支出。如果此時又想實現財政收支平衡,就必須同時增加稅收。但是,增加稅收的結果卻是抑制了總需求,會降低政府支出的乘數作用,最後同刺激總需求而實行擴張性財政政策的目標相抵觸。擠出效應的大小關係到財政政策效果的大小,而擠出效應及財政政策效果的大小可通過 $IS-LM$ 圖形清楚看出。

當 LM 曲線斜率不變時，IS 曲線越平坦，則擠出效應越大，財政政策效果越小，而 IS 越陡峭，則擠出效應越小，財政政策效果就越大，如圖 20－3 所示。由於政府支出增加，IS_0 移到 IS_1，若利率不變，則國民收入會增加 Y_0Y_2，可是由於貨幣需求增加，利率從 r_0 上升到 r_1，因而收入在左圖中只增加 Y_0Y_1，在右圖中收入增加較多。原因是左圖中 IS 曲線較平坦。表示投資對利率反應敏感，因而利率上升使私人投資減少甚多，即擠出效應甚大，因而政策效果小，而右圖中情況則相反，因而政策效果大。

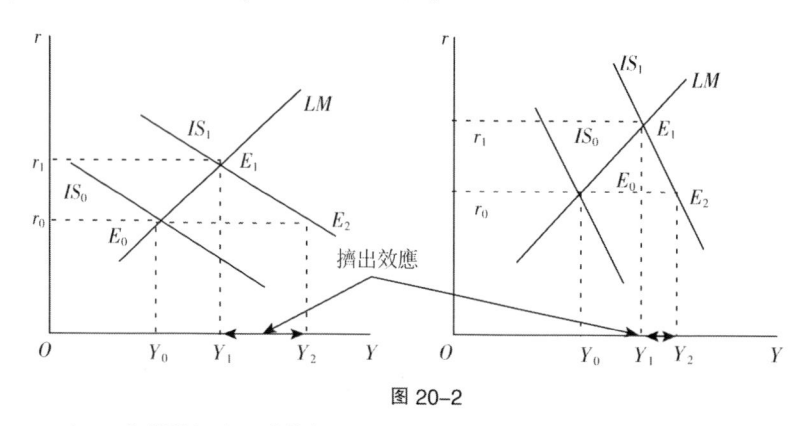

图 20-2

在 LM 曲线既定时，IS 曲线越平坦，同样的政府支出的增加，引起利率水平提高造成的私人投资水平下降幅度越大，即挤出效应越大，财政政策的效果越小；反之则反是。

當 IS 曲線斜率不變時，LM 曲線越平坦，則擠出效應越小，因而財政政策效果就越大，LM 曲線越陡峭，則擠出效應越大，因而財政政策效果就越小，如下圖所示。LM 越平坦，財政政策效果較大，是因為 LM 較平坦說明貨幣需求對利率變動較敏感，即利率較小變動就會引起貨幣需求較大變動，或者說貨幣需求較大變動才引起利率較小變動，因而政府支出增加引起貨幣需求增加時，只引起利率較小幅度上升，因而私人投資被排擠較少，這樣，國民收入增加就較多，即政策效果較大，而 IM 較陡時，財政政策效果就較小。

图 20-3

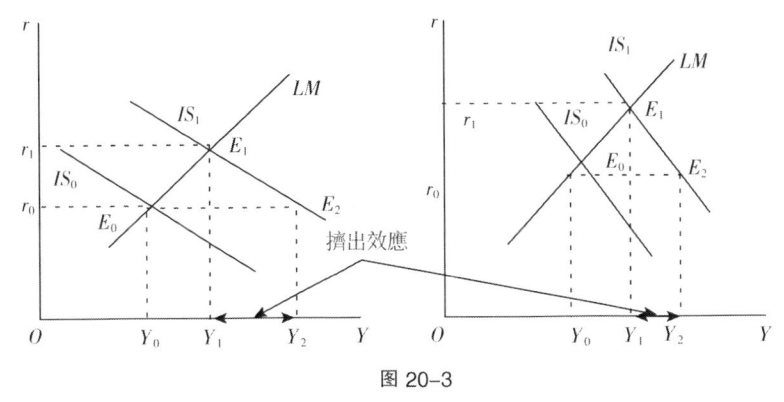

在 LM 曲线既定时，IS 曲线越平坦，同样的政府支出的增加，引起利率水平提高造成的私人投资水平下降幅度越小，即挤出效应越小，财政政策的效果越大；反之则反是。

二、貨幣政策

(一) 貨幣政策的類型

1. 擴張性貨幣政策

擴張性貨幣政策是指中央銀行通過放鬆銀根，增加信用總量的政策。實施擴張性貨幣政策的主要措施是降低法定準備金率和再貼現率，以及公開市場業務等，以增加社會總需求，激勵經濟增長。

2. 緊縮性貨幣政策

緊縮性貨幣政策是指中央銀行緊縮銀根，限制信用總量擴張的政策，實施緊縮性貨幣政策的主要措施是提高存款準備金率和貼現率，或者使用信用配額等，以控制社會總需求，抑制經濟增長。

3. 選擇性貨幣政策

選擇性貨幣政策是指中央銀行對某些特殊領域的信用調節政策。通過對某些特定領域影響，進而影響國民經濟的其他部門。如對證券市場、消費者信用和房地產領域的信用控制等。

(二) 貨幣政策的基本特徵

貨幣政策主要具有以下幾個基本特徵：

1. 貨幣政策是宏觀經濟政策

貨幣政策實施過程中涉及的貨幣供應量、信貸規模、利率、匯率等問題，都是關係國民經濟運行的宏觀經濟變量，而不是單個銀行或企業的金融行為。

2. 貨幣政策是調節社會總需求的政策

任何現實社會總需求都表現為有貨幣支付能力的需求。因此，貨幣政策只要控制住貨幣供給量就能控制住社會總需求規模，並且能通過對總需求的調節來影響總供給，促使供求兩者平衡。

3. 貨幣政策是一種長期經濟政策

穩定物價、充分就業、經濟增長和國際收支平衡的貨幣政策目標,均是一種長期的、非數量化的政策目標。

4. 貨幣政策是以間接調控為主的經濟政策

貨幣政策對經濟的調控一般都採用經濟和法律的手段來進行,只有在特定經濟時期和金融環境中才採用直接的干預和控制。

由此可見,貨幣政策的主要任務在於:①維持適度的貨幣供給,以防止因貨幣不足或過多出現經濟蕭條和經濟過熱,保持經濟穩定發展;②為國民經濟穩定協調發展提供一個良好的貨幣金融環境。

(三)貨幣政策的目標和工具

貨幣政策的實質是處理經濟發展與穩定通貨的關係。貨幣政策分擔著宏觀經濟總政策的各種目標,即穩定物價、充分就業、經濟增長和國際收支平衡,與財政政策有著共同的一般目標。

貨幣政策目標是通過貨幣政策工具的運用來實現的。貨幣政策工具通常劃分為四大類:一般性貨幣政策工具、選擇性貨幣政策工具、直接信用管制工具和間接信用管制工具。

關於貨幣政策問題在本書第13章中已有詳細討論,這裡就不復述。

(四)貨幣政策的優勢與局限

1. 貨幣政策的優勢

(1)貨幣政策具有總量調節性。貨幣政策是中央銀行運用貨幣政策工具,調節貨幣供應量和利率水平,即通過貨幣流通量,對社會總需求與總供給的平衡、通貨膨脹總水平、消費與儲蓄和投資的比重、市場穩定等有決定性的調控作用。在現代經濟條件下,社會總需求總是表現為貨幣的總需求,不管是由何種複雜的原因所引起,社會總需求的大小都是直接與貨幣供給總量相連。貨幣政策作為決定貨幣供應量多少的基本依據,對調節社會需求總量的作用是顯而易見的。因為貨幣政策是一種社會資金分配政策,它是在貨幣運動的所有領域內對貨幣供應量、信用量、利率水平和金融市場等總量問題進行調控,是通過對貨幣總量關係的調節來實現社會總供給與總需求的平衡的,是對經濟活動的全面性調控,而不直接涉及單個銀行及企業融資行為。也就是說,由於貨幣的供給形成對商品和勞務的購買能力,貨幣作為一般社會財富的表現,貨幣對商品和勞務的追逐形成社會總需求。而且,貨幣政策還可以通過對社會總需求的調節影響到社會總供給的變化,實現社會總需求與總供給之間的平衡。一方面,從政策手段作用過程來看,無論是存款準備金制度和再貼現政策,還是公開市場業務,都著眼於供求總量平衡,而不體現結構調整問題。另一方面,從貨幣政策調節結構效果來看,貨幣政策調節結構矛盾需要有一個相當長的過程,即先調節總量,再通過總量變動影響各微觀經濟主體的生產經營活動,然後再通過它們的自我調整影響市場結構。貨幣政策調節的側重點在於總量方面,因為總需求實現的載體是貨幣,而貨幣供給都是通過銀行體系的資產業務,其中主要是貸款活動創造出來的,即使是財政支出包括財政投資對總需求的影響也是通過銀行發出的貨幣供給實現的,因而貨幣政策是總需求擴張與緊縮的總閘口。

(2)貨幣政策具有間接性。貨幣政策調控宏觀經濟是依靠市場機制進行的,作為一項間接調控經濟的政策,貨幣政策對經濟的調控一般不直接採取行政控制手段對經濟主體施加控制,而主要是通過經濟機制間接調節經濟變量,這就使得這種經濟調節措施與其他經

濟政策調節措施相比,具有間接性的特徵。具體地講,中央銀行貨幣政策對經濟的調控不是直接進行的,而是通過運用一系列經濟手段間接進行。其主要調控手段有三種:①法定存款準備金。一般獨立運用資金進行貨幣信用經營的銀行機構,必須按一定比例把所吸收存款的一部分留做準備金。這個比例的高低對商業銀行體系的發放貸款能力有極大的影響。②再貸款和再貼現。在商業銀行出現資金不足時,可以通過這兩種方法取得中央銀行的資金支持,即向中央銀行借款或商業銀行把企業向它貼現的票據賣給中央銀行,以取得資金。中央銀行則可通過提高或降低再貼現和再貸款利率,直接影響商業銀行借入成本,從而影響商業銀行的貨幣創造能力。③公開市場業務。中央銀行通過在金融市場上公開買賣各種有價證券和票據,來調節商業銀行體系的準備金和貨幣創造能力,從而調節貨幣供應量。當放鬆銀根時,可以買進有價證券,以增加貨幣供應量。反之,當要緊縮銀根時,則賣出有價證券,以減少貨幣供應量。這三種主要調控手段,都體現出貨幣政策的間接性。也就是說,中央銀行可以通過調節法定存款準備金比率、再貸款和再貼現率以及公開市場業務等,間接地影響流通中的貨幣量和貸款總規模,從而增減貨幣供應量。

  變動貨幣供給量的政策對總需求的影響,即貨幣政策的效果,可從 IS 和 LM 曲線的斜率中加以分析。在 LM 曲線斜率不變時,IS 曲線越平坦,LM 曲線移動(由於實行變動貨幣供給量的貨幣政策)對國民收入變動的影響就越大;反之,IS 曲線越陡峭,LM 曲線移動對國民收入變動的影響就越小,如圖 20-4 所示。

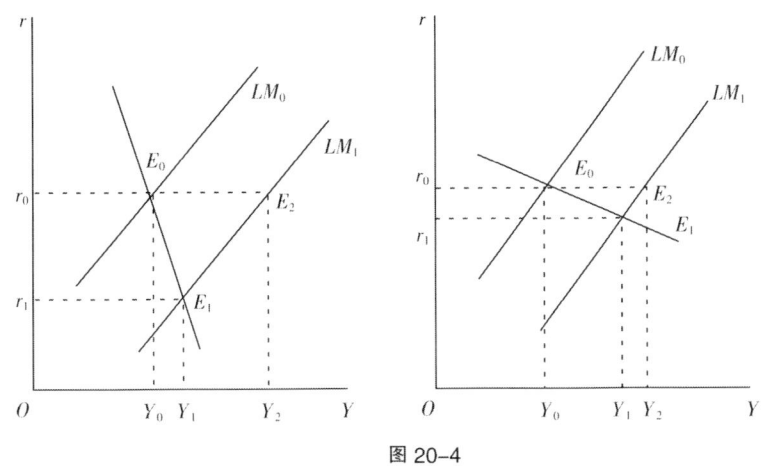

图 20-4

在 LM 曲线斜率不变时,IS 曲线越陡峭,货币政策的效果越小;反之,IS 曲线越平坦,货币政策的效果越大。

  圖 20-4 中,LM 曲線斜率相同,IS 曲線斜率不同,假定初始的均衡收入 Y_0 和利率 r_0 都相同。政府貨幣當局實行增加同樣一筆貨幣供給量 ΔM 的擴張性貨幣政策時,LM 都右移相同距離,Y_0Y_2 等於利率 r_0 不變時因貨幣供給增加而需要增加的國民收入,但實際上收入並不會增加那麼多,因為利率會因貨幣供給增加而下降,因而增加的貨幣供給量中一部分要用來滿足增加了的投機需求,只有一部分才用來滿足增加的交易需求,究竟要有多少貨幣量用來滿足增加的交易需求,這決定於貨幣供給增加時國民收入能增加多少。

  從圖 20-5 看,IS 較陡峭時,收入增加較少,IS 較平緩時,收入增加較多。這是因為,IS

图 20–5

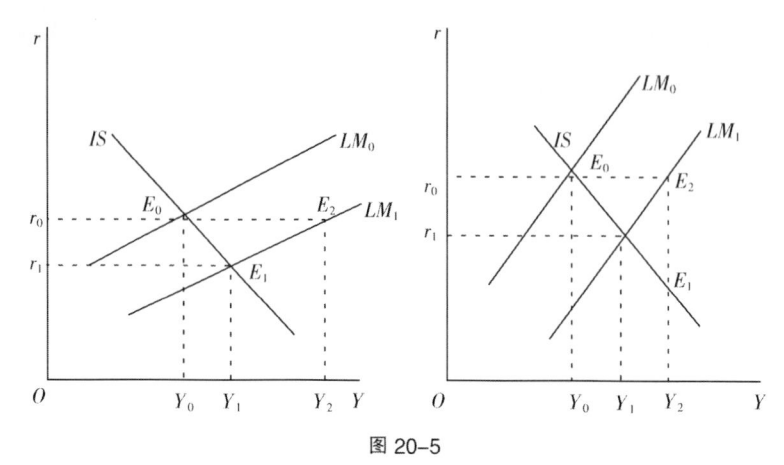

在 IS 曲线斜率不变时，LM 曲线越陡峭，货币政策的效果越大；反之，LM 曲线越平坦，货币政策的效果越小。

較陡，表示投資的利率彈性較小（當然，支出乘數較小時也會使 IS 較陡，但 IS 斜率主要決定於投資的利率彈性）。因此，當 LM 曲線由於貨幣供給增加而向右移動使利率下降時，投資不會增加很多，從而國民收入水平也不會有較大增加；反之，IS 曲線較平坦，則表示投資利率彈性較大。因此，貨幣供給增加使利率下降時，投資會增加很多，從而使國民收入水平有較大增加。

在 IS 曲線不變時，LM 曲線越平坦，LM 曲線由於貨幣供給量變動時，國民收入的變動就越小，即貨幣政策效果就越小；反之，則貨幣政策效果就越大。LM 曲線較平坦，表示貨幣需求的利率彈性較大，即利率稍有變動就會使貨幣需求變動很多，因而貨幣供給量變動對利率變動的影響較小，從而增加貨幣供給量的貨幣政策就不會對投資和國民收入有較大影響；反之，若 LM 曲線較陡峭，表示貨幣需求的利率彈性較小，即貨幣供給量稍有增加就會使利率下降較多，因而對投資和國民收入有較多增加，即貨幣政策的效果較強。

(3) 貨幣政策具有決策的及時性。貨幣政策主要是通過對貨幣供應量等宏觀金融變量的調控，對整個國民經濟的宏觀經濟運行狀況產生影響，從而保證宏觀經濟政策目標的實現。由於貨幣政策一般是由中央銀行（貨幣政策委員會）根據經濟狀況自行決策，而各國中央銀行（貨幣政策委員會）獨立性較強，因此能夠根據市場的變化相機抉擇，具有較大的靈活自主性，其政策決策時滯較短。

2. 貨幣政策的局限性

(1) 貨幣政策生效時滯較長。中央銀行變動貨幣供給量，要通過影響利率，再影響投資，然後再影響就業和國民收入，因而，貨幣政策作用要經過相當長一段時間才會充分得到發揮。尤其是市場利率變動以後，投資規模並不會很快發生相應變動。利率下降以後，廠商擴大生產規模，需要一個過程；利率上升以後，廠商縮小生產規模，更不是一件容易的事：已經上馬在建的工程難以下馬，要解雇已經雇傭的職工也不是輕而易舉的事。總之，貨幣政策雖然在開始採用時不要花很長時間，但執行後到產生效果卻有一個相當長的過程，在此過程中，經濟情況有可能發生和人們原先預料的相反變化。例如，經濟衰退時中央擴大貨幣供給，但未到這一政策效果完全發揮出來經濟就已轉入繁榮，物價已開始較快地上升，

則原來擴張性貨幣政策不是反衰退,卻為加劇通貨膨脹起了火上加油的作用。總之,貨幣政策要通過「貨幣量—利率—投資邊際收益—資金轉移」來實現調控,由於傳導環節多,時間長,極易受各種因素的干擾,影響調整效果。

(2)貨幣政策調節範圍較為狹窄。貨幣政策著力於流通領域,從貨幣市場均衡的情況看,增加或減少貨幣供給要影響利率的話,必須以貨幣流通速度不變為前提,如果這一前提不存在,貨幣供給變動對經濟的影響就要打折扣。在經濟繁榮時期,中央銀行為抑制通貨膨脹需要緊縮貨幣供給,或者說放慢貨幣供給的增長率,然而,那時公眾一般說來支出會增加,而且物價上升越快,公眾越不願把貨幣持在手上,而希望快快花費出去,從而貨幣流通速度會加快,在一定時期內本來的 1 元也許可完成 2 元交易的任務,這無疑在流通領域增加了 1 倍貨幣供給量。這時候,即使中央銀行把貨幣供給減少 1 倍,也無法使通貨膨脹率降下來,反過來說,當經濟衰退時期,貨幣流通速度下降,這時中央銀行增加貨幣供給對經濟的影響也就可能被貨幣流通速度下降所抵消。貨幣流通速度加快,就是貨幣需求增加,流通速度放慢,就是貨幣需求減少。如果貨幣供給增加量和貨幣需求增加量相等,LM 曲線就不會移動,因而利率和收入也不會變動。此外,貨幣政策作用程度還受其他許多因素的影響。如在蕭條時期,儘管中央銀行採取鼓勵貸款的政策,但商業銀行通常不願意擴大貸款,以免承擔風險。在通貨膨脹期,儘管中央銀行採取限制貸款的政策,但商業銀行因有較高的利息率,仍然願意多貸款以多獲利潤,因而難以減少貨幣供給量。這就是說,商業銀行可能採取與中央銀行的宏觀貨幣政策相反的行為,公開市場業務也往往由於公眾的不配合而影響其對經濟的調節作用。通貨膨脹時期,人們不一定購買政府發行的債券,蕭條時期,人們也不一定出賣債券。同時,貨幣政策對經濟發展的社會性不能直接照顧到,對私營部門不願投資的事業或微觀經濟效益不好的企業或投資項目,貨幣政策的作用微乎其微。同時,貨幣政策也不能照顧產業佈局和地區的平衡發展問題,特別是對供求結構的調整作用十分有限。因為銀行以盈利為目的的特點決定它不可能把大量的資金投入經濟發展滯後的產業,特別是不以盈利為目的的公共產品產業。相反多投資於投資少、見效快、盈利水平高的產業。此外,貨幣政策對國民收入分配是否公平合理更是幾乎不起調節作用。

(3)貨幣可能產生流動性陷阱。根據凱恩斯主義的貨幣理論,不斷地增加貨幣供給量會遇到「凱恩斯陷阱」(或稱「流動陷阱」)而失去對利息率的調節作用。因為在其他條件不變的情況下,利息率會隨著貨幣供給量的增加而下降,利息率下降會增加對貨幣的投機需求。但是,利息率的下降是有一定限度的,當利息率下降到某一限度時,繼續增加貨幣供給量就不會再使利息下降。這時增加的貨幣量將全部進入投機需求而對利息率不再起作用。從反衰退的作用看,由於存在所謂流動性陷阱,因此,在通貨膨脹時期實行緊縮的貨幣政策可能效果比較顯著,但在經濟衰退時期,實行擴張的貨幣政策效果就不明顯。那時候,廠商對經濟前景普遍悲觀,即使中央銀行鬆動銀根,降低利率,投資者也不肯增加貸款從事投資活動,銀行為安全起見,也不肯輕易貸款。這樣,貨幣政策作為反衰退的政策,其效果就甚微。進一步說,即使從反通貨膨脹看,貨幣政策的作用也主要表現於反對需求拉上的通貨膨脹,而對成本推進的通貨膨脹,貨幣政策效果就很小。因為物價的上升若是由工資上漲超過勞動生產率上升幅度引起或由壟斷廠商為獲取高額利潤引起,則中央銀行想通過控制貨幣供給來抑制通貨膨脹就比較困難了。

綜上所述,財政政策同貨幣政策一樣,都是以調節社會總需求為基點來實現總供求平

衡的,但二者各有其優勢和局限性,為了增強宏觀調控的效應和力度,避免政策之間摩擦與碰撞,財政政策與貨幣政策必須要協調配合運用,才能取得良好的政策效果。

第三節 財政政策與貨幣政策協調組合模式分析

財政政策與貨幣政策的協調配合模式,就是根據不同時期社會總供求的基本狀況,運用擴張性、緊縮性和中性財政政策與貨幣政策進行不同的組合,從而產生不同的調節效應。具體地,理論界提出的主要有下列四種搭配組合形式。

一、鬆的財政政策和鬆的貨幣政策

此即「雙鬆」政策。在「雙鬆」政策的模式中,財政系統通過減少稅收和擴大政府支出規模來增加消費需求和投資需求,從而擴大社會總需求。銀行系統則降低存款準備率,降低利率,增加貨幣供給,社會總需求因而能在短期內迅速擴張起來,對經濟的發展產生強烈的刺激作用。「雙鬆」政策搭配的積極作用在於擴大總需求,刺激私人投資,促進經濟增長。在社會總需求嚴重不足,生產能力和生產資源未得到充分利用的條件下,利用這種政策配合,能夠推動閒置資源的運轉,刺激經濟增長,擴大就業。但是,這種政策搭配的問題是,鬆的財政政策有可能產生巨額預算赤字,國債負擔加重,對經濟發展和社會福利水平的提高有不利影響。而鬆的貨幣政策可能會導致信用膨脹,貨幣超量發行,引起通貨膨脹,不利於經濟的穩定和人民生活水平的提高。也就是說,如果經濟中不存在足夠的閒置資源,「雙鬆」政策注入大量的貨幣則會堵塞流通渠道,導致通貨膨脹,對經濟產生不利的影響。其效果如圖20－6所示:

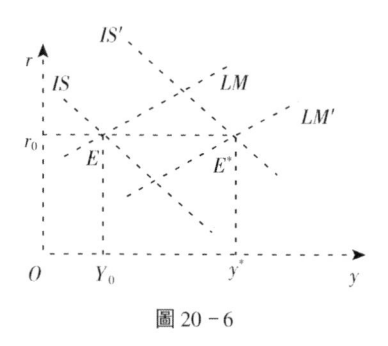

圖20－6

「雙鬆」政策的搭配適合於社會總需求嚴重落後於總供給,或者說存在著相當大的通貨緊縮缺口,經濟走向低谷的情況。在這種經濟情況下,擴張性財政貨幣政策是正確的選擇。因為以刺激總需求為作用點的擴張性財政政策,無論是想增加消費還是擴大投資,最終都要表現為增加的貨幣購買力。如果這時沒有採取相應的擴張性貨幣政策,社會上的貨幣供給量保持不變或減少,擴張性財政政策所導致的購買力的增加就不能實現,達不到刺激總需求的目的。同樣,由於財政政策的某些工具直接構成國民收入的決定因素,直接制約著個人可支配收入的大小,因此,如果財政政策不適當地配合擴張性的貨幣政策,這種鬆的貨幣政策也不能實現刺激總需求的目標。

二、緊的財政政策和緊的貨幣政策

此即「雙緊」政策。在「雙緊」政策的模式中，財政系統通過增加稅收，削減政府支出規模，以抑制消費需求和投資需求，壓縮社會總需求。銀行系統則提高存款準備率，提高利率，減少貨幣供給量，從而使社會總需求在短時間內迅速收縮。「雙緊」政策搭配的積極作用在於降低總需求，抑制私人投資，有效地剎住惡性通貨膨脹的勢頭。但在「雙緊」政策下，過緊的財政政策所形成的財政盈餘造成財政拖累，過緊的貨幣政策所形成的資金閒置造成資本浪費，而這兩種情況都會阻礙經濟以更快的速度增長。也就是說，「雙緊」政策可能阻礙供給增加，導致經濟萎縮，使已投入的一部分生產資源被浪費，甚至造成經濟嚴重衰退。其效果如圖20－7所示：

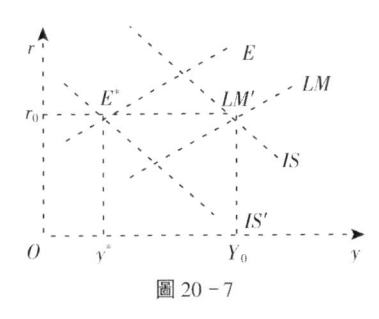

圖20－7

「雙緊」政策搭配適用於總需求大於總供給而出現巨大通貨膨脹缺口的經濟狀況。在嚴重的通貨膨脹時期，只有財政貨幣政策都是緊縮性的，雙管齊下，才能有效地控制住總需求。因為造成通貨膨脹缺口的因素一般都包含有財政因素和貨幣因素，所以在消除通貨膨脹缺口時，也必須同時採取財政貨幣措施才能奏效。如果這兩種政策背道而馳，其效果會相互抵消，不能治理通貨膨脹。例如，在政府降低財政支出或增加稅收的同時，貨幣當局卻在降低利率，那麼，財政措施雖然在一定程度上降低了需求，但貨幣措施使得社會消費特別是投資增加了，社會總需求就不會減少甚至反而可能增加，加劇通貨膨脹。

三、鬆的財政政策和緊的貨幣政策

在這種政策模式中，財政系統減少稅收，擴大財政支出，可以刺激社會總需求增加，克服經濟蕭條，保持經濟的適度增長。同時，銀行系統抽緊銀根，嚴格控制貨幣供給，可以避免出現過高的通貨膨脹，促進經濟結構的調整。這種政策的組合運用，一般是在經濟從高漲時期轉向衰退時期。在此時期高的通貨膨脹還沒有得到有效控制，但社會消費需求和投資需求已明顯滑坡，經濟結構性矛盾較為突出，社會閒置資源沒得到充分利用，經濟增長還有一定潛力。但財政政策放得過鬆會出現大量赤字，不宜長期運用。其效果如圖20－8所示：

圖 20－8

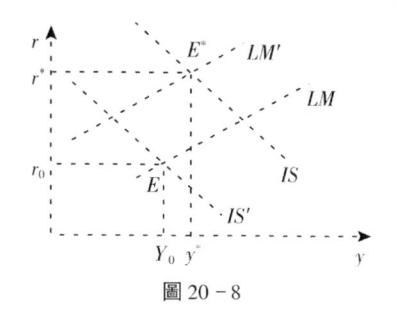

四、緊的財政政策和鬆的貨幣政策

在這種政策模式中，財政系統增加稅收，削減財政支出，可以抑制公共消費和個人消費，避免消費過熱，需求過度。同時，銀行系統放鬆銀根，適當增加貨幣供給，又可以滿足投資需求，保持經濟的適度增長。這種政策組合的運用，一般是經濟從蕭條期轉入高漲期時，通貨膨脹的信號已較為明顯，經濟結構性矛盾也較為突出，但社會還有閒置資源，經濟增長還有潛力。但貨幣政策放得過鬆，會導致難以控制的通貨膨脹。因此，適度從緊的財政政策配合適度從鬆的貨幣政策是一種較好的選擇。效果如圖 20－9 所示：

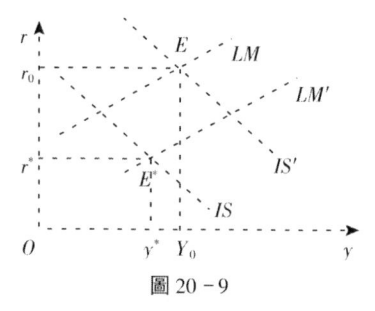

圖 20－9

綜上所述，從上述幾種政策組合中可以看到，「雙鬆」、「雙緊」政策主要調控的是社會總需求，解決的是總量問題。總量失衡明顯地表現在經濟週期的兩個時期，即蕭條時期的總需求嚴重不足和通貨膨脹時期的總需求過旺。針對這兩種情況，必須同時使用財政政策與貨幣政策，並且方向保持一致。在正常的經濟運行中，雖然時常發生經濟波動，但經濟仍然是朝著增長的方向發展。因此，鬆緊搭配的政策組合是西方發達國家宏觀經濟調控的主要形式，因為這樣便於形成一種制衡機制，有利於國民經濟在協調、平穩的軌跡上運行。具體地講，「一緊一鬆」或「一鬆一緊」政策組合，主要是針對經濟運行中當前的主要矛盾，即經濟增長問題是主要矛盾呢，還是通貨膨脹或經濟結構是主要矛盾，來做適當的政策組合。一般來說，在經濟中存在通貨膨脹但不太嚴重或經濟增長較低但不至於全面衰退的情況下，為實現經濟的穩定增長，政府應採取鬆緊搭配的政策。至於到底要採取哪一種鬆緊的政策搭配，則取決於當時的宏觀經濟運行的狀況及其所要達到的政策目標。採取鬆緊搭配的政策組合，其關鍵是掌握好鬆與緊的程度。如果鬆緊搭配不當，就有可能出現財政政策的效果與貨幣政策的效果相互抵消的情況，這樣，政府採取的財政貨幣政策沒有起到應有的作用，錯過了經濟調整的有利時機。同時，還可能出現鬆過了頭而產生通貨膨脹，或者緊過了頭而抑制經濟增長。所以，在採取鬆緊搭配的財政貨幣政策時，要對經濟形勢和財政

貨幣政策的優劣進行科學分析和正確評估。最後,值得一提的是,當考慮如何混合使用財政政策和貨幣政策時,不僅要看當時經濟形勢,還要考慮政治上的需要。因為雖然擴張的財政政策和貨幣政策都可以增加總需求,但不同政策的後果可以對不同的人群產生不同的影響,也使 GDP 的組成比例發生變化。例如,實行擴張的貨幣政策會使利率下降,投資增加,因而對投資部門尤其是住宅建設部門十分有利。可是,實行減稅的擴張性財政政策,則有利於增加個人可支配收入,從而可增加消費支出。而同樣是採用擴張的財政政策,如果是增加財政支出,例如興辦教育、防止污染、培訓職工等,則人們收益的情況又不同。正因為不同政策措施會對 GDP 的組成比例(投資、消費和政府購買在 GDP 中的構成比例)產生不同影響,從而影響不同的人群的利益。因此,政府在做出混合使用各種政策的決策時,必須考慮各行各業、各個階層的人群的利益如何協調的問題。

【復習思考題】
1. 試述市場經濟條件下政府實施宏觀經濟調控的必要性。
2. 財政政策與貨幣政策為什麼要協調配合?
3. 試析財政政策與貨幣政策組合模式適應的經濟條件。

參考文獻

[1] 馬克思. 資本論:第1、2、3卷[M]. 北京:人民出版社,1975.
[2] 中共中央文獻編輯委員會. 鄧小平文選:第1、2、3卷[M]. 北京:人民出版社,1993、1994.
[3] 項懷誠. 領導幹部財政知識讀本[M]. 北京:經濟科學出版社,1999.
[4] 金人慶. 領導幹部稅收知識讀本[M]. 北京:中國財政經濟出版社,2000.
[5] 戴相龍. 領導幹部金融知識讀本[M]. 北京:中國金融出版社,1997.
[6] 劉邦馳,汪叔九. 財政學[M]. 成都:西南財經大學出版社,2001.
[7] 王國清,馬驍,程謙. 財政學[M]. 北京:高等教育出版社,2006.
[8] 李守榮. 中國金融體系概論[M]. 北京:經濟管理出版社,1993.
[9] 中國人民銀行. 金融知識國民讀本[M]. 北京:中國金融出版社,2007.
[10] 賀飛躍. 全面營改增與納稅籌劃十二講[M]. 成都:西南財經大學出版社,2016.
[11] 中國人民銀行網站:http://www.pbc.gov.cn.

國家圖書館出版品預行編目(CIP)資料

財政與金融/ 劉邦馳、王國清 主編. -- 第六版.
-- 臺北市：崧燁文化，2018.08

面 ； 公分

ISBN 978-957-681-384-9(平裝)

1.財政政策 2.財務金融

564.34　　　　　107011658

書　名：財政與金融
作　者：劉邦馳、王國清
發行人：黃振庭
出版者：崧燁文化事業有限公司
發行者：崧燁文化事業有限公司
E-mail：sonbookservice@gmail.com
粉絲頁　　　　　網址：
地址：台北市中正區重慶南路一段六十一號八樓815室
8F.-815, No.61, Sec. 1, Chongqing S. Rd., Zhongzheng Dist., Taipei City 100, Taiwan (R.O.C.)
電　話：(02)2370-3310　傳　真：(02) 2370-3210
總經銷：紅螞蟻圖書有限公司
地　址：台北市內湖區舊宗路二段121巷19號
電　話：02-2795-3656　傳真:02-2795-4100　網址：
印　刷：京峯彩色印刷有限公司（京峰數位）

　　本書版權為西南財經大學出版社所有授權崧博出版事業股份有限公司獨家發行電子書繁體字版。若有其他相關權利需授權請與西南財經大學出版社聯繫，經本公司授權後方得行使相關權利。

定價：600 元

發行日期：2018 年 8 月第六版

◎ 本書以POD印製發行